Bernd-Udo Rinas, M.A., Dipl. Sozialarbeiter- und Sozialpädagoge, Jahrgang 1961, Magister (Politikwissenschaft, Soziologie, Erziehungswissenschaft) im Fachbereich Gesellschaftswissenschaften an der Universität Gesamthochschule Kassel. Zusatzausbildungen zum Genderpädagogen und zum QM-Beauftragten/int. TQM-Auditor und EFQM-Assessor am Institut für Jugendarbeit Gauting/München. Langjährige Berufstätigkeit in verschiedenen Arbeitsfeldern der sozialen Arbeit. Bisherige Lehrtätigkeiten an der Berufsakademie Villingen-Schwenningen und FH-Potsdam. Doktorand an der Justus-Liebig-Universität Giessen im Fachbereich Sozial- und Kulturwissenschaften.

Diese Arbeit wurde im Rahmen einer Dissertation an der Justus-Liebig-Universität Giessen, Fachbereich Sozial- und Kulturwissenschaften, erstellt.

BERND-UDO RINAS

VEGANISMUS

EIN POSTMODERNER ANARCHISMUS BEI JUGENDLICHEN?

Wissenschaftliche Reihe, Band 7

Originalausgabe

1. Auflage Januar 2012

Herausgeber:
Archiv der Jugendkulturen e. V.
Fidicinstraße 3, D – 10965 Berlin
Tel.: 030 / 694 29 34; Fax: 030 / 691 30 16
E-Mail: archiv@jugendkulturen.de

Vertrieb für den Buchhandel: Bugrim (www.bugrim.de)
Auslieferung Schweiz: Kaktus (www.kaktus.net)
Privatkunden und Mailorder: www.jugendkulturen.de

Umschlaggestaltung und Layout: Conny Agel
unter Verwendung eines Fotos von nandu
Druck: werbeproduktion bucher

ISBN Print: 978-3-940213-71-6
ISBN E-Book: 978-3-943612-35-6

Dieses Buch gibt es auch als E-Book, siehe www.jugendkulturen.de.

INHALT

VORWORT

EIN ANARCHISMUS MIT ZUKUNFT?

Als ich vor vielen, vielen Jahren den Anarchismus studierte, war für mich seine anthropozentrische Orientierung – nicht nur wegen der weit verbreiteten Unfreiheit unter den Menschen – selbstverständlich. Bernd-Udo Rinas gibt diese Fixierung jetzt gut begründet auf und bezieht die Tiere in das von den Menschen aufgespannte Solidaritätsnetz ein – **alle** Tiere, weil sie, wie die Menschen, Schmerzen erleiden könnten. Eine anarchistische Konzeption, die am Anthropozentrismus festhält, könne keine neuen Antworten geben. Bernd-Udo Rinas will aber einen Anarchismus mit Zukunft.

Drei Anmerkungen: Die Einbeziehung der Tiere in das Solidaritätsbündnis beinhaltet die Gefahr – die auch Bernd-Udo Rinas gesehen hat – dass die Menschen, insbesondere die Kinder, mehr für eine Zuneigung zu lieben Tierchen als zu armen und hinfälligen Menschen, vom Einsatz zur Beseitigung von Unfreiheit ganz zu schweigen, sensibilisiert werden. Eine zweite Anmerkung, die er nicht problematisiert hat: Können Tiere, alle Tiere, auch aktiv gegenüber den Menschen Solidarität zeigen oder bleibt dies ein einseitig Ding? Und drittens: Einige Probleme, die ich bei der Einbeziehung auch der einfachsten tierischen Lebewesen in die Fragestellung habe, lasse ich außen vor.

Eine vegan-anarchistische Konzeption und Bewegung in der Postmoderne bleibt im Kern ein Anarchismus, weil das politische Konzept der Herrschaftslosigkeit nicht aufgegeben wird, im Gegenteil, es wird ausgeweitet: Eine herrschaftsfreie Gesellschaft setze voraus, dass auch keine Herrschaft der Menschen über die Tiere akzeptiert werden kann.

Das Buch von Bernd-Udo Rinas können also „alte“ Anarchisten mit Befriedigung lesen, auch weil sie auf eine breite Verarbeitung der anarchistischen Tradition stoßen.

Wenn der Autor einen Zusammenhang zwischen Anarchismus, Postmoderne und Veganismus **konstruiert**, so will er das traditionelle Anarchismus-Konzept notwendigerweise revidieren. Damit könne der Anarchismus der Gefahr entrinnen, ein historisches Produkt zu bleiben. Oder anders ausgedrückt: Der Veganismus ist kein Post-Anarchismus, sondern soll eine Perspektive des Anarchismus sein.

Die Lektüre des Buches kann auch für Veganer eine Bereicherung ein. Ob sie schon gewusst haben, dass sie Anarchisten sind, dass der Veganismus eine Perspektive für den Anarchismus ist?

Und warum nicht auch die Pflanzen in ein umfassendes Konzept der Herrschaftslosigkeit einbeziehen? – Ich sehe natürlich die Gefahr, dass Menschen dann (ver)hungern würden, denn irgendetwas müssen sie essen. Diese Gefahr wäre aber bei weltweitem konsequenten Veganismus auch nicht von der Hand zu weisen.

Dies führt zum groben Einschub der Frage, ob die Natur auf dieser Erde sich nicht zum gegenseitigen Fressen der Lebewesen entwickelt hat? ... Halt, da tu ich den Pflanzen Unrecht. – Der Spargel schmeckt mir, dem Menschen, aber trotzdem.

Warum nicht wenigstens ein bisschen Holismus? Leben der Lindenbaum oder der Rosenstock nicht? Ist es diesen Pflanzen gleichgültig, wenn ich Äste absäge oder Zweige breche? Soll auch heißen: Wissen wir sicher, dass sie dabei keine „Schmerzen" erleiden? – wobei der überkommene Schmerzbegriff überdacht werden sollte.

Sollte ich nicht die Konsequenz ziehen, der Liebsten den lebenden Rosenstock statt der gebrochenen, bald welkenden, also sterbenden, Rose zu schenken?

Ich hab's getan.

Prof. Dr. Franz Neumann

EINLEITUNG

1. GEGENSTAND DER UNTERSUCHUNG

„Es ist an der Zeit, über Postmoderne anders zu sprechen."
(Welsch 2002: 1)

Dieses Wort von Wolfgang Welsch deutet darauf hin, dass es im wissenschaftlichen Bereich um den Begriff der Postmoderne eine aktuelle und aktive Auseinandersetzung gegeben hat. Für Anarchist_innen* ist es dagegen auch im Jahr 2009 erst einmal an der Zeit, überhaupt über die Postmoderne zu sprechen und sich entsprechend zu positionieren. Es sollte dabei um ein mögliches Verhältnis zwischen Postmoderne und Anarchismus gehen und darum, welchen Stellenwert der Anarchismus in einer als postmodern definierten Zeit überhaupt noch hat oder haben kann. Einigen wenigen anarchistischen Theoretiker_innen geht es allerdings um mehr: Sie wollen anarchistische Anschlüsse an postmoderne Theorieansätze entwickeln und damit eine ihnen notwendig erscheinende Debatte über ein zeitgemäßes anarchistisches Selbstverständnis eröffnen.

In allen gesellschaftlichen Bereichen und auf allen politischen Ebenen wird momentan über Veränderungsnotwendigkeiten, Umstrukturierungen und Neuorientierungen verhandelt. Dabei will die herrschende Politik durch die Zwänge und im Rahmen der Globalisierung eine Zukunftsfähigkeit suggerieren, für die sie sich am Anfang des 21. Jahrhunderts jedoch erst einmal die Grundlagen erarbeiten muss.

Hinzu kommt, dass mit dem wirtschaftlichen Aufschwung der Volksrepublik China, aber auch von Indien und anderen Schwellenländern, Deutschland spürbar weniger von seinem „Made-in-Germany-Image" profitieren und bald nicht mehr beanspruchen kann, Exportweltmeister zu sein. Eine neue Dynamik erhält dieser Prozess durch die Weltwirtschaftskrise seit 2008. Vor einem generell drohenden Absturz möchte die Politik die Menschen (und damit auch sich selbst) bewahren und verbindet dabei zur Legitimierung ihrer politischen Aktivitäten so scheinbar gegensätzliche Entwicklungen wie *Sozialabbau* und *Stärkung der Eigenverantwortlichkeit.* Dies kann u. a. durch die Hartz-IV-Gesetzgebung

* Ich benutze in dieser Arbeit den Unterstrich zur Verdeutlichung eines „Geschlechter-Zwischenraumes", auch gendergap genannt, um in der Sprache denjenigen Platz zu geben, die sich den Kategorien Frau oder Mann entziehen wollen. Bei „der Mensch" verzichte ich auf die Schreibweise „Mensch_innen", da in der Bezeichnung „Mensch" die Menschen in ihrer Gesamtheit gemeint sind.

belegt werden und erinnert erst einmal an das Bild von „Zuckerbrot und Peitsche“. Diesem Bild tritt in der heutigen Zeit das Bild von „Freiheit und Armut“ entgegen, mit dem der gesellschaftliche Wandlungs- und Umwälzungsprozess abgesichert werden soll. Wenn es auf der einen Seite Einschränkungen gibt, soll der Mensch auf der anderen Seite jedoch das Gefühl haben, er könne in der Veränderung auch etwas gewinnen. Mehr sogar, er könne nun freier und selbstbestimmter leben:

> „Weniger Staat bedeutet mehr Freiheit für alle. Die Menschen wollen nicht mehr Staat, sondern mehr Entscheidungsfreiheit.“ (Werbeslogan der Privaten Krankenversicherung-PKV: 2007)

Eine ur-anarchistische Erkenntnis, dass weniger Staat mehr Gesellschaft und damit mehr Freiheit ermöglicht, wird durch Äußerungen von Politiker_innen aus den großen Parteien in einer Phase gesamtgesellschaftlicher Umstrukturierung und Veränderung der sozialen Sicherungssysteme plötzlich als Legitimierungsargument des politischen Handelns herangezogen. Damit die sozialen Sicherungssysteme auch in Zukunft noch greifen können, wird von den Bürger_innen erwartet, mehr Eigeninitiative, z. B. in Fragen der Renten und des Gesundheitswesen zu ergreifen. Nicht mehr der Staat alleine sichert die Menschen ab, sondern sie werden angehalten, sich eigene Absicherungen zu schaffen. In der Argumentation wird dabei das Bild verwendet, dass sich der Staat nicht in alle Belange der Menschen einmischen soll und dadurch auch mehr Freiräume für die Menschen entstehen können.

Für Anarchist_innen eigentlich erfreulich, doch es wird anderes damit verbunden als in der anarchistischen Theorie. Weniger Staat ist gleichbedeutend mit weniger Unterstützung; mehr Entscheidungsfreiheit ist gleichbedeutend mit mehr Eigenversorgung und Eigenabsicherung. Damit verbunden sind auch mehr Modernisierungsverlierer_innen, die jedoch nach diesem Motto als selbst verschuldete Verlierer_innen bezeichnet werden müssen. Es liegt nahe, danach zu fragen, warum sich die Menschen in Deutschland ohne großes Aufbegehren diesem Umwälzungsprozess unterworfen haben und sich nicht eindeutiger gegen solche Veränderungsprozesse wehren. Ein möglicher Erklärungsansatz könnte darin liegen, dass sich Menschen in Umbruchzeiten besonders nach Sicherheiten sehnen und damit klaren und manchmal auch einfachen Lösungen den Vorrang geben.

Dies steht jedoch in einem deutlichen Widerspruch zu dem, wie wir die heutige Welt sehen, wenn wir mit dem Attribut postmodern konfrontiert werden. Wie in dieser Arbeit noch gezeigt wird, ist die heutige Zeit in keinem Bereich mehr einfach, klar oder eindeutig und steht im Gegensatz zu dem, wonach sich Menschen heute (wieder) sehnen. Dieser Widerspruch hat mit dem zu tun, was sich in der Neuzeit entwickelte. Die Hinwendung zum Menschen (ICH denke), das Prinzip des von sich ausgehenden Denkens, hat dazu geführt, dass sich im 18. Jahrhundert nicht nur eine neue

Wissenschaft entwickeln konnte (siehe Kapitel III.1.), sondern sich alle Wissensbereiche ganz grundlegend revolutionierten und eine völlig neue wissenschaftlich-technische Welt entstand. Dieses Wissen um die Fähigkeit des Menschen, selbständig Lösungen entwickeln und herbeiführen zu können, ließ in allen Lebensbereichen eine enorme Aufbruchstimmung entstehen, in der es nicht um Reform und Erneuerung, sondern um einen radikalen Neuanfang ging. (Welsch 2002: 71) Ein innerer Anspruch, der sich dabei entwickelte und zu einem herrschenden Denken führte, war der Anspruch der Universalität. Es ging nicht um einen Teilbereich, sondern um das gesamte Wissen, radikal und auch universell. So weist Welsch auf diese zwei, die Neuzeit charakterisierenden Merkmale der Radikalität und Universalität hin:

> „Man kann insgesamt sagen, dass die Neuzeit im gleichen Maß, in dem sie radikal neu ansetzt, auch unerbittlich vereinheitlichend, universalisierend, totalisierend ist." (Welsch 2002: 72)

In diesem Zeitalter, mit dem die Aufklärung des 18. Jahrhunderts verbunden ist, entwickelte sich der Anspruch, einzige und universelle Wahrheiten zu besitzen, auch aus einer Abwehrhaltung gegenüber aufkommenden Gegenbewegungen bzw. sich widerstreitenden Ideen. Welsch meint, dass es ein einseitiges Bild der Neuzeit, der neuzeitlichen Moderne wäre, wenn nicht auch auf die verschiedenen Gegenbewegungen hingewiesen würde. So führt er Giambattista Vico an, der entgegen der wissenschaftlich-technischen Erneuerung eine Schrift verfasste, die zwar auch den Titel „Neue Wissenschaft" trug, jedoch genau gegen die Cartesische Wissenschaft gerichtet war und damit gegen den Rationalismus, gegen die neue Mathematik und gegen die neue Physik. So bezeichnet Welsch die Gegenbewegungen als „Gegen-Neuzeit" (Welsch 2002: 74) und führt in diesem Zusammenhang den Begriff der „neuzeitlichen Moderne" ein (Welsch 2002: 73). Als „Gegen-Neuzeit", aber eben auch Teil der Neuzeit, traten Gegenbewegungen ebenfalls mit einem universalen und radikalen Anspruch auf. Sie entsprachen damit dem neuzeitlichen Charakter und trugen somit wesentlich zur Dynamik der Neuzeit bei. Für alle Philosophen aus dieser Zeit gilt:

> „Es gibt für diese Neuzeit-Denker nicht mehrere Wahrheiten, nicht mehrere Heilsmöglichkeiten, sondern immer nur eine. Es ist in dieser Neuzeit und neuzeitlichen Moderne nicht möglich, dass eine Wahrheit anders als mit Ausschließlichkeitsanspruch auftritt. Singularität und Universalität sind ihr zuinnerst eigen, Pluralität und Partikularität zutiefst fremd." (Welsch 2002: 76f)

In der Moderne des 20. Jahrhunderts veränderte sich dies, indem Pluralität und Partikularität bedeutungsvoller und in der Postmoderne zu neuen und entscheidenden Faktoren wurden. So kann es nicht mehr nur die **eine**

Wahrheit geben, sondern **keine!** In der Vielfalt und der Pluralität entwickelte sich die postmoderne Moderne, die Welsch in einem klaren Verhältnis zu den vorangegangenen Entwicklungen sieht. Deshalb kann er auch eine „Moderne-Skala" aufstellen (Welsch 2002: 82) mit der Folge: Neuzeit, neuzeitliche Moderne, Moderne des 20. Jahrhunderts und Postmoderne.

So wird in dieser Arbeit eine Auseinandersetzung zwischen Moderne und Postmoderne geführt, weil der wiederkehrende Wunsch nach Klarheiten im Widerspruch zu dem steht, was die Postmoderne auszeichnet. Am Beispiel des Veganismus wird diese Widersprüchlichkeit aufgenommen und der Zusammenhang von Moderne und Postmoderne hergestellt.

Damit dieser Zusammenhang deutlich wird, komme ich nicht umhin, das zu tun, wozu Zygmunt Baumans Untersuchungen geradezu auffordern, nämlich eine Diagnose der Gegenwartsgesellschaft zu erstellen. Bauman versucht in seinen verschiedenen Büchern zum Thema Postmoderne, diese mit Hilfe einer Gegenwartsanalyse zu beschreiben, die seiner Meinung nach mit einem notwendigen eigenen theoretischen Standpunkt gekoppelt sein muss. Durch diesen eigenen Standpunkt kann die Bewertung der Gegenwart und Vergangenheit dann zeitgemäß und postmodern vorgenommen werden.

Da die bisherige Diskussion um Postmoderne und Anarchismus nur zögerlich geführt wurde, muss in dieser Arbeit die Fragestellung sehr deutlich formuliert werden, wie sich eine Gegenwartsanalyse und das eigene politische Konzept zueinander verhalten. Diese Frage wird in dieser Arbeit nicht nur gestellt, sondern es wird ein Weg aufgezeigt, mit dem ein **Zusammenhang zwischen Postmoderne, Anarchismus und Veganismus** beschrieben werden kann.

Das politische Konzept wird dabei maßgeblich durch einen Unity-of-Oppression-Ansatz geprägt, der eine klar nicht-anthropozentrische Ausrichtung hat und die Gegenwartsgesellschaft als eine Gesellschaft in der Postmoderne bezeichnet. So muss aus meiner Sicht eine anarchistische Gesellschaftskritik postmoderne Aspekte aufgreifen und kann demnach nur dann zeitgemäß und fortschrittlich sein, wenn der eigene theoretische Standpunkt in gleichem Maße hinterfragt und postmodern dekonstruiert wird. Deshalb werden in der Folge einige bisher gültige anarchistische Grundaussagen durchaus in Frage gestellt und Begriffe wie „Solidarität" und „gegenseitige Hilfe", damit aber auch der aufklärerisch geprägte Anthropozentrismus, hinterfragt.

Eine anarchistische Gesellschaftskritik kann nur dann zeitgemäß sein, wenn der eigene theoretische Standpunkt hinterfragt und postmodern dekonstruiert wird.

In diesem Sinne gibt es bei einigen anarchistischen Theoretiker_innen den Versuch, neue anarchistische Anschlüsse an die Postmoderne zu erarbeiten (Mümken, Kastner, May). Besonders in den USA ist eine erste theoretische Richtung eines poststrukturalistischen Anarchismus (siehe Mümken 2005) zu erkennen, der versucht, den traditionellen Anarchismus von nicht mehr haltbaren Grundannahmen zu befreien. Dieser Diskurs, der seit Anfang des 21. Jahrhunderts auch in Deutschland aufgegriffen wurde, wird heute auf dem Hintergrund geführt, dass der nun schon lange währende und erkennbare Stillstand in der anarchistischen Theorie beendet werden muss.

Erkannt wurde, dass anarchistische Inhalte kaum noch eine Bedeutung in der Gegenwart besitzen. Jugendliche kennen das umrundete A nur noch unter Konsum- und Modegesichtspunkten, und selbst McDonald's hat mit seiner Werbung Che Guevara vereinnahmt. Die Werbeindustrie hat schon längst erkannt, dass ein Produkt auch einen bestimmten Wert vermitteln muss („Rauch Marlboro und du bist frei!", „Zieh Dockers an und du bist cool und unangreifbar!" etc.), damit es gekauft wird. Der Anarchismus hat dagegen keinen erkennbaren gesellschaftlichen Wert und auch keine zeitgemäße Ausprägung mehr und wird von daher auch kaum noch wahrgenommen.

Von diesen Wahrnehmungs- und Unterscheidungsproblemen sind allerdings auch alle politischen Parteien betroffen: Sozialdemokraten als Sozialabbau-Partei; Christdemokraten bemühen sich um „den kleinen Mann" und das ökologische Gleichgewicht; Grüne entdecken die militärische Option der Friedenspolitik. Was also ist noch sozialdemokratisch, christdemokratisch, grün, liberal oder anarchistisch? Nicht nur Parteien haben Probleme, ihr spezifisches Profil in Zeiten gesellschaftlicher und wirtschaftlicher Umbrüche darzustellen. Dies gilt für alle großen Organisationen und Verbände, die auf eine historisch gewachsene Struktur zurückgreifen.

Anarchistische Inhalte besitzen kaum noch eine Bedeutung in der Gegenwart.

Diese Frage nach dem Selbstverständnis muss sich auch der Anarchismus stellen. Aus diesem Grund möchte diese Arbeit aufzeigen, welches Potential der Anarchismus heute besitzt, mit dem eine neue gesellschaftliche Gestaltungskraft der herrschenden Politik entgegengesetzt werden kann. Dieses Potential wird in dieser Arbeit in einem politikwissenschaftlichen Ansatz des Veganismus gesehen.

So wird in dieser Arbeit nachgefragt und deutlich gemacht, ob im Veganismus ernsthafte Verknüpfungspunkte zwischen Postmoderne und Anarchismus vorhanden sind und ob eine gerne als Subkultur abgestufte Bewegung erste Verwirklichungsschritte eines postmodernen Anarchismus ermöglicht hat. Doch was bedeutet dann in diesem Zusammenhang Postmoderne? Dieser Frage gehe ich im Verlauf der Arbeit noch etwas genauer nach, möchte an dieser Stelle erst einmal nur Zygmunt Baumans Hinweis aufgreifen, in dem er von der „Auflösung der Objektivität" (Bauman 1995: 64) spricht. Wichtig ist dies an dieser Stelle deshalb, weil mit dieser Formulierung dann auch keine Wahrheit und keine „Bedeutung per se" mehr unterstellt werden kann. Dies wird von mir als eine postmoderne Grundlage verstanden und deutet damit an, dass auch gesellschaftsübergreifende Grundvoraussetzungen für Wahrheit und für Bedeutung nicht mehr eindeutig verfügbar sein können. Ihre Erklärungsrelevanzen sind, nach Bauman, verschwunden und haben sich aufgelöst oder liegen im Nebel. Diese Gedanken nehme ich auf und möchte sie als Grundlage, aber auch als Ausgangspunkt für diese Arbeit in Anspruch nehmen. Nach Bauman ist der postmoderne Standpunkt genau der, in dieser „Nicht-Verfügbarkeit" einen positiven Aspekt zu sehen:

> „Objektivität als die Spitze des ‚guten Wissens' wird immer nur dann gebraucht, wenn es um Beherrschung, Hierarchie, Überlegenheit und dergleichen geht" (Bauman in: Kastner 2000: 15)

Eine anarchistische Theorie kann demnach keine objektiven Wahrheiten formulieren und keine allgemeingültigen Antworten geben. Es kann auch nicht ausbleiben, die eigene Theorie zu hinterfragen und damit ein theoretisches Kontinuum aufzuheben.

In Baumans Analyse der postmodernen Gesellschaft wird die moderne Gesellschaft als gescheitert betrachtet, da der Versuch, Eindeutigkeit und Ordnung herzustellen, gescheitert sei. Bauman kann das deshalb so eindeutig formulieren, weil er davon ausgeht, dass die moderne Gesellschaft glaubt, Modernisierung sei ein linearer Prozess, der nur behindert und kaum rückgängig gemacht werden kann. Da diese Linearität für Bauman nachweisbar nicht existiert, ist für ihn die moderne Gesellschaft gescheitert und in die Postmoderne übergegangen, in der bisher geltende Grundannahmen keine Erklärungs- und Gestaltungsrelevanzen mehr haben. Kurzum: Die moderne Gesellschaft ist gescheitert und hat der Postmoderne Platz gemacht, die sich nun anstrengen muss, nicht mehr hinter den Zielen der Moderne hinterher zu laufen, um Ordnung und Eindeutigkeit herzustellen.

Aus diesem Blickwinkel heraus muss auch diese Arbeit gelesen werden. Eine zeitgemäße anarchistische Theorie muss dann erklären, ob bisher gültige, auch sie selbst betreffende Annahmen und Erklärungen noch aufrechterhalten werden und welche Bedeutungsverluste kompensierbar sein können.

Gerade weil Pluralisierung und Differenz als Möglichkeit und Chance aufgefasst werden, muss über die gesellschaftspolitische Ebene hinaus der einzelne Mensch in den Blickpunkt genommen werden. Der Mikroebene schreibt auch Wolfgang Welsch (Welsch 2002) eine notwendige Bedeutung zu, die in dieser Arbeit aufgenommen und am Beispiel der Veganer_innen bearbeitet wird. In diesem Sinne wird die Frage nach den handelnden gesellschaftlichen Akteur_innen gestellt und der besondere Fokus liegt dabei auf denjenigen jungen Menschen, die sich selbst als anarchistische Veganer_innen bezeichnen.

In den Theoriediskussionen der zumeist älteren Anarchisten wird fast ausschließlich Bezug auf Anarchisten genommen, die vor mehr als 100 Jahren diese Theorie mitentwickelt haben. Bakunin, Kropotkin, Landauer, Stirner etc. sind für sie noch immer topaktuell, obwohl deren Leben und Theorie mit der heutigen Gesellschaft (dem „globalen Dorf") immer weniger zu tun hat. Theoretisch gesehen erscheint ein solcher Anarchismus eher als „Altherrenanarchismus" (R. Raasch, H. J. Degen), als eine Theorie aus einem anderen Jahrhundert, die ihren Platz in der globalisierten

Welt noch nicht finden kann. Haben sich besonders Jugendliche in den 80er und 90er Jahren leicht von anarchistischen Ideen beeinflussen lassen und fanden diese wegen der deutlichen Radikalität interessant und lebbar („Anarchie ist machbar, Nachbar"), so ist das im 21. Jahrhundert nicht mehr der Fall. Entsprechend ist auch innerhalb der anarchistischen Bewegung ein deutlicher Generationenkonflikt festzustellen. Will der Anarchismus die weltweiten Veränderungen mit ihren lokalen Konsequenzen überleben und die Menschen erreichen, muss er sich auch die unterschiedlichen Zielgruppen genau ansehen, die heute wesentlich ausdifferenzierter sind. Dazu gehört zwangsläufig eine Analyse des Lebensalltages und des Milieus, der verschiedenen Lebensstile und der gesellschaftlichen Situation, in der sich die entsprechenden Zielgruppen befinden. Erst dann ist es möglich, inhaltliche Veränderungen am Anarchismus und seiner Theorie zu entwickeln und diese zu aktualisieren.

Ich stelle in dieser Arbeit die Zielgruppe der (veganen) Jugendlichen und jungen Erwachsenen in den Mittelpunkt, da ich in dieser Zielgruppe auch das mögliche Potential für die Entwicklung eines zeitgemäßen Anarchismus sehe. Sollte sich herausstellen, dass der Veganismus eine Weiterentwicklung des Anarchismus zu einem postmodernen Anarchismus ermöglicht, würde dies den Jugendlichen die Möglichkeit eröffnen, in der Postmoderne anarchistisch leben zu können. Dies wird später noch deutlich werden, wenn ich versuche, die Verknüpfungspunkte zwischen Anarchismus und Veganismus aufzuzeigen. Dass dies möglich ist und Gemeinsamkeiten zwischen Veganismus und Anarchismus vorhanden sind, möchte ich nur kurz mit einem Zitat aus einer veganen Zeitschrift andeuten:

> „Eine andere effektive Möglichkeit, ausbeuterische Strukturen wirkungsvoll zu untergraben, ist der Tauschhandel. ... Die Beweggründe, Tauschwirtschaft zu betreiben, mögen vielfältig und individuell verschieden sein, der wichtigste dürfte aber wohl die Ausschaltung von Zins und Zinseszins sein. ... Zins und Zinseszins sind seit Jahrhunderten höchst wirkungsvolle Mittel der Herrschenden, um die Unterdrückung und Ausbeutung der Bevölkerung aufrecht zu erhalten bzw. nach ihrem Belieben auszuweiten." (*Voice*, Heft 29, April 2002)

Diese Aussagen aus einer veganen Zeitschrift sind nicht weit weg von Proudhons Tauschbank, die schon 1848 ins Leben gerufen wurde. Sein Mutualismus bezog sich genau auf den freien Tausch und eine solidarische Gerechtigkeit und ist in seiner Schrift „Was ist Eigentum?" (Proudhon 1896/1992) nachzulesen. Mit diesem kurzen Beispiel soll deutlich werden, dass in dieser Arbeit ein Zusammenhang zwischen Anarchismus, Postmoderne und Veganismus **konstruiert** wird. Aus diesem Grund muss auch ein Rückblick auf die Entwicklung des Anarchismus möglich sein, bei dem schnell festzustellen ist, dass die geschichtliche Wurzel des Anarchismus eng mit den Idealen der Aufklärung verbunden und von der

Aufklärung stark beeinflusst ist. Diese Arbeit hinterfragt dabei, ob die aus der Aufklärung stammenden Grundthesen des Anarchismus auch in der Postmoderne beibehalten werden können und ob und wo Veränderungsnotwendigkeiten bestehen. Aus postmoderner Sichtweise müsste durch eine postmoderne „Auflösung der Objektivität", dem „Ende der Eindeutigkeit" und vieler anderer postmoderner Erscheinungsweisen das nach wie vor anthropozentrische Gerüst des Anarchismus, in dem alles auf den Menschen zugeschnitten ist, verändert werden.

So kommt ein entscheidender Aspekt hinzu, der in einem gedanklichen Sprung hin zu einem nicht-anthropozentrischen Anarchismus liegt und damit einem Paradigmenwechsel gleichkommt. Der Veganismus wird in dieser Arbeit erst einmal als weiterer Beschleuniger einer Auflösung der Objektivität gesehen, und mit ihm kann das „Ende der Eindeutigkeit" auch in der anarchistischen Theorie und Praxis erkannt werden. Die positiven Aspekte werden dabei ausdrücklich beachtet und erwähnt. Indem der Veganismus die anthropozentrische Fixierung des Anarchismus scharf kritisiert, gleichzeitig jedoch das politische Konzept des Anarchismus nicht verlässt, trägt er auch zur Erweiterung der anarchistischen Theorie bei.

Murray Bookchins Kommunalismus legt großen Wert auf die Bedeutung der Gruppe und die der Gemeinschaft. Sie haben eine zentrale Bedeutung innerhalb der Bildung von sozialen Prozessen und des Zusammenlebens. Dem wird der Staat entgegengestellt und die Kritik an einer Staatlichkeit deutlich formuliert. Zuletzt entwickelte Bookchin das Konzept eines libertären Kommunalismus und stellt die Bedeutung gemeinschaftlicher Organisierung auch in Großstädten in den Mittelpunkt. Auch dort können sich die Menschen in kleinen Einheiten organisieren, in den entsprechenden Stadtteilen und Nachbarschaftseinheiten. Bookchins Kommunalismus erscheint deswegen aktuell, weil in ihm genau die Kritikpunkte an einer postmodernen Welt aufgezählt werden: Individualisierung, Werteverfall, Orientierungslosigkeit etc. So scheint der Anarchismus zumindest für einige Soziolog_innen interessant zu sein, weil er das formuliert hat, was jetzt zum Gegensteuern in Zeiten der Postmoderne als notwendig bezeichnet wird. Wenn der Anarchismus also Orientierung und Halt, aber auch Werte vermitteln möchte und dabei gegen eine Individualisierung und für gemeinschaftliche Gestaltung plädiert, kommt er nicht darum herum, sich mit der Postmoderne auseinander zu setzen.

Pluralismus wird zum Beispiel als Begründung für einen allseits beobachteten Werteverfall und die damit einhergehende Orientierungslosigkeit in der Postmoderne angeführt. Das anarchistische Weltbild wird jedoch auch als pluralistisch bezeichnet, damit einzelnen Interessenvertreter_innen größtmögliche Unabhängigkeit gewährt werden kann. Der Mensch soll in die Lage versetzt werden, sich von zentralen Vorgaben zu lösen und Eigenständigkeit zu entwickeln. So wird an diesem Punkt exemplarisch deutlich, dass in der anarchistischen Theorie auch eine Anerkennung der Postmoderne vorhanden zu sein scheint. Dieses Beispiel zeigt, dass der Anarchismus mehr postmodernes Potential besitzt, als Anarchist_innen ihm oft selbst zuschreiben. Auch um dieses neu zu entdeckende Potential soll es in dieser Arbeit gehen.

2. LEITGEDANKE UND ARBEITSHYPOTHESEN

Aus der Darstellung des Gegenstands meiner Untersuchungen ergeben sich zwangsläufig die im folgenden Schaubild aufgeführten Arbeitshypothesen. Dieses Schaubild soll dabei den inneren Aufbau der Arbeit verdeutlichen. Deshalb zeichnet die Anordnung und Reihenfolge der einzelnen Arbeitshypothesen den Sinnzusammenhang nach, der nicht zwangsläufig kontinuierlich verlaufen muss, sondern in Brüchen zwischen verschiedenen Hypothesen wechselt – um nicht zu sagen: hin und her springt. Als alleiniger Höhepunkt ist, sinnbildlich in der Mitte und ganz oben, die Hypothese der Notwendigkeit zur eigenen Infragestellung zu sehen. Dieser Höhepunkt deutet auch gleichzeitig die inhaltliche Wende an, wenn in der darauf folgenden Hypothese eine zukünftige, neue anarchistische Praxis festgelegt wird: Dekonstruktion und postmoderner Anarchismus!

Arbeitshypothesen zu formulieren heißt auch, sie in den nachfolgenden Kapiteln auf ihre Relevanz hin zu untersuchen. Bei Arbeitshypothesen geht es um die Klärung, welche Forschungsfragen in der vorliegenden Arbeit im Einzelnen aus dem Untersuchungsziel abzuleiten sind.

Die Ausgangs- und Grundfragen und damit Untersuchungsziele lauten:

1. Ist der Veganismus durch die Postmoderne beeinflusst oder gar erst ermöglicht worden?
2. Kann dieser Veganismus als ein auf den Lebensalltag ausgerichteter Politikansatz von Jugendlichen verstanden werden, der diesen in der Postmoderne ein anarchistisches Leben ermöglicht?

Letztlich stellt diese Arbeit die Frage:

Ist der Veganismus als ein (neuer) postmoderner Anarchismus zu verstehen?

Diese nunmehr formulierten Untersuchungsziele sind Ausgangspunkt und gleichzeitig Endpunkt dieser Arbeit.

ARBEITSHYPOTHESEN 1 BIS 12

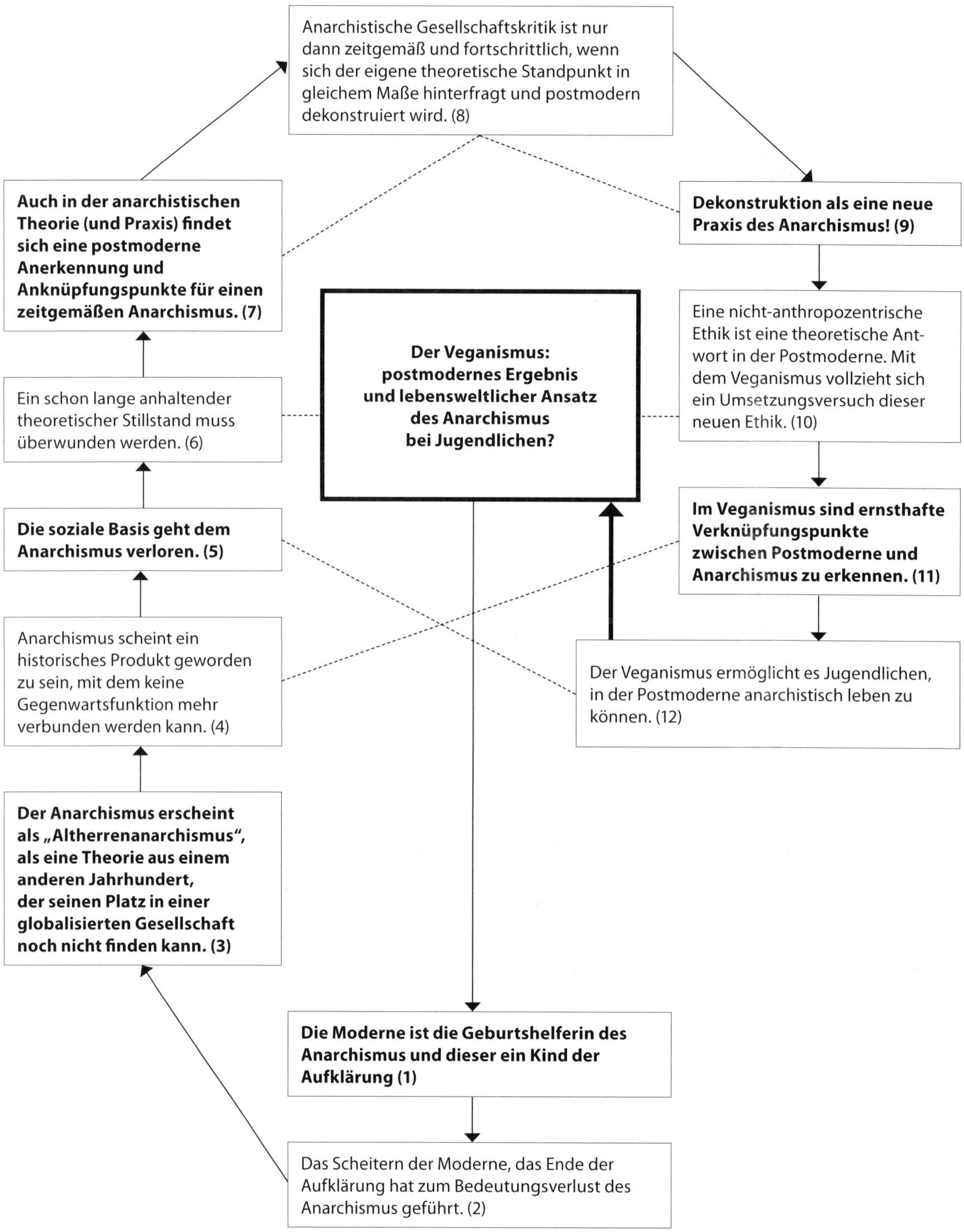

3. LITERATURSTAND

ANARCHISMUS

Über Anarchismus im Allgemeinen, über Anarchist_innen im Besonderen, wurde in den letzten Jahrzehnten periodenhaft mal mehr, mal weniger publiziert. Quantitativ fällt die Bearbeitung anarchistischer Theorie im Vergleich zu ihrer Verarbeitung der Geschichte und ihrer politischen Praxis ab. Veröffentlichungen über einzelne Anarchist_innen, ihr Leben und Denken sind eindeutig zahlreicher. Ausnahmen bereiten einige auch zeitgeschichtlich bedeutende Epochen. Das am intensivsten bearbeitete Feld stellt die Zeit des Spanischen Bürgerkrieges dar. Die vielen Veröffentlichungen über z. B. „Frauen im Spanischen Bürgerkrieg", „Der spanische Anarcho-Syndikalismus", „Unter der schwarzen Fahne", „Nacht über Spanien", „Abel Paz und die Spanische Revolution" etc. beschreiben facettenreich anarchistische Praxis in einer revolutionären Periode.

Es wird deutlich, dass der Spanische Bürgerkrieg ein sehr bedeutendes identitätsbildendes Thema ist, das sich zudem in Zeiten eigener politischer Bedeutungslosigkeit nutzen lässt, um sich nicht ganz so bedeutungslos zu fühlen. Trotzdem oder gerade deswegen liegt in der Niederlage des Anarchismus im Spanischen Bürgerkrieg ein sehr entscheidender Moment für die weitere Entwicklung des Anarchismus. Nicht ganz falsch ist deshalb die Diskussion, die das Scheitern des „Realanarchismus" auf die Zeit Ende der 30er Jahre festlegt. Weder vor noch nach dem Spanischen Bürgerkrieg hatten Anarchist_innen im größeren Maßstab die Chance, ihre politischen Vorstellungen in eine Gesellschaftspraxis umzusetzen. Für diese Dissertation spielt das Thema des Spanischen Bürgerkrieges allerdings keine Rolle.

Heute stehen Anarchist_innen in dem Dilemma, keine die gesamte Gesellschaft erfassende „reine"/deutlich anarchistische Lösung anbieten zu können. Und somit kommt ein zentraler Punkt ins Spiel, der sich mit dem Thema „Macht" und „Machtfrage" bezeichnen lassen kann. Der Anarchismus hat die Machtfrage (schon in den Brigaden des Spanischen Bürgerkrieges) verloren. Wurde sie gestellt, wurde auch gleichzeitig deutlich, dass es keine „reine" anarchistische Lösung geben konnte. Die Entscheidung war zu fällen: entweder allen die Anarchie aufzudrängen (notfalls mit Gewalt) oder mit Partnern zu kooperieren, die eben nicht anarchistisch sind. Beides (!) kann als „un-anarchistisch" bezeichnet werden und verdeutlicht eine der Selbstblockaden und die Ausweglosigkeit, in der der Anarchismus nicht nur im Spanischen Bürgerkrieg stand, sondern mit der er auch heute noch zu kämpfen hat.

Heute stehen Anarchist_innen in dem Dilemma, keine die gesamte Gesellschaft erfassende anarchistische Lösung anbieten zu können.

Neben dem Spanischen Bürgerkrieg haben „Erinnerungen eines Proletariers aus der revolutionären Arbeiterbewegung", „Die Bekenntnisse eines Revolutionärs", „Mein Leben als Bücherfreund und Anarchist" oder Mosts Biografie über „August Reinsdorf und die Propaganda der Tat" einen wesentlichen Anteil an den Veröffentlichungen. Hier wird deutlich, dass die Darstellung von anarchistischen Persönlichkeiten, ihrer Propaganda und Taten dazu dienen kann, für das konkrete Leben und die Arbeit vor Ort einige handhabbare Prämissen aus den Schriften der anarchistischen Klassiker und Vorbilder herauszuziehen. Natürlich wird auch dieser Punkt nicht unkritisch in der anarchistischen Szene diskutiert. (Raasch/Degen 2002) Positiv gewendet kann der Rückgriff auf anarchistische Klassiker hilfreich sein, weil man sie ja auch als „theoretische Werkzeugkiste" begreifen kann. Doch auch hier befinden sich Anarchist_innen im Dilemma. Wird die theoretische Werkzeugkiste all zu oft und ausschließlich genutzt, besteht die Gefahr eines traditionalistischen Gebrauchs von Begrifflichkeiten. H. J. Degen spricht in diesem Zusammenhang von „passivem Begriffsanarchismus" und empfiehlt eine Revision überholter Begrifflichkeiten. Außerdem mahnt er an, bei einer Neuformulierung anarchistischer Prämissen die geschichtlichen Zusammenhänge zu diskutieren. Dies soll in dieser Arbeit geschehen!

Ein weiterer Arbeitsbereich, der literarisch intensiv behandelt wurde, besteht in der Thematik der anarchistischen Pädagogik. Doch auch dieser Bereich bringt kaum noch neuere, weiterführende Literatur heraus. Ulrich Klemm wiederholt seit Jahren seinen libertären pädagogischen Anspruch, ohne dass dabei eine Vision oder Utopie für die heutige Zeit zu erkennen ist. In „Anarchisten als Pädagogen" (Klemm 2003) kann er auch nur wiederholend auf die Bedeutung der Pädagogik als Bestandteil einer libertären Gesellschaftskritik hinweisen. Der Anspruch des Buches ist dann auch nicht die Herausarbeitung einer neuen Vision oder deren mögliche Umsetzung, sondern der (neueste) Versuch, biografie- und ideengeschichtlich einen Überblick zu geben über einen bis heute von der etablierten Pädagogik und Erziehungswissenschaft vergessenen Pädagogikansatz. So verwundert es nicht, dass so historisch etablierte Personen wie Godwin, Tolstoi, Bakunin, Ferrer, Read etc. dargestellt werden. Hilfreich erscheint mir dabei auch nicht die neu herausgegebene „Die Moderne Schule" (Ferrer). Einzig Katalin Stang (2003) versucht in „Freiheit und Selbstbestimmung als behinderten-pädagogische Maxime" die Übertragbarkeit der libertären Pädagogik auf die Sonder- und Heilpädagogik. Auch das Feld der anarchistischen Pädagogik spielt für diese Arbeit keine Rolle.

Daneben kann man erkennen, dass die Bearbeitung anarchistischer Geschichte häufig von starken lokalen Bezügen beeinflusst wird, mit der die lebensweltlichen Zusammenhänge der Autor_innen zu erkennen sind: „Presse im Ruhrgebiet", „Naturalisten, Sozialisten, Anarchisten: Dispositionen der literarischen Intelligenz im ausgehenden 19. Jahrhundert", „Adalbert Luntowski und die Siedlergenossenschaft ‚Haus Asel am Edersee'", „Der ruhelose Rebell: Karl Plättner 1893-1945".

Neuerscheinungen zum Thema Anarchismus beschränken sich in den letzten Jahren im Wesentlichen auf immer neu überarbeitete Erstausgaben über Anarchist_innen: Landauer, Stirner oder Bakunin sind gute Beispiele. Auch hier liegt die Vermutung nahe, dass es sich um geschichtliche, lebensweltliche Affinitäten zwischen Autor_in und vorgestelltem Thema handelt. Den Beleg kann ein Blick in die Monatsveröffentlichung „Freies Schaffen" geben, in dem sich wissenschaftlich arbeitende Anarchist_innen einbringen und ihre aktuellen Arbeiten darstellen (Stand 2003).

Einige wenige Neuerscheinungen beschäftigen sich mit der Frage, wie die anarchistische Theorie aktualisiert werden kann. Jens Kastner versucht dies in seinem Buch „Politik und Postmoderne" (2000) und Jürgen Mümken als Herausgeber in dem Band „Anarchismus in der Postmoderne" (2004). Darin versuchen sie die aktuelle Zeitgeschichte aus libertärer, anarchistischer Sicht zu beleuchten und die Übertragbarkeit anarchistischer Theorie in eine aktuelle Gesellschaftsanalyse und deren möglicher Lebenspraxis darzustellen. Dies weist auf die Entwicklung eines postmodernen Anarchismus oder einen Postanarchismus (Mümken 2005: 11) hin, für den Mümken und Kastner eine große Bedeutung spielen, da sie als Einzige in dieser Eindeutigkeit über die Weiterentwicklung der anarchistischen Theorie nachdenken.

VEGANISMUS

Im Bereich des Veganismus ist die Literaturlage sehr ausdifferenziert. Die erste große deutsche Vegan-Studie über eine vegane Ernährung von Leitzman und Hahn (Leitzman/Hahn 1996) stellt diese Ausdifferenzierung sehr deutlich fest, indem sie zwar zwei Hauptgründe für eine vegane Ernährungsweise festlegt (die gesundheitlichen und ethisch-moralischen Gründe), diese jedoch neben den ökologischen, ästhetischen und politischen Gründen für die vegane Lebensweise stellt. In ihrer Untersuchung wird jedoch auch deutlich, dass Veganer_innen in der Regel nie aus nur einem Beweggrund vegan leben.

Hatte die Studie von Leitzman/Hahn noch den Fokus auf den gesundheitlichen Aspekt, so werden in der sozialwissenschaftlichen Studie von Angela Grube (Grube 2009, 3. überarbeitete Auflage) ebenfalls deutliche Hauptbeweggründe einer veganen Lebensweise festgestellt. Grube diskutiert im Rahmen ihrer qualitativen/quantitativen Studie die veganen Lebensstile und stellt ebenfalls eine große Bandbreite von Beweggründen eines veganen Lebensstiles fest. Überwiegende Motive liegen heute in den gesundheitlichen, ethisch-moralischen, ökologischen, ökonomischen, gesundheitlichen, politischen und religiösen Gründen. In ihrer Studie kritisiert sie jedoch sehr eindeutig, dass trotz steigender Zahl von Veganer_innen das Thema Veganismus in den Sozialwissenschaften kaum auf Interesse gestoßen ist und möchte deshalb mit ihrer Studie diese wissenschaftliche Lücke schließen. Grube geht davon aus, dass Veganismus als Lebensstil zu verstehen ist, der eng mit einer persönlichen Identitätsbildung verbunden ist, die schon in der Kindheit erste Impulse erhält. Deshalb muss sich die Erziehungswissenschaft dem Thema Veganismus annehmen, um über eine pädagogische Vermittlung in Kindergärten, Schulen, Hochschulen, Jugendzentren und im Gesundheitswesen den vegan lebenden jungen Menschen Unterstützungsangebote in ihrem selbst gewählten Lebensstil zu gewährleisten. (Grube 2009: 132)

Das bis jetzt einzige Lehrbuch, das sich mit dem Thema Veganismus beschäftigt, ist die Veröffentlichung „Eine Einführung in Jugendkulturen" von Wilfried Breyvogel (Breyvogel 2005). Er ist Professor an der Universität Duisburg-Essen und lehrt am Fachbereich Erziehungswissenschaften. In diesem Lehrbuch wird der Veganismus als eine Jugendkultur neben anderen dargestellt und soll auf der einen Seite den Studierenden einen Überblick über diese Jugendkulturen geben und auf der anderen Seite wissenschaftliche Lücken aufdecken, die zur weiteren Forschung anregen sollen. Auch in dieser Veröffentlichung wird großer Wert auf die vielfältige Vorgeschichte des Veganismus gelegt und die historischen Traditionen werden aufgezeigt.

Eine weitere Veröffentlichung, die sich dem wissenschaftlichen Anspruch verpflichtet, beschäftigt sich mit dem Oberbegriff „Tierrechte und Tierethik" und möchte einen offenen Dialog fördern, indem eine interdisziplinäre Zusammenarbeit und eine gesellschaftliche Diskussion angestoßen werden sollen. Ziel ist die „unvoreingenommene Vermittlung der tierethischen Forschung" (Interdisziplinäre Arbeitsgemeinschaft Tierethik 2007: 7), mit der eine Ethik, die der Frage nach dem guten und schlechten menschlichen Handeln nachgeht, entwickelt werden kann. Die Vorgehensweise in dieser Veröffentlichung gibt die vegane Lebens- und Theoriewelt in ihrer Bandbreite wieder. Es werden Vorlesungen aus den Bereichen „Die Natur von Menschen und Tieren", „Philosophie", „Politik, Recht und Gesellschaft" und „Religion und Kultur" miteinander in Bezug gesetzt. Mit diesen Themenbereichen wird der Rahmen sehr gut wiedergegeben, der mit dem Veganismus verbunden ist.

Da die Veröffentlichungen in den letzten Jahren den Schluss zulassen, dass es eine ganz eindeutige Kopplung des jeweiligen Themas mit einem der aufgeführten persönlichen Beweggründe gibt, kann eine Übersicht der Themenfelder, die mit dem Veganismus verbunden sind, wie folgt aussehen und zusammengefasst werden:

- **Antispeziesismus:** Mensch/Macht/Herrschaft/Unterdrückung/Gegen-Politik.
- **Veganismus:** Lebensstil/Jugendkultur.
- **Tierethik und Tierrechte:** Leiden der Tiere/Befreiung der Tiere/Tiere haben Rechte/der moralische Status der Tiere/das unnötige Leiden der Tiere/Gerechtigkeit auch für Tiere.

- **Gesundheit:** Vernünftige Gründe für Rohkost/Ernährung für ein neues Jahrtausend/Kochbücher/Krankheit und Ernährung/10 Gründe kein Fleisch mehr zu essen/Milch besser nicht wie ihr Kind gesund aufwachsen kann/Impfungen als unglaublicher Irrtum/spezielle Formen veganer Ernährung.
- **Tierschutz:** Tierische Geschäfte/Pelztierzucht/Jagen und Angeln/Zoo und Zirkus/Tierversuche/Massentierhaltung/Tiertransporte.

Daneben gibt es Buchveröffentlichungen, die ganz allgemein über den Veganismus schreiben und z. B. die Verhaltensforschung (Wie denken Tiere, tierisches Bewusstsein), Religion (Bewahrung der Schöpfung, geliebte Tiere, Gott-Mensch-Tier, Jainismus, Tiere haben Seelen), Ökonomie (Massentierhaltung und Welternährung, globale Gerechtigkeit, Großkonzerne und Fastfood) oder Philosophie (der Geist des Tieres, Tierethik) zum Thema haben.

Nach einer großen Anzahl an Veröffentlichungen in den 1990er Jahren, die eher grundsätzliche Thematiken besaßen (Tierethik, Philosophie, Tierrechte) und auch mit den Veröffentlichungen von Tom Regan, Peter Singer und Helmut Kaplan zusammenhingen, hat sich die Intensität im 21. Jahrhundert deutlich abgeschwächt. Die Neuveröffentlichungen sind vor allem an ganz speziellen Themen orientiert, die den Veganer_innen konkrete Lebens- und Orientierungshilfen geben sollen.

Eine andere wichtige Entwicklung, die die Quellenlage betrifft, darf an dieser Stelle nicht unerwähnt bleiben. In der Beschäftigung mit dem Thema Veganismus wurde deutlich, dass die greifbare Literatur, also Bücher, nach wie vor eine wesentliche Rolle für die vegan lebenden Menschen spielen. Sie geben Orientierungshilfen, Anleitungen zum veganen Leben und zu ganz speziellen Themen gezielte Informationen. Erkennbar ist jedoch auch, dass die wesentlichen Fragen des Lebensalltags überwiegend im Internet gestellt und auch beantwortet werden. Ein kurzer Blick in die „antispe-Forenübersicht" (www.antispe.de/foren/) belegt diese Feststellung. Neben dem „Tierrechtsforum", „Tierrechtskochbuchforum", „Vegane Kinder", „Veganismusforum" gibt es auch die Foren „Aktionen und Kontakte", „Videodokumentation", „Antisexismusforum" und das „Atheismusforum". Diese Foren übernehmen besonders für Kinder und Jugendliche und für „Neu-Veganer_innen" eine sehr wichtige Funktion, weil sie ihnen Hilfestellung und Orientierung in einer Gesellschaft geben können, die nach wie vor dem Veganismus sehr skeptisch gegenüber steht (Grube 2009).

Bei der Betrachtung der verschiedenen veganen Internetseiten wird die gesamte Breite der veganen Bewegung und des veganen Lebens deutlich. Auf der Internetseite www.veganelinke.antispe.org findet sich zum Beispiel auch das Forum „VegANarchistische Netzwerke aufbauen!" und zeigt neben der Bandbreite der veganen Themen auch die Aktualität dieser Arbeit, die die Verbindung zwischen Veganismus und Anarchismus aufzeigen will.

In diesen vielen Foren und Internetseiten, die auch mit den entsprechenden Theorietexten versehen sind, wird der Informations- und Unterstützungsbedarf geliefert, den Eltern, Kindergärten und Schulen nicht liefern können oder wollen.

So gesehen spielen Bücher zunehmend keine so große Rolle mehr bei der Entwicklung eines veganen Lebensstiles und bei der Bildung einer eigenständigen veganen Identität.

POSTMODERNE

Der Begriff der Postmoderne hat sich seit den 1980er Jahren fest etabliert und auf ihn wird sich in allen Wissenschaftsbereichen bezogen: Literaturwissenschaft, Kunst, Architektur, Philosophie, Soziologie und in der Politikwissenschaft. Entsprechend zahlreich ist die zur Verfügung stehende Literatur zum Thema Postmoderne.

Für diese Arbeit ist diejenige Literatur notwendig, die sich ganz grundsätzlich mit dem Thema Postmoderne beschäftigt und einen politikwissenschaftlichen Ansatz besitzt, mit dem sich ein Bezug zum Thema dieser Arbeit herstellen lässt. Entsprechend reduziert sich die zu nutzende Literatur, wenn der Bezugsrahmen Veganismus, Anarchismus und Postmoderne sein soll. Trotzdem kommt eine große Breite der zu nutzenden Literatur zustande, die von grundsätzlicher Bedeutung für dieses Thema ist und die Postmoderne explizit oder implizit zum Thema hat.

Zygmunt Bauman veröffentlichte u. a. das „Unbehagen in der Postmoderne", eine „Postmoderne Ethik" und „Moderne und Ambivalenz". Diese drei Werke von Bauman stellen den Rahmen für diese Arbeit dar und stecken zugleich die Themenbereiche ab, mit denen sich diese Arbeit beschäftigen wird.

1. In **„Moderne und Ambivalenz"** (Bauman 2005) beschreibt Bauman den zum Scheitern verurteilten Anspruch der Moderne, den Menschen Klarheit, Transparenz und Ordnung zu geben. Die Postmoderne dagegen spricht dieses Scheitern deutlich aus, und indem sie dies tut, schafft sie auch neue Möglichkeiten, aus der Uneindeutigkeit gut herauszukommen und aus dem bisher geltenden „Freiheit, Gleichheit, Brüderlichkeit" ein „Freiheit, Verschiedenheit, Toleranz" zu machen. Wie das geschehen kann, beschreibt Bauman auch und schreibt dabei der Solidarität eine entscheidende Rolle zu:

> „Die Postmoderne ist eine Chance der Moderne. Toleranz ist eine Chance der Postmoderne. Solidarität ist die Chance der Toleranz. Solidarität ist eine Chance dritten Grades." (Bauman 2005: 404)

Solidarität: Auf diesen Begriff und eine neue Bedeutung dieses alten, historischen Begriffes wird auch in dieser Arbeit eingegangen und er erhält eine ähnlich große Bedeutung wie bei Bauman. So wird der Begriff der Solidarität mit einem solidarischen Gedanken für alle Lebewesen verbunden. Damit wird ein neues „sich umeinander kümmern“ deutlich, das sich deutlich abhebt von dem bisherigen Verständnis. Es ist verbunden mit einem anti-hierarchischen und einem nicht-anthropozentrischen Blickwinkel, aus dem heraus sich ein postmoderner, anarchistischer Lebensstil im Veganismus entwickeln lassen kann. Mit einem konkreten Begriff (hier: Solidarität) erhält der dekonstruktivistische Ansatz in diesem Zusammenhang seine Bedeutung und damit findet in dieser Arbeit die Verknüpfung zu Derrida und Foucault statt. Mit dieser Verknüpfung und über einen Begriff wie den der Solidarität (der Menschen mit Tieren) kann die Theorie des Anarchismus (wie sich im Teil IV. zeigen wird) Anschluss an die Postmoderne erhalten.

Im Rahmen der Beschäftigung mit der Postmoderne wird deutlich, dass es sich dabei auch um eine bestimmte Form der Vorgehensweise handelt. So ist es nicht verwunderlich, wenn der Beginn der (philosophischen) Postmoderne mit Lyotard („Das postmoderne Wissen“) und Derridas Dekonstruktion zusammenhängt. Wenn in dieser Arbeit die Dekonstruktion als Methode verstanden wird, mit der die gesellschaftliche Analyse zeitgemäß betrieben werden kann, kann damit auch der Anarchismus eine Anschlussmöglichkeit an die Postmoderne erhalten. So muss also in dieser Arbeit (in aller Kürze) auf Jacques Derrida („la difference“), Foucault („Wahnsinn und Gesellschaft“, „Die Ordnung der Dinge“, „Überwachen und Strafen“) und Bourdieu eingegangen und die Grundlagen dieser auf Machtabbau ausgelegten Theorien dargestellt werden. Mit ihnen ist es möglich, die Verknüpfungen zwischen Veganismus, Anarchismus und Postmoderne zu konstruieren.

Damit hängen Begriffe wie Enttraditionalisierung, Entnormalisierung, Individualisierung, Pluralisierung und Entstrukturierung aller großen Denktraditionen zusammen. Ihre Zusammenhänge wurden aufgelöst; die mal bestehenden Sicherheiten gingen verloren und damit auch die Gewissheiten. Das Ende der großen Denktraditionen, die freie Kombination bisheriger Erkenntnismodelle können als Ergebnisse einer spezifischen Reflexion der gegenwärtigen Kultur und Gesellschaft angesehen werden. Einige dieser spezifischen Reflexionen können bei und über Lyotard nachgelesen werden, denn er

> „begreift die explosionsartig zunehmende Informationsflut und den mit der neuen Technologie verbundenen Zugriff auf beliebiges (anonymes) Wissen als einen Charakterzug postmoderner Kultur.“ (Thomas Köster über Lyotard in www.cpw-online.de/lemmata/postmoderne.htm vom 23.01.2010)

In dieser Arbeit wird besonders auf Lyotards „Das postmoderne Wissen“ (Lyotard 1999) und auf „Postmoderne für Kinder“ (Lyotard 1996) zurückgegriffen. In diesen Texten, vor allem aber mit „Das postmoderne Wissen“, hat Lyotard eine große Debatte über die Postmoderne angeregt und er versuchte damit, den starken Umbruch im 20. Jahrhundert zu begreifen und zu erklären. Lyotard sieht die Autorität der großen Erzählungen zum Ende des 20. Jahrhunderts zersplittert, in viele Einzelteile, Sinnfragmente aufgelöst, die wiederum in dieser fragmentarischen Form von den Menschen wieder aufgenommen werden. Um dies alles zu verstehen, um neue Sinnzusammenhänge zu erschaffen, um eine Methode zu besitzen, mit der in der Postmoderne gearbeitet werden kann, kann auf Derridas Dekonstruktion zurückgegriffen werden. Mit dem, was er Dekonstruktion nennt, kann eine kritische Denkbewegung verstanden werden, die sich gegen die Grundannahmen der Moderne richtet und darin Alternativen entstehen lässt. Lyotards Ausspruch vom „Ende der großen Erzählungen" zeigt auf, dass die Gegenwart nicht mehr durch *ein* Erklärungsprinzip wie Gott, Subjekt, Vernunft, marxistische Gesellschaftstheorie etc. (siehe auch die Kurzzusammenfassung zur Postmoderne in http://de.wikipedia.org/wiki/Postmoderne vom 13.05.2010) zu verstehen ist. Er zeigt eine „Vielzahl von Sprachspielen" mit unterschiedlichen Erklärungsmöglichkeiten auf, die eben genau keine Klarheit und Eindeutigkeit zulassen. Der Sinn erschließt sich in jedem einzelnen Menschen selbst, und damit wird auch ein neuer und je eigener Sinnzusammenhang geschaffen. So tritt der Einzelne, die Person, das Individuum mit seiner jeweils eigenen Identität in den Diskussionszusammenhang der Postmoderne. Wie kann noch von *dem Menschen*, dem *Mann* oder der *Frau* gesprochen werden, wenn nicht mehr deutlich ist, was z. B. das *Männliche* am Mann ist. So entwickelt sich ein identitätskritischer Diskussionszusammenhang, der auch im Rahmen dieser Arbeit und im Abschnitt der Postmoderne aufgegriffen werden musste.

Vom „Ende der großen Erzählungen": Die Gegenwart kann nicht mehr durch ein Erklärungsprinzip verstanden werden.

So kann in dieser Arbeit nicht auf eine entscheidende Veröffentlichung über die Identitätsfrage (von Judith Butler) verzichtet werden, da diese nicht nur einfach die „Geschlechterfrage" thematisierte und das bis dahin gängige Geschlechterbild, sondern auch das „Frauen-Wir" als identitätsstiftendes Element in Frage stellt. Die Aufhebung der geschlechtlich strukturierten Herrschaft ist Bedingung für Herrschaftsfreiheit und wird in dieser Arbeit in einen Zusammenhang mit anderen Unterdrückungs-, also Herrschaftsverhältnissen gestellt.

So wird also das lange existierende Verhältnis der Geschlechter in Frage gestellt – ähnlich wie dies zuvor für die großen Erzählungen gegolten hat. Aus diesem Grund musste sich, in Ansätzen, mit der Geschlechterfrage befasst werden, da sich in diesen Geschlechterverhältnissen die Machtverhältnisse widerspiegeln, die gesellschaftlich und auch für den Speziesismus relevant sind. Auch für Männer spielt dieses Thema eine Rolle und Robert Connell („Der gemachte Mann. Konstruktion und Krise von Männlichkeiten") zeigt auf, dass auch Männlichkeit eine gesellschaftlich konstruierte Kategorie ist, die längst nicht mehr eindeutig ist. Eine Erweiterung dieser Sichtweise von gesellschaftlichen Herrschaftsverhältnissen formulieren Collard/Contrucci in „Die Mörder der Göttin leben noch", indem sie den

Gebrauch und den Missbrauch der Umwelt durch den Mann analysieren und die Umweltzerstörungen in Verbindung zur Ausbeutung des weiblichen Geschlechts durch den Mann bringen. Die Postmoderne ermöglicht die Entwicklung dieser Ansätze und an dieser Stelle auch die Verknüpfung des Veganismus mit den von Judith Butler entwickelten Gedankengängen. Letztlich kann hier auf das aufgebaut werden, was Judith Butler („Gender Trouble", „Das Unbehagen der Geschlechter"), Nancy Frazer, Donna Haraway („Die Neuerfindung der Natur") oder Seyla Benhabib („Feminismus und Postmoderne") schon frühzeitig erarbeitet hatten.

2. In seinem Buch **„Postmoderne Ethik"** versucht Bauman die Bedeutung und Neuformierung einer postmodernen Ethik zu beschreiben. Während auf der einen Seite ein grober Werteverlust beklagt wird, formieren sich auf der anderen (der postmodernen) Seite über die Befreiung von alten Verpflichtungen und von moralischen Standards neue postmoderne Zielsetzungen, die mit einer neuen Ethik verbunden sind. Auch deshalb wird sich in dieser Arbeit mit dem Thema Ethik beschäftigt, die einen eindeutigen Bezug zur Natur- und Tierethik hat. Letztlich handelt es sich um Literatur, die einen nicht-anthropozentrischen Ethikansatz verfolgt und dem Handeln von Veganer_innen im Rahmen einer postmodernen Theorie die ethischen Grundlagen ihres moralischen Handelns aufzeigen.

Neben der **Tierethik** von Jean-Claude Wolf („Tierethik"), der damit neue Perspektiven für Menschen und Tiere erarbeiten möchte und das als das Standardwerk in der deutschsprachigen Tierethik gilt, schreibt auch Ursula Wolf („Das Tier in der Moral") darüber, wie das Tier in den moralischen Kanon aufgenommen werden kann. Sie beschreibt dabei moralische Qualitäten des Tieres selbst, die vor allem in der Schmerzempfindlichkeit und in dem Wunsch auf Wohlbefinden des Tieres liegen. Daneben entwickelt Helmut Kaplan sehr dezidiert die „Ethische Weltformel" als eine Moral für Menschen und Tiere, die uns einen richtigen Umgang mit Tieren aufzeigen will. Die daraus entwickelte Tierethik von Kaplan will deutlich machen, dass wir Menschen Terror gegen Tiere verbreiten, weil wir sie ständig verraten, indem wir sie schlachten lassen und sie essen. Tiere verhalten sich nach Kaplan in der Regel dem Menschen gegenüber freundlich und wir nehmen ihre Dienste gerne in Anspruch. Der Mensch dagegen beutet die Tiere hemmungslos aus (Massentierhaltung, Milchwirtschaft etc.), foltert (Schweinehaltung, Gänsemast etc.) und tötet sie, damit wir sie aufessen können. Deshalb kann Kaplan auch den Vergleich in „Der Verrat des Menschen an den Tieren" (Kaplan 2007) bringen und die Leiden der Gefangenen in Guantanamo und Abu Ghraib mit dem Leiden von Tieren in der Gefangenschaft, z. B. einer Hühnermastanlage, in einen Zusammenhang stellen.

Im Rahmen der Entwicklung einer Tierethik kann auch nicht auf die „Praktische Ethik" von Peter Singer verzichtet werden, der direkte und indirekte moralische Gründe gegen die Tötung von Tieren entwickelt. Singer bedient sich dabei eines klar utilitaristischen Ansatzes (siehe Kapitel III.6.2.) und ist im Bereich des Veganismus/der Tierrechte einer der wichtigen Theoretiker, der deshalb in dieser Arbeit beschrieben werden muss. Neben der Tierethik wird auch auf die **Naturethik** und ganz allgemein auf die **Ökologie-Ethik** (Brenner 1996) eingegangen, weil sie quasi den Rahmen abstecken, in dem die Tierethik anzusiedeln ist.

3. „Das Unbehagen in der Postmoderne" von Zygmunt Bauman ist dagegen der Versuch, die Lebensverhältnisse der Menschen in den Blick zu nehmen. Wenn, nach Bauman, das moderne Unbehagen aus der Sicherheit, die zu wenig Freiheit ließ, entsprang, so entsteht das postmoderne Unbehagen aus der Freiheit, die zu wenig Sicherheit gewährleistet. Wenn auf der einen Seite also die übermäßige Ordnung eher Langeweile und Stillstand beschert, beschert uns auf der anderen Seite das postmoderne Übermaß an Freiheit schlaflose Nächte – dem Unbehagen lässt sich nicht entgehen. Und letztlich meint Bauman, dass wir damit gut umgehen können, wenn ein optimales Gleichgewicht gefunden wird: „Die Freiheit der Freien erfordert die Freiheit aller." (Klappentext Bauman 1999)

Das „Ende der Eindeutigkeit", das „Ende der großen Erzählungen" kann also auch zum Beginn neuer Freiheitsverständnisse führen und ist somit als postmoderne Chance anzusehen. Diese Denkweise hat natürlich gesellschaftliche Konsequenzen, denn wenn die so genannten Metaerzählungen keine Legitimierung mehr für die bisherigen politischen Praxen, Denkmodelle und Ideologien geben, sich Wahrheiten, Traditionsbedeutungen (und die Bedeutung von Begriffen ganz allgemein) auflösen, dann liegt darin die Chance dieser Postmoderne. Eine der möglichen Konsequenzen kann ein schärferes Bewusstsein, ein sensiblerer Umgang, ein genaueres Hinsehen, eine größere Akzeptanz von Unterschiedlichkeiten sein – also ein mehr an Heterogenität und Pluralität.

In diesem Zusammenhang zeigt der Veganismus auf, wie man die Freiheit der Freien erlangt, denn sie gelingt nur durch die Freiheit aller – also auch der Tiere. Und so scheint der Veganismus Bestandteil der Postmoderne zu sein, denn er lässt sich eindeutig in den Bereich einer postmodernen Zeitenwende einordnen.

Zum Schluss dieser Literaturbesprechung darf der Hinweis auf Wolfgang Welsch („Unsere postmoderne Moderne") nicht fehlen. Welsch gibt einen vollständigen Überblick über die Entwicklungslinie von der Neuzeit über die Moderne und hin zur Postmoderne. Welsch will hier eine Geschichte und den Begriff der Postmoderne entwickeln, der möglichst breit angelegt ist und die verschiedenen wissenschaftlichen Bereiche mit einbezieht. Von daher ist es geeignet, als Grundlage für diese Arbeit zu dienen und dem Veganismus seinen Platz zuzuweisen.

I. GESAMTGESELLSCHAFTLICHE SITUATION

1. DER JUGENDSOZIOLOGISCHE KONTEXT

> „Definiert man Soziologie als Wissenschaft von den gesellschaftlichen Verhältnissen und dem Handeln zwischen Menschen in diesen Verhältnissen, dann befasst sie sich mit dem Phänomen Jugend insofern, als sie in diesen Verhältnissen vorkommt und handelt und in beiderlei Hinsicht eine Funktion erfüllt." (Sander 2000: 76)

In diesem Sinne befasst sich mit der Darstellung der gesellschaftlichen Verhältnisse, in denen wir und damit auch Veganer_innen leben. Sie sind als solche Bestandteil dieser Gesellschaft und somit auch handelnde Akteur_innen im Rahmen der gesellschaftlichen Veränderungsprozesse und werden in dieser Arbeit als „Untersuchungsgegenstand" herangezogen. Sie sind aber nicht nur deshalb interessant, weil sie Anarchist_innen und/oder Veganer_innen sind, sondern weil sie durch ihre spezifische Art der Kommunikation, ihre speziellen Handlungsformen und ihre eigenen soziokulturellen Ausprägungen die Gesellschaft und den jeweiligen Veränderungsprozess punktuell beeinflussen. Sie gestalten durch ihre spezifischen Praktiken und Äußerungen einen Diskurs, der sich zu anderen, herrschenden Diskursen als gegensätzlich erweist. Etwas wissenschaftlicher formuliert:

> „Fasst man Diskurs als Fluss von Wissen durch die Zeit, der sich eindämmen, stauen, umleiten lässt wie jeder andere Fluss oder Bach auch, dann begreift man von Beginn an, dass die Diskurse eine Vergangenheit, eine Gegenwart und eine Zukunft haben. … dass zum Verständnis gegenwärtiger Diskurse die Kenntnis vergangener gehört …" (Jäger 1994: 5)

Für Foucault haben Diskurse „als solche" Macht, können sich verselbständigt auf die Wanderschaft begeben und unabhängig von den einzelnen Subjekten sehr machtvoll werden. Mein Blick auf die gesellschaftlichen Verhältnisse ist demnach auch beeinflusst durch den Bezug auf den historischen Anarchismus, also die Vergangenheit.

Insgesamt gesehen interessieren mich im Wesentlichen die Veränderungen in den letzten drei Jahrzehnten, die diese Gesellschaft erfahren

Die sog. 68'er-Generation hat sich trotz Horkheimer und Adorno nie ernsthaft mit Tierrechten befasst.

hat und mit denen wir es auch heute noch zu tun haben. Ich beziehe mich deshalb auf die letzten drei Jahrzehnte, weil sich die sog. 68'er-Generation trotz Horkheimer und Adorno nie ernsthaft mit Tierrechten befasst hat und erst mit der 78'er-Generation (Rinas 1995), also der Nachfolgegeneration der 68'er, das Thema der Tierrechte Einzug in die politische Diskussion gefunden hat.

Dabei scheint es so zu sein, als ob Veganer_innen in ihrer inhaltlichen und theoretischen Radikalität von den gesellschaftlichen Veränderungen profitiert haben. Eine Gesellschaft, die sich in vielen Bereichen im Umbruch befindet, bietet genügend Freiraum und Andockstationen für bisher Undenkbares und für bisher Unlebbares. So ist der Veganismus Bestandteil dieser „Gesellschaft im Umbruch" und als solcher besitzt er auch erst einmal eine ihm manchmal zugewiesene und natürlich auch angenommene Funktion in der postmodernen Gesellschaft.

Der Blick auf die gesamtgesellschaftliche Situation wird von mir bewusst durch den Filter „Jugend" eingeengt, da die vegane Bewegung im wissenschaftlichen Diskurs als jugendrelevante Szene und eigenständige Jugendkultur bezeichnet und diese Jugendkultur als eigenständiges Lebensstilkonzept (Breyvogel 2005: 73) anerkannt wird.

> „Eine jugendkulturelle Verortung des Veganismus ist mit Blick auf Szenen wie Hardcore/Metalcore, aber auch andere, geradezu evident ..." (Breyvogel 2005: 155)

Auch dies wird in dieser Arbeit noch näher erläutert. Innerhalb der Jugendforschung wird auf jeden Fall verstärkt auf die Notwendigkeit einer Gesellschaftsanalyse hingewiesen:

> „Jugendsoziologie ist immer eingebettet in eine Theorie der Gesellschaft. In der Jugendsoziologie dürften explizite und implizite Vorstellungen über eine wahre Gesellschaft besonderes Gewicht haben, da sie sich auf die Generation richtet, die all das realisieren könnte, was bis dato nicht realisiert worden ist." (Sander 2000: 77)

Dieses Zitat beschreibt nicht etwa den theoretischen Anspruch, sondern den Anspruch an die Theorie, eine Zeitdiagnose mit einem politischen Praxiskonzept zueinander in ein Verhältnis zu bringen. Es wurde schon erwähnt, dass in postmodernen Zeiten Pluralisierung und Differenz als Möglichkeit und Chance zu sehen sind und deshalb der Blick nicht nur eindimensional auf die gesellschaftliche Ebene gerichtet sein kann, sondern mit der Mikroebene der handelnden Akteur_innen verknüpft werden muss. In den neuesten jugendsoziologischen Studien wird dies deutlich:

> „Das Verhältnis von Jugend und Gesellschaft ist einem permanenten Wandel unterworfen und muss nach verschiedenen Gesellschaftsbereichen ausdifferenziert werden." (Bingel/Nordmann/Münchmeier 2008: 9)

Trotz (oder gerade wegen) dieser Erkenntnis scheint es die Jugendforschung mit einem nicht einfachen Problem zu tun zu haben. Auf der einen Seite gibt es eine Fülle von Jugendstudien und Veröffentlichungen über „die Jugend", mit der

> „man erschlagen werden kann. Wir haben nie mehr Veröffentlichungen über Jugend gehabt, als wir sie momentan haben." (Hübner-Funk 2003: 14),
>
> auf der anderen Seite
>
> „ist die Grundstimmung von Ratlosigkeit, Verwirrtheit und Resignation haften geblieben – vor allem das Gefühl des ‚Schwindens' von klaren Begriffen, wichtigen Fragen und handlungsleitenden Normen, sei es im forschungspolitischen, praktischen oder politischen Feld." (ebd.: 13)

In einer der aktuellsten Veröffentlichungen zum Thema „Strukturbedingungen jugendlicher Lebenslagen" bestimmt Claus Tully die Situation der Jugend kurz und knapp:

> „Die Aufforderung, sich in einer modernen hochkommunikativen und mobilen Gesellschaft zu verorten, wird von den Jugendlichen direkt beantwortet – Unterwegssein gehört zum Aufwachsen." (Tully in: Bingel/Nordmann/Münchmeier 2008: 171)

Zu der Ratlosigkeit, Verwirrtheit und Resignation einiger Wissenschaftler und dem Problem des „Schwindens von klaren Begriffen" (s. o.) kommt nun das „Unterwegssein" der Jugend hinzu. Dies bedeutet, dass sich Jugendliche nicht mehr auf einen Schonraum berufen können, in dem sie über Jahre von den gesellschaftlichen Veränderungsprozessen verschont bleiben. Jugendliche müssen sich rechtzeitig und permanent auf den Weg machen, der in keiner Weise wirklich planbar und absehbar ist.

Die Erscheinungsformen einer postmodernen Gesellschaft sind demnach übertragbar auf die Lebensform/den Lebensstil der Jugend, zu der Unterwegssein dazugehört und zu dem auch dazugehört, sich einer genauen Verortung zu entziehen.

Stellt die Zeitdiagnose relevante Veränderungen fest, muss dies auch in den unterschiedlichsten Konzeptentwicklungen und Politikansätzen wiederzufinden sein. Und so soll in diesem ersten Kapitel nicht nur deutlich werden, wie stark sich die Gesellschaft verändert hat, sondern auch, dass dieser allgemeine gesellschaftliche Veränderungsprozess etwas mit der jungen Generation der Veganer_innen zu tun hat, die den Veränderungsprozess durch ihr Lebensstilkonzept verstärken. Aufgenommen ist damit auch die Aussage von Thomas Schwarz, dass der Veganismus „nicht als eine ‚Ernährungslehre' (unter vielen) verstanden werden ..." (Thomas Schwarz in: Breyvogel 2005, S. 157) muss, sondern als ein Lebensstilkonzept mit polarisierendem Potenzial, mit dem „gravierend in unsere traditionellen

Gewohnheiten ...“ eingegriffen wird und damit alle gesellschaftlichen Bereiche und Entwicklungen tangiert.

Klaus Hurrelmann (2007) analysiert „die Jugend“ unter dem Gesichtspunkt, dass sich in den letzten 50 Jahren die Lebensphase Jugend stark ausgedehnt hat und zu einer der wichtigsten Phasen im Leben eines Menschen geworden ist. Dabei stellt er fest:

> „Persönlichkeits- und Gesellschaftsentwicklung befinden sich über die gesamte Lebensspanne hinweg in wechselseitiger Abhängigkeit, aber in der Jugendphase erreicht dieses Beziehungsverhältnis eine einzigartige Dichte. Viele Merkmale und Probleme der Jugendphase spiegeln Erscheinungen wider, die typisch für künftige Entwicklungen der gesamten Gesellschaft und für alle Altersgruppen sind.“ (Hurrelmann 2007: 7)

So ist es nicht verwunderlich, wenn Hurrelmann die These vertritt, dass Jugendliche als Vorreiter einer modernen Lebensführung anzusehen sind,

> „die auf ökologischen, kulturellen und ökologischen Bedingungen der gegenwärtigen Gesellschaft jeweils eine spontane und intuitive Antwort geben.“ (a. a. O.: 8)

Für diese Arbeit bedeutet dies ganz konkret, die Mikroebene der Veganer_innen zu betrachten. Sie haben, wie ich noch zeigen werde, innerhalb der gesellschaftlichen Veränderungsprozesse eine besondere Funktion übernommen. Dabei wollen sie den gesellschaftlichen Wandel durch ihren veganen Lebensstil mitgestalten und dynamisieren ihn durch die Auseinandersetzung um eine nicht-anthropozentrische Ethik, eine ökologisch ausgerichtete Lebensweise und um die Weiterentwicklung einer politischen Theorie – des Triple-Oppression-Ansatzes.

Dabei greifen Jugendliche die Möglichkeiten auf, die sich in der Postmoderne ergeben haben und die Hurrelmann als besondere „Chancenstruktur“ bezeichnet. Für Jugendliche sieht er u. a. im Freizeit- und Konsumbereich, im Bereich der unmittelbaren sozialen Beziehungen zu Gleichaltrigen, im Bereich des politischen Handelns und im religiösen Handeln und Denken einen relativ großen Spielraum für selbstbestimmtes Agieren.

In einer Studie im Auftrag der Evangelischen Kirche im Rheinland, „Egotaktiker-Neue-Spießer-Generation-Nett: Kinder und Jugendliche im Licht neuerer Jugendstudien“ (Sparschuh 2003), wird über die Situation der Kinder und Jugendlichen folgende Verortung vorgenommen:

> „Die heutigen Jugendlichen sind die erste voll ‚postmodern‘ aufgewachsene Generation, für die uns die so genannten ‚pluralisierten Lebenslagen‘ immer auch als große Chance offeriert wurden für jeden Einzelnen, seinen individuellen Weg zu finden (wenn er es denn schafft, die Orientierung angesichts der vielen Möglichkeiten nicht zu verlieren).“ (Sparschuh 2003: 8)

Dies gilt dann ebenso für Jugendliche aus der veganen Bewegung, die es geschafft haben, ihren individuellen Weg zu finden, indem sie in einer postmodernen Welt einen eigenen Lebensansatz gefunden haben. Lebenslage verstehe ich als einen erweiterten Begriff im Zusammenhang einer kontroversen Diskussion um die Bedeutung des Begriffes der „sozialen Schicht", mit der Konsequenz, dass damit im 20./21. Jahrhundert zu den klassischen Sozialisationsinstanzen Familie, Schule, Kirche und Beruf einige neue hinzugekommen sind: Kindergarten, Jugendgruppen, Cliquen und insbesondere die neuen Technologien mit Fernsehen, Internet, Handy, SMS und MMS. Das früher eher Private der Sozialisation hat sich zunehmend in die Öffentlichkeit verschoben. Das Lebensumfeld, der Lebensalltag ist vielfältiger, aber auch widersprüchlicher geworden und damit entwickeln sich komplexere Anforderungen an den Einzelnen und besonders an die angebliche Ur-Sozialisationsinstanz Familie.

Die so genannte Statuspassage, also der Übergang zum Erwachsen-Werden, wird im 11. Kinder- und Jugendbericht der Bundesregierung (Bonn 2002) mit der Eigenständigkeit als Konsument definiert und gekennzeichnet. Wer ein eigenständiges Einkommen besitzt und darüber selbständig als Konsument verfügen kann, ist demnach erwachsen. Diese Definition scheint bewusst ungenau gehalten zu sein, denn die langen Ausbildungswege, der verspätete Übergang ins Berufsleben, hält Jugendliche nicht davon ab, erwachsen zu werden (und umgekehrt). Der Lebensalltag ist gekennzeichnet von einem insgesamt liberalen Klima, bei dem die Grenzen offen, aushandelbar und damit natürlich auch mit Unsicherheiten verbunden sind. Nicht zuletzt schreibt Ute Sparschuh (2003) über das „Postideologische Jahrzehnt", in dem gesellschaftliche Utopien zumindest aus dem Alltag verschwunden zu sein scheinen, obwohl die Problemlagen deutlich zugenommen haben. Globalisierung, Ressourcenschwund, ökonomische Instabilität, Erwerbslosigkeit und die Grenzen des so genannten Wohlfahrtsstaates schreien geradezu nach neuen, utopischen Alternativen. Rolf Schwendter formuliert dies etwas deutlicher, wenn er über die Utopie schreibt:

> „Alles scheint unterschiedslos pulverisiert zu werden, was mit den hegemonialen Interessen nicht im elektronifizierten Gleichschritt marschiert und der Verwertbarkeit der neuen Djangos kostengünstig ausgesetzt werden kann: Jeder für sich und der Weltmarkt gegen alle." (Schwendter 1994: 105)

Schwendter sieht nur zwei Möglichkeiten, sich eben nicht pulverisieren zu lassen und sich gegen den Selbstlauf des Weltmarktes zu wehren. Eine Möglichkeit ist, sich bis zur Unkenntlichkeit den dirigierenden Konzernen anzupassen und dies dann mit kompensierendem Konsum zu demonstrieren

> „und dem Ganzen einen postmodernen Überbau überzubraten, und wer dabei Pech hat, die Reihe der weltweiten Armutsbevölkerung zu verstärken, den beißen halt die Hunde." (ebd.)

Die andere Möglichkeit ist, schlicht und einfach an der Wiederauferstehung einer in die Zukunft tragenden neuen Utopie zu arbeiten. Diese in die Zukunft tragende Utopie versuchen Veganer schon heute zu leben, und damit handeln sie genau nach dem, was Schwendter in seiner zweiten Möglichkeit andeutet.

Auch aus diesem Grund tritt die vegane Bewegung besonders in den Mittelpunkt dieser Arbeit, da sie als Bewegung in postmoderner Zeit eine eigenständige Bewältigung der hier nur kurz angedeuteten veränderten Lebenslagen vermuten lässt und ein Hoffnungsschimmer auch für R. Schwendter sein könnte. Mit der veganen Bewegung verbindet sich der konkrete und sofort umsetzbare Versuch einer veränderten (auch politischen) Lebenspraxis. Die Welt, in der die Veganer_innen leben, muss verstanden und diagnostisch erfasst werden, damit die vegane Lebenspraxis zumindest nachvollziehbar wird. Dabei ist schnell festzustellen, dass eine Diagnose der Gegenwartsgesellschaft weder einfach noch eindeutig sein kann. Demnach kann auch die Diagnose des Veganismus nicht einfach oder eindeutig sein. Auf jeden Fall werden sehr unterschiedliche Erklärungsversuche für die von allen als kompliziert empfundene Lebensrealität herangezogen. Die jenseits aller Klassen-, Schichten- und Milieutheorien völlig unterschiedlichen Lebensentwürfe, Wert- und Moralvorstellungen stehen deshalb in besonderem Fokus der (Sozial-)Wissenschaften und sollen erklär- und deutbar gemacht werden.

Mit der veganen Bewegung verbindet sich der konkrete und sofort umsetzbare Versuch einer veränderten (auch politischen) Lebenspraxis.

Die in dieser Arbeit untersuchte Gruppe der Veganer_innen stellt dabei nur eine der Teilgruppen aller veganen Gruppen dar. Der Fokus dieser Arbeit liegt auf den sich anarchistisch verstehenden Veganer_innen.

Dieser Arbeit liegt die Annahme zugrunde, dass in Zeiten der Postmoderne viele Deutungsmuster ihre Relevanz verloren haben und neue Erklärungsansätze oder Deutungsmuster nicht sofort erkennbar sind. An dieser Stelle und in diesem Sinne habe ich mich der Aufforderung von Zygmund Bauman angeschlossen und beschreibe die Gegenwartsgesellschaft aus meiner Arbeitsperspektive. In diesem Fall ist es die Darstellung der Gegenwartsgesellschaft, wie sie sich für Jugendliche darstellt. Die Grundfragen, die in den nächsten Kapiteln beantwortet werden sollen, lauten:

Welche Gegenwartsgesellschaft finden jugendliche Veganer vor?

Wie sieht das soziale und gesellschaftliche Umfeld aus?

Dabei erhalten diejenigen gesamtgesellschaftlichen Veränderungen eine Beachtung, die im Rahmen dieser Arbeit auch für die Veganer von Bedeutung sind.

2. VEREINTES DEUTSCHLAND – GETEILTE JUGEND

Für Menschen in den neuen Bundesländern hat sich nach dem Beitritt zur Bundesrepublik Deutschland sehr vieles verändert. Gab es zu DDR-Zeiten generelle Versorgungsschwierigkeiten, so stand den Menschen nach der Wende scheinbar alles zur Verfügung. Für die Elterngeneration bestand in dem Beitritt zur Bundesrepublik der Fortschritt unter anderem in genau dieser scheinbaren Unendlichkeit neuer Möglichkeiten, auch und gerade was die Lebensmittelversorgung anging. Für Jugendliche hingegen trat eine noch bedeutendere Ausweitung hinzu. Nicht nur die vielfältigeren Konsummöglichkeiten standen zur Verfügung, sondern auch eine neuartige „Reduktion in der Vielfältigkeit", indem sie nun in der Ernährungsfrage auch eine gesellschaftspolitische Handlungsmöglichkeit sahen. Den scheinbar unendlichen Variationen des Fleischkonsums konnte eine vegetarische Lebensweise entgegengesetzt werden, und damit wurde, neben der Absicherung der Ernährungsvielfalt, auch ein neuer Zugang zu bisher nicht gekannten Lebensformen ermöglicht. Doch auch 20 Jahre nach der „Wiedervereinigung" sind die Lebensverhältnisse zwischen den neuen und alten Bundesländern noch immer sehr unterschiedlich. Auf jugendliche Lebenswelten bezogen potenzieren sich die Konsequenzen der unterschiedlichen Verhältnisse und müssen deshalb besondere Beachtung erhalten.

> „So wird die Integration der ostdeutschen Jugend in die neue Bundesrepublik nach wie vor erschwert durch sozial relevante Phänomene im deutsch-deutschen Transformationsprozess und die Nachhaltigkeit intra- wie intergenerationeller Erfahrungszusammenhänge." (Andersen/Bock/Otto 2004: 227)

Jugendliche aus den neuen Bundesländern haben neben den Problemen der allgemeinen Veränderungsdynamik auch noch vereinigungsbedingte Probleme zu bewältigen, die z. B. in der deutlichen Verurteilung eines diktatorischen SED-Regimes einerseits und der nicht abnehmenden positiven Erinnerungskultur (Ostalgie) von angeblichen „DDR-Schätzen" anderseits liegen. Jugendliche, die auf Grund ihres Alters die ehemalige DDR nicht erlebt haben können, sprechen jedoch über diese Zeit in durchaus positiven und mit eindeutig tradierten Bewertungen. So wird in der Sozialarbeit mit Jugendlichen deutlich, dass innerhalb der (ehemaligen DDR-)Familien kaum Auseinandersetzungen über die verschiedenen Gesellschaftssysteme geführt, sondern lediglich punktuelle Meinungen weitergegeben werden. Daneben sehen Jugendliche in den ostdeutschen Bundesländern ihre Eltern und auch sich selbst immer mehr als Verlierer_innen der Wiedervereinigung und werden mit der Verarbeitung und der, ihrer Meinung nach, Ungleichheit der Lebensverhältnisse sowie der sich daraus ergebenden Chancenlosigkeit alleine gelassen (siehe auch: *neue praxis* 3/2004).

Im Zeitalter eines nun benennbaren Turbokapitalismus ist zu befürchten, dass in den neuen Bundesländern eine bisher nicht bekannte Form von Verlierer- und Gewinnergeneration produziert wird. Gewinner sind in diesem Fall all die, die nicht unbedingt zwei oder mehr Jobs benötigen, um überleben zu können. Es sind auch diejenigen, die einen ausreichend bezahlten Arbeitsplatz in ihrem Heimatort erhalten haben, und diejenigen, die aus dem Speckgürtel Berlins oder den „Entwicklungskernen" stammen. Hinzu kommen Familien, die aus dem Westen zugezogen sind und feste Arbeitsverhältnisse besitzen und nicht durch Arbeitsbeschaffungsmaßnahmen laufen müssen, um sich ein angemessenes Leben leisten zu können.

Innerhalb dieser Arbeit bleibt leider nur für den Hinweis Platz, dass unter gesamtgesellschaftlichen Veränderungsprozessen Jugendliche in den ostdeutschen Bundesländern besonderen Belastungen unterliegen, und es hat

> „in der nunmehr 15-jährigen Geschichte der ‚neuen Bundesrepublik' bereits zu gravierenden jugend- und sozialpolitischen Fehlschlüssen geführt." (ebd.)

Einer dieser gravierenden Fehlschlüsse ist die Prognose der schnellen Angleichung der Lebensverhältnisse gewesen. Die ehemaligen DDR-Bürger haben sich im Wesentlichen auf das Beste der Welt („DM-Demokratie") mehr oder weniger eingelassen, „gleichzeitig wirken sowohl der Umbruch als auch der Transformationsprozess nach." (*neue praxis* 3/2003: 233) Erstaunlich ist die in den Lebensalltagen festzustellende Beobachtung, dass sich gerade die nachwachsende Generation mit „Null-DDR-Erfahrung" (also ab Jahrgang 1990) in eine Auseinandersetzung über Grenzen und Möglichkeiten aus dem Vereinigungsprozess begibt. Deshalb müsste heute mehr denn je auf die Nachhaltigkeit des Transformationsprozesses geachtet werden und die Langzeitfolgen eines Systemwechsels für ostdeutsche Jugendliche auf die Agenda gesetzt werden.

Eine allumfassende Definition von „Jugend" zu formulieren ist unmöglich. *Jugenden* können schon eher definiert werden, müssen aber den besonderen Aspekt des Transformationsprozesses Ost-West mit einbeziehen und dies macht die Aufgabe nicht leichter. So wenig es „eine" deutsche Jugend gibt, so wenig gibt es „eine" ostdeutsche Jugend. Die Lebensverhältnisse in Mecklenburg-Vorpommern, in der Ostprignitz oder dem nördlichen Landkreis Oberhavel sind völlig unterschiedlich zu den Verhältnissen im so genannten Speckgürtel von Berlin oder in Sachsen. Dies betrifft sowohl die Schulformen als auch die Ausbildungs- oder Freizeitmöglichkeiten. Sie sind grundsätzlich und nachhaltig von der regionalen Arbeitsmarkt-, Wirtschafts- und Ausbildungssituation abhängig, und zwar unabhängig davon, welcher Altersstufe die Menschen angehören. Jung sein in der Ostprignitz hat nichts mehr mit dem Erleben von Bewältigungsaufgaben zu tun: Es gibt dort kaum etwas zu bewältigen oder zu entscheiden, was für die eigene Zukunft wichtig sein könnte.

> „Provokativ ausgedrückt: Das Land, in dem die Kinder geboren wurden, existiert immer weniger für sie. Denn die Region, in der sie aufwuchsen, hält keine Perspektive für sie bereit." (*neue praxis* 3/2004: 235)

Genau hier wird die Notwendigkeit deutlich, sich der Mikroebene zuzuwenden:

„Jugend markiert somit die Pole gesellschaftlicher Befindlichkeiten, sie ist einmal mehr als junge Generation das Spiegelbild gesellschaftlicher Entwicklung." (ebd.)

3. WANDEL VON JUGEND

Jugend unterliegt immer auch dem gesellschaftlichen Wandel und ist von daher keine feste Größe. Sie muss in dem jeweiligen gesellschaftlichen Kontext gestellt und analysiert werden. Dies gilt natürlich auch für die von mir vorgestellten Veganer_innen.

Jugendliche in Deutschland, das sind: Techno-Jünger, Punks, Schickis, Girlies, Computerkids, Ökos, Hillbillys, Jesus Freaks, Autonome, Tierschützer, Hippies, Gang-Mitglieder, Veganer, Normalos, Fitnessverrückte, Grufties, Faschos, Skater, Sprayer, Rapper, Rockabillies, Cruiser, Tacker, Beatboxer, HipHopper, Gothics, Straight Edger etc. Allein in dieser unvollständigen Aufzählung wird deutlich, dass der Begriff der Jugendsubkultur ein überholter Begriff ist. Jugend besteht heute aus einer Vielzahl von unterschiedlichen Kulturen, die sich von Jahr zu Jahr stärker ausdifferenzieren. Deutlich wird damit,

„dass Jugend heute nichts mehr ist, das gleichsam auf einen Begriff zu bringen ist, sondern dass sie zersplittert und ausgefasert ist." (Hornstein 1998: 23)

Mehr noch, die moderne Jugendphase zeichnet sich in „erheblichem Maße durch Ungleichzeitigkeiten und asynchrone Entwicklung aus. ... Von daher sind auch eindeutige Abgrenzungen zum Erwachsenenstatus nicht möglich." (Hornstein 1998: 11)

Heute wird in der Regel eher von „den Jugenden" gesprochen, die zudem nicht mehr mit der traditionellen Altersklassifizierung eingegrenzt werden können. So beschreibt der 11. Kinder- und Jugendbericht der Bundesregierung (2002), dass die altersspezifische Differenzierung zunimmt und Jugendliche den Übergang von der Grundschule in die Sekundarstufe 1 als Ende ihrer Kindheit betrachten. So sind bei bis zu 60 Prozent der Kinder bis zum 12. Lebensjahr Kinder-Spielsachen verschwunden (NRW-Jugendstudie 2002). Die Shell-Studie 2002 hat erstmals ihr Untersuchungsalter auf 12 Jahre gesenkt, die NRW-Studie sogar auf 10 Jahre. Der Lego-Konzern geht davon aus,

„dass das Spielalter innerhalb der letzten zwei (Kinder-)Generationen um 4 Jahre nach unten gerückt ist, und auch die *BRAVO* registriert eine entsprechende Verjüngung ihrer Leserschaft." (Sparschuh 2003: 7)

Jungsein umfasst heute also eine wesentlich größere Gruppe an Menschen, nämlich die der 10/12 – 28/30-Jährigen.

Wichtiger als die Veränderung der Altersstruktur ist jedoch der Strukturwandel der Jugend. Es verändern sich eben nicht nur einzelne Verhaltensweisen, Orientierungsmuster und Einstellungen, sondern die Qualität und Aufgabenstruktur des Jugendalters stellen sich um. Wurde früher die Jugendphase mit einem psychosozialen Moratorium verglichen, als Schonraum und Experimentierphase, so ist den Jugenden heute diese „innere Qualität der Jugendphase“ genommen (Sander 2000: 200). Schon die ab 12-jährigen Kinder benennen Probleme aus der Erwachsenenwelt als einen Bestandteil ihres kindlichen oder jugendlichen Lebens. In den Shell-Jugendstudien 1997, 2000 und 2002 wird nach den jeweils aktuell dringendsten Problemfeldern der Jugendlichen gefragt. In allen Studien steht Arbeitslosigkeit an erster Stelle, gefolgt von Lehrstellenmangel, Sozialabbau und Umweltzerstörung – alles Probleme, die durch Erwachsene erzeugt werden und eigentlich auf die Erwachsenenwelt zu beziehen sind. Von Schonraum kann also nicht mehr gesprochen werden (Ferchhoff 1999).

Die Gegenwart ist durch Zukunftsprobleme gekennzeichnet, und in den neueren Veröffentlichungen wird deutlich darauf hingewiesen, dass Jugend immer kontext-, d. h. zeit- und kulturgebunden zu verstehen ist. Wurde der Jugendbegriff früher aus biologischer und entwicklungspsychologischer Sicht konstruiert und als eigenständige Lebensphase begründet, so scheint

> „dieses moderne, klassisch-traditionelle Definitionsmuster von Jugend, das mit der Institutionalisierung der Jugendforschung an der Wende zum 20. Jahrhundert entstand und sich noch heute, ca. 100 Jahre später, in zahlreichen sozialwissenschaftlichen Lehrbüchern findet …“ (Ferchhoff 1999: 68)

heute nicht mehr gültig zu sein. Kinder und Jugendliche müssen sich schon wesentlich früher in der Erwachsenenwelt zurechtfinden, eigene Antworten geben und orientieren können. Auf diesem Hintergrund wird schon seit längerem auch vom „Verschwinden der Kindheit“ (Neil Postman 1988) gesprochen, eben von einem Strukturwandel der Kindheits- und Jugendphase.

4. INDIVIDUALISIERUNG IN DER GESELLSCHAFT

Ein wesentlicher Aspekt für das Auseinanderdriften von Lebensalltagen mit ihren unterschiedlichsten Werten und Normen wird mit dem Stichwort der Individualisierung begründet. Die in dieser Arbeit im Fokus stehende Gruppe der Veganer_innen legt Wert auf einen Lebensalltag, der auf der einen Seite eine ganzheitliche Sicht beansprucht, auf der anderen

Seite jedoch von der angeführten Individualisierung und Pluralisierung der Lebensverhältnisse profitiert. Diese Pluralisierung führt dazu, dass sich völlig unterschiedliche Lebensentwürfe in der Postmoderne gleichzeitig und nebeneinander entwickeln können und damit zu Bestandteilen der gesamtgesellschaftlichen Wandlungsprozesse werden. Die vegane Lebensweise steht als eine völlig eigenständige und unterschiedliche Lebensweise neben denen der anderen Lebensstile und Jugendkulturen. In diesem Rahmen werden dann auch eigenständige Lebenslaufereignisse ermöglicht, die im Rahmen der Postmoderne akzeptabel erscheinen, sich aber von denen der früheren Generationen unterscheiden.

> „Im Gegensatz zum weitgehend standardisierten Modell des Übergangsmoratorium führten die gesellschaftlichen Individualisierungstendenzen auch zu einer Entstrukturierung und Destandardisierung der Lebensphase Jugend, die sich vor allem darin ausdrückt, dass die einheitliche kollektive Statuspassage Jugend zerfällt und auf diese Weise in eine Vielzahl subsystemspezifischer Übergangsphasen mit je eigenen Erscheinungsformen und Zeitstrukturen zerlegt wird." (Sander 2000: 199)

Die folgende Grafik kann dies sehr einfach veranschaulichen, indem sie den Eintritt von Lebenslaufereignissen (also das Lebensjahr beim Schulabschluss, das Lebensjahr beim Auszug aus dem Elternhaus oder das Lebensalter beim ersten sexuellen Erlebnis) aus unterschiedlichen Jahrzehnten vergleicht. In den 50er Jahren wurde so z. B. die Schule mit durchschnittlich 14/15 Jahren abgeschlossen, in den 90er Jahren dagegen erst mit 17/18 Jahren.

Eintritt von **Lebenslaufereignissen** in den 50er und 90er Jahren (nach Sander 2000: 203)

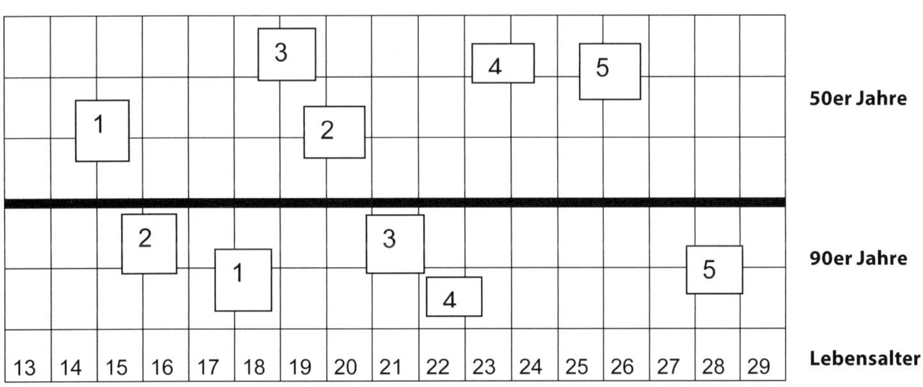

1 = Schulabschluss/ 2 = erster Sex/ 3 = Berufsausbildung/ 4 = Auszug aus dem Elternhaus/ 5 = Heirat

Und auch hier wird deutlich, dass es einfache Erklärungsmuster nicht (mehr) gibt und dass Konzepte sich einer viel komplexeren Realität stellen müssen. Auf jeden Fall sieht eine soziologische Deutung eine

„Freisetzung aus traditionellen (vor allem geschlechtsspezifischen) Rollenzuweisungen, ein sprunghafter Anstieg von Wahlmöglichkeiten und Optionsspielräumen für die individuelle Lebensplanung." (Eickelpasch 1997: 21)

Armin Nassehi (in: Breloer 1996) beruft sich in einem Artikel zum Thema „Soziale Zeit und Biographie. Soziologisches über Zeit und Lebenszeit" auf Ulrich Beck, der schon 1986 mit dem Begriff „Planungsbüro eigener Lebenslauf" diesen Zusammenhang zugespitzt formuliert hat. Individualisierung der Lebenslagen bedeutet dabei auf den Jugendlichen bezogen mehr Selbstverantwortlichkeit der eigenen Lebensgestaltung, allerdings zu einer Zeit, in der Rückgriffsmöglichkeiten auf kulturelle Traditionen absichtlich und unabsichtlich schwinden. Dies führt in den jugendspezifischen Lebensalltagen dazu, dass jede einzelne Jugendkultur eine sehr eigenständige Lebenswelt mit oftmals völlig unterschiedlichen und widersprüchlichen Normen und Werten auslebt und damit mit den anderen Jugendkulturen konkurriert. Im sozialpädagogischen Bereich wird diese Konkurrenz der Lebenswelten besonders deutlich beobachtet und führte in den letzten 15 Jahren regelrecht zum Zusammenbruch sozialpädagogischer Großkonzepte, die sich z. B. in der Offenen Jugendarbeit wiederfinden.

„Das alte Konzept der Offenen Arbeit, d. h. das Prinzip der Offenheit für alle und jeden, stilisiert im offenen Bereich eines jeden Jugendhauses, in dem sich alle Jugendliche treffen sollen, geht schon lange an der Wirklichkeit vorbei." (*deutsche jugend* 2005: 20)

In der bisher zitierten Literatur wird deutlich, dass der verstärkte Zugang von Frauen in den Arbeitsmarkt, ihr Versuch, Beruf, Familie und Kinder miteinander in Einklang zu bringen, von keinen traditionellen Mustern unterstützt wurden, sondern sie mussten experimentell erarbeitet werden. Auch dies führte in der Folge zu einer Pluralisierung der Familienformen. Konnten früher die jeweilige „Schicht" oder das soziale Milieu Defizite und Anforderungen auffangen, verlor die Zugehörigkeit zu einer sozialen Schicht immer mehr an Bedeutung. So stehen die erweiterten Freiheitsräume des Einzelnen den verloren gegangenen, bisher schützenden Bindungen gegenüber. Diesen Verlust bekommen vor allem jene zu spüren, die im Konkurrenzkampf verloren haben und sich plötzlich in „Hartz IV" wiederfinden. Ein Fallmanager als schützende Bindung?

In den vielfältigen Artikeln der jugendsoziologischen Zeitschriften und Studien wird deutlich formuliert, dass der Lebensalltag, vermittelt durch Politik und Medien, verstärkt und reproduziert wird durch eigenes Verhalten. Dabei ist er bestimmt von selbstbewussten, selbst verantwortenden und selbst handelnden und damit „freien" Menschen. Dieser selbstbestimmte Mensch darf sich seinen eigenen Lebenssinn aus einer Vielzahl an Angeboten suchen, die aber in seiner jeweiligen Lebenslage stark eingeschränkt sein können. Jugendliche sind von dieser Tendenz besonders stark betroffen. Sie können heute wesentlich mehr entscheiden, sie müssen dies aber auch, ohne oftmals zu wissen, woraufhin sie sich denn entscheiden sollen: Chance und Verhängnis zugleich – je nach sozialem Umfeld.

Auf der Suche nach Sinn, nach Erfüllung und Befriedigung spielen die Angebote der Erlebnisgesellschaft eine wichtige Rolle. (Schulze 1985: 59) Schulze spricht vom „Projekt des schönen Lebens" und einer Angebotsexplosion, die durch eine Zunahme an Nachfragekapazität in Form von Zeit und Geld ermöglicht wurde. Auf der einen Seite ein sehr aggressives Angebot aus der Freizeitindustrie und auf der anderen Seite Jugendliche, die aus der Erwachsenenwelt ansonsten kaum etwas übernehmen wollen. So werden kaum noch Werte und Traditionen übernommen und die traditionellen Sozialisationsinstanzen besitzen ebenfalls nur noch geringe „Vermittlungskraft". Die Eltern, soweit es ihnen ihr Zeitbudget zulässt, haben ebenfalls wesentlich geringere Einflussmöglichkeiten als noch vor 20 Jahren, und auch dies hat natürlich Konsequenzen. Da in der Gegenwart die Sozialisation von Jugendlichen zu gut 70 Prozent (früher 35 Prozent) in Cliquen stattfindet (Shell-Studie 2002: 18), sind die wesentlichen Folgen, dass sich in jeder Gleichaltrigengruppe eigene Lebensvorstellungen und Werte entwickeln können, die sich oft diametral entgegenstehen. Das Zusammentreffen von unterschiedlichen Cliquen in den Freizeitbereichen, aber auch in der Schule, ist somit stark geprägt von der Unterschiedlichkeit ihrer jeweiligen (selbstentwickelten) Gruppenidentität, von den dort selbständig entwickelten Werten, Normen und Lebensvorstellungen. Dieser Trend unterliegt natürlich ebenfalls kontinuierlichen Veränderungen, sodass heute die Cliquenbedeutung auch schon bei Kindern stark zugenommen hat und von der Sozialarbeit gesehen wird. Die Cliquen scheinen sich zudem zu stärkeren temporären Gruppen zu entwickeln.

Gefördert wird diese Entwicklung durch mediale Inszenierungen von Erlebniswerten, Angeboten und Waren (und ihren damit verbundenen Werten), die jedoch zu einem Bedeutungsverlust des Gebrauchswertes führen kann. Was bringt es, an einem neuen Trendsport teilzunehmen? Hauptsache Fun! Hauptsache lustig! Doch bald danach ist Schluss mit lustig, weil auch dies zu unausgefüllten, problematischen Lebenslagen führen kann, zu Freizeitstress, Langeweile und Unausgefülltheit. Freizeitpädagogik kann noch so viele Angebote bringen, der Lebensalltag von Jugendlichen treibt immer wieder vom Höhepunkt einer Veranstaltung, eines Events, ins Tal der Langeweile und grenzt dabei immer auch die „nicht-teilnehmen-Könnenden" weiter aus! (Schulze 1985: 170)

5. BEVÖLKERUNGSENTWICKLUNG, BILDUNG UND AUSBILDUNG

Für vegan lebende Jugendliche spielen die Bevölkerungsentwicklung und die damit verbundenen Konsequenzen eine große Rolle und müssen deshalb in dieser Arbeit berücksichtigt werden. Haben vegan lebende Menschen an sich schon Schwierigkeiten, ihren Lebensstil in der Gemeinschaft mit anderen zu festigen, so erschwert der demografische Wandel die Suche nach Gleichgesinnten. Geprägt wird diese Diskussion um den demografischen Wandel von niedrigen Geburtenraten und den 1-Kind-Familien. Der Anteil von Kindern und Jugendlichen an der Gesamtbevölkerung der Bundesrepublik Deutschland sinkt rapide. Das statistische Bundesamt erwähnt in seinem Statistischen Jahrbuch 2007:

> „Der Anteil der jüngeren Altersgruppen hat in der Vergangenheit beständig abgenommen. 1950 machten die unter 20-Jährigen noch 30,4 Prozent der Bevölkerung aus. Bis 1980 fiel ihr Anteil auf 26,8 Prozent, im Jahr 2006 lag er nur noch bei 19,7 Prozent." (Statistisches Bundesamt 2008)

Ein besonderer Blick muss dabei auf die Ost-West-Unterschiede geworfen werden, denn die demografische Entwicklung zwischen den alten und neuen Bundesländern verläuft nicht nur quantitativ unterschiedlich, sondern auch bezüglich ihrer Wirksamkeit und den Auswirkungen für die jeweilige Region.

> „Vor dem Hintergrund einer desolaten wirtschaftlichen Situation und absehbarer Entvölkerung ganzer Landstriche muss eine Vision der Zukunftsfähigkeit für Brandenburg entwickelt werden." (3. Kinder- und Jugendbericht der Landesregierung – Aufwachsen im Land Brandenburg, Dez. 2003)

So wird die demografische Prognose besonders in den neuen Bundesländern als problematisch beschrieben und es wird mit einem erheblichen Rückgang der Jugendlichen bis zum Jahr 2020 gerechnet, wobei die regionale Unterschiedlichkeit dabei erschreckend hoch ist. In Brandenburg wurde z. B. in den ländlichen Bereichen ein Rückgang von bis zu 60 Prozent prognostiziert (Sozialraumkonferenz Hennigsdorf, 11/04), auch wenn sich dies bis Ende 2010 als zu hoch gegriffen erwiesen hat. Trotzdem:

„Dem Osten laufen die Frauen weg!"

> „Als besorgniserregend bezeichnete Steenken die zum Teil dramatischen Entwicklungen in einzelnen Städten und Regionen. So leben in Cottbus, Frankfurt und Brandenburg/Havel sowie in den Kreisen Prignitz, Uckermark und Oberspreewald-Lausitz heute nur noch halb so viele Kinder als vor 10 Jahren. … Parallel dazu ist die Zahl der Familien, in denen Kinder aufwachsen, zwischen 1991 und 2003 von 328.000 auf 223.000 zurückgegangen. … Derzeit verfügen 9 Prozent der Familien mit Kindern über ein Einkommen von weniger als 900 Euro." (*Berliner Morgenpost*, 27.10.2004)

In den ländlichen Bereichen kommt noch ein wesentlicher Aspekt hinzu, den die *Berliner Morgenpost* am 12. August 2005 wie folgt betitelte: „Dem Osten laufen die Frauen weg!" In den östlichen Bundesländern entstehen demnach Regionen mit „sexualproportionalen Schieflagen", die nichts anderes bedeuten, als dass den Männern in diesen Regionen immer weniger (gleichaltrige) Frauen gegenüberstehen.

> „Jüngere ostdeutsche Frauen sind mobiler und wagemutiger als ihre gleichaltrigen Geschlechtsgenossen. Um einen Job zu finden, packen sie häufiger die Koffer und wandern ab in die alten Länder, aber auch nach Österreich, in die Niederlande oder in die Schweiz. In ihrer Heimat hinterlassen sie damit stark männerlastige Bevölkerungsstrukturen." (*Berliner Morgenpost*, 12.8.03)

Und so wird in diesem Zeitungsbericht der angehende Diplom-Geograph Torsten Obst zitiert, der in einer Studie nachgewiesen hat, dass einzig in den Regionen Nordfinnlands und Nordschwedens eine so annähernd ungünstige Bevölkerungsentwicklung anzutreffen ist.

Nicht nur die quantitativen Zahlen sind beunruhigend, sondern vielmehr die Konsequenzen, die sich daraus ergeben.

> „Hier im Osten brennt die Luft, die Alterspyramide in den neuen Ländern werde bald einem Atompilz gleichen." (ebd.)

Mit den wegziehenden Frauen ziehen auch die potentiellen Mütter weg und dies verstärkt noch einmal die abnehmende Bevölkerungsentwicklung. Besonders deutlich werden diese Ergebnisse in der 2007 veröffentlichten Studie „Not am Mann" durch das Berlin-Insitut für Bevölkerung und Entwicklung dargestellt.

Daneben klagen auch in der Zeit der Weltwirtschaftskrise dieses Jahrhunderts Firmen über einen Mangel an qualifizierten Arbeitnehmer_innen. In einer Region, die eine Bevölkerungsabnahme zu verzeichnen hat, wird auch die ökonomische Entwicklung rückständig bleiben oder werden. In Regionen, in denen nur noch „halbe Generationen" leben und diese zudem noch zu den sozial benachteiligten Personen zählen (z. B. schlechte Berufsausbildung, geringes Einkommen etc.), wird es erheblich weniger Bewegung in den Lebensverhältnissen geben.

Auf der anderen Seite werden ganze Infrastruktureinrichtungen aufgelöst: Post, Supermarkt (also kein preiswertes Einkaufen mehr möglich), Polizei, Schule etc., wobei geschlossene Schulen das deutlichste Zeichen für den demografischen Wandel sind. Auch damit sind wieder enorme Konsequenzen verbunden, denn so wird zwangsläufig der Schulweg wesentlich länger. Die Zeit, die Kinder und Jugendliche mit Schule und Schulweg verbrauchen, steigt stark an und parallel dazu steht für andere Freizeitaktivitäten (z. B. für Vereinssport, Musikschulen etc.) natürlich weniger Zeit zur Verfügung. Gab es früher zu wenige Spielplätze für viele Kinder, so gibt es heute zwar eine ausreichende Zahl an Spielplätzen, nur eben wesentlich weniger Kinder.

„Zum Zweiten sollte nicht unterschätzt werden, was es für das Aufwachsen von Kindern und Jugendlichen heißt, wenn sie nicht mehr selbstverständlich auf Gleichaltrige im Wohnumfeld stoßen. Z. B. setzen sich Partizipationsansprüche im Wohnviertel fast automatisch durch, wenn einfach täglich eine unübersehbare Menge von Kindern da ist und sich ihre Plätze besetzt, wenn die Erwachsenen es gewohnt sind, mit Kindern zu leben oder gelebt zu haben. Ist das nicht der Fall, müssen die Gelegenheiten geschaffen werden. Ebenso ergeben sich die Treffpunkte für Cliquenleben nicht mehr von selbst, sie sind zu organisieren – unter anderen von uns. Darin liegt übrigens auch ein Bedeutungszuwachs von Schule!" (Sparschuh 2003: 7)

Kinder und Jugendliche bemängeln in ihrem Wohnumfeld nicht etwa fehlende Spielplätze, sondern den Mangel an Gleichaltrigen.

So ist abzusehen, dass Kinder und Jugendliche immer deutlicher zur Randgruppe werden, und es verwundert mich kaum, dass Kinder und Jugendliche einen Mangel benennen, der bisher in der Stadtplanung nicht bekannt war. Sie bemängeln in ihrem Wohnumfeld nicht etwa fehlende Freiräume und Spielplätze, sondern den Mangel an Gleichaltrigen.

Ein weiterer Aspekt ergibt sich in diesem Zusammenhang darin, dass die nunmehr immer kleiner werdende gesellschaftliche Gruppe der Kinder und Jugendlichen aber auch eine sehr hohe Aufmerksamkeit erfährt. Mit diesem Fakt tritt sie aber auch ganz offiziell in Konkurrenz zur größten Gruppe – die der Alten. Wie dieser „Kampf" ausgehen wird, ist völlig unklar.

Die Funktionen von Bildung und Ausbildung haben sich schon in den letzten Jahrzehnten ganz generell verändert und verändern sich in einer Gesellschaft mit einem starken demografischen Wandel noch deutlicher. Bildung und Ausbildung ebnen heute nicht mehr einen einfachen Weg in die Zukunft. Sie sind nicht mehr die sichere Brücke, auf der von der Kindheit ins Erwachsenenleben gewechselt werden kann. Bildung und Ausbildung eröffnen erst einmal nur ungewisse Chancen, auch wenn sich dies durch den demografischen Wandel langsam wieder umkehren wird.

An einer ungleichen Chancenverteilung in unserem Bildungssystem hat sich, durch die PISA-Studie nachgewiesen, kaum etwas verändert. Dies beweist die internationale Auswertung der einzelnen PISA-Zyklen (OECD 2001, 2004, 2007), in der deutlich wird, dass es in Deutschland einen starken Zusammenhang zwischen Testleistung und sozialer Schichtzugehörigkeit gibt und vor allem der Migrationshintergrund zu ungünstigen sozialen Bedingungen führt (Prenzel/Baumert in: *Zeitschrift für Erziehungswissenschaft*. Sonderheft 10/2008). Zudem werden für Deutschland auch noch Nord-Süd- und Ost-West-Unterschiede festgestellt.

Zu diesen gesellschaftlichen Besonderheiten muss das so genannte Qualifikationsparadox hinzugefügt werden, mit dem ebenfalls alle Sozialpädagog_innen in den Schulen und der Jugendhilfe konfrontiert werden.

Jugendliche stellen fest, dass die Aufforderung „Sei besonders gut in der Schule, streng dich an etc.“ nichts mit den dann folgenden Chancen für den Arbeitsmarkt zu tun hat. Die Erfahrung, ich kann supergut in der Schule sein und trotzdem keine Lehrstelle bekommen, ist bei Jugendlichen zur vorherrschenden Lebenswirklichkeit geworden. Diese Erfahrung entwertet jedoch die Aufforderung, „sich anzustrengen“: eine paradoxe Aufforderung eben. Warum soll ich fleißig, pünktlich, strebsam sein, wenn's eh nichts hilft!? Somit wird wiederum ein aus der Erwachsenenwelt stammender Themenbereich (Arbeitslosigkeit) zu einem zentralen Problem für Jugendliche.

6. FAMILIE IM WANDEL

Angela Grube kommt in ihrer Studie zum Thema „Vegane Lebensstile“ zu dem Ergebnis, dass dem veganen Lebensstil fast immer eine vegetarische Ernährungsweise vorausgeht (Grube 2009: 11). Diese erste vegetarische Orientierung findet in der Regel in einem familiären Umfeld statt und stößt schon dort auf erste Schwierigkeiten. Diese Schwierigkeiten liegen u. a. in der noch immer fehlenden sozialen Akzeptanz einer vegetarischen Lebensweise begründet.

Auf viel größeres Unverständnis stoßen Kinder und Jugendliche jedoch, wenn sie sich einer veganen Ernährung zuwenden. In der Regel wird eine vegane Ernährung nur sehr schwer akzeptiert (siehe Grube 2009) und Hilfestellungen können kaum gegeben werden. Diese Kinder und Jugendlichen suchen sich demnach ihre Hilfestellungen in den veganen Gruppen und deren Umfeld.

Daneben bleibt die Bedeutung einer Erziehung, die dem Menschen hilft, eine eigene Identität zu bilden und zu entfalten, bestehen und sie stellt sich in einem familiären Zusammenhang besonders deutlich. So gesehen liegt für Jugendliche auch heute noch in der Familie eine nicht unerhebliche Bedeutung und damit auch für die Entwicklung hin zu einer gefestigten Persönlichkeit (siehe auch die Studie von Sturzbecher u. a.: „Jugend in Brandenburg 2010“). Aber genau an diesem Punkt wird für Jugendliche der gesellschaftliche Wandel „an sich“ spürbar, nämlich an einem starken Bedeutungswandel der Familie.

Nicht umsonst reden Soziologen erst einmal von der Herkunftsfamilie, bevor sie dann über die aktuelle Familienstruktur reden. Dass jede dritte Ehe wieder geschieden wird, ist keine dramatische Erkenntnis mehr. Für Kinder und Jugendliche sind auch hier positive und negative Erfahrungen miteinander verbunden. Mussten Kinder früher den zähen Ehekrieg ihrer Eltern miterleiden, steht heute die Auflösung von sozialen Bindungen und Beziehungen im Vordergrund. Begriffe wie Scheidungsfamilie, Stieffamilie mit Zweitvätern/-müttern oder Lebensgefährt_innen sind in die

Alltagssprache übergegangen. Wurde früher von kinderreicher Familie gesprochen, ist heute eher die Rede von den „elternreichen" Familien. Beispiel: Eine Frau bringt aus erster Ehe zwei Kinder in die neue Beziehung mit, der Mann bringt ein Kind mit und Mann und Frau wollen noch ein gemeinsames Kind.

Neben der Veränderung von Familienstrukturen haben sich die Erziehungsleitbilder und Erziehungsziele grundlegend verändert. Hießen sie früher Gehorsam, Ordnung, Pünktlichkeit, werden sie heute mit Selbständigkeit, Selbstverantwortung und Eigenkompetenz benannt. Das Leitbild der Einordnung und Unterordnung verliert in der postmodernen Welt an Bedeutung und Plausibilität. Damit ist auf jeden Fall ein Paradigmenwechsel verbunden: Das Recht des Einzelnen steht über dem der Gruppe und Gemeinschaft.

7. WEITERE GESELLSCHAFTLICHE BEDINGUNGEN

Um die Chancen heutiger Kindererlebnisse zu nutzen, sind Kinder davon abhängig, ob sie Eltern haben, die ihnen soziale Kontakte erschließen können. Dies gilt in besonderem Maße auch für vegetarisch oder vegan lebende Kinder, die einen sehr viel höheren Aufwand betreiben müssen, um vegetarisch/vegan zu leben. Ihr Lebensumfeld hat sich in den letzten Jahrzehnten stark verändert und unterliegt einer enormen Funktionalisierung. Offene, gestaltungsfreie Räume werden immer mehr durch „bebaute" und in ihrer Funktion festgelegte Räume verdrängt. Der Versuch der Sozialarbeit, sich die Lebensräume der Kinder und Jugendlichen zu erschließen, setzt an der Erkenntnis an, dass die Bedeutung sozialer Räume

> „nicht nur für die Konstituierung lebensweltlicher Milieus, sondern auch für die Gestaltung der individuellen Biographie" (*neue praxis* 4/2004: 323)

verantwortlich ist.

> „Solche biographischen Ressourcen können nur offene Räume freisetzen, in denen genügend kulturelle Anregungsmilieus, zuverlässige soziale Netzwerke und ein hohes Maß an sozialer Integration vorhanden ist." (ebd.)

Ohne hier zu weit gehen zu wollen, möchte ich auf die Bedeutung der Verknüpfung von Sozialraum und Biografie hinweisen. Dabei ist es bedeutend, den Sozialraum nicht etwa auch als den Lebensraum zu verstehen. So ist der Sozialraum für eine Skaterclique nicht nur öffentlicher Raum zum Treffen, sondern auch Raum für Selbstinszenierungen. Als Bühne gesehen wird ein funktionalisierter Raum (Verkehrsfläche, Einkaufsmeile etc.) durch Inszenierung umfunktionalisiert und symbolisch besetzt. Klaus Hurrelmann vertritt in einem Essay mit dem Titel „Der entstrukturierte Lebenslauf" die klare Meinung, dass

> „vor allem durch die unaufhaltsame zeitliche Expansion der Jugendphase in den ‚enttraditionalisierten' Gesellschaften der Gegenwart die Eigenleistung des Menschen bei der Gestaltung des eigenen Lebenslaufs höher als in früheren gesellschaftlichen Formationen sind. Die Anforderungen an eine aktive Lebensführung und Gestaltung der Biografie spielen schon im Jugendalter eine große Rolle." (*Zeitschrift für Soziologie der Erziehung und Sozialisation* 2003: 115)

Dieser Hinweis auf die Bedeutung der Entwicklung von biografischen Ressourcen und der aktiven Lebensführung in einer enttraditionalisierten Gesellschaft lässt den Verknüpfungspunkt zur veganen Bewegung deutlich werden. Aktive Lebensführung und Gestaltung der Biografie sind für Veganer_innen wesentliche Bestandteile ihres sozialen Netzwerkes und auch aktive Bewältigung von Anforderungen in einer postmodernen Welt. Hurrelmann beschreibt diesen Vorgang der aktiven Lebensführung und weist auf die Notwendigkeit hin, eine hohe Kompetenz der persönlichen und biografischen Selbstorganisation aufzubauen, wenn Jugendliche den gesellschaftlichen Anforderungen gerecht werden wollen:

> „Sie stehen vor der Aufgabe, in den gesellschaftlich jeweils voneinander getrennten Lebensbereichen Herkunftsfamilie, Schule, Berufsausbildung, Recht und Religion jeweils eigene Wege der individuellen Entfaltung und der sozialen Integration zu finden." (Hurrelmann 2007: 9)

Für eine Gesellschaft des christlichen Abendlandes ist der Wegfall eines tragenden Pfeilers (z. B. der Prägekraft der Religion, der Traditionen) eine durchaus ernst zu nehmende Bedrohung. Doch obwohl die Prägekraft christlicher Religion stark abgenommen hat, ist sie nicht verschwunden und wird von einem Teil der Veganer_innen in postmoderner Art und Weise aufgenommen (siehe Erdbefreier). Der christliche Glaube wird dabei, vergleichbar mit anderen Phänomenen der Postmoderne, eine Sache der Privatheit, des Meinens und der Selbstorganisation. Bisher vorherrschende Weltanschauungen werden nicht mehr einfach so übernommen und „existierende" Werte werden wesentlich differenzierter in die eigene Lebenswelt eingebaut (oder eben auch nicht). Wie dies geschehen kann, wird ebenfalls am Beispiel der Veganer_innen aufgezeigt und die damit verbundenen Probleme verdeutlicht.

In einer Gesellschaft, die sich über den christlichen Glauben definiert, können auch Gegenentwürfe ihren Platz haben. Auch dies kann als ein Zeichen der postmodernen Pluralität angesehen werden und als gelungenes Beispiel könnte hier die Jugendweihe angeführt werden. Der Humanistische Verband hat überwiegend in den neuen Bundesländern die Aufgabe übernommen, das früher staatliche Angebot der Jugendweihe als Alternativangebot zur Konfirmation anzubieten. Dieses Angebot der Jugendweihe beinhaltet heute Bausteine, die für die Schwelle von der Jugend in das Erwachsenenleben von Bedeutung sind. Verloren gegangene traditionelle Angebote und bisherige Initiationsrituale werden durch die Jugendweihe in anderer Form wieder angeboten und von Jugendlichen auch stark nachgefragt. Der wichtigste Aspekt dabei ist jedoch die Auswahlmöglichkeit der Jugendlichen. Sie können sich aus einem Gesamtpaket entsprechende Bausteine aussuchen und ihren Weg hin zur Jugendweihe selbst gestalten. Sie sind im übertragenen Sinne ganz postmodern selbst verantwortlich für ihren Weg von der Jugend zum Erwachsensein. Neben dieser doch eher positiven Entwicklung wird besonders von männlichen Jugendcliquen das Initiationsritual eigenständig entwickelt und ausgeübt (inklusive Gewaltausübung, Alkoholexzesse etc.), und auch dies weist auf die besondere Bedeutung ehemals gesellschaftlich vermittelter Rituale und Traditionen für Jugendliche hin.

Diese Darstellung der gesellschaftlichen Veränderungen, die für Jugendliche eine unmittelbare Rolle spielen, zeigt auf, wie sich die Bundesrepublik Deutschland verändert hat und welche Bedeutung dies für Jugendliche hat. Diese Veränderungs- und Modernisierungsprozesse sind noch lange nicht abgeschlossen und werden intensiv weitergehen.

Gesellschaftliche Veränderungen aufzuzeigen war mir auch deshalb wichtig, weil die Gruppe der Veganer_innen auf der einen Seite natürlich von diesen Veränderungsprozessen betroffen sind. Auf der anderen Seite gehen sie aber sehr eigenständig mit diesen Veränderungsprozessen um und nutzen u. a. die Pluralisierung der Lebensverhältnisse zur Gestaltung einer eigenen Lebensstilrichtung. Diese Entwicklung wird in dieser Arbeit aufgezeigt, und es soll verdeutlicht werden, wie sich die Veganer_innen einen eigenständigen Platz mit einem eigenständigen Netzwerk in der Postmoderne geschaffen haben. Es soll dabei auch deutlich werden, wie sie damit gleichzeitig den weiter fortschreitenden Veränderungsprozess mit beeinflussen, indem sie gesellschaftspolitisch aktiv sind, sich an verschiedenen Wertediskussionen beteiligen und sich in ganz konkreten Aktionen äußern und in Teilbereichen auch einen Theorieanschluss an den Anarchismus suchen.

Deshalb werden im folgenden Kapitel zuerst der historische Hintergrund des Veganismus beleuchtet und seine zeitgeschichtlichen Wurzeln vorgestellt, aus denen heraus sich der moderne Tierschutz und die vegane und Tierrechtsbewegung entwickelt haben.

II. DIE ENTWICKLUNG DES VEGANISMUS

„Wir gehen vom uneingeschränkten Lebensrecht aller Tiere aus. In der Tat, die Realitäten sind ganz andere. Der Mensch entscheidet in seiner grenzenlosen Gier nach Macht und Gewinn über Leben und Tod. Er hätschelt seinen Haushund ... und lässt das Huhn für seinen blutigen Gaumenschmaus ermorden. Er hätschelt seinen Stubentiger und foltert die Artgenossen im Tierversuch. Die Kinder spielen mit Zwerghäschen und der Jäger knallt gnadenlos die wilden Hasen ab. Widersprüchlicher kann eine Gesellschaft ihr Verhältnis zum Mitgeschöpf Tier nicht ausdrücken." (Haferbeck/Wieding 1998: 7)

1. GESELLSCHAFTLICHE BEDEUTUNG DES VEGANISMUS

Im einleitenden Teil habe ich die gesamtgesellschaftliche Situation beschrieben, in der sich Jugendliche befinden. Dabei habe ich den besonderen Fokus auf die Lebenswelt und die Lebenswirklichkeit der Jugendlichen gelegt, weil sie die erste postmoderne Generation ist, die die gesamtgesellschaftlichen Veränderungen in ihrer Gesamtheit der Auswirkungen erlebt. So habe ich auf die aktive Lebensführung von Jugendlichen in einer enttraditionalisierten Gesellschaft hingewiesen, auf eine grundsätzlich veränderte gesellschaftliche Situation in fast allen Lebensbereichen und auf Veränderungen, die die traditionellen Sozialisationsinstanzen betreffen. Ich habe auf die völlig neu ausdifferenzierten Jugendkulturen hingewiesen und einen ersten Hinweis auf die Suche der Jugendlichen nach neuen und haltbaren, aber zeitgemäßen Strukturen gegeben.

Die Größe der veganen Bewegung ist nur schwer zu bestimmen. Auf der Internet-Seite www.jugendszenen.com, die von der Fakultät 12 der Technischen Universität Dortmund seit 2007 unterstützt wird, wird in einem Forum von ca. 120.000 jugendszene-typischen Veganer_innen berichtet, während insgesamt

„die Gesamtzahl vegan lebender Tierrechtler im Sinne einer (neuen) sozialen Bewegung ... zwischen 280.000 und 400.000 liegt." (www.jugendszenen.com/Veganer/Facts&Trends.htm, Stand 13.05.2010)

Es wird zudem darauf hingewiesen, dass es sich bei der veganen

Bewegung nicht nur um eine Jugendszene handelt, sondern sich auch ganze Familien vegan ernähren. Dadurch und durch die unterschiedlichen Ernährungsformen im vegetarischen Bereich, wie z. B. Ovo-Vegetarier_innen (meiden Fleisch, Fisch und Milch, essen aber Eier), Lakto-Vegetarier_innen (meiden Fleisch, Eier und Fisch, verzichten nicht auf Milch und Milchprodukte), Lakto-Ovo-Vegetarier_innen (meiden Fleisch und Fisch, essen sonst alles andere), Veganer_innen (meiden alle tierlichen Produkte) und Rohköstler_innen (meiden alle tierlichen Produkte und jede erhitzte Nahrung), nennt der Vegetarierbund Deutschland (VEBU) für 1995 die Zahl von 2,9 Millionen vegetarisch/vegan lebenden Menschen, also einem damaligen Anteil von 3,6 Prozent an der Gesamtbevölkerung. (Leitzmann/Hahn 1996: 13) Dieser Anteil ist im Jahr 2006 auf 7,5 Prozent gestiegen und beruht auf mehreren Umfragen durch den Vegetarierbund. Das Meinungsforschungsinstitut FORSA bestätigt diesen Anteil und stellt in seiner Untersuchung im Auftrag des Fernsehsenders RTL vom 25.1.2001 8 Prozent Vegetarier_innen/Veganer_innen fest. Andere Untersuchungen, wie die des Magazins *Stern* (Nr. 48, 23.11.2000) und der *Hannoverschen Neuen Presse* (vom 28.2.2003) bestätigen diese Zahlen. Daneben haben die Gesellschaft für Konsumforschung (GfK), das Institut Allensbach und die Arbeitsgemeinschaft der Verbraucherverbände (AgV) jeweils eigenständig Untersuchungen zur Einstellung zu einer fleischlosen Ernährung durchgeführt und sind zu sehr ähnlichen Ergebnissen gekommen, wie sich die Zahl der zukünftigen Vegetarier_innen/Veganer_innen entwickeln wird:

> „Eine Umfrage des Instituts Allensbach zeigt eine noch nie dagewesene Bereitschaft zur Änderung der eigenen Ernährungsweise auf: ... Die Suche nach Alternativen zum Rindfleisch wird nicht nur eine kurzfristige Zeitgeist-Erscheinung sein ..." (www.vegetarier.net/allgemeine-vegetarier-informatio-nen/zahlen-und-fakten, 13.05.2010)

Wie noch zu zeigen ist, hat sich der/die für sich selbst verantwortliche, postmoderne jugendliche Veganer_in eigenständige soziale Kontakte eröffnet und sich eine auf den Lebensstil der Veganer_innen zugeschnittene Infrastruktur mit einem eigenen sozialen Netzwerk geschaffen. Genau diese Selbstorganisation der sozialen Kontakte, die Entwicklung eigener Lebensziele und die Selbstverantwortung für das Gelingen sind Ausdruck einer postmodernen Lebensorganisation. Die Bedeutung sozialer Räume, die für die Entwicklung lebensweltlicher Milieus der Veganer_innen überaus wichtig sind, und die damit verbundene Entwicklung und Entstehung ganz eigener Sozialisationszusammenhänge werden in dieser Arbeit ausführlich dargestellt. Damit verbunden sind, zumindest bis weit in die 90er Jahre hinein, bisher noch völlig unbekannte individuelle Biographie-Entwicklungen (siehe auch Kapitel I.4.).

> „Solche biographischen Ressourcen können nur offene Räume freisetzen, in denen genügend kulturelle Anregungsmilieus, zuverlässige

soziale Netzwerke und ein hohes Maß an sozialer Integration vorhanden ist." (*neue praxis* 4/2004: 323)

Veganer_innen setzen solche offenen Räume frei, in denen sehr unterschiedliche Anregungen existieren, und dabei greifen sie auf ein eigenes soziales Netzwerk zurück. Veganer_innen sind integriert in ihren sozialen Raum und setzen der sich weiter wandelnden Welt einen selbstinszenierten Raum entgegen. Dieser Raum ist mit dem Thema Veganismus engstens verbunden und wird mit der für Jugendliche eigenen Radikalität gelebt:

> „... radikal deshalb, da es sich vielmehr um ein Lebensstilkonzept handelt, welches, besonders beim Vorliegen ethischer Motive, nicht bloß auf die Ernährungsebene reduziert werden darf." (Schwarz 2005: 73)

Besonders in den Erziehungswissenschaften, aber auch der Soziologie, sind die Veganer_innen in den letzten Jahren stärker in den Blickpunkt geraten. So kommt innerhalb der wissenschaftlichen Auseinandersetzung mit dem Veganismus eine Studie aus dem Jahr 2003 (Larsson et al. 2003, in: Breyvogel 2005, S. 89) zu dem Befund, dass es sich im Veganismus um eine besondere jugendkulturelle Ausrichtung handelt. Ganz postmodern wird diese jugendkulturelle Ausrichtung mit einer Lifestyle-Philosophie gelabelt, und so verwundert es kaum, dass die verschiedenen Studien über die Veganer_innen ihre Ausgangspunkte ausschließlich in den jugendspezifischen Zusammenhängen und Szenen haben.

Der Tierschutz ist für viele Jugendliche ein wichtiges Thema geworden, welches zu unmittelbaren Aktionen motiviert, die sehr konkret und leicht umsetzbar sind.

Der Tierschutz ist inzwischen für viele Jugendliche ein wichtiges Thema geworden, welches zu Aktivitäten und unmittelbaren Aktionen motiviert, die sehr konkret und leicht umsetzbar sind. Hinzu kommt in den letzten Jahren eine starke mediale Unterstützung und Inszenierung in Bezug auf tierrechtliche und tierschützende Themen. Durch Aktionen von Greenpeace für den Schutz von Robben und Walen nahmen Unternehmen diese Aktionen auf und setzten sie mit großem wirtschaftlichen Erfolg um. „Free Willy" hatte besonders bei Kindern und Jugendlichen großen Erfolg und drückte den Wunsch „Freiheit für die Wale!" aus. Ähnlich erfolgreich liefen in den Jahren 2007 und 2008 Kinofilme, die ausschließlich die „Wunder der Natur" zeigten, wie der mit dem Clean Energy Award 2008 ausgezeichnete Kinofilm „Unsere Erde". Letztlich stehen die Wale als Synonym für alle unterdrückten und gefangenen Tiere, denen geholfen werden muss. Dass dies möglich ist, zeigen die zahllosen Aktionen von Tierbefreiungsgruppen aus der Tierrechtsbewegung. Sich als Jugendliche (aber auch als Erwachsene) in diesem Bereich zu engagieren, bedeutet auch, sich einen Aktionsbereich zu erobern, der noch nicht (oder nicht mehr) von bedeutenden Organisationen oder Parteien besetzt ist. Zudem können hier durch eigenständige Aktionen ganz konkrete Ergebnisse und Erfolgserlebnisse erzielt werden.

In diesem Kapitel wird der historische Rahmen aufgezeigt, der für die vegan lebenden Jugendlichen von Bedeutung ist. Dabei wird sehr schnell deutlich, welch große Bandbreite dieser Rahmen besitzt und dass Veganismus eben nicht nur die Frage einer gesunden Ernährung, sondern ganz allgemein auch die Suche nach einer anderen Lebensweise und einer besseren Welt. Weil diese Lebensweise, dieser postmoderne Lebensstil, den gesellschaftlich-politischen Raum verändert und ebenso Anknüpfungspunkte an neue wissenschaftliche Diskurse ermöglicht, ist eine genaue Betrachtung der Entstehungsgeschichte des Veganismus notwendig. Aus diesem Grund zeige ich den philosophischen und religiösen Theorierahmen auf, in dem sich der Veganismus (bewusst oder unbewusst) bewegt und der damit auch Rückgriffe auf religiöse und philosophische Ansätze in den verschiedenen veganen Zusammenhängen erklärt.

Veganismus ist nicht nur die Frage einer gesunden Ernährung, sondern auch die Suche nach einer anderen Lebensweise und einer besseren Welt.

Einer dieser Bezugspunkte ist im Bereich der Philosophie z.B. der Diskurs einer ökologischen Ethik, der eine Auseinandersetzung über ein Mensch-Tier-Verhältnis beinhaltet. Die philosophisch geführten Auseinandersetzungen um Rechte für Tiere oder für die gesamte Mitwelt berühren besonders die vegane Diskussion und ein theoretischer Austausch zwischen der wissenschaftlichen und einer jugendkulturellen Ebene stellt sich langsam ein. Deshalb möchte ich nicht nur die theoriegeschichtliche Entwicklung innerhalb der Philosophie und Religion in Bezug auf den Vegetarismus darstellen, sondern auch die heute geführte Auseinandersetzung innerhalb eines ökologie-ethischen Diskurses.

Dieses Kapitel II. möchte also zweierlei:

1. Eine bei eher (aber nicht nur) Jugendlichen verbreitete Einstellungs-, Verhaltens- und Ernährungsweise aufzeigen.
2. Den historischen Kontext verdeutlichen, auf den die vegane Bewegung zurückgreift, und welche Bezugspunkte der Veganismus mit den Religionen und der Philosophie besitzt.

2. ZUM BEGRIFF

Bis zum Jahr 2000 konnte weder im Duden noch in einem etymologischen Wörterbuch der Begriff „vegan" und „Veganismus" gefunden werden. Doch am 15.5.2007 stand das Wort „Veganismus" auf der Internetseite des Duden als „das Wort des Tages" beschrieben.

Karin Rautmann von der Duden-Redaktion beschreibt in ihrem Artikel „Wie kommt ein Wort in den Duden?" (www.duden.de/deutsche_sprache/sprachwissen/wort_in_den_duden.php vom 13.05.2010) den Weg eines Wortes in den Duden. Demnach werden mit Hilfe von Computerprogrammen sehr große Mengen an elektronischen Texten daraufhin untersucht, ob in diesen Texten bisher unbekannte Wörter vorkommen. Wenn ein neues Wort „in einer gewissen Häufung und einer bestimmten Streuung über die Texte hinweg" (ebenda) auftaucht, wird es als Neuaufnahmekandidat für den Duden eingeführt.

Das lateinische Stammwort *vegetare* bedeutet:

> „körperlich und geistig in Bewegung setzen, beleben, ermuntern, erregen; spätlateinisch: leben, wachsen; abgeleitet von lateinisch ‚vegetus': körperlich und geistig belebt, lebhaft, munter." (Etymologisches Wörterbuch 1995)

In der zweiten Hälfte des 18. Jahrhunderts wurde *vegetieren* („wie eine Pflanze ohne geistige Regung leben") auf den Menschen bezogen und mit der Bedeutung „ein ärmliches Dasein fristen, kümmerlich, kärglich leben" (a. a. O.) versehen. Der Begriff *homo vegetus* wird bei Endreß (Endreß 1995: 11) erwähnt und übersetzt mit: „ein körperlich und geistig starker Mensch" sein.

Nach Kath Clements (1996: 9) ist der Begriff *Vegan* eine Abkürzung des englischen Wortes *vegetarian* (deutsch: vegetarisch). Angeblich wurden durch den Engländer Donald Watson die ersten drei und die letzten beiden Buchstaben des Wortes *VEGetariAN* für den Begriff *Vegan* benutzt und damit in den Sprachschatz aufgenommen.

Bevor der Begriff *Veganismus* gebräuchlich wurde, wurde dieser als *konsequenter Vegetarismus* oder *radikaler Vegetarismus* bezeichnet und bevor die Bezeichnung *Vegetarismus* im letzten Jahrhundert gebräuchlich wurde, sprach mensch eher von einer „pythagoräischen Lebensweise" (Grube 2009: 23). Wenn ich also in diesem Abschnitt von der historischen Entwicklung des Vegetarismus/Veganismus schreibe, dann meine ich damit nicht, dass es diese Begriffe in dieser Form und zu jeder und jener Zeit schon gegeben hat.

In der völlig neu bearbeiteten und erweiterten 23. Auflage des Dudens sieht die Erläuterung des Begriffes *vegan* wie folgt aus:

> „vegan lat.-engl. < vegan leben; Veganer (strenger Vegetarier, der auf Tier-Produkte in jeder Form verzichtet); Veganerin" (Duden Band 1, 23. Auflage, 2004)

Vegan lebende Menschen lehnen jegliche Verwendung tierlicher Produkte ab. Dies gilt für den Bereich der Ernährung (Fleisch, Käse, Milch, Sahne, Butter, Honig etc.) ebenso wie für den Bereich der Kleidung (Leder, Wolle). Vegan lebende Menschen achten darauf, in welchen Produkten tierliche Bestandteile verarbeitet worden sind. Gummibärchen, Suppenwürfel, Puddingpulver, Eiscreme, Mayonnaise sind z. B. solche Produkte, aber auch Filme (Gelantineschicht auf den Negativstreifen), Saiten von Musikinstrumenten, Haarbürsten, Autoteile, Handschuhe (Fütterungsmaterial), Seifen, Arzneimittel, Sprengstoffe (aus Glyzerin, einer aus Tierfett freigesetzten Flüssigkeit) und viele mehr.

Veganer_innen verbinden den Ernährungsaspekt mit einer generellen Einstellung zu den Tieren, die ohne Herrschaftsverhältnis auszukommen versucht. Es ist eine Denkrichtung, in der es erstrebenswert ist, in einer Gesellschaft ohne hierarchische Grundstruktur zu leben. Wer diese Vorstellung teilt, kann demnach auch kein Herrschaftsverhältnis des Menschen

Veganer_innen greifen ein noch heute existierendes Weltbild an, das besagt, der Mensch sei der Mittelpunkt, kurzum die „Krone" der Schöpfung.

über Tiere akzeptieren und sie essen oder verwerten. Somit stellen Veganer_innen die überragende Rolle des Menschen in Frage und greifen damit ein noch heute existierendes Weltbild an, das besagt, der Mensch sei der Mittelpunkt, kurzum die „Krone" der Schöpfung.

Zwar spielt für die Veganer_innen der Mensch eine zentrale Rolle, allerdings wird diese Sonderrolle des Menschen auch als Ursache der globalen Umweltzerstörung gesehen. Für diese Umweltzerstörung machen sie letztlich die anthropozentrische (auf den Menschen bezogene) Sichtweise verantwortlich. Der Mensch leitet aus seiner Sonderrolle die Nutzung seiner Umwelt ab, die vor allem für ihn selbst bestimmt sein soll. Artenschutz und Umweltschutz sind Mittel, um die *eigene* Lebensqualität zu erhalten. Eine Erhaltung der Lebensqualität geschieht jedoch auf Kosten der Umwelt, der Pflanzen, der Tiere und der unbelebten Natur. Obwohl der Mensch in Teilbereichen die Tier- und Pflanzenwelt schützt, zerstört er sie in anderen Bereichen. Diese Zerstörungen sind teilweise unwiderruflich und haben zu einem vielfältigen Artensterben geführt. Ungenutzte Natur wurde durch menschliche Eingriffe zur Kulturlandschaft oder – je nach Nutzen – zur Industrielandschaft umfunktioniert. Dieser Umgang ist nur zu verändern, wenn der Mensch sich nicht mehr als Mittelpunkt der Erde ansieht. Veganer_innen wollen diese anthropozentrische Sicht überwinden, denn für sie ist ein nicht-anthropozentrischer Ansatz Voraussetzung für das Ende von Naturzerstörungen, dem ein Abbau von Unterdrückungs- und Ausbeutungsverhältnissen vorangehen muss.

Eine zentrale Rolle spielt dabei die Frage des Umgangs mit der Tierwelt, in der sich der Anthropozentrismus am deutlichsten wiederfindet. Für Veganer_innen fängt der Weg zu einer herrschaftsfreien, mitweltbezogenen Gesellschaft bei der Frage der Ernährung an und mit einer nicht-anthropozentrischen Grundhaltung.

3. ERNÄHRUNG ALS EIN ELEMENT VON UNTERDRÜCKUNGSVERHÄLTNISSEN

Veganer_innen wollen aus einem ausbeuterischen System ausbrechen und eine strukturell neue Gesellschaft schaffen. Dabei bedeutet eine neue Lebensqualität nicht etwa ein besseres Lohnverhältnis oder neue Konsum- und Lebensmittelprodukte, sondern z. B. neue Partizipationsmöglichkeiten. Die Zugangsmöglichkeiten zu gesellschaftlichen Entscheidungsprozessen sollen für alle gleich möglich sein. Die neue Richtung, die neuen Institutionen und Produktionsverhältnisse müssen dabei von Herrschaftslosigkeit geprägt sein. Letztlich müssen sie Ergebnis aus antisexistischen, antirassistischen, antiimperialistischen, antikapitalistischen (etc.) Diskursen und von diesen bestimmt sein. Nur so können sich neue kulturelle, systemkonstituierende Prozesse einstellen. Eine ökologische Modernisierung der

Industriegesellschaft, wie es beispielsweise die Grünen fordern, führe nicht zu diesem Ziel. Ziel kann nur eine Beseitigung der kapitalistisch organisierten Gesellschaft sein. Eine neue Lebensmittelproduktion und Konsumtion ist eng mit einer neuen Bedürfnisstruktur verbunden, die aus den verschiedenen Diskursen als Ergebnis auch bestimmte Selbstveränderungen (z. B. Ernährungsumstellung, Konsumveränderung etc.) zur Folge haben müsste. Deshalb geht es im Veganismus auch darum, ein entsprechendes Bewusstsein zu schaffen, um eine neue und eigene Rolle als Nutznießer der industriellen Ernährungsindustrie zu schaffen.

Obwohl innerhalb der politischen Linken schon lange klar ist, dass es sich bei Tabak, Kaffee, Bananen etc. um Produkte einer langen kolonialen Geschichte handelt, die eng verbunden sind mit den dortigen sexistischen und rassistischen Unterdrückungs- und Ausbeutungsverhältnissen, scheinen diese Erkenntnisse für die alltägliche Lebenspraxis noch immer eine untergeordnete Rolle zu spielen. Alternative Ernährung wird dabei gerne als Nebenwiderspruch angesehen und entsprechend nachrangig bedacht oder nur als Reform des Kapitalismus kritisiert.

Vegane Ernährung ist jedoch als klarer Versuch zu sehen, einen herrschaftsfreien Ansatz zu entwickeln, der an der eigenen „Bedürfnisstruktur" deutlich zutage tritt. So ist der Konsum von Tierprodukten ein Ausdruck von Hierarchie und Unterdrückung und hat nichts mit einer freiheitlichen Gesellschaft zu tun. Dabei meint Unterdrückung nicht nur die konkrete Unterdrückung der Tiere, sondern schließt auch die Ausbeutungsverhältnisse mit ein, die notwendig sind, um an bestimmte Produkte zu gelangen. Auf jeden Fall darf mensch sich kein Ausbeutungs- und Tötungsprinzip zur Grundlage machen, wenn er in einer herrschaftsfreien Gesellschaft leben möchte. Tiere zu töten widerspricht den Prinzipien der Herrschaftsfreiheit, denn es bedient sich eines Gewaltprinzips, das einfach nicht zu Menschen passt, die sich ansonsten gegen Unterdrückung und Ausbeutung wenden. „Fleischesser" sehen über Prinzipien hinweg, die in anderen politischen Zusammenhängen heftig bekämpft werden, wenn es zum Beispiel um Ausbeutungsprozesse geht oder um die Auswirkungen des so genannten Großkapitals. Tiere zu töten widerspricht den Prinzipien der Herrschaftsfreiheit.

Dass mit der Ernährung auch das Thema Armut diskutiert werden muss, zeigt folgendes Zitat:

> „... verbrauchen die Rinderherden weltweit Futtermengen in einer Größenordnung, die annähernd den doppelten Nahrungsenergiebedarf der menschlichen Weltbevölkerung decken würde. ... Gut 40 Prozent der Weltgetreideernte, 40 – 50 Prozent der weltweiten Fischereierträge sowie 25 – 40 Prozent der Molkereiprodukte werden als Tierfutter verwendet. Eine durchschnittliche Familie in den wohlhabenden Nationen verbraucht fünfmal mehr Getreide

(inklusive Futtergetreide) als eine Familie der so genannten ‚Dritten Welt'." (Clements 2001: 12)

Ohne die großindustrielle Fleischproduktion könnte also der weltweite Nahrungsenergiebedarf wesentlich eher gedeckt und Hunger deutlich abgebaut werden. Hinzu kommt, dass das Getreide aus anderen Kontinenten in Form von Tierfleisch vor allem in den Metropolen verzehrt wird. Während in Deutschland pro Kopf und Jahr ca. 89 kg Fleisch verzehrt wird, sind es in Indien nur 2 kg. Dadurch erhält die Ernährungsfrage auch eine internationale Bedeutung und wird in der veganen Bewegung z. B. als imperialistische Fleischproduktion bezeichnet, die Hunger in diesen Ländern entstehen lässt. Allein diese Erkenntnis müsste die Metropolenlinke dazu veranlassen, das eigene Ernährungsverhalten umzustellen, um sich auch dadurch solidarisch mit den Menschen in diesen Ländern zu zeigen.

So erklären Veganer_innen die vorhandenen Ernährungsprobleme als Ergebnis weltweiter Handelspolitik. Das Hauptargument ist dabei, dass ein gleich großes Stück Land durch pflanzliche Bebauung siebenmal mehr Menschen ernähren könnte als durch Viehzucht. Bei der Produktion von Milch wird das Fünffache an Weizen verbraucht, als wenn dieser direkt gegessen würde. Bei Hühnerfleisch sieht das Verhältnis mit 12:1 noch schlechter aus. (Clements 2001: 16) Einer angeblich problematischen Überbevölkerung könnte so durch ein verändertes Ernährungsverhalten begegnet werden.

Tierzucht wird als ein maßgebliches Instrument der Ausbeutung durch die Industrieländer angesehen und Abhängigkeiten werden durch Fleischimporte und Futtermittelexporte geschaffen. Hinzu kommt die nicht unproblematische Gentechnik und die geschmackliche ‚Konditionierung' von Tieren durch bestimmte Futtermittel, denen durch die Multinationalen Konzerne auch Suchtstoffe beigemischt werden.

Für die Produktion der riesigen Mengen an Milch ist es notwendig, dass immer wieder Kälber geboren werden müssen, die dann für Kalbfleisch oder Katzenfutter im Schlachthof landen. Fast 50 Prozent der männlichen Küken werden gleich nach dem Schlüpfen im Fleischwolf verarbeitet und als Futtermittel für Legehennen eingesetzt (die eigentlich keine Fleischfresser sind!). Leder, ein begehrter Bekleidungsrohstoff, ist heute kein Abfallprodukt mehr, sondern ein wesentlicher Bestandteil der Tierzucht. Mit Leder aus Kuhhäuten wird die Tierzucht erst richtig profitabel. Fast 50 Prozent der männlichen Küken werden gleich nach dem Schlüpfen im Fleischwolf verarbeitet und als Futtermittel für Legehennen eingesetzt.

Gesundheitliche Beeinträchtigungen durch Tiermedikamente (z. B. Hormonzugaben bei Rindern) sind oftmals Folgen einer gewinn-orientierten Lebensmittelproduktion. Insgesamt sehen Veganer_innen in der momentanen Tierzucht und den Lebensbedingungen, aber auch in der Schlachtung der Tiere, ein Kennzeichen für eine industriell geprägte Gesellschaft.

Im Umgang mit Tieren wird nicht nur ein Gewaltprinzip etabliert, sondern insgesamt auch das Verhältnis von Menschen zu anderen Lebewesen geprägt. So ist die Ernährungsfrage des Menschen ein Bestandteil der Auseinandersetzung mit Unterdrückungs- und Ausbeutungsverhältnissen, mit denen sich Veganer_innen beschäftigen.

Eine Ernährung in Zeiten des Massenkonsums, aber auch die Zentralisierung und Rationalisierung von Produktionsprozessen, kann nur über eine Massentierhaltung erzielt werden. Tiere werden dabei lediglich als Objekte, als Nutzware gesehen, die es in genau diese Rationalisierungs- und Zentralisierungsprozesse einzubinden gilt. Die Frage nach artgerechter Haltung spielt dabei nur insoweit eine Rolle, wie sie in die entsprechende Produktionsweise integrierbar ist. Das Ziel ist ein möglichst gut vermarktbares Produkt, z. B. in Form von Schinken oder Schnitzel.

Die Tierrechtsbewegung thematisiert genau diesen Umgang des Menschen mit den Tieren. Sie greift dabei einen Diskurs innerhalb der Ethik auf, der sich auch mit dem Verhältnis Mensch – Natur beschäftigt und seinen Ausgangspunkt in der Frage hat, wie die katastrophalen Umweltzerstörungen beendet werden können. Für Tierrechtler_innen bedeutet dabei ein Stimmrecht der Tiere ein wichtiger Schritt in diese Richtung. Durch den Menschen soll also den Tieren eine (menschliche) Stimme gegeben werden, damit sie als gleichberechtigte Lebewesen anerkannt werden können. Tierrechtler_innen greifen vor allem in die gesellschaftlichen Auseinandersetzungen über einen ökologischen Umbau der Gesellschaft ein, indem sie diese Auseinandersetzungen mit dem bewussten Schritt erweitern, den Tieren gleichen rechtlichen Status zuzugestehen. Mit dem Versuch, den Tieren eine Stimme zu geben, soll tierisches Leiden nachvollziehbar gemacht und die dahinter vermuteten patriarchalen Strukturen transparenter werden.

So wird in der Zeitschrift *tierrechte 2.09* u. a. auf die Auswirkungen der Finanzkrise eingegangen und nicht nur eine neue Moral der Finanzmärkte gefordert, sondern eine Moral, die auch die Natur und die Tiere mit einschließt. In dieser Ausgabe wird den Tieren deutlich eine Stimme gegeben, indem ihre Lebensweisen und ihre Bedürfnisse dargestellt werden, die oftmals durch wirtschaftliche Vorgaben des Menschen missbraucht und ausgenutzt werden.

Missbrauchsopfer sind sie aber auch auf eine andere Art und Weise. So lautet ein Artikel: „Sexueller Missbrauch von Tieren – Wer schützt die Opfer?“ (*tierrechte* Nr. 48, Mai 2009) und berichtet über Männer, die in ein Tierasyl eingebrochen sind und sich an Tieren sexuell vergangen haben.

> „In Utrecht/Holland wird ein Pony in seinem Unterstand vergewaltigt, in Gent/Belgien trifft es die Hunde eines Tierasyls. In beiden Fällen waren es Männer, die in den Schutzraum der Tiere eindrangen, um sich an ihnen sexuell zu befriedigen. An sich wären diese Vorfälle nur zwei mehr auf der Liste sexueller Missbrauchshandlungen, vor denen die Justiz kapitulieren musste, weil die

Rechtslage die Täter und nicht die Opfer schützt." (*tierrechte* Nr. 48, Mai 2009: 18)

Hier wird exemplarisch deutlich, wie Tiere als „zu gebrauchende Lebewesen" gesehen werden und wie ihnen in einer kapitalistischen Verwertungslogik ihr Platz zugewiesen wird. Die Forderungen nach Rechten für Tiere werden verknüpft mit den „Interessen von Tieren". So meint Helmut F. Kaplan (Kaplan 1995: 10ff), dass Tiere, die Interessen haben, auch Rechte haben müssten. Letztlich sehen Tierrechtler_innen in dem Begriff *Recht* einen Anspruch, den auch Tiere haben oder haben sollten. Aus diesem Grund wird dann auch die Gemeinsamkeit von Menschenrechten und Tierrechten diskutiert, wobei Menschenrechte mit einem menschenwürdigen Leben verbunden werden, dem die Tierrechte mit einem „tierwürdigen" Leben in nichts nachstehen sollten. Kritisiert wird, dass bei den Menschenrechten nicht weiter über die Menschenwürde diskutiert wird, während bei der Frage nach den Tierrechten und der Tierwürde meistens eine sehr genaue Definition verlangt wird. Ein menschenwürdiges Leben entspricht dann (nach Kaplan) dem Leben eines Menschen, der seine Interessen verwirklichen kann, oder dem es ermöglicht wird, seine Interessen zu wahren. Das gleiche Recht sollen auch Tiere haben, nämlich das Recht auf ein ihren Interessen entsprechendes Leben.

Vegan lebende Menschen müssen sich jeden Tag mit ihrer persönlichen Entscheidung beschäftigen, weil es durchaus nicht einfach ist, vegan zu leben. Diese tägliche Beschäftigung sehen sie als einen grundsätzlichen Unterschied gegenüber anderen politisch lebenden Menschen, die in vielen Fällen auch bloß mal am Wochenende Politik betreiben. Die Forderung, „das Private muss auch politisch sein und umgekehrt", wird hier sehr ernst genommen. Deshalb werden auch all diejenigen Linken kritisiert, die nur am Wochenende aktiv sind, während sie sich in der Woche kaum politisch aktiv beschäftigen.

Ganz allgemein gesprochen wollen Veganer_innen nicht nur eine neue „Bedürfnisstruktur" entwickeln, sondern sie auch leben und sich dabei als eingreifende Menschen innerhalb eines äußerst komplexen Ökosystems begreifen. Bei der Entscheidung gegen den Fleischkonsum soll nicht eine starre Hierarchie einer persönlichen Entscheidung zu Grunde liegen, sondern die Abwägung je nach Situation und unter Einbezug einer herrschaftsfreien Ethik.

Die Auseinandersetzung, die mit dem Thema Veganismus geführt werden kann, läuft auf eine Auseinandersetzung zwischen herrschaftsfreier Ethik und dem anthropozentrischen Weltbild hinaus. Für Veganer_innen ist es relativ klar, dass sich eine herrschaftsfreie Gesellschaft von der Vorstellung trennen muss, dass „der" Mensch das maßstabsetzende Wesen ist, an dem sich alles zu orientieren hat. Der Anthropozentrismus hat es ermöglicht, dass Ausbeutungsprozesse allgemein legitimierbar wurden und viele Prozesse dadurch quasi unsichtbar werden konnten. War es früher der Rückgriff auf religiöse Werte, so hat sich dies in der Gegenwart stark verändert, auch wenn die Grundrichtung geblieben ist. Die von der Religion her abgeleitete Sonderstellung des Menschen, durch die Tiere, Pflanzen und unbelebte Umwelt beherrscht und benutzt werden können, existiert auch weiterhin. So findet sich im Veganismus der Versuch wieder, einen so genannten „Paradigma-Wechsel“ zu realisieren, der notwendig erscheint, wenn die anvisierte herrschaftsfreie Gesellschaft erreicht werden soll.

Ganz aktuell werden weitere inhaltliche Auseinandersetzungen am Thema der Umweltbeeinträchtigungen durch die Massentierhaltung geführt. Neben der Gülleproblematik für das Wasser werden die Methangase der Kühe für das Klima als sehr problematisch angesehen. Jede einzelne Kuh stößt 200 l Methangas pro Tag aus (Clements 2001: 26), ein Umstand, der als ein schwerwiegender Faktor für die rasant steigende Erderwärmung angenommen wird. In der *Zeit Online* vom 30.7.2008 wird von Klimavegetarier_innen geschrieben, die Fleisch nicht aus ethischen Gründen ablehnen, sondern aus Klimagesichtspunkten. Denn ein Fünftel des weltweiten Kohlenstoffdioxidausstoßes geht laut Weltagrarorganisation FAO der UN auf die Viehhaltung zurück (www.zeit.de/online/2008/31/weltvegetarier-kongress?page=all vom 13.05.2010) und ein/e *Klimavegetarier_in* spart pro Jahr ca. 200 kg des Klimagases CO^2. Ein/e *Klimaveganer_in* spart nach Studien des Freiburger Öko-Instituts sogar 450 kg CO^2 pro Jahr. (ebd.) Dieser Gesichtspunkt wird in den nächsten Jahren noch an Bedeutung gewinnen und die Verknüpfung von veganer Lebensweise und Klimaschutz kann einen neuen Bedeutungsschub für den Veganismus bedeuten.

Die Abholzung der Regenwälder (Treibhauseffekt), deren Fläche für den Anbau von Futtergetreide oder zur Viehhaltung für nachgefragtes argentinisches Rinderbeaf benötigt wird, ist ebenso problematisch wie der Pestizideinsatz bei Futtergetreide in riesigen Monokulturen. Und so wurde schon Anfang der 90er Jahre sehr eindringlich darauf verwiesen, dass uns globale Umweltzerstörungen dazu zwingen werden, ein noch schärferes Bewusstsein und einen noch politischeren Umgang mit Ökologie zu entwickeln als bisher. Die industrielle Ernährung wird dabei allgemein als Teil des Problemkomplexes Herrschaft erkannt. Deshalb versuchen Veganer_innen schon lange die Notwendigkeit eines radikalen ökologischen und freiheitlichen Ansatzes herauszuarbeiten, der in seiner konsequenten Umsetzung an einer veganen Lebensweise kaum vorbeikommt.

Die Tierrechtsaktion Nord (TAN) berichtet über Tiere, die in Pelztierfarmen ausschließlich gezüchtet werden, um mit deren Pelzen Artikel für Menschen herzustellen. Dabei sind die Zustände in diesen Pelztierfarmen in ihren Augen katastrophal, weil die Lebensbedingungen keinerlei

„Honig ist Raubmord."

Bewegungsfreiraum lassen. Menschen, die Pelze tragen, können sich nicht herausreden; denn Pelze zu tragen drückt auch eine gewisse Einstellung aus, mit der sich jede/r Pelzträger_in mitschuldig am Tod unschuldiger Tiere macht.

Neben Pelztierfarmen gibt es für Veganer_innen auch gute Gründe, gegen die Zootierhaltung zu sein. Auch gegen die über 350.000 Jäger_innen in Deutschland (www.jaegermagazin.de/aktuelles/detail.php?objectID=1793&class=62 [bitte Link prüfen, funktioniert nicht] vom 13.05.2010) gibt es genügend Argumente. Viele weitere Ansatzpunkte könnten hier noch angeführt werden, würden jedoch den Rahmen dieser Arbeit sprengen. Angler („Mord ist ihr Hobby") und Imker („Honig ist Raubmord") würden genauso dazugehören wie die Auseinandersetzung mit Tiertransporten und Tiersportarten (Reiten, Polo, Hunderennen). Die verschiedenen Tierrechtsgruppen haben in ihren Zeitschriften inzwischen eine Vielzahl an Informationen verarbeitet, die einen recht guten Überblick über den gesamten Aktionsbereich vermitteln.

4. WELTRELIGIONEN UND VEGETARISMUS

Auch Veganer_innen sind auf der Suche nach ihren Wurzeln und stoßen dabei auf eine jahrhundertealte Geschichte des Vegetarismus – zumindest einige Wurzeln, die für einen Teilbereich der heutigen veganen Bewegung von Bedeutung sind.

Eine eigenständige Theorieentwicklung des Vegetarismus ist jedoch erst in unserem Jahrhundert festzustellen. Dies hängt sicher auch mit der sprachlichen Prägung des Wortes „Vegetarismus" zusammen, das in dieser Form erst im 19. Jahrhundert Bedeutung erhielt, als sich in England die ersten vegetarischen Gruppen bildeten. Und doch lebten auf dieser Erde schon lange vor unserer Zeitrechnung Menschen vegetarisch, oder ansatzweise vegan, auch wenn der Grund dafür in der einfachen Frage des Nahrungsangebotes und der Möglichkeit, wie Ernährung zugeführt werden konnte, lag.

Aus verschiedenen Untersuchungen ergibt sich, dass die größte Anzahl von vegetarisch lebenden Menschen heute in den ökonomisch unterentwickelten Ländern leben. Diese Ernährungsweise geschieht teils aus ökologischen, zum größten Teil jedoch aus religiösen Gründen. In Indien lebt z. B. der größte Teil religiös motivierter Vegetarier_innen, die aus Hinduisten und Jainisten bestehen. Weltweit gesehen scheinen nach wie vor die großen Weltreligionen die Impuls- und Vorschriftengeber_innen zu sein. Dies möchte ich am Beispiel des Hinduismus, Buddhismus/Jainismus, Judaismus und letztlich am Christentum zeigen.

4.1. HINDUISMUS

Wird in einigen Publikationen der Veganer_innen auf die Geschichte des Vegetarismus hingewiesen, dann steht der Verweis auf die „Heiligen Kühe“ in Indien an erster Stelle. Die „Heilige Kuh“ ist fester Bestandteil der hinduistischen Religion, eine der ältesten asiatischen Religionen, in der heute zwar kein generelles Fleischverbot vorgeschrieben ist, die vegetarische Ernährung jedoch nach wie vor einen hohen Stellenwert besitzt. Veganer_innen machen die westlich-technisierte Zivilisation für die vielfältige Krise verantwortlich und beziehen sich dabei vor allem auf den Anthropozentrismus, der diese Krise verursacht haben soll. In eine ähnliche Richtung gehen Überlegungen von Frau Prof. Mukerji, die 1984 in einem Religionsgespräch eine Rede über die Weltverantwortung im Christentum und in den östlichen Religionen hielt. Sie stellte fest, dass der Hinduismus zwar auch in eine Krise der Postmoderne geraten sei, diese Auswirkungen jedoch nicht so dramatisch seien wie im Westen. Zum geschichtlichen Hintergrund der abendländischen Krise gehöre

> „die jüdisch-christliche Überlieferung im Stadium ihrer Säkularisierung. Wie sollte gerade sie in der Lage sein, der wissenschaftlich-technischen Welt Grenzen zu setzen, da sie doch selbst die Krise der technischen Zivilisation mitverursacht …“ (Golser 1992: 61)

habe. So scheint die Kritik des Hinduismus an der westlichen Zivilisation eine ähnliche zu sein, wie man sie bei den Veganer_innen findet. Die Frage des Anthropozentrismus, ein Für oder Wider, hat dabei wesentliche Bedeutung, da bei der Analyse dieser Fragestellungen ähnliche Kritikpunkte herausgearbeitet werden können. Deshalb halte ich es auch für nötig, dem Hinduismus etwas breiteren Raum einzuräumen.

> „Das Prinzip des europäischen Geistes ist … die selbstbewusste Vernunft, die zu sich das Zentrum hat, dass nichts gegen sie eine unüberwindliche Schranke sein kann, und die daher alles antastet, um sich selber darin gegenwärtig zu sein … Ebenso wie im Theoretischen strebt der europäische Geist auch im Praktischen nach der zwischen ihm und der Außenwelt hervorzubringenden Einheit; er unterwirft die Außenwelt seinen Zwecken mit einer Energie, welche ihm die Herrschaft der Welt gesichert hat.“ (Golser 1992: 62)

Hier wird etwas angesprochen, was Philosophen, Ethiker und Praktiker gleichermaßen kritisieren: das Auseinanderreißen von Mensch und Natur und seine Herrschaft über die Natur. Dies steht im Mittelpunkt der europäischen, anthropozentrisch ausgerichteten Welt, in der die Ursachen der Umweltzerstörungen mit dem Anthropozentrismus begründet werden können. Hier bietet es sich also an zu fragen, ob der Anthropozentrismus transformiert werden kann in einen Nicht-Anthropozentrismus, durch den weitere Umweltzerstörungen verhindert und damit die Krise der wissenschaftlich-technischen Gesellschaft überwunden werden kann.

Ein wesentlicher Unterschied des Hinduismus zu unserem jüdisch-christlichen Glauben kann in den ältesten vedischen Hymnen nachgelesen werden. In ihnen findet sich eine „All-Einheitserfahrung" (Nichtzweiheit – Advaita Philosophie), in der eine objektivierende Gegenüberstellung der Dinge von einem isolierten Subjekt aus nicht denkbar ist. Mensch und Natur, Mensch und Kosmos sind im Hinduismus eine unauflösliche Einheit. Es wird keine Abgrenzung zwischen Dingen gedacht, sondern alles in einer Einheit gesehen. Ein Schöpfungsglaube (also ein Tag X der Entstehung) und ein Ende aller Dinge (Eschatologie) sind dem Hinduismus unbekannt.

> „Eine heilsgeschichtliche Zeiterfahrung, die sich im biblischen Glauben zwischen einer paradiesischen Urerinnerung und dem angekündigten Zeitende erstreckt, fällt im Hinduismus aus, denn Leid und Sterblichkeit können hier und jetzt schon durch die Aufhebung der Unwissenheit über die wahre Seinslage des Menschen überwunden werden." (Golser 1992: 63)

Im Hinduismus geht es ausschließlich um die Erkenntnis des „absoluten Seins" (Brahman) und weniger um eine Handlungsorientiertheit. Es geht darum, die Suche nach Erkenntnis einzuleiten:

> „... spricht in erster Linie jene menschliche Sehnsucht nach Erkenntnis an, die aus den Fesseln der Unwissenheit befreien kann; sie spricht die Kontemplation des Mysteriums von Brahman an, das im Innersten der Herzenshöhle als atman wohnt ..." (Golser 1992: 64)

Hier spricht man von „Brahman-Atman-Identität", die das entscheidende Wissen ist, durch das die „Einheit der Wirklichkeit" deutlich wird und letztlich zum „unsterblichen Selbst" führt. Die vorfindbare, dingliche Welt wird überwunden,

> „ohne in den metaphysischen Dualismus von Materie und Geist, Immanenz und Transzendenz abzustürzen." (Golser 1992: 64)

Diese Aufhebung des Dualismus von Materie und Geist steht im Gegensatz zum Anthropozentrismus der westlichen Welt. Von dort her kann natürlich der Vorwurf erhoben werden, dass in einer „kosmischen Einheitserfahrung" die notwendigen Regelungen zum Leben im Hier und Jetzt verloren gehen. Eine nicht handlungsorientierte Lebensweise müsste doch zwangsläufig auf chaotische Verhältnisse hinauslaufen, und erst recht kann Umweltzerstörung so nicht aufgehalten werden!? Unrecht wird einfach ignoriert!? Dieses befürchtete Chaos wird im Hinduismus u. a. durch kultische Handlungen verhindert, quasi als Regulationsmechanismus. Der Opferkult spielt neben anderen Vorschriften eine große Rolle und sorgt für eine geregelte Ordnung und weist auf wichtige Inhalte hin. Gandhi formulierte dazu Folgendes:

> „In der reinsten Form des Hinduismus sind ein Brahmane, eine Ameise, ein Elefant und ein Hundeesser von gleichem Status. Der Hinduismus besteht auf der Brüderlichkeit nicht nur der gesamten

Menschheit, sondern von allem, was lebt. Das ist eine Vorstellung, die einen schwindelig macht, aber wir müssen darauf hinarbeiten. In dem Moment, in dem wir eine wirklich vorhandene Gleichheit zwischen Mensch und Mensch wiederhergestellt haben, werden wir auch Gleichheit zwischen den Menschen und der gesamten Schöpfung errichten können." (in Golser 1992: 65)

Im Hinduismus steht das Ahimsa-Gebot (also das Gebot des Nicht-Tötens) an oberster Stelle der Gebote und bezieht explizit die Tiere mit ein. In dieser Allgemeinheit des Tötungsverbotes sieht sich der Hinduismus den christlichen Religionen überlegen; das Ahimsa-Gebot ist eindeutig weiter gefasst als das christliche Liebesgebot.

Im Hinduismus steht das Gebot des Nicht-Tötens an oberster Stelle und bezieht explizit die Tiere mit ein.

Geht mensch von einer „All-Einheit" aus, so hat dies natürlich die entsprechenden Konsequenzen für die Beziehung zum Tier:

„Subjekt und Objekt der Ethik sind also im Hinduismus alle Lebewesen ohne Ausnahme, denn auch die Tiere gelten ihnen als verkörperte Seelen, nicht als bloße Sachen oder Maschinen, mit denen der Mensch nach Willkür schalten kann." (Stolzenberg 1992: 68)

Der Körper an sich mag unterschiedlich sein, eine Seele besitzt ein Tier jedoch auch und muss deshalb gleichwertig behandelt werden.

„Das Wort von der Bruderschaft des Menschen wird in Indien zum Gedanken der universalen Verbrüderung allen Lebens, aller Lebewesen bis herunter zum winzigsten Tierchen." (Stolzenberg 1992: 68)

Wie erklärt sich diese Haltung zu den Tieren? Wichtig ist dabei zu sehen, dass sich der Hinduismus aus mehreren Kulturen entwickelte, aus denen sich letztlich das heutige Erscheinungsbild ergeben hat. So führt Brück (in: Golser 1992: 81) an, dass sich aus drei verschiedenen Kulturen letztlich eine Synthese gebildet hat, mit der das heutige Kastensystem mit unterschiedlichen Hierarchien von Göttern, Mythen, Wirklichkeitsmodellen und Philosophien zu erklären ist. Dieser Prozess scheint auch heute noch nicht abgeschlossen zu sein und Brück erklärt dadurch die auch von anderen Autor_innen angeführte unterschiedliche Handhabung der Behandlung z. B. der „Heiligen Kühe".

Brück führt jedoch zwei Denkmuster an, die sich aus den unterschiedlichen Entwicklungen, „aus der ständigen Assimilation und Dissimilation ..." (in Golser 1992: 82) festgesetzt haben und die bis heute für ihn sozialpsychologisch relevant sind. Auf der einen Seite steht die Abkehr von der Welt im Mittelpunkt der hinduistischen Denkweise. Alle Dinge, alles Lebendige wird bei dieser Denkweise quasi als Hülle einer dahinter verborgenen Wirklichkeit angesehen. Diese Wirklichkeit zu erkennen ist die wesentliche Aufgabe, alles andere ist nur Schein. Auf der anderen Seite spielt eine Sichtweise eine wesentliche Rolle, die Brück mit einer „umfassenden sakramentalen Sicht der Wirklichkeit" bezeichnet, die letztlich auch den Buddhismus beeinflusst hat:

„Danach ist jedes Stück Materie, jede Form, sei es ein Atom, ein Molekül, ein Baum, ein Mensch, der gesamte Götterhimmel, die Wirklichkeit überhaupt, nichts anderes als eine Kondensation von Geist. Tantra besagt, dass in allem, was existiert, das eigentliche Wesen nichts anderes als göttlicher Geist ist." (Stolzenberg 1992: 68)

Es stellt sich im Hinduismus heraus, dass

„es gerade nicht um eine Abwertung der materiellen Welt geht, sondern um ein Eintauchen in diese Welt, weil alles Ausdruck der einen göttlichen Kraft ist." (Stolzenberg 1992: 68)

Brück meint, dass gerade in der Spannung zwischen einer Entweltlichung und dem Eintauchen in diese Welt eine besondere Kraft asiatischer Kulturen besteht. Diese Spannung wird durch zwei anscheinend unterschiedliche Schöpfungsmythen aufgebaut (nachzulesen in: Stolzenberg 1992: 83ff), die in ihrer Summe eine Erklärung hinduistischer Sicht- und Verhaltensweise bringen. Brück nennt diese beiden Mythen „zwei unterschiedliche kollektive Psychogramme", die auch heute noch den Lebensalltag prägen und

„für unsere Frage zur Haltung gegenüber anderen Wesen – seien es Menschen, Tiere oder Pflanzen – relevant sind." (Stolzenberg 1992: 83)

Diese unterschiedlichen Aspekte der Schöpfungsmythen drücken einen einheitlichen Prozess der Wirklichkeit aus. *Shiva* (eine der beiden Göttergestalten) und ihre schöpferische Energie erzeugt im Tanz Leben, das sie ständig entstehen und zerstören lässt. Die Bedeutung von „Leben schaffen" beinhaltet hier auch die Zurücknahme von Leben (Formen), welches einmal geschaffen wurde. Dabei ist Leben und Sterben nicht mit unserer Bedeutungszuweisung zu verstehen, sondern es handelt sich um zwei Aspekte *eines* Prozesses. Alles ist Eins: Schöpfung und Zerstörung. Die schon weiter oben erwähnte „Brahman-Atman-Identität" wird hier noch einmal deutlich. In den heiligen Schriften des Hinduismus wird der eigentliche Kern der Wirklichkeit als *Atman* bezeichnet, während auf der kosmischen Ebene der Begriff *Brahman* benutzt wird. Zum Vordringen in diesen Kern (zum Atman) ist „Analyse und Meditation" als Mittel notwendig, denn nur dann erlebt mensch *die Einheit der Wirklichkeit* und besitzt die „Brahman-Atman-Identität". Atman bezeichnet im Hinduismus auch den „inneren Lenker". Dies bedeutet,

„dass Gott immer Lenker in allen kosmischen und menschlichen Vorgängen ist, das verborgene Subjekt aller Aktivität, dass Subjekt des Denkens, denn nicht ‚ich' denke, vielmehr ist der atman der ‚Denker des Denkens', wie es in den Upanishaden heißt, ... er ist alles in allem." (Stolzenberg 1992: 85)

Dies alles macht deutlich, dass es im Hinduismus keinen Unterschied zwischen irdischem und ewigem Leben gibt. Das Ewige Leben existiert schon im irdischen Leben. Ewigkeit existiert im Zeitlichen, anders als im christlichen Glauben, wo der Mensch stirbt und „das Zeitliche segnet". So gesehen gibt es keine „Zeit an sich", „in sich", wie überhaupt alles Existierende ein Ausdruck des Atman ist und mensch sich gegenüber diesen Dingen, Lebewesen etc. so verhalten muss, als wie man sich Gott gegenüber verhalten würde.

> „Damit schwindet die Bedrohung durch den Abgrund des Fremden oder die Grenze dahin. Der andere gilt demzufolge nur unter einem bestimmten Aspekt als anders, im Wesen aber ist er der gleichen Natur wie ich selbst." (Stolzenberg 1992: 86)

Nur andeutungsweise möchte ich hier erwähnen, dass in der aktuellen Rassismus-Diskussion „das Andere", „das Fremde" ein Erklärungsansatz für Rassismen ist. Vor den „Fremden" haben Deutsche Angst und wehren sich, wenn die äußeren Konstellationen (z. B. die Politik) es zulassen. Auch das Verhalten zur Umwelt lässt sich durch diese Sichtweise verstehen. Wer in der Natur eine Bedrohung sieht, wird sich wehren wollen, und wer in den Tieren eine untergeordnete Spezies sieht, kann sie unterdrücken. Eine anthropozentrische Sichtweise liefert den Begründungszusammenhang für ein naturzerstörerisches Verhalten und für eine fleischhaltige Ernährung. Diese Sicht- und Verhaltensweisen werden durch den Hinduismus stark in Frage gestellt.

Ich möchte mit der Darstellung des Hinduismus auch aufzeigen, dass das vor allem im Westen existierende Verhältnis von Mensch zu Tier **dekonstruiert** werden kann. Eine nicht-anthropozentrische Sichtweise, behaupten Kritiker_innen des Veganismus, sei gar nicht möglich, eben weil wir Menschen sind. Diese Aussage als Konstrukt zu „entlarven" und ihm eine Nicht-Anthropozentrik entgegenzusetzen, versucht der Veganismus, und der Rückgriff auf den Hinduismus hat deutlich gemacht, dass dies möglich ist. Möglich wird auch ein anderes Verhältnis zu den Tieren, aus dem heraus sich auch neue Begrifflichkeiten entwickeln können. Meyer-Abich verändert z. B. den Begriff *Umwelt* in *Mitwelt*. Eine veränderte Denkweise, die Dekonstruktion von Bestehendem, ist also möglich und kann dann auch zu einer veränderten Selbst- und Fremdwahrnehmung führen, die wiederum einen veränderten Lebensalltag zur Folge haben kann/muss.

4.2. BUDDHISMUS UND JAINISMUS

Neben der Entwicklung des Buddhismus muss auch die Entwicklung verschiedener kleinerer Religionen gesehen werden, wie z. B. des Jainismus', da sie in den unterschiedlichen veganen und vegetarischen Diskussionen eine Rolle spielen.

Buddha, der Erleuchtete, lebte von 563 bis 483 vor unserer Zeitrechnung. Auch im Buddhismus spielt das *Ahimsa*, das „Nicht-Töten", als oberstes Gebot eine große Rolle und wirkt heute noch in den sozialen, ethischen, philosophischen und religiösen Lebensalltag hinein. Für mein Thema spielt wiederum nur ein Teilaspekt eine Rolle. Ahimsa bedeutet für den Buddhismus ein ethisches Hauptgebot; Weisheit und Barmherzigkeit spielen weitere wichtige Rollen. Eine vegetarische Ernährung wird hier als Weg zur Weisheit gesehen. Buddha schreibt: „Töte nicht, sondern erhalte und ehre alles Leben." (*Vegetarisch Fit*, 6/96) Für Buddha war der Fleischkonsum ein Verlangen von „roher Begierde" und hatte somit in einer Lehre, die sich von Leidenschaften lösen wollte, nichts zu suchen. Dieses „leidenschaftslose" Verhalten ist Voraussetzung für ein Ausscheiden aus dem Kreislauf der Wiedergeburt und als Einstieg in die ewige Ruhe des Nirwanas zu sehen. Anders formuliert es W. Strolz (in Golser 1992: 66), indem er den Weg ins Nirwana als „Abschneiden der Lebenswurzel zur Erlösung von Leid" bezeichnet. Hinter dieser eher missverständlichen Äußerung steht die Sichtweise, dass alles Geborene und in Abhängigkeit Entstandene (also Pflanzen, Tiere) leidbeschwert sei. Demgegenüber gibt es erst im „Nichts des Ungeborenen, im namenlosen Nichts des Nichtgewordenen, das der Erwachte schon berührt hat" (Golser 1992: 66) eine erhabene Ruhe und einen unaussprechlichen Frieden:

„Das Geboren werden selbst muss ein Ende nehmen." (Golser 1992: 66)

Wie erreicht man nun diese Sichtweise, dieses Erwachen zum Nichtgeboren-Sein? Das Erwachen ist der entscheidende Schritt bei Buddha! Erst wenn mensch das Ungeborene, Nichtgewordene erkennt, erkennt er die (gewordene) Welt, die Wirklichkeit als vergängliche Welt. Diese Grundvoraussetzung ist nötig, um durch Meditation das „Rad der Wiedergeburt" zu beseitigen. Die Wissenden stehen den Nichtwissenden gegenüber, die weiter an Vergänglichkeit denken, die sich weiter nicht dem Leiden des Lebens stellen – diese Menschen bleiben im Kreislauf der Wiedergeburt.

> „Ein Text aus einer Buddha-Rede lautet: Es kommt, ihr Mönche, die Zeit, wo der große Ozean austrocknet, verzehrt wird, nicht mehr besteht; nicht aber künde ich euch, ihr Mönche, ein Zuendekommen des Leides für jene Wesen, die durch das Nichtwissen daran gehindert, durch den Durst nach dem Leben gebunden dahineilen, von Dasein zu Dasein getrieben." (in Golser 1992: 67)

Es gibt im Buddhismus keinen Himmel und keine Hölle oder ein Paradies, wie es uns die christliche Religion verspricht. Allerdings gibt es eine „Leidenssolidarität" - und damit eine Gleichsetzung mit allen lebenden Wesen. Buddhas Analyse liegt die Überzeugung zugrunde, dass fühlende Lebewesen nicht in der Lage sind, permanent Glück- oder Wohlbefinden bei gleichzeitiger und gleich bleibender Leistungsfähigkeit zu bewahren. Lebewesen stoßen an ihre Grenzen und leiden darunter. Sie leiden auch unter Grenzen, die ihnen von anderen gesetzt werden, oder wenn durch andere Lebewesen ihre Möglichkeiten eingeschränkt oder unterbunden werden. Dies nannte Buddha „Leiderfahrung" und bildete letztlich den Ausgangspunkt seiner Lehre. Das zentrale Anliegen von Buddha war demnach ein Gesundungsprozess der „Geist-Körperlichkeit". Der Weg zum Wissenden führt bei Buddha

> „von einem Bemühen um Harmonisierung des Menschen mit sich selbst und seiner Umwelt durch bewusstes selbstverantwortliches und ethisches Tun sowie einer liebevollen und mitleiderfüllten Zuwendung zu allen Wesen, ... durch die die gesamte menschliche Persönlichkeit einem Wandlungsprozess unterzogen wird, der ihn durch Befreiung von allen selbsterschaffenen Verstrickungen gesunden lässt." (Klöcker/Tworuschka 1985: 91)

Um die Bedeutung des Begriffes *Leiden* besser verstehen zu können, muss mensch sich dessen genauere Bedeutung vergegenwärtigen, da mit Leiden mehr verbunden wird, als wir Europäer darunter verstehen. Leiden bezeichnet all das, was nicht vollkommen ist, was uns an völliger Entfaltung hindert. Gottmann (in: Klöcker/Tworuschka 1985) führt z. B. den Tod als Möglichkeit an, an dem wir leiden, wenn wir an ihn denken. Erst wenn wir auf dem Weg zum Wissenden sind, also eine Einsicht in die Symptomatik unseres Leidens gewonnen haben, kann der Arzt die Ursachen benennen und sie beseitigen. Buddha bezeichnet als Ursache den *Durst* in uns, der

> „immer erneut nach dem greifen lässt, was uns nur einen kurzen Augenblick Befriedigung und Wohlgefühl gibt, um uns dann mit Notwendigkeit den Mangel empfinden zu lassen, wenn es uns entgleitet." (a. a. O.: 93)

Krankheit bedeutet demnach im Buddhismus die Wechselwirkung von Gesundheit = heilsames Tun, Krankheit = unheilsames Tun. Buddha meinte, Krankheit liegt in einem von Absicht getragenen, unheilsamen Tun begründet und im Bereich der Eigenverantwortung des Menschen. Im Prozess der Reinigung, aber auch der Reinhaltung, spielen fünf „Silas" (Übungen) eine Rolle. Buddhisten versprechen, diese fünf Übungen einzuhalten, um durch eigenverantwortliches, moralisch heilsames Tun zur Gesundheit zu gelangen. Und genau eine dieser Übungen enthält das Ahimsa-Gebot, durch dessen Einhaltung die Gesundung und Gesundhaltung verbunden ist.

Der Buddhismus hat dazu geführt, dass ein ganzheitliches Gesundheitswesen entwickelt wurde (und mit Gesundheit nicht nur die Behandlung von Krankheiten gemeint war, sondern auch die Vorbeugung von Krankheiten gesehen wurde) und sich auch der Umgang mit den Tieren veränderte. So wurden auch Krankenhäuser und Altersheime für Tiere errichtet. Ähnliches fordern ja heute auch Tierrechtler_innen, wenn sie nicht mehr „benötigten" Tieren ein würdevolles Weiterleben ermöglichen wollen.

Die Bedeutung des Buddhismus für einen veränderten Umgang mit der Natur/Mitwelt beschreibt der Buddhologe Lambert Schmidthausen. Er meint, dass die buddhistische Daseinsanalyse kein geeigneter Nährboden für eine Zerstörung der Umwelt beinhaltet, da es im Buddhismus nicht darum geht, die Natur zu gestalten und zu beherrschen, um dadurch eine bessere Welt aufzubauen. Die vielen bei uns stattgefundenen Veränderungen zur „Verbesserung" des Lebensumfeldes kennt der Buddhismus in diesem Sinne nicht. Schmidthausen meint jedoch auch, dass heute im Buddhismus wenig Dynamik zur Verhinderung von Naturzerstörung enthalten ist. Der wichtigste Bereich

> „liefert eher spirituelle Voraussetzungen dafür, Verluste gleichmütig hinzunehmen." (Schmidthausen in Golser 1992: 68)

Durch den Buddhismus wird ein Perspektivenwechsel deutlich, der nicht nur zu einem anderen Umgang mit fühlenden Wesen führt, sondern auch ein verändertes Naturverständnis zur Folge hat. In diesem veränderten Naturverständnis fehlen hierarchische Strukturen, durch die ein Denken ohne Wertzuschreibungen möglich ist, und das kann zu einer nicht-anthropozentrischen Sichtweise führen.

Der **Jainismus** ist eine zeitgleich mit dem Buddhismus entstandene Religion und beide haben viele Gemeinsamkeiten. Der Jainismus ist (ähnlich wie der Buddhismus) als Protestbewegung gegen die mächtige Priesterklasse des Hinduismus entstanden. Die Zahl der Anhänger_innen der Religion des Jainismus wird als eher klein angegeben (www.bfg-bayern.de/ethik/Stichwort/Jainismus.htm vom 13.05.2010), allerdings auch als sehr reich und einflussreich bezeichnet.

Für die Jainas galt – und gilt noch heute – ein absolutes und generelles Tötungsverbot. Anders als im Hinduismus und Buddhismus, in denen es eine Ausschließlichkeit des Tötens heute nicht mehr gibt, wird kein Tier zu Nahrungszwecken oder kultischen Handlungen getötet. Die Jainas sind konsequente Vegetarier und leben diese Haltung so weit es eben geht konsequent aus. Ein Mundschutz verhindert das unbeabsichtigte Einatmen von Tieren und der Boden wird im Gehen gefegt, damit nicht versehentlich ein Tier zertreten wird. In der Ernährungszubereitung wird ebenfalls dafür gesorgt, dass keine Tiere versehentlich mitgegessen werden.

4.3. JUDAISMUS

Claudia Ibisch (in: *Vegetarisch Fit* 6/96) behauptet, das **Judentum** besitze eine 4.000 Jahre alte Tradition vegetarischer Ernährung. Angeblich als Ergebnis eines „allgemeinen Niedergangs der Moral" (Ibisch) zu Zeiten Noahs nahm der Fleischkonsum dann jedoch stark zu. Heute findet sich im modernen jüdischen Glauben kein genereller Fleischverzicht, lediglich bestimmte Einschränkungen und Vorschriften bei der Fleischverarbeitung. Diese Bestimmungen sind in den jüdischen Speisegesetzen nachzulesen, und der bekannteste Begriff ist der des „koscheren Fleisches". Anscheinend sollten die Speisegesetze einem stark zunehmenden Wunsch nach Fleischkonsum Einhalt gebieten. Die Unterscheidung in koschere und nicht koschere Lebensmittel sollte dies regulieren. Lediglich Tierfleisch fällt in den Bereich der koscheren Nahrungsmittel, während andere Tierprodukte wie Milch, Eier etc. nicht mit einbezogen werden. Die Speisegesetze beziehen sich vor allem auf die Verarbeitung des Tierfleisches. So wird als Voraussetzung zum Fleischkonsum die Schächtung vorgeschrieben. Dabei wird den Tieren bei vollem Bewusstsein die Kehle durchgeschnitten, um so das Blut schnell „auslaufen" lassen zu können. Blut darf generell nicht verarbeitet werden. Auch eine Mischung aus Milch- und Fleischprodukten ist verboten und darf weder gemeinsam gegessen noch gemeinsam aufbewahrt werden.

> „... denn das Blut ist die Seele; dann sollst du nicht zugleich mit dem Fleisch die Seele essen, sondern sollst das Blut auf die Erde gießen wie Wasser." (5. Mose 12, 23)

Wissenschaftliche Untersuchungen haben ergeben, dass die Schächtung der Tiere durch die sehr schnell einsetzende Bewusstlosigkeit eine der „humansten" Tötungsmethoden sein soll. Gesundheitliche Gründe liegen zudem darin, dass Blut sich schneller zersetzt als Fleisch und somit auch schneller ungenießbar werden kann. Ausgeblutetes Fleisch dagegen kann länger „frisch" bleiben und so eventuelle Erkrankungen verhindern.

Schweinefleisch gilt innerhalb des Judentums als generell unreines Fleisch und ist demnach für den Verzehr verboten. Der Grundsatz lautet:

> „Alles, was Klauen spaltet und wiederkäut unter den Tieren, das sollt ihr essen." (3. Mose 11, 3)

Der Ausschluss von Schweinefleisch wird dadurch erklärt, dass koschere Tiere Pflanzenfresser, Paarhufer und Wiederkäuer sein müssen. In Bezug auf die Schweine schreibt die Bibel vor:

> „Von diesem Fleisch sollt ihr nicht essen noch ihr Aas anrühren; denn sie sind euch unrein." (3. Mose 11, 8)

Die biblischen Vorschriften sind aus unterschiedlichen gesellschaftlichen Gründen zu verstehen und bei Ibisch (in: *Vegetarisch Fit* 6/96) gibt es verschiedene Erklärungsansätze für das noch heute bestehende Schweinefleischverbot. So werden Schweine als generell unsaubere Tiere angesehen, die häufig von spezifischen Krankheitserregern befallen werden (Trichinen), die auch auf Menschen übertragbar sind. Neben diesem Gesundheitsaspekt spielen auch noch ökologische Gründe eine Rolle, da der Lebensraum für Schweine stark dezimiert wurde (Waldrodung) und die Schweinezucht problematisch war. Schweine sind zudem für die klimatische Zone des Nahen und Mittleren Ostens eher unangepasste Tiere und von daher nicht besonders stark verbreitet.

Dass der gesundheitliche Aspekt eine wesentliche Rolle in der jüdischen Religion spielt, zeigt sich in der „Heiligkeit des menschlichen Lebens." (Klöcker/Tworuschka 1985) Gerade durch die Abstraktheit des Begriffes „Heiligkeit" musste eine Erarbeitung von sehr genauen Ver- und Geboten erstellt werden. So gibt es neben den Speisegeboten eine große Anzahl weiterer, konkreter Verhaltensregeln. Durch die „Heiligkeit des

Menschen" erhielt die körperliche und geistige Pflege des Menschen eine hohe Bedeutung.

> „Besser arm und gesund und kräftig in seinem Tun als alles Gold. Ein kräftiger Körper ist besser als unermessliche Güter. Es gibt keinen Reichtum außer Gesundheit des Körpers." (Sirach 30, 15-17)

Die Bibel entwirft eine stark körperbezogene Vorstellung des Menschen und die Idee von Reinheit kann dort nur durch einen Abgrenzungsversuch vermittelt werden, indem eigene Bräuche z. B. als rein, die der anderen als unrein bezeichnet werden.

Dies verdeutlicht einen wesentlichen Unterschied zum Hinduismus, in dem es diese Zweiteilung nicht gibt. Die biblischen Gesetze wurden natürlich im Laufe der Zeit durch Bibelgelehrte den gesellschaftlichen Veränderungen angepasst, ohne jedoch ihre Grundrichtung zu verändern. So wurden neue, ergänzende Vorschriften hinzugefügt, bei denen der Mensch seine zentrale Stellung behielt. Zu erkennen ist, dass für ihn die Gesetze geschaffen und auf ihn zugeschnitten wurden.

> „Dies sind die Vorschriften über das Vieh und die Vögel und alles Lebendige ... damit man unterscheidet zwischen Reinem und Unreinem, zwischen den Tieren, die gegessen und den Tieren, die nicht gegessen werden dürfen. ... Ihr sollt euch nicht durch sie unrein machen. ... Ihr sollt euch heilig halten, damit ihr heilig seid, denn ich bin heilig ... der Ewige, euer Gott." (3. Mose 11, 43-47)

Insgesamt kann ich im Judaismus keine für diese Arbeit wichtige Einstellung zu Tieren feststellen und so sehe ich in der für mich wichtigen Verknüpfung des Mensch/Tier-Verhältnisses keine besonderen Ansatzpunkte. In Ernährungsfragen spielt lediglich der Gesundheitsaspekt eine wichtige Rolle.

4.4. CHRISTENTUM

Auch die christliche Religion hat unser europäisches Denken und Handeln in besonderer Weise geprägt und es sind erst in letzter Zeit theologische Veränderungen zu erkennen. So spielt eine ökologische Ethik, die Neubestimmung des Verhältnisses Mensch-Natur seit den 80er Jahren in der protestantischen Theologie eine immer wichtigere Rolle.

Das Christentum lässt sich besonders durch das 6. Gebot „Du sollst nicht töten" und durch die „Liebesgebote" Jesu Christi leiten. Diese Liebesgebote beziehen sich jedoch „nur" auf die zwischenmenschliche Beziehung, anders als beispielsweise das Ahimsa-Gebot im Hinduismus.

Die 12 Jünger Jesu waren Vegetarier.

Über die Ernährungsgewohnheiten Jesu gibt es keine nachweisbaren Fakten, während von den 12 Jüngern Jesu berichtet wird, sie würden sich vegetarisch ernähren (www.theologe.de/theologe7.htm vom 13.05.2010). Vegetarismus hat in der Lehre Jesu keine nachweisbare Rolle gespielt. Es lässt sich auch bei intensiver Textexegese kein einheitliches Bild erkennen.

Der Mensch, sein Verhalten, sein Glaubensleben stand im Mittelpunkt der Lehre. Heute gibt es (nach Ibisch in: *Vegetarisch Fit* 6/96) nur noch vereinzelte christliche Sekten, Orden oder Gruppen, die sich vegetarisch ernähren. Allein aus religiösen Gründen gibt es im Christentum kaum eine vegetarische Ernährung.

In der katholischen Kirche hat es eine Entwicklung weg von vegetarischer Ernährung hin zum Fleischverzehr gegeben. Nur einige wenige Vorschriften über Fleischkonsum sind in der katholischen Lehre zu finden, so z. B. das Fastengebot und das Fleischverbot an Freitagen. Im Alten Testament gibt es zwar eine Menge an Geboten und Vorschriften (siehe Judaismus), diese sind im Neuen Testament nicht wieder aufgenommen worden. Eine Erklärung für den Fleischkonsum sieht Ibisch (in: *Vegetarisch Fit* 6/96) darin, dass Jesus selbst keine Aussagen über einen Fleischverzicht getroffen hat. Was wäre, wenn? Jesu selbst hat sich als Opferlamm bezeichnet und dieses Opferlamm wird heute noch in Form von Lammessen „nachvollzogen". Im Christentum finden sich nur wenige religiöse Motive für eine vegetarische Ernährung, auf jeden Fall wesentlich weniger religiös motivierte Vegetarier_innen als im Hinduismus.

Dass sich dies seit den 80er Jahren langsam verändert, habe ich schon kurz erwähnt. Die Veränderungen ergeben sich jedoch aus anderen Gründen und haben explizit keine Gebots- oder Verbotsqualitäten. Hier handelt es sich eher um religiös-ethische Verhaltensweisen, die aufgrund allgemeiner Umweltkatastrophen sensibler machen für den Umgang mit anderen Lebewesen und folglich auch Konsequenzen haben müssen für den Umgang mit Tieren und in der Ernährung. Der christliche Glaube ist letztlich auch nicht unbeteiligt an den vielfältigen Ausbeutungsprozessen auf dieser Welt.

Festzuhalten ist, dass es in allen großen Weltreligionen auch noch heute Vorschriften und Gebote in Bezug auf die Ernährung gibt. Sie sind jedoch nicht als grundsätzliche Verbote anzusehen, da selbst der Hinduismus Ausnahmen ermöglicht und sich durch gesellschaftliche Veränderungen auch eine religiöse Veränderung eingestellt hat.

Festzustellen ist auch, dass das christliche Menschenbild und damit letztlich die Frage nach anthropozentrischer oder nicht-anthropozentrischer Weltsicht eine wesentliche Rolle für die entsprechende Ernährungsform spielt.

4.5. ISLAM

Innerhalb der veganen Diskussion spielt der Islam keine Rolle und findet in dieser Arbeit deshalb nur kurze Erwähnung. Der Islam unterscheidet sich nicht wesentlich von den anderen monotheistischen Religionen, auch wenn ein entscheidender Punkt den Anschein erweckt, als habe das Tier einen besonderen Status. In einem Vortrag wies Dr. Seyyed Mahammad Nasser Taghavi darauf hin, dass im Islam das Leben an sich das oberste Gebot sei.

> „Alle Lebewesen besäßen Rechte, wobei gleiches Recht für alle Lebewesen gilt. Die Rechte der Tiere müssen ebenso beachtet werden wie die des Menschen, allerdings hat der Mensch die höchste Form der Vervollkommnung (der Schöpfung) erreicht." (www.izhamburg.com/news/archiv/2007/Tierrechte-im-islam-hojjat-ul-islam-dr-seyyed-mahammad-nasser-taghavi-in-heidelberg 13.05.2010)

Dieses Recht erhält das Tier jedoch nur dadurch, weil auch durch das Tier eine Anbetung Gottes stattfindet und in dieser Anbetung die Begründung der Tierrechte liegt. Relativiert wird dies noch dadurch, dass über die Vollkommenheit der Anbetungsform Allahs eine unterschiedliche Stellung der Lebewesen begründet wird. Damit nähert sich der Islam dann wieder den anderen monotheistischen Religionen an, denn auch im Islam darf der Mensch als Stellvertreter Gottes dessen Schöpfung nutzen.

> „Hier wird allerdings Maßhaltung gefordert, es ist also nur erlaubt, so viel zu nehmen, wie benötigt wird. Ein grundloses Töten von Tieren sei verboten. Wenn ihr Fleisch gegessen wird, findet die Schließung eines Kreislaufes statt, da das Fleisch der Tiere im Menschen wieder zu Fleisch wird." (ebd.)

Letztlich kann der Islam für den Veganismus keine große Rolle spielen, da seine wesentlichen Aussagen über Tiere, deren Achtung und Rechte, immer auf den Menschen bezogen und von dort her abgeleitet sind. Ein positiver Umgang mit Tieren bedeutet „nur", dass dieser positive Umgang eine Belohnung Gottes nach sich zieht. Ein „unbegründetes" Recht besitzen Tiere auch im Islam nicht.

5. PHILOSOPHIE UND VEGETARISMUS/VEGANISMUS

> „Es ist kein Zufall, dass vor allem die Glücksorientierung des Utilitarismus und die Mitleidsethik Schopenhauers für die Tierethik eine Pionierrolle spielen, während der ethische Rationalismus Kants den Zugang zur Tierethik primär erschwert." (Wolf 1992: 19)

Dieses Zitat deutet schon an, dass bei der Darstellung des Vegetarismus/Veganismus innerhalb des philosophischen Diskurses ein Rückgriff auf lange zurückliegende Denktraditionen nötig ist. Ich beziehe mich dabei ebenfalls nur auf solche Philosophen, die für mein Thema relevant sind und von der veganen Bewegung aufgegriffen werden. Dieser Rückgriff kann nur relativ skizzenhaft geschehen, soll aber die Verbindungslinien zwischen klassischer und moderner Ethik aufzeigen. Ethik, als Kern einer praktischen Philosophie,

> „ist zweifellos eines der breitesten und kompliziertesten Gebiete der philosophischen Theorie" (de la Vega in: Neumann 1985: 10)

und geht zurück bis in die klassische griechische Philosophie um 500-300 vor unserer Zeitrechnung, in der schon damals über Verhaltensnormen, Pflichten und Gewohnheiten des Menschen spekuliert wurde. Dabei war Ethik ein Teil der philosophischen Reflexion. Wird der Schritt vollzogen, dass

> „die jeweiligen Sitten und Bräuche eines Volkes oder einer Gesellschaft (eben die Moral als praktischer Kodex noch unreflektierter Verhaltensnormen) von den deskriptiven Wissenschaften ... erfasst und dargestellt werden, so bilden die systematische Reflexion und die spekulative Verallgemeinerung derselben einen neuen qualitativen Schritt, eine philosophische Disziplin: Ethik als Philosophie, und zwar als praktische Philosophie schlechthin." (de la Vega in: Neumann 1985: 10)

Brenner (Brenner 1996) bezeichnet die Philosophie auch als Hausherrin der Ethik, und so möchte ich in diesem Abschnitt einige Einblicke in die Philosophie des historischen Vegetarismus/Veganismus geben. Wie sich schnell zeigt, gab es bis in die 70er Jahre des letzten Jahrhunderts keine eigenständige Philosophie des Vegetarismus, jedoch vielfältige Denkansätze für die Beziehung zwischen Mensch und Tier. In ihnen finden sich Ansätze, die als Vorstufen einer eigenständigen Denkrichtung innerhalb der Philosophie herangezogen werden können. Erst durch die Veröffentlichungen von Peter Singer und Tom Regan kann explizit von einer Philosophie des Vegetarismus gesprochen werden.

5.1. IN DER ANTIKE

> „Die Achse der Weltgeschichte scheint rund um 500 v. Chr. zu liegen, in dem zwischen 800 und 200 stattfindenden geistigen Prozess. In China lebten Konfuzius und Laotse, in Indien entstanden die Upanischaden, lebte Buddha, im Iran lehrte Zarathustra, in Palästina traten die Propheten auf, Griechenland sah Homer, die Philosophen und die Tragiker." (Karl Jaspers in: Osborn 1996: 10)

Erstmals werden in der Antike philosophisch-ethische Überlegungen zu einer fleischlosen Ernährung angestellt, denen später gesundheitliche und politische Begründungen in der Neuzeit folgten. Leitzmann/Hahn führen die religiöse Sekte der Orphiker (6. Jh. vor unserer Zeitrechnung) als Impulsgeber einer neuen Ernährungsweise an. Diesen neuen Überlegungen schloss sich die pythagoräische Schule an, deren Gründer **Pythagoras** (580-496 vor unserer Zeitrechnung, nach Poller 2010) durch die Kenntnisse der ostasiatischen Lebensweise und deren Religionen inspiriert wurde.

Die Lehre des Pythagoras kann bis in das letzte Jahrhundert im Bereich der vegetarischen Ernährung als bestimmend betrachtet werden, bis der „moderne Vegetarismus" neue Impulse einbrachte.

„Die Geschichte des antiken Vegetarismus ist im Wesentlichen eine Geschichte des Pythagoräertums und seiner Ernährungs- und Verhaltensempfehlungen. Allerdings war in der Antike der pythagoräische Gedanke nur unter einigen wenigen Anhängern verbreitet." (Teutsch 1987: 54)

In den griechischen Heldensagen sind Überlegungen fleischloser Ernährung kaum vorhanden, ebenso wenig wie in den griechischen Göttersagen. Fleisch spielte in heiligen Handlungen als Opfergabe eine Rolle und Fleischverzehr wurde auch als heilige Handlung angesehen. Fleischlose Opfergaben gab es nur selten und die empfangenden Götter waren „äußerst selten und eher von untergeordnetem Rang." (ebd.) Pythagoras und seine Schüler opferten dagegen „nur Weihrauch, Hirse, Opferkuchen, Honigwaben und Myrrhe ..." (ebd.)

Hinweise auf eine mit nicht so hohem Fleischkonsum versehene Ernährung finden sich auch bei Hippokrates. Allerdings lag der Grund der unterschiedlichen Ernährung vor allem in der damaligen Situation: Sklaven mussten sich hauptsächlich fleischlos ernähren.

Pythagoras wird in verschiedenen veganen Diskussionen als Begründer einer vegetarischen Lebensweise angeführt. Neben Pythagoras werden weitere griechische und römische Denker und Dichter der Antike angeführt, die sich über eine vegetarische Ernährung Gedanken gemacht haben. Bei Homer, Plutarch, Heraklit, Sokrates, Platon, Diogenes, Ovid und Seneca war die fleischlose Ernährung Bestandteil ihrer Gedankengebäude und gemeinsam scheint bei ihnen die Ansicht gewesen zu sein, dass der Mensch Tiere nicht töten dürfe und sie in einem Fleischverzicht einen Weg hin zur „kosmischen Harmonie" sahen. (Ibisch, in: *Vegetarisch Fit* 6/96)

Pythagoras' Gedanken um eine kosmische Harmonie, die „auf Zahlen als den Relationen zwischen den Dingen" (Karl Jaspers in: Osborn 1996: 12) beruhte, wurde anscheinend aus Indien und Ägypten mit beeinflusst. Leitzmann/Hahn meinen, dass Pythagoras „wesentlich zum Bekanntwerden der östlichen Religionssysteme in der westlichen Welt" (Leitzmann/Hahn 1996: 26) beigetragen hat. Dies bestätigt sich darin, dass auch für Pythagoras die Seelenwanderung, die in dem zur damaligen Zeit expandierenden Hinduismus und Buddhismus vorkam, von Bedeutung war. Seine in Italien gegründete Schule forderte von ihren Schülern eine fleischlose Ernährung und es gab strenge Verhaltenshinweise zur Ernährung, die mit dem Glauben an eine Seelenwanderung erklärt wurde. Darüber hinaus hat Pythagoras aber anscheinend auch Empfehlungen über die Zubereitung pflanzlicher Nahrung ausgesprochen, so z. B. für ungekochte, „feuerlose" Nahrung (ebd.), die sich in gewandelter Form ja auch in der neuen vegetarischen/veganen Ernährung wiederfindet. Pythagoras Schule forderte von ihren Schülern eine fleischlose Ernährung.

Obwohl es unterschiedliche Aussagen über die Konsequenz der pythagoräischen Ernährungsweise gibt (Stolzenberg/Teutsch), heißt es bei Haussleiter:

> „Der vegetarische Gedanke wurde durch die Orphiker in der griechischen Welt zum ersten Mal verbreitet, durch Pythagoras geläutert und fortgepflanzt; Empedokles (ca. 500-440) durchdachte ihn bis zur letzten Konsequenz und brachte ihn so, frei von allen Kompromissen, zur Vollendung." (Haussleiter 1935: 157)

Der Hinweis auf **Empedokles** (495-435 vor unserer Zeitrechnung) besagt, dass er die Seelenwanderungslehre auch auf die Pflanzenwelt ausgedehnt haben soll (Stolzenberg 1992: 14).

Ausgehend von Pythagoras gab es in der Folgezeit etliche Philosophen, Dichter und Denker, die sich auf die pythagoräische Schule bezogen und der Ernährungsfrage ebenfalls Beachtung schenkten: Triptolemos, Orpheus, Plutarch, Heraklit, Sokrates, Platon, Diogenes, Ovid und Seneca. Bei allen war eine vegetarische Ernährung Bestandteil ihrer Lehren und dem Menschen wurde das Recht abgesprochen, Tiere zu töten, denn auf dem Weg in die „kosmische Harmonie" stand dabei der Fleischverzehr im Wege. Neben den ethisch-religiösen Motiven findet man zuerst bei **Platon** auch gesundheitliche Aspekte einer vegetarischen Ernährung. Erste ökologische Argumente muss ebenfalls Platon vorgebracht haben, der in einer Pflanzenproduktion für Ernährungszwecke eine positivere Flächenanbaubilanz im Vergleich zur Erzeugung tierischer Nahrungsmittel sah. (*Vegetarisch Fit* 6/96)

Triptolemos, eine griechische Sagengestalt, Begleiter der Demeter und der Erfinder des Pfluges und Gesetzgeber der Athener (nach Meyers Konversations-Lexikon, zitiert in: www.peter-hug.ch/lexikon/ triptolemos, 13.05.2010), wird von Haussleiter zitiert, wenn dieser die vorsokratische Zeit beleuchtet:

> „Du sollst Gott über alle Dinge lieben, nächst Gott die Menschen und nächst den Menschen die Tiere. Das Fleisch der Tiere ist euch nicht zur Nahrung gegeben, wenn ihr sie tötet, so müsst ihr von demselben Streich sterben, weil ihr alsdann aufhört, Menschen zu sein." (nach Baumgardt 1993: 12)

Auch **Ovid** (geb. 43 vor unserer Zeitrechnung) nahm in diesem Zusammenhang Stellung:

> „Das Zeitalter, welches wir das Goldene benannt haben, war gesegnet mit den Früchten der Bäume und mit den Kräutern, welche die Erde hervorbringt, und der Mund der Menschen wurde nicht mit Blut befleckt. ... Jeder Ort war ohne Verrat; keine Ungerechtigkeit herrschte – alles war von Friede erfüllt. In späteren Zeitaltern schmähte und verachtete ein Unheilstifter diese reine einfache Nahrung und versenkte in seinem gefräßigen Wanst Speisen, die von Leichnamen herrührten. Damit öffnete er zugleich der Schlechtigkeit den Weg." (zitiert nach Baumgardt 1993: 13)

Neben dem Dichter Ovid wird besonders aus der römischen Zeit **Seneca** (2-65 nach unserer Zeitrechnung) und **Plutarch** (49 n. u. Z.) erwähnt.

Von Plutarch, der philosophische und historische Schriften verfasst hat, sind zwei Abhandlungen über das Fleischessen erhalten geblieben, die später von J. J. Rousseau neu herausgegeben wurden. Plutarch wird von Baumgardt als ein wesentlicher Impulsgeber für eine einsetzende vegetarische Ernährung gesehen. Plutarch:

> „Du fragst mich, aus welchem Grunde wohl Pythagoras sich des Fleischessens enthalten habe: Ich dagegen möchte wohl wissen, welche Leidenschaft, welche Stimmung der Seele oder welcher Grund zuerst den Menschen verleitet haben möge, Blut mit dem Munde zu berühren und das Fleisch eines toten Tieres an seine Lippen zu bringen ..." (ebd.)

Erste Abstufungen innerhalb eines Begründungszusammenhanges sind also bei Plutarch zu erkennen, wenn er in seinen Schriften auf die möglichen Ursachen des Fleischkonsums eingeht und Fleischesser mit ihren inkonsequenten Haltungen konfrontiert:

> „Ihr nennt Schlangen, Panthertiere und Löwe grausam und mordet doch selber ohne Scheu und stehet ihnen an Grausamkeit nicht im Mindesten nach. Denn jene morden, um sich zu ernähren, ihr aber bloß der Schwelgerei wegen." (a. a. O.: 14)

Plutarch weist hier auf ein Argument hin, das auch in der heutigen veganen Bewegung angeführt wird. Während fleischfressende Tiere keine Auswahlkriterien kennen, können Menschen selbst bestimmen, was sie essen wollen. Auch geringe Ernteerträge oder eine mühseligere Ernährungsgewinnung bei pflanzlicher Kost lässt Plutarch nicht als Grund für Fleischkonsum gelten. „Die Natur hat uns von vorneherein nicht zu Fleischessern bestimmt." Die anatomischen Gegebenheiten spielen ebenfalls eine Rolle, wenn Plutarch gegen Fleischverzehr schreibt:

> „Denn der Leib des Menschen hat nicht die geringste Ähnlichkeit mit den Tieren, die zum Fleischessen bestimmt sind. Er ist nicht versehen mit gebogenem Schnabel, nicht mit scharfen Krallen und spitzen Zähnen ... Die Glätte der Zähne, die Kleinheit des Mundes, die Weichheit der Zunge und die schwache Verdauungskraft beweisen hinlänglich, dass die Natur uns von vorneherein nicht zu Fleischessern bestimmte." (a. a. O.: 14f)

Dass Plutarch damit nicht so Unrecht hatte, zeigen die Untersuchungen von Leitzmann/Hahn. Ebenfalls ein Argument, das aus der heutigen Zeit stammen könnte, lautet wie folgt:

> „Behauptest du dennoch, du seiest zu solchen Speisen geschaffen, so töte selber, aber eigenhändig, was du verzehren willst ..." (a. a. O.: 15)

Die heutige Tierproduktion ist nicht ohne Grund hinter hohen Mauern versteckt worden. Wäre die Form des Tiereschlachtens schon früher der breiten Öffentlichkeit „vor Auge geführt" worden, wäre manchem ein BSE-Schnitzel verschont geblieben. Erst durch Medienberichte und durch ekel- und mitleiderregende Filme kam es in letzter Zeit zu einer verstärkten Auseinandersetzung mit der Fleischproduktion. So wird heute durchaus strategisch geplant, wenn ein unangenehmer Bereich den Menschen vorenthalten und verschwiegen wird. „Behauptest du dennoch, du seiest zu solchen Speisen geschaffen, so töte selber, aber eigenhändig, was du verzehren willst ..." Plutarch

Ein weiterer wichtiger Autor für die Entwicklung einer vegetarischen Ernährungsweise ist **Porphyrius** (233-304 n. u. Z.). Seine Ablehnung des Fleischkonsums beruhte vor allem auf asketisch-spiritualistischen Gründen und führte auch schon eine Gerechtigkeits-Kategorie ein (Dierauer 1977: 287):

> „Es möge jemand, der sich bemüht, vernünftig und gesund zu leben, uns beweisen, dass dazu das Fleischessen dienlicher sei als der Genuss von Früchten und Gemüse, oder dass die Zubereitung billiger sei als die Kost von unbeseelten Wesen, wozu es keines Fleischers bedarf, oder dass diese Diät größeren Genuss gewähre als die blutlose Pflanzenkost, oder dass sie die Begierden und Leidenschaften weniger erregen als der Genuss von Früchten ... Von dem allen befreit uns eine mäßige, frugale, leicht zugängliche Kost, die dem Geiste Ruhe gewährt und uns zu unserem Heile leitet. Denn – wie Diogenes sagt – die Früchteesser werden keine Räuber und Feinde der Menschen, aber die Fleischesser werden Ränkeschmiede und Tyrannen." (a. a. O.: 16)

Der Hinweis auf den Zusammenhang von Fleischverzehr und Aggressivität taucht dann im 19. und 20. Jahrhundert wieder auf, als bewiesen werden sollte, dass es einen Zusammenhang zwischen Fleischkonsum und Kriegsführung gibt. Der Erste Weltkrieg wird z. B. mit einem steigenden Fleischverzehr Anfang des Jahrhunderts erklärt. Untersuchungen sollten zeigen, welche Nahrungsmittel mit einer steigenden Aggressivität in Verbindung stehen und warum keine andere ethische Bewegung mit der Friedensbewegung so eng verwandt sei wie der Vegetarismus.

> „Die stärkste Triebkraft beider Bewegungen ist der Abscheu vor Grausamkeit, die Ehrfurcht vor dem Leben. ... Vegetarier und Pazifisten müssen daher einander als Bundesgenossen betrachten. Solange die meisten Menschen den Menschenmord im Kriege für unvermeidlich halten oder gar den Krieg als den Erwecker der edelsten Tugenden betrachten, solange werden ihnen die ethischen Lehren des Vegetarismus unverständlich sein." (Schwantje 1919: 3)

Die Geschichte der Philosophie, die sich mit dem Vegetarismus beschäftigt, bezeichnet Wolfgang Bock in einem Beitrag auf der Veranstaltung „Vegetarismus, Veganismus – Wi(e)dergänger des Faschismus?" am 28.4.1995 im Konsul-Hackfeld-Haus in Bremen als die Lehre platonisierender Pythagoräer, aus der sich der Vegetarismus der Antike ableitet. Bock zeigt auf, das in der pythagoräischen Schule Bestandteile orientalischer Lehren zu finden seien, da sie sich ebenfalls auf das Beispiel des Goldenen Zeitalters bezieht. In diesem Goldenen Zeitalter lebten Mensch und Tier friedlich miteinander in einer Welt, die vom guten König Kronos und der guten Mutter Erde beherrscht wurde. Die Seelenwanderung in Pythagoras' Lehre besagt, dass wer ein Tier isst, vielleicht einen Menschen trifft, der zur Strafe in einem Tierkörper lebt. Und so erklärt Pythagoras, dass Mensch und Tier die gleiche Seele besitzen. Diese „Seelenlehre" hatte Platon aufgegriffen und so kam es zu dem Begriff der platonisierenden Pythagoräer-Lehre.

5.2. IN DER AUFKLÄRUNG

Im 16. Jahrhundert verlagerte sich der ökonomische Mittelpunkt Europas nach Holland, England und Frankreich, die über ausgedehnte Handelswege und -beziehungen verfügten. In der Philosophie spielten Kopernikus, Galileo, Bacon, Newton, Hobbes, Rousseau, Kant etc. – für diese Arbeit jedoch vor allem Montaigne (1533-1592) und Descartes (1596-1650) – eine wichtige Rolle.

Montaigne führte „‚die Idee der beständigen kritischen Untersuchung wieder ein' und seine ‚wirklich bedeutende Leistung der Wissenschaftler war aber eine völlig neue Art der Wissensfindung'." (Osborn 1997: 71) In seinen Überlegungen spielte die Frage nach dem Geist der Tiere und der Vergleich mit den Fähigkeiten des Menschen eine Rolle. Montaigne stellte die Ähnlichkeit und die Verwandtschaft des Menschen mit den Tieren fest und wandte sich explizit gegen die menschliche Einzigartigkeit. Daraus entwickelte er

> „eine allgemeine Pflicht der Menschlichkeit und des Wohlwollens nicht nur gegenüber Tieren, sondern auch gegenüber Bäumen und anderen Pflanzen." (v. d. Pfordten 1996: 92)
>
> So findet sich in Montaignes einzigem Buch *Les Essais* (1580) eine „ausführliche und berühmt gewordene Verteidigung des Geistes der Tiere. Ein Paradestück der Tierphilosophie!" (Wild 2008: 44)

Dabei setzte er sich deutlich von der bis dahin geltenden traditionellen und christlich geprägten Anthropologie ab, die dem Menschen, als Ebenbild Gottes, eine Sonderfunktion zuwies und damit eine klar hierarchische Ordnung etablierte. In dieser Ordnung besaß der Mensch als einziges Wesen Geist, die Tiere jedoch nicht. Die Wirkung Montaignes betraf nicht nur die erste deutlich Abgrenzung zum Theozentrismus, sondern auch die Vermenschlichung der Tiere und die Vertierlichung des Menschen: der Mensch, das andere Tier.

Descartes (1596-1650), auch als Vater der neuzeitlichen Philosophie bezeichnet, hatte es sich, nach Osborn (Osborn 1996), zur Aufgabe gemacht, alles bisherige Wissen zu verwerfen und nur durch sein eigenes Vernunftvermögen zu einer Gewissheit zu gelangen. Er kannte das Werk von

Montaigne (nach Wild 2008) und entwickelte eine völlig entgegen gesetzte Philosophie, die (nach v. d. Pfordten 1996) gelegentlich als „Extrempunkt anthropozentrischen Denkens“ bezeichnet wird. Für Descartes bestand die Gewissheit, dass das wahre Wissen ausschließlich aus der menschlichen Vernunft stammt und der Mensch sich damit eindeutig von den Tieren unterscheidet. Tiere beschreibt er in seinem berühmten Werk „Abhandlung über die Methode“ (1637) als Maschinen, die genau die menschliche Vernunft und das Denkvermögen nicht besitzen. Descartes kam dann dazu, anzunehmen, dass der Geist vom Körper getrennt sei, aber

> „eine Einheit zweier völlig verschiedener Substanzen, nämlich eines materiellen Körpers und einer immateriellen Seele. Die Seele ist eine ‚denkende Substanz‘ (res cognitas).“ (Wild 2008: 48)

Denken bezog Descartes dabei auf alle geistigen Vorgänge, die vom Willen, dem Verstand, der Einbildungskraft und den Sinnen in Gang gesetzt werden. Über die Feststellung, dass sich die Sinne jedoch auch einmal täuschen könnten, entwickelte Descartes dann die Annahme, dass nichts so ist, wie es scheint. Er konnte sich nicht gewiss sein, weil es auch nur ein Traum gewesen sein könnte, oder einer Sinnestäuschung unterliegen, die durch einen bösartigen Dämon erzeugt wurde.

> „Das Einzige, woran ich nicht zweifeln kann, ist, dass ich etwas denke, selbst wenn ich denke, dass ich träume oder betrogen werde, oder denke, dass ich keinen Körper habe.“ (Osborn 1996: 78)

Und genau das war dann Descartes grandiose Erkenntnis: Ich denke, also bin ich!

> „Alles was Descartes jedoch besaß, war seine Idee eines denkenden Etwas. Er konnte noch nicht nachweisen, dass er etwas über die Außenwelt wissen konnte. Um zu zeigen, dass er nicht getäuscht wurde, musste er die Existenz Gottes beweisen.“ (a. a. O.: 79)

Über den „Beweis“ der Existenz Gottes wollte Descartes klären, dass die menschlichen Ideen wahr sind und er „nicht durch einen bösartigen Dämon betrogen wurde.“ (a. a. O.: 78) Er meinte, der Mensch sei gar nicht in der Lage, z. B. die Idee eines vollkommenen Gottes zu denken. Der Mensch kann dies nur dadurch, weil Gott die Ursache *unserer* Idee eines vollkommenen Gottes ist. So bewies, in Kürze dargestellt, Descartes die Existenz Gottes und die Trennung von Körper und Geist. Da aber trotzdem eine scheinbare Verknüpfung zwischen Körper und Geist existiert, bewies Descartes nun diesen Einklang zwischen Körper und Geist, indem er die Funktionsfähigkeit zweier synchron laufender Uhren auf die Menschen übertrug:

> „Weil er davon überzeugt war, dass das Denken sein eigenes Bewegungsprinzip habe und die Dinge eine davon gesonderte physikalische Bewegung, schloss er, dass die Tiere Automaten seien und der menschliche Körper auf mechanische Weise funktioniere.“ (a. a. O.: 81)

Und so wies er dem Menschen ein Bewusstsein zu, während Tiere für ihn bloße Bewegungsautomaten und deshalb gefühls- und schmerzlos waren. Er behauptete, dass es zwischen Maschinen und vernunftlosen Tieren keinen Unterschied gebe, der Mensch dagegen verfüge jedoch über Sprache und Vernunft:

> „Vernunft im Sinne eines Universalinstrumentes des Handelns, das nicht an die Disposition der Organe gebunden sei." (Drewermann 1990: 91)

So hebt er deutlich den Unterschied zwischen Mensch und Tier hervor. Das Tier als vernunftloses Wesen, ohne Gefühle und degradiert zum Automaten, eben weil es keine Seele hat.

> „Descartes glaubt, die Automatentheorie der Tiere aufstellen zu müssen, weil es ‚nach dem Irrtum der Gottesleugnung' keinen anderen Irrtum gebe, ‚der schwache Gemüter mehr vom rechten Pfad der Tugend entfernt, als wenn sie sich einbilden, die Seele der Tiere sei mit der unseren wesensgleich und wir hätten daher nach diesem Leben nichts zu fürchten noch zu hoffen, nicht mehr als die Fliegen und die Ameisen.'" (ebd.)

Drewermann spielt in diesem Zitat darauf an, dass Descartes durch das christliche Dogma daran gehindert wird, Tiere und Menschen gleichwertig zu sehen. Der „Vater der modernen oder neuzeitlichen Philosophie" behauptet also, dass Tiere Maschinen seien und über keine Freud- oder Schmerzempfindungen verfügen. So passt es auch, wenn er z. B. sagt, dass, wenn ein Tier bei Versuchszwecken klage, dies „nichts weiter als das Quietschen eines schlecht geölten Rades" (Singer 1975: 217) sei.

Der „cartesianische Dualismus", die Unterscheidung zwischen Körper und Geist, der Mensch als denkendes Wesen und die übrige Welt „der körperlich ausgedehnten Dinge" (Descartes), begründet mit seiner mechanistischen Vorstellung von Organismen die Trennung zwischen Mensch und Natur. Seit Descartes wird diese Vorstellung bis in unser heutiges Jahrhundert hinein vertreten und die Stellung des Menschen als Herrscher über die Natur festgeschrieben.

Die Entwicklung der Wissenschaft und damit einhergehend völlig neue philosophische und wissenschaftliche Erkenntnisse kennzeichnen die Zeit der beginnenden Aufklärung. Neben vielen technischen Veränderungen kam bei **Hobbes** (1588-1679) die Erkenntnis hinzu, dass die ganze physikalische Welt durch die moderne Wissenschaft von der Bewegung erklärt werden könne. Unter dem Einfluss seines Freundes **Harvey** kam er auch zu der Überzeugung, dass der menschliche Körper als ein dynamisches System zu verstehen sei. Außerdem ließ sich das Funktionieren des Geistes und die Emotionen als Bewegung des Blutes von und zum Herzen erklären. Die scheinbar simple Erkenntnis, dass das Blut im Körper zirkuliert und bestimmte Funktionen ermöglicht, kann für die damalige Zeit als

Ausgangspunkt für viele Übertragungen auf gesellschaftliche und wissenschaftliche Bereiche angenommen werden. So wurde der Blutkreislauf als ein Kreislauf erkannt, der durch fremde Faktoren nicht gestört oder beeinflusst werden durfte. **Quesnay** (1694-1774) schloss daraus, dass

> „auch im Wirtschaftskreislauf alle ihn behindernden, eingrenzenden und störenden Faktoren ausgeschaltet werden" (Krupp in: Neumann 1985: 230)

müssten. Warenströme, die fließen müssen, und Verkehr, der in die Städte strömt, können als Beispiele dieser neuen Sichtweise genannt werden, von denen letztlich auch Adam Smith beeinflusst wurde.

> „Der mechanistische Ansatz der Naturwissenschaft, die Lebensführung in der protestantischen Ethik und das Bild des ‚homo oekonomicus' in der Nationalökonomie werfen nur Schlaglichter auf einen Prozess umfassender gesellschaftlicher Rationalisierung, der schließlich ideengeschichtlich in der Aufklärung, politisch in der bürgerlichen Gesellschaft und ökonomisch im Kapitalismus seinen Ausdruck findet." (a. a. O.: 231)

Dieses Zitat veranschaulicht sehr präzise die Zeit des Umbruchs, in der das antike und mittelalterliche Naturverständnis zugunsten eines deterministischen, mechanistischen und rationalen Verständnisses weichen musste.

Neben **Francis Bacon** (1561-1626), der eine Handlungsanweisung Tieren und der Natur gegenüber entwarf, gestattete auch **Spinoza** (1632-1677) dem Menschen das Recht, Tiere

> „nach Belieben zu gebrauchen und so zu behandeln, wie es uns am besten passt, da sie der Natur nach nicht mit uns übereinstimmen und ihre Affekte von den menschlichen Affekten der Natur nach verschieden sind." (Drewermann 1990: 92)

Bacon, Begründer der Vivisektion, meinte, dass man der Natur die Geheimnisse entreißen müsse.

> „Descartes hatte den Menschen zum Herrn über die Natur gemacht und Bacon das Programm für die Inbesitznahme entworfen." (Teutsch 1985: 20)

Rifkin (Rifkin 1994) bezeichnet dann auch Descartes mechanistische Sichtweise als den entscheidenden Grund dafür, dass sich der Mensch freisprechen konnte (und kann) von Verbrechen und Gewaltakten gegen Tiere und der Zerstörung der Natur. Das Austrocknen von Sumpfgebieten, die Waldrodungen, Tierversuche und Massentierhaltung sieht Rifkin als Ergebnis des cartesianischen Dualismus und diese Sicht findet sich in der modernen Wissenschaft und Religion der Neuzeit wieder.

> „Es ist, als hätte Descartes mit seinem Ausspruch, dass die Tiere bloße Maschinen sind, die ganze europäische Philosophie behext." (Schweitzer 1974: 363)

Die Zeit der Aufklärung ist natürlich ohne **Kant** (1724-1804) nicht zu denken, und mit ihm verbindet sich zumindest die geistige Ablösung von den tradierten Autoritäten und den damit verbundenen ethischen Vorstellungen. Diese rationale Grundlage ermöglichte es, dass die Wissenschaft und die allgemeine kritische Reflexion an die Stelle von religiösen und anderen Autoritäten traten. Dass sich die Menschen aus ihren traditionellen und religiösen Abhängigkeiten lösen konnten, war die Grundlage dafür, dass sich ein neues Denken einstellen und sich in der Moderne eine neue Ethik entwickeln konnte. Diese Ablösung vom theozentrischen zum anthropozentrischen Weltbild veränderte

> „die damals herrschende moralische Kultur vor allem dadurch, dass das asymmetrische Verhältnis zwischen Gott – als Gebotsstifter – und dem Menschen – als Gebotsempfänger – ersetzt wird durch ein symmetrisches Verhältnis zwischen Wesen gleicher Ebene, dem Menschen." (Brenner 1996: 70)

Diese neue Symmetrie bestimmte in der Folgezeit das Denken sowohl in der neuen Ethik als auch in den neuen politischen Theorien und wurde

> „nicht zuletzt zum Kennzeichen der Verantwortungskategorie. Denn symmetrisch kann eine Beziehung zwischen Akteuren genannt werden, wenn diese erstens auf der gleichen Anerkennungsstufe stehen, und zweitens miteinander, zumindest potentiell, kommunizieren können, das heißt im Fall der Verantwortung in der Lage sind, Ansprüche über die Korrespondenz mit fremder Pflicht einzuklagen bzw. umgekehrt, fremde Ansprüche aufgrund eigener Pflicht zu verwirklichen." (ebd.)

Verantwortung erhält also in diesem Zusammenhang neue Kategorien und eine neue Bedeutung, weil es sich um eine Verantwortung handelt, die über den Menschen hinausgeht. Dabei spielt die Begründung für diese Verantwortung eine besondere Rolle, denn sie unterscheidet sich ganz wesentlich von den früheren theozentrisch ausgerichteten Begründungszusammenhängen. Brenner führt in diesem Zusammenhang drei Hauptvertreter an, die dieses neue Verantwortungsdenken entwickelt und vertreten haben: Kant, Schopenhauer und Bentham. Dabei wird schnell deutlich, wie sich diese drei Ansätze unterscheiden und gleichzeitig wichtig sind für die Entwicklung hin zu einem nicht nur für den Menschen verantwortlichen Denken und Handeln. Damit ist natürlich auch gleichzeitig der Übergang zu einem nicht-anthropozentrischen Denken markiert.

Doch zuerst einmal steht Kant für den „anthropozentrischen Denker schlechthin" (a. a. O.: 83), und in Bezug auf das für diese Arbeit relevante Thema bezieht Kant den Tierschutz nur indirekt auf das Tier:

> „Die gewaltsame und zugleich grausame Behandlung der Tiere ist der Pflicht des Menschen gegen sich selbst entgegengesetzt, weil dadurch das Mitleid an Menschen abgestumpft und eine der

Moralität sehr dienliche Anlage geschwächt und nach und nach ausgetilgt wird." (Kant 1907/14: § 17)

Brenner (Brenner 1996) beschreibt Kants Begründung eines Tierschutzes als Kontrastprogramm zu den anderen Begründungen innerhalb der Neuen Ethik. Bei Kant ist der Mensch Träger einer Rationalität, bei der sich ethisches Verhalten auf eben diese Rationalität begründet. Rationalität besitzt nur der Mensch und so

> „kann Ethik sich auch nur auf ihn beziehen. Das Wissen von den Gesetzen der Natur und deren Anwendung dient dazu, Macht über sie zu gewinnen, eine Macht, die menschlichen Zwecken dienen soll." (Krupp in: Neumann 1985: 231)

Krupp schreibt weiter, dass sich diese anthropozentrische Sichtweise in den nachfolgenden Ethiken immer wieder findet, sich jedoch bei Schopenhauer und Bentham deutlich unterschied und deshalb später noch dargestellt wird. Kants Tierschutzargumentation ist also nur indirekt auf die Tiere gerichtet. Gemeint ist die Sittlichkeit des Menschen, die es durch den Tierschutz zu bewahren gilt. Ursula Wolf sieht in Kant ein gutes Beispiel für einen Philosophen, der auf der einen Seite sieht, dass man Tieren kein Leid zufügen sollte, und dies so wichtig nimmt, dass er diese Vorstellung in seine Theorie einbaut. Auf der anderen Seite hält er an einer Moraltheorie fest, die quasi nur durch einen gedanklichen Trick Bestand haben kann. Kant wählt

> „daher den einzig verbleibenden Ausweg, die Zuflucht zu einer Hilfskonstruktion, die für die Tiere notdürftig Sorge trägt, ohne den Rahmen der Theorie zu sprengen. Die Konstruktion besteht in der Umdeutung von Pflichten gegenüber Tieren in Pflichten gegen die Menschheit, welche ‚in Ansehung der Tiere' bestehen." (Wolf 1990: 34f)

Der bei Ursula Wolf angeführte Text aus Kants „Vorlesung über Ethik" zeigt, dass das Tier lediglich Mittel für den Menschen ist, während der Mensch durch seine Vernunft als Zweck existiert. Kants Zweck/Mittel-Denken drückt aus, dass

> „ein Wesen dann ein Zweck an sich ist, wenn es nach selbstgegebenen Vernunftgesetzen lebt." (a. a. O.: 35)

Wenn Kant meinte, dass das Quälen eines Tieres in der Öffentlichkeit zu einem allgemeinen Sittlichkeitsverfall führen kann, so zeigt dies den wahren Gehalt seines Tierschutzes.

> „Die Verantwortung gegenüber dem Tier wird dabei aus der Pflicht gegen sich selbst hergeleitet." (Brenner 1996: 83)

Und eben diese Verantwortung oder Pflicht kann nur von einem vernunftbegabten Menschen getragen werden. Trotzdem scheinen in Kants indirektem Tierschutz Aspekte enthalten zu sein, die über seine Theorie hinausgehen. Denn Wolf meint, wer Kants indirekte Lösung „konsistent vertreten kann", hat schon zugegeben,

„dass es direkte moralische Verpflichtungen auch gegen Tiere gibt." (Wolf 1990: 37)

Für den deutschen Idealismus steht **Gottlieb Fichte** (1762-1814), auf den ich an dieser Stelle noch kurz eingehen möchte. Fichte hat, im Gegensatz zu vielen anderen Philosophen, den Tieren einen Platz in seinem Gedankengebäude gegeben. In seiner Naturrechtslehre von 1796 formuliert er das Verhältnis von Mensch und Tier, allerdings in einem sehr vielsagenden Abschnitt: dem Eigentumsrecht!

„Es gibt auf dem Erdboden ... Tiere, deren Akzidenzen entweder eine Brauchbarkeit für den Menschen haben, den Zwecken derselben unterworfen sind, oder deren Substanz sogar brauchbar, ihr Fleisch zu essen, ihre Haut zu verarbeiten ist usf." (Fichte in: Drewermann 1990: 97)

Wenn Tiere „zu einem regelmäßigen Gebrauche" (Fichte) gezüchtet, gehalten und benutzt werden, so geht aus diesem Gebrauch das Eigentumsrecht an den Besitzer hervor. Der Staat hat die Aufgabe, durch Gesetze die daraus entstehenden Fragen zu klären. Diese Haltung verdeutlicht die Dinghaftigkeit des Tieres, da das Tier zur Handelsware und zum Eigentum des Menschen degradiert wird. Nur „gebrauchsfähige" Tiere kommen in Fichtes Rechtssystem vor, „nicht-gebrauchsfähige" Tiere dagegen stehen außerhalb des Eigentumsrechtes. Sie werden als Gemeingut betrachtet, das sich jede/r aneignen (abschießen, quälen etc.) kann. Für wilde Tiere, die sich nicht für Ernährungszwecke eignen, gilt, dass ihre Wildheit der Kultur zu weichen hat:

„Es ist ... jedem vernunftmäßigen Staat zuzumuten, dass er das Wild zunächst gar nicht ansehe als etwas Nutzbares, sondern als etwas Schädliches, nicht als ein Emolument, sondern als einen Feind." (ebd.)

Drewermann interpretiert diese Haltung Fichtes als klares Feindschaftsverhältnis des Menschen gegenüber Tieren, die jederzeit getötet werden dürfen.

„Erst im Rahmen des Nutzens und für besondere Zwecke dürfen gewisse staatlich verordnete zahme Tierarten unter der Aufsicht bestimmter Eigentümer bis zur Aneignung ihrer Substanzen und Akzidenz leben; eben hierin erweist sich die Vernünftigkeit der menschlichen Gesellschaft und die Überlegenheit ihrer Kultur." (a. a. O.: 98)

Fichte führt dann auch noch weiter an, welche Aufgaben Jäger übernehmen sollten:

„... die Ausrottung der Raubtiere, aus denen er selbst keinen Nutzen ziehen kann ..." (ebd.)

Fichte drückt in seiner Naturrechtslehre genau das aus, was sich aus dieser Zeit heraus zu einem späteren allgemeinen Gedankengut entwickelte.

Nach Drewermann hat gerade die christliche Anthropozentrik der „Kreatur“ kein Recht zugesprochen. Der Mensch und der Nutzen für ihn stehen im Vordergrund, und Platz hat neben dem Menschen nur, was ihm nützlich erscheint. Auf der einen Seite hat Fichte den Tieren einen Platz in seinen Überlegungen gegeben, auf der anderen Seite ist er dafür mitverantwortlich, dass Tiere unter einem Nutzeffekt gesehen werden konnten.

Die hier vorgestellten Philosophen, die in ihren Theorien auch den Tieren Platz gelassen haben, aber immer unter einem stark anthropozentrischen Gesichtspunkt, zeigen die Ansatzpunkte auf, auf die die nun folgenden Philosophen zurückgreifen konnten. Dies sind vor allem diejenigen Philosophen, die sich explizit auf nicht-anthropozentrische Ethiken beziehen und die für den Vegetarismus/Veganismus von großer Bedeutung sind: Schopenhauer (1788-1860), Bentham (1748-1832), John-Stuart Mill (1806-1873), John Rawls (1921-2002). Damit enge ich den Bezugsrahmen immer stärker auf den Veganismus ein. Ich beziehe mich ausschließlich auf Philosophen, die von der veganen Bewegung zitiert werden und auf die sich Veganer_innen immer wieder beziehen. Wie sich durch die geschichtliche Darstellung der Philosophie gezeigt hat, ist der Einbezug von Tieren und Pflanzen in ein Denkgebäude schon sehr alt. Verantwortung Tieren gegenüber wird nicht erst in der Neuen Ethik diskutiert, auch die Ausweitung des Verantwortungsbegriffs ist nichts entschieden Neues. Neu ist hingegen die Begründung für eine Ausweitung, die Tiere und letztlich Pflanzen und die gesamte Mit-Welt mit einbezieht in moralisches Handeln.

5.3. IN DER SPÄTEN NEUZEIT

> „Die vermeintliche Rechtlosigkeit der Tiere, der Wahn, dass unser Handeln gegen sie ohne moralische Bedeutung sei, dass es gegen die Tiere keine Pflichten gäbe, ist geradezu eine empörende Rohheit und Barbarei. Erst wenn jene einfache und über alle Zweifel erhabene Wahrheit, dass Tiere in der Hauptsache und im Wesentlichen ganz dasselbe sind wie wir, ins Volk gedrungen sein wird, werden die Tiere nicht mehr als rechtlose Wesen dastehen.“ (Schopenhauer, zitiert nach Becker in: *Die Kurzinformation* Nr. 34/Juni 1988)

Schopenhauer (1788-1860) bezieht in seiner „Preisschrift über die Grundlage der Moral“ kritisch Stellung zu Kant. Seine Kritik an ihn richtet sich an die der religiösen Moral entnommenen Begriffe der Pflichten und Vernunftgesetze. Wolf meint, dass diese Begriffe bei Kant verdreht seien,

> „denn ein Handeln, das durch Rücksicht auf ein Gesetz bestimmt ist, könne sein faktisches Motiv nur im Vermeidenwollen von Strafe oder sonstigen negativen Folgen äußerer oder innerer Art haben, sei also eigennützig und daher ohne moralischen Wert.“ (Wolf 1990: 48)

Schopenhauer kritisiert das Fehlen einer empirisch nachweisbaren Motivation für moralisches Handeln bei Kant, da er moralisches Handeln (also z. B. keine Tiere quälen) lediglich aus der freien Vernunft des Menschen ableitet. Die Vernunft ist für Schopenhauer jedoch keine Begründung (keine Motivation) für moralisches Handeln,

> „da moralisches Handeln nur durch eine reale, und d. h. empirische Triebfeder hervorgebracht werden kann." (a. a. O.)

So ist es nachvollziehbar, dass Schopenhauer seine Konzeption auf ein empirisches Element aufbaut,

> „welches seiner Meinung nach ein anthropologisches Faktum betrifft, den Affekt des Mitleids." (Brenner 1996: 83)

Aus Mitleid entwickelt sich eine Kraft, die das Böse überwinden kann, letztlich ein Handeln, das nicht eigennützig ist. Wolf (Wolf 2004) erklärt diesen Zusammenhang damit, dass bei Schopenhauer nicht das eigene Wohl als Motiv moralischen Handelns gesehen werden kann, sondern ganz direkt das Wohl eines anderen Menschen. Aus Mitleid entwickelt sich eine Kraft, die das Böse überwinden kann. Diesen Vorgang, das Wohl eines anderen Menschen im Blick zu haben, ist nach Schopenhauer eine eher alltägliche Situation und entspringt dem Mitleid und ist somit empirisch nachvollziehbar. Neben dem Versuch, aus dem „Affekt Mitleid" einen „Grundsatz der Gerechtigkeit" abzuleiten, ist wesentlich, dass Schopenhauer gerade die Tiere in seine Betrachtungsweise einschließt. Auch auf sie richtet sich das Mitleid und auch für sie gilt es, die „Bosheit, die fremdes Glück in Leiden verwandeln will" (Teutsch 1985: 70) zu beseitigen. Tieren muss ebenso unmittelbarer Schutz gewährt werden, anders als bei Kant aus einer nachrangigen Rücksichtnahme für den Menschen. Wolf weist jedoch auch noch darauf hin,

> „dass es für mich, für mein eigenes Wohl schlecht ist, wenn ein anderes Wesen, an dessen Wohl und Wehe mir liegt, leidet." (Wolf 1990: 50)

Damit zeigt sie auf, dass es nicht nur um das andere Lebewesen geht, sondern dass es auch eine Rückwirkung auf die eigene persönliche Befindlichkeit hat.

Schopenhauers Ansatz ist eindeutig eine Ausweitung der Verantwortung des Menschen. Sie geht über den Menschen hinaus, bezieht die Tierwelt mit ein und verlangt *keine* Gegenseitigkeit, wie es etwa noch bei Kant gesehen wurde. Brenner (Brenner 1996: 84) meint jedoch, dass auch Schopenhauers Ansatz noch dem Anthropozentrismus verhaftet geblieben ist, da er mit einem Begriff wie „Mitleid" eine anthropozentrische Kategorie in den Mittelpunkt stellt. So bezeichnet er Schopenhauers Ansatz als „affektiven Anthropozentrismus", dem der kantische „logozentrische Anthropozentrismus" gegenüber steht.

Jeremy Bentham (1748-1832) hat zwar zeitgeschichtlich noch vor Schopenhauer gewirkt, wird von mir jedoch erst jetzt angeführt, da sein Utilitarismus ein weitergehender Ansatz ist.

> „Die Franzosen haben bereits entdeckt, dass die Schwärze der Haut kein Grund ist, ein menschliches Wesen hilflos der Laune eines Peinigers auszuliefern. Vielleicht wird eines Tages erkannt werden, dass die Anzahl der Beine, die Behaarung der Haut oder die Endung des Kreuzbeines ebenso wenig Gründe dafür sind, ein empfindendes Wesen diesem Schicksal zu überlassen. Was sonst sollte die unüberschreitbare Linie ausmachen? Ist es die Fähigkeit des Verstandes oder vielleicht die Fähigkeit der Rede? Ein voll ausgewachsenes Pferd aber oder ein Hund ist unvergleichlich verständiger und mitteilsamer als ein einen Tag oder eine Woche alter Säugling ... Doch selbst, wenn es anders wäre, was würde das ausmachen? Die Frage ist nicht: Können sie denken? Können sie sprechen? Sondern: Können sie leiden?" (J. Bentham, zitiert in Wolf 2004: 43f)

Mit diesem Zitat zeigt Bentham, dass der Mensch in unmittelbarer Nähe zum Tier gedacht werden muss, und widerspricht damit den bis dahin geltenden Vorstellungen, dass der Mensch durch seine Vernunft eine Überlegenheit über die Tiere besitzt und diese Überlegenheit ausnutzen darf, indem er sie z. B. aufisst. Der Utilitarismus, dessen Begründer Bentham war, beschäftigt sich in der Hauptsache mit der Frage des Gleichheitsgrundsatzes. Dabei spielt der Gleichheitsgrundsatz im Rahmen der Frage nach Gerechtigkeit eine wichtige Rolle. Wenn der Mensch dem Tier nicht überlegen ist, dann müsste er die Tiere „gleich" behandeln. Teutsch schreibt in seinem Aufsatz über den Utilitarismus, dass dieser Ansatz den Folgen einer Handlung besondere Bedeutung beimisst

> „... und hat insofern zur Entwicklung der Verantwortungsethik Max Webers und zur Wiederbelebung einer mehr konsequenzialistischen Betrachtungsweise beigetragen." (Teutsch 1987: 238)

Das zu Beginn angeführte Zitat Benthams drückt deutlich aus, dass das Tier in Überlegungen über bestimmte menschliche Handlungen mit einbezogen werden muss. Für diese Überlegungen spielt der so genannte Gleichheitsgrundsatz eine entscheidende Rolle, der auch für die Tierschutzethik wichtig geworden ist.

Die Tierrechtsbewegung geht genau von diesem Grundsatz aus und sagt, dass der Gleichheitsgrundsatz nicht nur für jeden Menschen, sondern für jedes Lebewesen gilt. Somit hat Benthams Sichtweise die Mensch-Tier-Beziehung grundsätzlich verändert.

Ich möchte noch einmal auf den besonderen geschichtlichen Kontext hinweisen, in dem der Utilitarismus zu sehen ist. Im 18. und 19. Jahrhundert entwickelten sich extreme politische und soziale Konflikte, aus denen die unterschiedlichsten Ideologien entstanden. Auf das Thema dieser Arbeit bezogen entwickelten sich u. a. zwei Grundrichtungen, die im 19. Jahrhundert bedeutsam wurden. Im englischsprachigen Raum war dies u. a. der Utilitarismus, im deutschsprachigen Raum wurde u. a. der Marxismus bedeutsam. Dass der Utilitarismus für den englischsprachigen Raum eine wichtige Rolle gespielt hat, erklärt auch die unterschiedliche Entwicklung der Tierschutz- und Tierrechtsbewegung. In England gab es schon wesentlich früher eine Tierrechtsdiskussion, während in Deutschland über allgemeine ökologische Fragen (und in deren Folge die Diskussionen über Großtechnologien etc.) diskutiert wurde.

Benthams Utilitarismus erhält deshalb besondere Bedeutung, weil er als erster Philosoph der Neuzeit die „menschliche Binnenethik" (Teutsch 1987) verlassen hat. Teutsch weist auf die Bedeutung dieser Tatsache für die Philosophie hin, da im 18./19. Jahrhundert noch immer die Auswirkungen des „Cartesianischen Dualismus" und des „Kategorischen Imperativs" Kants zu spüren waren. Von daher bedeutete für Teutsch Benthams Entwurf einen Ausbruch aus damaligen traditionellen Grenzen, verknüpft mit der Hoffnung, dass irgendwann einmal auch Tiere die gleichen Rechte wie Menschen erhalten könnten. Der bis dahin geltende Vernunft-Gedanke konnte für Bentham kein motivierendes Element für moralisches Handeln sein, da er genügend Beispiele von „unvernünftigen" Menschen vorbringen konnte. Deshalb bedurfte es einer neuen Erklärung für moralisches Handeln, das er in der Leidensfähigkeit der Lebewesen sah. Diese Annahme stellte das bisher entwickelte Rechtssystem in Frage, da Rechte nur Personen zuerkannt wurden (und werden). Die Tierwelt stand damit auch weiterhin außerhalb des Rechts. Daran kann mensch erkennen, dass Bentham einen wesentlichen Gedankensprung durchgeführt hat.

Erst der im 20. Jahrhundert vor allem im französischen Sprachraum entwickelte Strukturalismus und Poststrukturalismus (de Saussure, Levi-Strauss, Foucault, Derrida und Lacan) verdeutlicht die „Entdeckung" Benthams: Eine Person ist *die* Person, wie sie *definiert* und was ihr durch *diese* Definition zugeschrieben wird. Wurde zuerst als Person anerkannt, wer bestimmte Funktionen ausfüllte, aus einer bestimmten Schicht kam, einem bestimmten Geschlecht angehörte, so behauptete Bentham, dass die Zugehörigkeit zum Rechtssystem unabhängig von der „Person" möglich sein müsse. Bentham hatte ganz sicher noch keine Vorstellung über die Bedeutung seiner Aussagen, und ich behaupte auch nicht, dass er der Mitbegründer einer Dekonstruktivismus-Theorie war. Aus heutiger Sicht erscheint in seinem Ansatz jedoch ein über seine Zeit hinausgehender wichtiger Denkansatz. Indem Bentham diesen neuen Denkansatz lieferte,

> „ebnete er dem Gedanken den Weg, auch andere, bisher nur zwischenmenschlich geltende Normen auf das Verhältnis des Menschen zu den Tieren (und wie wir heute sagen, auch zur übrigen Natur) auszudehnen." (Teutsch 1985: 124)

Rohls zeigt in seiner „Geschichte der Ethik“ auf, dass es Bentham um eine umfassende Rechtsreform ging, die sich an dem utilitaristischen Grundprinzip orientieren sollte. In diesem Grundprinzip spielen zwei „souveräne Herren“ (Bentham) eine Rolle: Freude und Schmerz bzw. Lust und Schmerz. Ausgehend von diesen beiden Begriffen wollte Bentham in rechtlicher wie sozialer Hinsicht Handlungen erklären, um so zu einem reformierten Zivilrecht zu gelangen:

> „Es ist die Assoziation von Lust, die uns etwas erstreben, und die Assoziation von Schmerz, die uns etwas fliehen lässt. Lust und Schmerz, Freude und Leid, Glück und Unglück bilden so den Maßstab der Nützlichkeit.“ (Rohls 1991: 346)

Und so werden bei Bentham die Handlungen nach ihren Folgen beurteilt, und das Kriterium dafür ist der Nutzen, den dieses Handeln nach sich zieht. Der Nutzen lässt sich festmachen an den Glücksempfindungen

> „... und zwar das Glück der Gruppe, auf die sich die Handlung bezieht ...“ (a. a. O.: 347)

Benthams Analyse beinhaltet die Frage, ob eine Handlung

> „das größtmögliche Glück der größtmöglichen Zahl von Individuen, die durch die Handlung betroffen sind, befördert.“ (a. a. O.: 346)

Als gut wird eine Handlung dann bezeichnet, wenn in deren Ergebnis eine größtmögliche Gesamtgröße des Glücks zu erkennen ist. So hat für Bentham die Moral, aber auch das Recht, die Aufgabe, ein Höchstmaß an Lust zu ermöglichen. Es soll aber auch der Motivationsgeber sein für

> „die an sie gekoppelten und wiederum durch Lust und Unlust definierten Sanktionen, die Belohnungen oder Strafen, handle es sich nun um natürliche, moralische, politische oder religiöse Sanktionen.“ (ebd.)

So sollen die Menschen zu einem Handeln motiviert werden,

> „das dem größtmöglichen Glück der größten Zahl dient, dass dieses Handeln Lust als Sanktion impliziert.“ (ebd.)

Leonhard Nelson (1882-1927) war Professor in Göttingen und ist in der veganen Bewegung bisher noch nicht besonders gewürdigt worden. Dabei sah Nelson in der Anerkennung von Rechten für Tiere den Maßstab für den Geist einer Gesellschaft. Denn gerade Tiere, die sich nicht selbst für sich einsetzen können, sind auf die Gerechtigkeit der Menschen angewiesen.

Zu seiner Lehrzeit wurde er aufgrund seiner jüdischen Herkunft und seines sozialistischen Engagements in seiner Arbeit stark behindert. Obwohl er durch Kants Schriften geprägt wurde, arbeitete er eine eigene Philosophie aus und verband diese mit einer entsprechenden Pädagogik. Seine wissenschaftliche Arbeit

> „war von Anfang an von dem Interesse bestimmt, Maßstäbe für das Handeln von Menschen zu finden, d. h. er arbeitete an der Begründung und den Ausbau einer wissenschaftlichen-philosophischen

Ethik mit ihren Anwendungsgebieten, der Pädagogik und der Politik." (Heydorn 1974: 229)

Innerhalb der Pädagogik erarbeitete Nelson die „sokratische Methode", die es ermöglichen sollte, den einzelnen Menschen die Vernünftigkeit und ein ethisches Handeln nahe zu bringen. Es war eine gewalt- und herrschaftsarme Gesprächsform, die noch bis Ende der 80er Jahre z. B. in der „Philosophisch-Politischen-Akademie" benutzt wurde. Auch beim „Internationalen Sozialistischen Kampfbund" (1925-1945) und der Walkemühle (Landeserziehungsheim bis 1931) wurde diese Methode benutzt, um Grundlagen für einen ethischen und nicht-marxistischen Sozialismus zu entwickeln.

In seiner politischen Praxis vertrat Nelson deutlich seine vegetarische Ernährungsweise und schrieb dazu:

> „Ein Arbeiter, der nicht nur ein verhinderter Kapitalist sein will und dem es also Ernst ist im Kampf gegen jede Ausbeutung, der beugt sich nicht der verächtlichen Gewohnheit, harmlose Tiere auszubeuten, der beteiligt sich nicht an dem täglichen millionenfachen Tiermord ... Entweder man will gegen die Ausbeutung kämpfen oder man lässt es bleiben." (Nelson Bd. 9 1970: 376)

Durch dieses Zitat wird deutlich, warum ich Leonhard Nelson in dieser Arbeit ebenfalls berücksichtige, denn mit Nelson kann der Beginn einer Entwicklung der Ernährungs- und Lebensreform des 20. Jahrhunderts festgemacht werden. (Schwarz in: Breyvogel 2005: 100) Nelson bezieht sich dabei unter anderem auch auf Kant, bei dem die Vernunft den Willen des Menschen und deren praktisches Verhalten bestimmt und die menschliche Freiheit in seiner Vernunftbegabung begründet liegt. Jakob Friedrich Fries (Philosoph und Psychologe) erweitert Kants Sichtweise, indem er die autonome persönliche Würde des einzelnen Menschen hervorhebt und von dorther eine Verpflichtung zum moralischen Handeln ableitet. Bei Kant und Fries spielt also der „vernünftige Wille", dessen Ergebnis eine ethisch relevante Handlung ist, eine zentrale Rolle. Diese zentrale Rolle übernimmt Nelson und benutzt sie als Grundlage seiner Philosophie. Trotzdem kritisiert er Kant, weil dieser nur den indirekten Tierschutz benennt. Nelson sagt, dass

> „Tiere zwar nicht die für Menschen spezifische autonome Vernunft besitzen, dass sie aber gleichwohl Interessen haben, und dass sie als Träger von Interessen moralische Rechte besitzen." (Nelson Bd. 6 1970: 286)

Nelson greift auch den Begriff der „Person" auf und meint, dass Personen Träger von Interessen sind und dass Personen auch Tiere sein können. So können auch Pflichten gegenüber Tieren bestehen, die

> „direkte Pflichten sind und sich nicht aus Pflichten gegen Menschen ableiten." (Nelson Bd. 5 1970: 163)

Obwohl es bei Nelson gegenüber Tieren auch direkte Pflichten gibt, bezeichnet er Tiere als unmündige Wesen. Unmündig deshalb, weil sie zu keinen vernünftigen Einsichten fähig sind „oder sich durch sie nicht zum Handeln bestimmen lassen." (Endreß 1995: 22) Den Schritt der Differenzierung geht er deshalb, weil er auch bei Menschen unterschiedliche Fähigkeiten und Bewusstseinszustände sieht (Kinder, Geisteskranke) und trotzdem von einem Interesse bei diesen Personen ausgeht.

> „Solche unmündigen Wesen, sofern sie Interessen haben, sind nun als Personen und nicht als Sachen anzusehen. Sie haben Anspruch auf Achtung ihrer Interessen nach dem Gesetz der persönlichen Gleichheit." (Nelson Bd. 4 1970: 287)

Nelsons Haltung wird nicht als altruistisch bezeichnet, sondern als eine vom Gerechtigkeitsprinzip geleitete Haltung. Auch Nelson kommt – so wie später Peter Singer – in die Situation, entscheiden zu müssen, ob es Unterschiede zwischen menschlichen und tierlichen Interessen gibt. Nelson schlägt eine genaue Abwägung vor, nach der entschieden werden muss, welches Interesse den Vorzug bekommt, und dass es durchaus vorkommen kann, dass ein Tier verletzt oder getötet werden muss. Allerdings darf es keine Hierarchisierung der Interessen geben. Interessen der Tiere sind bei Nelson nicht ohne weiteres als minderwertig anzusehen. Tiere als Lebensmittel zu verspeisen, ist für Nelson deshalb undenkbar, weil das Interesse auf Leben des Tieres höher einzustufen ist als die Lust auf ein „Eisbein". Das Interesse des Menschen auf die Befriedigung seines Hungers kann auch anders geschehen, ist also nachrangig zu bewerten.

Nelson hat seine Haltung Tieren gegenüber schon sehr differenziert formuliert. Während in den letzten Jahren über „humanere" Tiertransporte und „schmerzfreies" Schlachten diskutiert wird (BSE-Rinder werden erst betäubt und dann getötet), schrieb Nelson z. B. zur schmerzfreien Tötung:

> „Die Antwort ergibt sich leicht, wenn wir nur die Frage stellen, ob wir, wenn wir selber schmerzlos getötet werden, darum in unsere Tötung einwilligen würden. Wir würden nicht einwilligen, weil unser Interesse am Leben durch die Tötung verletzt wird, mag die Tötung so schmerzlos oder so grausam sein, wie sie will." (Nelson Bd. 5 1970: 168f)

Auf diese Gedankengänge wird auch in der gegenwartsbezogenen Diskussion in der Zeitschrift *Graswurzelrevolution* eingegangen:

> „Eine Interessenverletzung wird erst dadurch zur Ausbeutung, dass sie willkürlich – z. B. lediglich einem Gewaltverhältnis zufolge – ohne Berücksichtigung der beiderseitigen Interessen vorgenommen wird. Man braucht also nicht zu verhungern und braucht trotzdem kein Ausbeuter zu sein, ja sogar nicht einmal dann, wenn wir annehmen, die Pflanzen hätten Interessen und wir kennten sie." (ISK 1/1926 in: *Graswurzelrevolution* 217/1997)

So sagte der Internationale Sozialistische Kampfbund (ISK) schon damals, dass abgewogen werden muss, welche Interessen ein höheres Gewicht haben. Erst dann können Entscheidungen gefällt werden. Grundsätzlich forderte der ISK jedoch ein Lebensrecht für Tiere, das nicht mit einer Gleichsetzung von Mensch und Tier zu verwechseln ist. Liegen also Interessen von Mensch und Tier im Widerstreit, dann kann eine Entscheidung nach einer Abwägung durchaus für den Menschen ausfallen. Aber sie ist nur dann gerechtfertigt, wenn es sich um im Widerstreit liegende Interessen handelt.

Wie mensch noch sehen wird, ergeben sich in Tom Regans Konzeption etliche Überschneidungen mit der von Leonhard Nelson. Neben der Bestimmung durch Interessen spielt bei Nelson (wie bei Regan) die Frage der Gerechtigkeit eine große Rolle. Er bezieht eindeutig die Tiere in seine Ethik mit ein und zeigt durch sein pädagogisches und politisches Engagement, dass die Haltung Tieren gegenüber kein Seitenstrang einer Ethik sein darf, sondern als Folge einer Grundhaltung zu sehen ist.

Anhand der Darstellung einzelner Philosophen wurde deutlich, wie sich die Ausweitung des Verantwortungsbereiches menschlichen Handelns entwickelt hat. Die hier angeführten Positionen, die auch in den veganen Diskussionszusammenhängen eine Rolle spielen, weisen auf die Ursprünge einer Philosophie des Vegetarismus/Veganismus hin, aus der heraus sich eine nicht-anthropozentrische Ethik entwickeln konnte. Mit Nelson wurde ein Philosoph vorgestellt, der nicht auf der theoretischen und philosophischen Ebene geblieben ist, sondern auch Methoden der praktischen Umsetzung entwickelt und einen ersten Ansatz einer Herrschaftsfreiheit eingeführt hat. Die dabei eine wichtige Rolle spielenden Kriterien von Freiheit, Autonomie, Gewalt- und Herrschaftsarmut deuten auf Inhalte, die sich in der praktischen veganen Bewegung und in Kapitel III.3. wiederfinden lassen.

6. PHYSIOZENTRISMUS – EINE SICH ENTWICKELNDE NICHT-ANTHROPOZENTRISCHE ETHIK

Die ökologische Krise hat dazu geführt, dass sich auch innerhalb der Philosophie Gedanken über eine ökologische Ethik gemacht wurde. Diese Auseinandersetzung setzte jedoch erst relativ spät ein und hat sich Ende der 80er Jahre des letzten Jahrhunderts stärker durchgesetzt. Ganz allgemein ist festzustellen, dass mit Beginn der Ökologie-Diskussion immer auch die Aufforderung verbunden wurde, ein persönliches, umweltgerechtes, ethisch korrektes Verhalten zu praktizieren. Im philosophischen Bereich führte dies dazu, dass sich unterschiedliche Denkrichtungen entwickelten, die dazu verleiten, zu meinen, Ethik (oder Philosophie) könne einen objektiv richtigen Lösungsweg anbieten. Brenner stellt jedoch fest:

> „Dies ist schon allein deshalb unrichtig, weil die Philosophie noch nie und zu keinem Thema einen Lösungsvorschlag anzubieten

hatte, es waren derer ... immer mehrere und voneinander divergierende." (Brenner 1996: 10)

Auf Anfang des 20. Jahrhunderts (um 1915) datiert Brenner die ersten ökologieethischen Überlegungen, die aus den Bereichen der Philosophie und Religion entstanden. Albert Schweitzer, der damit auch die Verknüpfung zwischen Philosophie und Religion herstellte, entwickelte durch seine praktische Arbeit in Afrika eine erste Grundlage einer Ethik, die als „Ehrfurcht vor dem Leben" bezeichnet werden kann. Nehmen wir dieses Datum als Beginn einer ökologischen Ethik, wie es Brenner tut, dann ist eine Entwicklung festzustellen, die sich auf eine nicht-anthropozentrische Begründung einer ökologischen Ethik stützt: 1. Biozentrismus, 2. Pathozentrismus, 3. Holismus. Diesen drei nicht-anthropozentrischen Ethikansätzen steht der anthropozentrische Ansatz entgegen.

Ich möchte im Folgenden die Entwicklung der nicht-anthropozentrischen Ethik darstellen. Dies ist deshalb notwendig, weil sich alle Veganer_innen auf diesen Ethik-Ansatz beziehen und sich je nach persönlicher Auseinandersetzung auf die eine oder andere Richtung innerhalb der nicht-anthropozentrischen Ethik berufen. Wie noch aufzuzeigen ist, bedeutet die Entwicklung vom Biozentrismus zum Pathozentrismus und Holismus einen großen gedanklichen Sprung. Dieser „gedankliche Sprung" kann festgestellt werden, wenn es um konkrete Begriffe wie z.B. „Natur" und das Verhältnis des Menschen zu ihr geht.

Die nicht-anthropozentrische Ethik wird allgemein zur Neuen Ethik gezählt. Diese Neue Ethik

> „versucht mit ihrer Neubewertung von Grundthemen der wissenschaftlich-technologischen Zivilisation nicht nur die Grundlage für eine Neubeurteilung dieser Zivilisation zu liefern, sondern ebenso für einen neuen Handlungsraum." (a.a.O.: 58)

Im nicht-anthropozentrischen Ansatz liegt die Hoffnung begründet, die wissenschaftlich-technische Zivilisation zu verändern, um somit einen ökologischen Kollaps zu verhindern. So kann Brenner diesem nicht-anthropozentrischen Ansatz auch eine besondere Bedeutung zukommen lassen und behauptet:

> „Die Kritik an der anthropozentrischen Struktur abendländischer Denkgeschichte ist die in ihrem Ansatz vielleicht tiefgreifendste Fundamentalkritik dieser Geschichte, begreift sich doch das moderne Denken als Folge seiner Anthropozentrierung." (a.a.O.: 59)

Das moderne Denken und die damit verbundene Anthropozentrierung werden demnach auch durch das Verhalten derjenigen Menschen in Frage gestellt, die sich als „Veganer_innen" bezeichnen und diese Gesellschaft radikal kritisieren und entsprechend konsequent leben.

Der Begriff *nicht-anthropozentrisch* beinhaltet aber auch den frühen Weltbildwandel vom Theozentrismus zum Anthropozentrismus. Anthropozentrismus ist geprägt

> „durch die Ablösung der religiös bestimmten und an göttlichen Normen orientierten Welterklärung durch eine solche, die sich durch religiöse Emanzipation ausweist." (ebd.)

Durch die zunehmende Bedeutung der Naturwissenschaften und der allgemein als „Kopernikanische Wende" bezeichneten Entwicklung wurde ein anthropozentrisches Weltbild immer bestimmender. Dementsprechend verlor die theozentrische Weltsicht an Bedeutung und spielt schon lange nur noch für besonders religiöse Menschen und Institutionen eine Rolle. Obwohl Brenner (ebd.) darauf hinweist, dass innerhalb der Neuen Ethik die Anthropozentrik-Kritik keinen Rückgriff nimmt auf theozentrische Argumentationen, ist dies so ohne weiteres nicht für die vegane Bewegung zu sehen. In ihr gibt es sehr wohl Hinweise auf zumindest im Ansatz religiös-mythische Rückgriffe. Dies lässt vermuten, dass ein Rückgriff auf schon überwundene Weltbilder die Ansatzpunkte für die herben Kritiken an der veganen Bewegung entstehen lässt. Veganer_innen müssten sich demnach fragen lassen, ob sie nicht in ihrer Verwurzelung innerhalb der Neuen Ethik auf überwunden geglaubte Denktraditionen verzichten müssen, um so einen möglichst konsistenten Ansatz zu erhalten.

Im Anthropozentrismus wird, wie Brenner aufzeigt (a. a. O.: 60), der Schutz der Natur quasi als Menschenschutz gesehen. Geht es der Natur schlecht, geht es dem Menschen schlecht. Dementsprechend wird die Natur dort geschützt, wo es dem Menschen nützlich erscheint. Dort, wo der Mensch in der Natur keine Verwertung findet, fällt sie aus seinem Blick. Dies beinhaltet eine Verabsolutierung des Menschen, da er zum Maß aller Dinge erhöht wird. Der Mensch setzt die Grenzen und entscheidet „für sich" und „gegen oder für andere". Die Grenzen sind dabei die menschlichen Interessen. Diese anthropozentrische Sichtweise scheint jedoch für diese Welt eher gefährlich zu sein, ja fast selbstmörderisch, da noch immer nicht abzusehen ist, welche langfristigen negativen Folgen menschliches Handeln für die Umwelt besitzt. So

> „steht zu befürchten, dass jene Welterkenntnis, die den Menschen in den Mittelpunkt rückt, in letzter Konsequenz zum Verschwinden des Menschen führt." (ebd.)

Brenner (a. a. O.: 61) zeigt auf, dass sich bei jedem Wechsel einer Zentralperspektive auch die Frage nach dem Wesen des Menschen stellt bzw. sich seine Erklärungsbedürftigkeit erweitert: der Mensch in Bezug auf das Universum, auf Gott etc. Nun meint Brenner in diesem Zusammenhang, und dies ist eine wichtige Aussage in Bezug auf den Veganismus, dass bei jeder Etablierungsstrategie einer neuen Zentralperspektive ein wichtiger Prozess einsetzt. Eine Zentralperspektive versucht sich immer als letztgültig und unhintergehbar zu begreifen. Dieser „Weisheit letzter Schluss" führt jedoch dazu, dass sie zu einer Verschleierung ihrer Perspektiven führt.

> „Das führt dazu, dass eine neue Perspektive, je länger und je mächtiger sie in Geltung ist, umso weniger noch als solche wahrgenommen

> wird. Ihre schließliche Ablösung wird sich also nicht ohne tiefgreifende gesellschaftliche Erschütterung vollziehen können." (ebd.)

Genau diese Erschütterungen finden immer wieder und im Moment durch den Veganismus statt und werden, wie im ersten Kapitel beschrieben, maßgeblich von einer Generation vertreten, die Hurrelmann als Vorreiter einer modernen Lebensführung bezeichnet. Dabei weist er darauf hin, dass die Themen und Probleme von Jugendlichen Erscheinungen widerspiegeln,

> „die typisch für künftige Entwicklungen der gesamten Gesellschaft und für alle Altersgruppen sind." (Hurrelmann 2007: 7)

So gesehen weise ich der veganen Bewegung eine besondere Bedeutung zu, wenn es um die Weiterentwicklung einer nicht-anthropozentrischen Ethik geht und um die Veränderung einer Zentralperspektive in einer Gesellschaft. Die völlige Ablehnung des Anthropozentrismus erschüttert das noch vorherrschende Menschen- und Weltbild. Die Kritik und völlige Ablehnung des Anthropozentrismus erschüttert das noch vorherrschende Menschen- und Weltbild, indem eine radikal neue Bezugsebene mit der Natur hergestellt wird. Innerhalb der politischen Linken führte die Veganismus-Debatte zu vielen Verwerfungen und heftigen Auseinandersetzungen und kann durchaus als eine solche Erschütterung angesehen werden.

Ein Vorwurf, der sich in relativ vielen kritischen Artikeln wiederfindet, läuft entlang der Fragestellung, ob sich der Nicht-Anthropozentrismus nicht gerade selbst anthropozentrischer Werte bedient und ob eine nicht-anthropozentrische Ethik überhaupt gedacht werden kann, da sie ja vom Menschen gedacht wird. Eine solche kritische Haltung vertritt auch Brenner:

> „Wer eine Ethik schreibt, hat im Grunde sowohl die anthropozentrische Perspektive anerkannt als auch deren unaufgebbare Bedingung zur Schaffung von Kultur. Eine radikale Kritik des Anthropozentrismus ist daher, anders als die Neuen Ethiker glauben, nicht möglich." (Brenner 1996: 67)

Brenner bezieht sich vor allem auf die Autonomie des Menschen, die „die anthropozentrische Instanz par excellence" (a.a.O.) ist und auf die sich ganz eindeutig der Anthropozentrismus gründet.

> „Die Autonomie aufzugeben, kann nicht einmal gedacht werden." (a.a.O.)

Und so bezieht sich Brenner wieder auf die Perspektivhaftigkeit, die, soll die momentan wirkende Perspektive abgelöst werden, eine tatsächlich neue Perspektive anbieten muss. Soll der Anthropozentrismus als normative Instanz abgeschafft werden, muss zwangsläufig eine andere Instanz vorhanden sein. Kann eine nicht-anthropozentrische Ethik überhaupt vom Menschen gedacht werden?

So werde ich im Folgenden unter der hier gewählten Überschrift des Physiozentrismus' (griechisch: ‚physis', die Natur) die drei Varianten dieses Physiozentrismus kurz vorstellen. Im Physiozentrismus hat die Natur und die Erhaltung dieser Natur als Ganzes einen eigenen moralischen Wert und der Mensch hat die Aufgabe, Rücksicht auf diese Natur zu nehmen. Die Natur, die Umwelt, wird in diesem Zusammenhang als **Mitwelt** umdefiniert und begriffen. So haben sich drei Varianten herausgebildet, die ich im Folgenden beschreiben werde: Biozentrismus (griech. ‚bios', das Leben), Pathozentrismus (griech. ‚pathos', das Leid) und Holismus (griech. ‚das Ganze').

6.1. BIOZENTRISMUS

Albert Schweitzer veröffentlichte 1923 seine Bücher der „Kulturphilosophie". Schweitzer hatte schon als kleines Kind einen ungerechten Umgang mit Tieren bemerkt, da er z. B. in seinen Abendgebeten nur für die Menschen beten sollte. So betete er heimlich weiter und schloss auch die Tiere mit ein. Die Vorarbeit zu seinem Doppelwerk „Verfall und Wiederaufbau der Kultur" und „Kultur und Ethik" geschah in Afrika. Dort dachte er während einer Flussfahrt über einen *„universellen Begriff des Ethischen"* (Stolzenberg 1992: 119) nach und

> „... es ihm wie aus heiterem Himmel unvermittelt gelang, seine Bemühung um eine Grundlegung der Ethik auf den Begriff zu bringen: die ‚Ehrfurcht vor dem Leben'". (Brenner 1996: 11)
> Für Schweitzer muss wahre Philosophie von der
> „unmittelbarsten und umfassendsten Tatsache des Bewusstseins ausgehen, die nur lauten kann: *‚Ich bin Leben, das leben will, inmitten von Leben, das leben will.'*" (Schweitzer zitiert nach: Stolzenberg 1992: 119)
> Diese Ehrfurcht vor dem Leben
> „meint ein Prinzip, mit dem eine ‚ins Grenzenlose ausgedehnte Verantwortung zu begründen wie auch ein geistiges Verhältnis zum Universum zu stiften'" (Brenner 1996: 11)

sei. In seiner täglichen Praxis in Afrika wurde seine Achtung vor dem Leben aller Lebewesen immer wieder deutlich. Leben an sich ist heilig und man muss dieses Leben auf jeden Fall versuchen zu bewahren. So kann mit Schweitzers Ethik der Grundstein einer nicht-anthropozentrischen Ethik angenommen werden, auch wenn schon vor 1923 bzw. 1915 vegetarische Lebensweisen regional verbreitet waren. So erschien vom „Bund für radikale Ethik" nach einem vegetarisch-sozialen Kongress in Ascona (19.4.1916) die Schrift „Tiermord und Menschenmord. Vegetarismus und Pazifismus" (Schwantje 1919). In England (London) gab es schon 1881 einige vegetarische Restaurants (Stolzenberg 1992: 75) und auch

„Ich bin Leben, das leben will, inmitten von Leben, das leben will." Albert Schweitzer

> „innerhalb der Lebensreformbewegung zum Ende des 19. Jahrhunderts lassen sich vegane Orientierungen identifizieren (z. B. Monte Verita)." (www.jugendszenen.com/Veganer/Intro.html, Stand 13.05.2010)

Auf jeden Fall gilt Schweitzer als der Begründer des weitreichendsten biozentrischen Ansatzes der Philosophie und hat das „Leben“ in das Zentrum der Ethik gestellt. Selbst beim Bauen neuer Pfahlhäuser hat sich Schweitzer vorher versichert, dass sich kein Lebewesen in den gegrabenen Löchern befand. Er hat selbst auf damit verbundene Probleme hingewiesen:

> „Wenn ich auf einsamen Pfaden wandle, bringt mein Fuß Vernichtung und Weh über die kleinen Lebewesen, die ihn bevölkern. ... Ich werde zum Verfolger des Mäuschens, das in meinem Haus wohnt, zum Mörder des Insekts, das darin nisten will, zum Massenmörder der Bakterien, die mein Leben gefährden können.“ (zitiert nach: Stolzenberg 1992: 120f)

Ehrfurcht vor dem Leben verbindet Schweitzer mit der Konsequenz, keine Tiere als Nahrung zu sich zu nehmen (auch wenn er Milch oder Eier verzehrte). Konfliktsituationen, wie z. B. das Töten von Bakterien bei einer Infizierung, zwingen den Menschen jedoch dazu, sich sehr genau zu entscheiden, ob er mit seiner Handlung

> „wahrhaft ethisch bleiben kann und inwieweit er sich der Notwendigkeit von Vernichtung und Schädigung von Leben unterwerfen und damit Schuld auf sich nehmen muss.“ (Stolzenberg 1992: 121)

Brenner meint, dass Schweitzers Ehrfurchtsprinzip an der Stelle des „Bakterienmordes“ in einer Sackgasse stecke, da eine Entscheidung *gegen* Bakterien gleichbedeutend sei mit der Erstellung einer Wertehierarchie: menschliches Leben gegen Bakterienleben. Brenner meint, dass eine Rangordnung innerhalb der Lebenswelten nicht mit Schweitzers Ansatz vereinbar sei. Schweitzer selbst bewertet sein Vorgehen jedoch nicht. Sein Leitmotiv lautet: Leben zu erhalten und zu fördern. Dabei war ihm wichtig, dass keine Sachzwänge oder angeblichen Notwendigkeiten zur Gleichgültigkeit oder zu Rücksichtslosigkeiten gegen Tiere führen dürfen:

> „In jedem einzelnen Fall müssen sie erwogen haben, ob wirklich Notwendigkeit vorliegt, einem Tiere dieses Opfer für die Menschheit aufzuerlegen.“ (zitiert nach: Stolzenberg 1992: 121)

Eine Handlung, für die nicht jede/r persönlich Verantwortung tragen kann, muss verhindert werden.

So hat Schweitzer auch in seinen anderen Büchern immer wieder die Gelegenheit genutzt, auf die von ihm geforderte Ehrfurcht vor dem Leben hinzuweisen. Sein Buch „Kultur und Ethik“ beendet er mit dem Satz:

> „Nur das Denken, das die Gesinnung der Ehrfurcht vor dem Leben zur Macht bringt, ist fähig, den ewigen Frieden heraufzuführen.“ (a. a. O.: 123)

6.2. PATHOZENTRISMUS

Steht Schweitzer als Beispiel für einen Vertreter innerhalb des Biozentrismus, so können **Peter Singer** und **Robin Attfield** als Vertreter einer sich weiterentwickelnden Ethik angeführt werden: dem Pathozentrismus. Diesem Pathozentrismus liegt eine utilitaristische Handlungstheorie zugrunde, eine Theorie, die von **Jeremy Bentham** begründet wurde und auch als „Nützlichkeitsmoral" bezeichnet werden kann (siehe 5.3.). Menschliche Handlungen erhalten in ihr besondere Bedeutung, weil die Folgen jeder Handlung besonders bedacht werden müssen und unter dem Gesichtspunkt stehen, dass jede Handlung daran gemessen wird, dass sie für alle Betroffenen (Tiere, Menschen) „per saldo die besten Konsequenzen" (Singer 1996: 24) haben muss. So steht im Utilitarismus das Wohl aller Lebewesen im Vordergrund, wenn es darum geht, eine Handlung zu bewerten. Bentham hat dies in seinem Buch „Introduction to the Principles of Morals and Legislation" mit seinem Gleichheitsgrundsatz entwickelt und die Tiere ausdrücklich mit einbezogen. Diese Aussage stellt die Tiere auf eine gleiche Stufe wie den Menschen und behauptet nicht mehr, dass der Mensch Tiere töten darf, nur weil er „vernunftbegabt" und „höher entwickelt" sei. Bentham hat aufgezeigt, dass die Gemeinsamkeiten zwischen Tieren und Menschen in der Schmerz- und Leidensfähigkeit bestehen und sie durchaus vergleichbar sind. Mit dieser Vergleichbarkeit begründet Bentham seinen Utilitarismus.

Nach Schweitzers Wiederentdeckung und einer Rezeption Benthamscher Gedanken hat die ethische Diskussion die oben erwähnte neue Dynamik erhalten. Mit „Animal Liberation" (Singer 1996) erschien ein Buch von Peter Singer, das lange Zeit nachhaltige Wellen geschlagen hat. Mit diesem Buch wurde eine neue ethische Diskussion angeregt, in der auch die Tierrechte neu diskutiert werden. Eine Grenze zwischen Menschen und Tieren sieht Singer nicht und benutzt den Begriff *Artegoismus,* oder *Speziesismus.* Mit diesem Begriff wurde letztlich eine weitere Unterdrückungs-Kategorie eingeführt, die vergleichbar ist mit Rassismus und Sexismus. Speziesismus (ein aus den USA stammender Begriff, den Richard Ryder geprägt hat) meint, dass alle nicht zur Spezies Mensch gehörenden Lebewesen untergeordnete Wesen sind und demnach ausgebeutet werden dürfen. Es wird eine Überlegenheit des Menschen über andere Lebewesen behauptet, die

> „dem Menschen innerhalb der ihn umgebenden Natur ein unangefochtenes Willkürrecht verleiht „Artegoismus ist der geistige Hintergrund, auf dem der anthropozentrische Humanismus und Naturalismus entstehen konnten." (Teutsch 1987: 21)

Der französische Ethnologe Levi-Strauss schreibt dazu:

> „..., dass das Problem des Kampfes gegen Rassenvorurteile auf menschlicher Ebene ein viel umfassenderes Problem widerspiegelt,

das noch dringender einer Lösung bedarf. Ich spreche von dem Verhältnis zwischen dem Menschen und anderen lebenden Arten. Es ist zwecklos, das eine Problem ohne das andere lösen zu wollen. Denn die Achtung gegenüber den eigenen Artgenossen, die wir von Menschen erwarten, ist lediglich ein Einzelaspekt der allgemeinen Achtung vor allen Formen des Lebens." (Wörterbuch der Soziologie 1994: 489)

Levi-Strauss versuchte die soziokulturellen Phänomene gesellschaftlicher Lebenspraxen zu analysieren und die für ihn unveränderlichen Grundstrukturen aufzudecken. So ist es zu verstehen, dass er sich ebenfalls mit dem Verhältnis Mensch-Tier beschäftigt hat.

Die utilitaristische Handlungstheorie ordnet Brenner (Brenner 1996: 16) letztlich unter den Überbegriff Pathozentrismus ein und bezieht sich besonders auf Singer, Regan und Attfield. Während Singers Buch „Animal Liberation" eher in dem Bereich Tierethik/Tierrechte angesiedelt wird und noch keinen ökologie-ethischen Ansatz darstellt, wurde dies durch **Tom Regan** nachgeholt. Regan entwickelte eine eigene Ökologie-Ethik (Regan 2004: The Case for Animal Rights), indem er seinen Ansatz mit dem von Peter Singer verknüpfte. Regans Ansatz ist jedoch nicht, wie bei Singer, ein utilitaristischer Ansatz. Ein Unterschied und wesentliches Merkmal liegt in seiner wertphilosophischen Argumentation, indem er jedem nichtmenschlichen Lebewesen seinen eigenständigen Wert zuweist, durch den es einen moralischen Status erhält. Diesen moralischen Status sieht Regan unabhängig von Bewusstseinsbefähigungen. Steht bei Singer die Leidensfähigkeit als Kriterium im Mittelpunkt (wer nicht leiden kann, fällt aus der ethischen Perspektive heraus), schreibt Regan jedem Lebewesen einen Wert zu. Regan schließt nicht aus, dass auch nicht-bewusstseinsfähige Wesen in seinen Ansatz mit hineingehören, doch scheint er sich nicht ganz sicher zu sein. So bleiben die Fragen unbeantwortet, ob etwa auch Flussläufe, Berge oder Steinbrocken einen moralisch relevanten Wert haben könnten.

In diesem Zusammenhang wird natürlich die Frage gestellt, warum das Lebewesen „Tier" nicht gegessen, das Lebewesen „Pflanze" jedoch genutzt werden darf. Die Grenze kann gezogen werden, wenn es z. B. um die Leidensfähigkeit geht, also darum, ob eine Pflanze Schmerz empfinden kann. Ein subjektives Schmerzempfinden ist dort nicht zu erkennen, wo Nervenreize direkt an Muskeln andocken, ohne dass sie über ein Zentrum vermittelt werden. Dies ist quasi bei Pflanzen der Fall. Dagegen kann ein subjektives Schmerzempfinden dort vorausgesetzt werden, wo Nervensysteme existieren und wo z. B. Tiere ihr Verhalten aufgrund von Reizen ändern können, also auch lernfähig sind. Deshalb kann dann den meisten Tierarten eine Leidensfähigkeit unterstellt werden, wenn ein zentrales Nervensystem angelegt ist. Damit können auch fast alle Tiere Teile ihres Verhaltens anpassen, sich bewusst verhalten und damit auch subjektive Erlebnisse haben. Der Unterschied zwischen weniger und hochentwickelten

Tieren (z. B. Säugetieren) liegt genau in diesen Punkten begründet und erklärt damit, warum Pflanzen als Ernährung genutzt werden können. Übersehen wird dabei aber auch, dass nicht nur scheinbar hochentwickelte Tiere (Säugetiere), sondern auch z. B. Tintenfische (www.neurobiologie.fu-berlin.de, 13.05.2010) ein höchst entwickeltes Nervensystem mit gut ausgebildetem Gehirn und hoher Lern- und Gedächtnisfähigkeit besitzen. Diese hochdifferenzierten Sinnesorgane und Nervenzentren finden sich auch bei vielen Insekten wieder.

Robert Attfield (in Brenner 1996: 15) wird dann auch schon genauer, indem er ein neues Kriterium einführt. Für ihn hängt der moralische Wert von „Seiendem" von seiner Interessensfähigkeit ab. Diese Interessen sind nicht nur der Wunsch nach Leidensfreiheit (Singer), also der Vermeidung von Schmerz, sondern bedeuten den Wunsch nach individueller Entfaltungsmöglichkeit. Damit Menschen die Interessen anderer Lebewesen entdecken können, bedarf es einer so genannten Binnenperspektive der Natur, durch die dann die Interessen von Tieren oder Pflanzen nicht eingeschränkt werden. Anders als Schweitzer fordert Attfield (in: The Ethic of Environmental Concern) eine Hierarchie, in der die Lebewesen nach Höhe ihrer Organisationsstufe eingeordnet werden, und er gelangt so zu einer Reihenfolge: Mensch – Tier – Pflanze, mit entsprechenden Unterstufen.

In den unterschiedlichen pathozentrischen Ansätzen ist zu erkennen, dass sie sich in verschiedenen Weisen am Begriff des Lebens orientieren. Indem sie das Leben in den Mittelpunkt stellen, überwinden sie die anthropozentristische Perspektive: Nicht mehr der Mensch, sondern das „Leben an sich" ist der Wertmaßstab. Bio- und Pathozentrismus haben durchaus viele Überschneidungen. Wesentliches Merkmal ist die immer weiterreichendere Einordnung von Lebewesen in einen jeweiligen Ethik-Ansatz.

6.3. HOLISMUS

Wurde schon im Pathozentrismus deutlich, dass eine ethische Rücksichtnahme auf die „Natur als Ganzes" denkbar ist, so wird dies im Holismus (griech.: holos = ganz) ausformuliert. Einbezogen wird die gesamte Natur mit all ihren Lebewesen und ihrem unbelebten Umfeld – Steine, Felsen, Erde, Bäume, Wasser etc. In dem holistischen Ethik-Entwurf sieht Brenner (Brenner 1996: 16) einen wesentlich größeren Sprung, als ihn der Sprung vom Anthropozentrismus zum Biozentrismus bedeutet hat. Der Unterschied liegt in einem „tieferen" Denken. Es wird versucht,

> „die Natur nicht durch Zuschreibung aufzuwerten, sondern dadurch die Natur zu schützen, dass der Mensch in die Natur hineinzudenken versucht wird." (Teutsch 1987: 16)

Dadurch wird es natürlich möglich, ethische Kriterien an allem Vorhandenen anzulegen, da der Mensch nun *ein* Bestandteil des Gesamten ist. Diese, auch als Tiefenökologie bezeichnete Sichtweise

„revidiert die neuzeitliche Aufspaltung der Welt und bringt so die holistische Hoffnung, Mensch und Natur wieder zu einer Einheit zu führen, in den theoretischen Zusammenhang." (ebd.)

Dementsprechend ist im Holismus das moralisch relevante Kriterium das *Sein* an sich und das Ganze ist mehr als die Summe des Einzelnen. Deshalb müssen Kriterien für das ethische Handeln des Menschen nicht nur auf (andere) Lebewesen entwickelt werden, sondern auch auf die gesamte, auch die unbelebte Natur.

Ein holistisches Denken verändert die Sicht auf sich selber und auf alle Dinge dieser Welt. Demnach kann „Ich" alleine mich nicht ausreichend erklären. „Ich" bin der Sohn/die Tochter meiner Eltern, und allein diese Ausweitung hat Einfluss auf mein Verhalten, meine Ansichten und kann meine moralischen Maßstäbe mit beeinflusst haben. „Ich" bin aber nicht nur Sohn/Tochter meiner Eltern, sondern lebe in meinem Land, also bin „Ich" auch als Deutscher zu verstehen und werde damit von Besonderheiten aus meiner Nationalität beeinflusst. Zum Beispiel habe ich als Deutscher eine besondere Verantwortung aus der nationalsozialistischen Vergangenheit. Dieser Gedankengang wird im Holismus weitergedacht und „Ich" werde nun als Teil des Ganzen, der Natur gesehen und erhalte damit auch eine besondere Verantwortung dieser Natur gegenüber. „Ich" bin im Holismus Bestandteil dieser Natur und muss Rücksicht nehmen auf das Ganze – vor allen anderen Rücksichten. Zur natürlichen Umwelt muss ich mich demnach so verhalten, wie ich mich anderen Menschen gegenüber verhalten sollte.

Der Holismus beschreibt den radikalsten Weg zu einem nicht-anthropozentrischen Umgang mit der Mitwelt. Innerhalb der veganen Bewegung spielen holistische Ansätze keine so große Rolle. Trotzdem wird im folgenden Kapitel die Erdbefreiungsbewegung und die damit in Verbindung stehende Tiefenökologie (oder Deep-ecology-Bewegung) vorgestellt, da sie als ein (kleiner) Bestandteil der veganen Bewegung angesehen werden kann.

7. DIE VEGANE BEWEGUNG IM 20. UND 21. JAHRHUNDERT

In der Darstellung der Entwicklung einer nicht-anthropozentrischen Ethik konnte ansatzweise deutlich werden, dass ganz unterschiedliche Diskurse die Vielfältigkeit der veganen Bewegung verstehen lassen. Diese lässt sich im Großen aufteilen in eine Tierschutz-, Tierrechtsbewegung und eine Erdbefreierbewegung. Daneben gibt es natürlich auch Gruppen, die rein religiöse oder rein gesundheitsbewusste Gründe für eine vegane Lebensweise anführen. In diesen drei unterschiedlichen Richtungen finden sich die verschiedenen philosophischen und religiösen Ursprünge wieder, die als historischer Rahmen der heutigen veganen Bewegung zu verstehen sind.

Bei der Durchsicht der verschiedenen Zeitschriften und veganen Infohefte konnte ich feststellen, dass die vegane Bewegung ihre Wurzeln in den Bereichen Tierschutz und Tierrechte sieht. Veganer_innen sehen sich zwar in einer Traditionslinie mit den Vegetarier_innen, weswegen sie sich auch auf Philosophen wie Pythagoras etc. beziehen, haben aber ihre heutige Vernetzung überwiegend innerhalb der Tierrechtsbewegung und nicht so sehr im Tierschutzbereich.

Während der erste Tierschutzverein schon 1824 in England und 1837 in Deutschland gegründet wurde, geben Leitzmann/Hahn (1996) die erste Vereinsgründung eines vegetarischen Vereins („Verein für natürliche Lebensweise") erst für das Jahr 1867 an, also ca. 30 Jahre nach dem ersten Tierschutzverein. Während sich 1892 zwei große vegetarische Vereine zu einem „Deutschen Vegetarier Bund" zusammenschlossen, konnte im Bereich der Tierschutzvereine schon 1879 eine erste Spaltung (Differenzierung) gemeldet werden.

Eine der älteren veganen Zeitschriften, die *Vegan-Info*, nennt sich in ihrer ersten Ausgabe vom Mai 1994 noch *Vegan-Info/Information der Veganen Attacke Nord, VAN.* Diese Selbstbezeichnung ändert sich ab Ausgabe 3 (November 1994) in *Vegan-Info/Das Tierrechtsmagazin der Veganen Attacke Nord, VAN.* Ab Ausgabe 8 (Frühjahr 1996) nennt sie sich *Vegan-Info/ Forum für TierrechtlerInnen*. Damit wurde ein Prozess abgeschlossen, bei der die Selbstverortung auch noch im Jahr 2009 nun eindeutig in der Tierrechtsszene ist, deren geschichtlicher Vorläufer allerdings der Tierschutz war. Einen expliziten Bezug auf eine vegetarische Bewegung habe ich in keiner Publikation der Veganer_nnen gefunden. Folgerichtig möchte ich nun die Ausdifferenzierung der verschiedenen Richtungen darstellen: 1. Tierschutzbewegung, 2. Tierrechtsbewegung, 3. Erdbefreiungsbewegung.

7.1. TIERSCHUTZBEWEGUNG

Der Gründung des ersten deutschen Tierschutzvereins 1837 gingen einige Gründungen von Tierschutzvereinen in England voraus. Schon 1803 wird von einer Gesetzesinitiative im englischen Unterhaus berichtet (Teutsch 1987), die den Schutz von Tieren zum Ziel hatte. Doch erst 1822 wurde durch Initiative des Iren Martin und des Engländers Erskin ein erstes Gesetz zum Schutz der Tiere verabschiedet. Diesem folgten weitere Gesetze, die z. B. die Stierhatz (1835), die Dachshatz sowie Hunde- und Hahnenkämpfe (1849) verboten. (Serpell 1990: 161) Die Gründung des ersten englischen Tierschutzvereins hing unmittelbar mit den angeführten Stier- und Dachshatzen zusammen. Die damalige Situation beschreibt ein Text aus dem Archiv der Stadt Leicester:

> „Die Metzger unserer Stadt dürfen einen Bullen erst zu Verkaufszwecken schlachten, wenn dieser zuvor gehetzt worden ist." (Morris 1993: 131)

Dieser Tierhatz, die zur Belustigung der Menschen diente, stellte sich die „Gesellschaft zur Verhütung von Grausamkeiten an Tieren" entgegen. Als erster Tierschutzverein hatte sie sich zur Aufgabe gemacht,

> „schutz- und herrenlosen Tieren aus Mitleid und aus Achtung vor dem Mitgeschöpf praktische Hilfe angedeihen zu lassen." (Sauer 1983: 38)

Dieser ursprünglich „karitative Tierschutz" wurde dann später in Deutschland übernommen.

> „Dieser caritative Tierschutz half nicht um des Tieres selbst willen, sondern aus Pflichtbewusstsein und Rücksichtnahme – gegen den Menschen." (Köpf 1996: 49)

Bevor in Deutschland der erste Tierschutzverein gegründet wurde, gab es, ausgehend von Descartes „cartesianischem Dualismus", vor allem eher pietistisch ausgerichtete Tierschutzgedanken. Teutsch (Teutsch 1987: 208ff) meint dazu, dass es zu dieser Zeit (ca. Ende 17. bis Ende 18. Jahrhundert) etliche Tierschutzansätze gab, und Endreß meint:

> „... aber es fehlte der ordnende Geist, der die Fülle dieser Gedanken hätte gestalten können." (Endreß 1995: 17)

Der „karitative Tierschutz" konnte auf verschiedenste Veröffentlichungen zurückgreifen: „Bitte der armen Tiere, der unvernünftigen Geschöpfe, an ihre vernünftigen Mitgeschöpfe und Herrn, die Menschen" (Pfarrer Dann, 1822) und „Notgedrungener Aufruf an alle Menschen von Nachdenken und Gefühl, zur gemeinschaftlichen Beherzigung und Linderung der unsäglichen Leiden der in unserer Umgebung lebenden Tiere" (Pfarrer Dann, 1833). Noch deutlich geprägt von einem Bild des vernünftigen Menschen und des unvernünftigen Tieres entwickelten diese Schriften eine große Dynamik, und so entstand 1881 ein erster Dachverband von ca. 120 Tierschutzvereinen mit 50.000 Mitgliedern (nach Köpf 1996: 48). Zehn Jahre später hatte dieser „Verband der Tierschutzvereine des Deutschen Reiches" schon 75.000 Mitglieder und über 200 Vereine. In der *Vegan-Info* vom Februar 1995 wird in diesem Zusammenhang darauf hingewiesen, dass die Anfänge des organisierten Tierschutzes zusammenfallen mit anderen, wohltätigen Gründungen, z.B. den Waisenhäusern. So ging es in der Anfangszeit des Tierschutzes mehr um praktische Hilfe für „Tiere in Not". Dies kennzeichnet dann auch einen ersten wesentlichen Unterschied zu der nachfolgenden Tierrechtsbewegung. Während Tierrechtler_innen Tieren umfassende Rechte zusprechen, forderten im 19. Jahrhundert Tierschutzvereine noch den Verzehr von Pferdefleisch, um so kranken oder alten Tieren zu einem gnädigen Tod zu verhelfen. Eine andere Forderung, die noch heute aktuell ist, betraf den Tiertransport. Das entscheidende Argument für eine Verbesserung der Tiertransporte war vielfach, dass dadurch eine bessere Fleischqualität erzielt werden kann.

Zwischen 1837 und 1900 ergaben unterschiedliche Aktivitäten zahlreiche Veränderungen im Umgang mit Tieren. Statt auf lebende Tauben musste auf Tonscheiben geschossen werden; im Schlachthof wurden die Tiere nicht mehr mit Beil- oder Hammerschlägen getötet und auch das Schächten der Tiere wurde verboten. 1879 vollzog sich in Deutschland die erste Spaltung der Tierschutzbewegung. Ernst Weber veröffentlichte 1879 ein Buch mit dem Titel „Folterkammern der Wissenschaft", in dem er gegen Tierversuche argumentierte. Nach dieser Veröffentlichung spalteten sich die Tierversuchsgegner von den bisherigen Tierschutzvereinen ab und gründeten einen „Internationalen Verein zur Bekämpfung der wissenschaftlichen Tierfolter" und den „Bund gegen die Vivisektion". Grund dieser Spaltung war die Ansicht der Tierschutzvereine, dass Tierversuche ein notwendiges Übel seien. Eine besondere Beachtung fand in dieser Zeit der Philosoph Schopenhauer, der von der Tierschutzbewegung der damaligen Zeit quasi als „Hausphilosoph" (Sauer 1983: 13) angesehen wurde. Schopenhauer „passte" auch deshalb in die damalige Tierschutzszene, da er trotz seiner Zuwendung zu den Tieren kein Vegetarier war:

> „Man erbarmt sich eines Sünders, eines Missetäters, nicht aber eines unschuldigen treuen Tieres, welches oft der Ernährer seines Herrn ist und nichts davon hat als spärliches Futter." (Schopenhauer in: Stolzenberg 1992: 168)

So ist Ende des 19. Jahrhunderts eine Aufspaltung der Tierschutzbewegung festzustellen, aus der sich die noch heute bestehenden Tierschutzvereine und die Tierrechtsbewegung entwickelten. „Antisemitismus und Tierschutz gingen im Kampf gegen das Schächten eine Koalition ein."

Der „Verband der Tierschutzvereine des Deutschen Reiches" bestand bis 1936 und hatte ca. 300 Mitgliedsvereine. Peter Köpf berichtet in seinem Buch „Ein Herz für Tiere?", dass Teile der Tierschutzbewegung schon in der Weimarer Republik mit der NSDAP zusammengearbeitet haben.

> „Antisemitismus und Tierschutz gingen im Kampf gegen das Schächten eine Koalition ein. Aus dieser Koalition entstand das Tierschutzgesetz von 1933, das Schächten verbot." (Köpf 1996: 50)

Diesem Tierschutzgesetz von 1933 folgte 1934 der Erlass des „Reichsjagdgesetzes", das den Jäger zur Waidgerechtigkeit verpflichtete und den Tieren einen weniger qualvollen Tod bescheren sollte. (TAN-Reader 1995) Während der Verband der Tierschutzvereine in das „Dritte Reich" übergangslos integriert wurde, löste sich z. B. der „Deutsche Vegetarier-Bund" 1935 selbst auf, um einer drohenden Gleichschaltung innerhalb der NSDAP-Struktur zu entgehen. In Bezug auf die Tierschutzvereine stellt Köpf fest, dass die Nationalsozialisten Tierschutzgedanken als ‚urdeutschen' Wesenszug in ihr Programm aufnahmen und die bisherigen Verbandsstrukturen im „Reichstier-Schutzbund" und den „Reichsbund für Volkstum und Heimat" aufgehen ließen.

> „Auch in anderen Punkten dachten die Nationalsozialisten im Sinne von Tierschützern fortschrittlich ..." (Köpf 1996: 51)

Tierversuche durften nur noch mit betäubten Tieren stattfinden; das Kupieren der Schweife wurde verboten und letztlich wurden 1937 die Tiere in die „Volksgemeinschaft" aufgenommen. 1937 schrieb das *Deutsche Tierärzteblatt:*

> „Das Tier genieße durch die nationalsozialistische Tierschutzgesetzgebung wegen seiner Zugehörigkeit zur völkischen Gemeinschaft einen seiner Bedeutung entsprechenden Schutz." (ebd.)

So ist es kein Wunder, dass das „Reichstierschutzgesetz" eine „deutschnationale Pflicht" empfand, Tiere, die mit in den Krieg zogen, besonders gut zu behandeln.

Nach dem Zweiten Weltkrieg gründete sich die „Vegetarier-Union Deutschland", die ihre Arbeit im Sinne des „Deutschen Vegetarier-Bundes" fortsetzen konnte und sich 1984 in „Vegetarier-Bund Deutschland e.V." umbenannte. Für die vegetarische Bewegung spielte im Übrigen die so genannte „Lebensreform-Bewegung" im 19. Jahrhundert eine Rolle. In einer Zeit der Industrialisierung verstand sie sich

> „als Gegenbewegung zu einer Entwicklung, die grundlegende Veränderungen in den Bereichen der Gesellschaft, Wirtschaft und Kultur nach sich zog" (Leitzmann/Hahn 1996: 29),

und hatte eine relativ große Bedeutung. Für diese „Lebensreform-Bewegung" spielte der Tierschutz nur eine untergeordnete Rolle, da es sich insgesamt um eine umfassende Reformbewegung handelte, die sich u. a. mit Vegetarismus, Antialkohol-Bewegung, Naturheilkunde, Genossenschaftsbewegung, Siedlungs- und Gartenstadtbewegung, Freikörperkultur, Reformpädagogik etc. beschäftigte. Der „Deutsche Tierschutzbund" unterstützte das Vergiften von Tauben in Innenstädten …

Nach dem Zweiten Weltkrieg gründete sich für die Tierschutzbewegung der „Deutsche Tierschutzbund" (DTschB), jedoch auch viele weitere Interessenverbände. 1952 entstand der „Bund gegen den Missbrauch der Tiere" als Nachfolger des „Bundes gegen die Vivisektion". Neben den Interessenverbänden spaltete sich 1962 die „Arbeitsgemeinschaft Deutscher Tierschutz" (heute: „Bundesverband Tierschutz") vom DTschB ab. Der Grund liegt darin, dass der DTschB

> „die Ausfuhr von Schlachtpferden befürwortete und die Jagdprüfungsbedingungen für Hunde gutgeheißen hatte, die auch das Katzenwürgen beinhalteten." (Köpf 1996: 52)

Daneben unterstützte der DTschB das Vergiften von Tauben in Innenstädten. Auch die enge Verknüpfung mit dem „Deutschen Jagdschutzverband" und dem „Jagd-Gebrauchshundeverband" führte zu einer regelrechten Austrittswelle. … und hat auch heute keine Probleme mit Tierversuchen, Tierverzehr, Tiere ausstellen zu dürfen etc.

Als noch heute größter Dachverband des Tierschutzes in Europa (Köpf) hat der DTschB keine Probleme mit Tierversuchen, Tierverzehr, Tiere für sportliche Aktivitäten nutzen zu können (sie aber nicht zu überfordern), Tiere ausstellen zu dürfen, sie jedoch nicht zu missbrauchen etc. Mit den radikalen Tierrechtler_innen kann der DTschB nichts mehr anfangen. Tierschützer_innen erkennen die Herrschaft des Menschen über Tiere an und sehen sie in einem begrenzten Rahmen als „nutzbare Wesen". Somit bewegt sich der DTschB im Rahmen eines anthropozentrischen Denkens. Insofern gebe ich P. Köpf Recht, wenn er behauptet:

> „Die Realisten: Tierschützer. Tierschützer sehen sich im Vergleich zu den Utopisten der Tierrechtsfraktion als Realisten. Tierschutz ist Menschenschutz." (a. a. O.: 59)

Damit ist die entscheidende Trennlinie zwischen Tierschutz und Tierrecht aufgezeigt worden und ich werde im Folgenden auf die Tierrechtsbewegung eingehen.

7.2. TIERRECHTSBEWEGUNG

> „Obwohl die Väter der kritischen Theorie, Horkheimer/Adorno, schon in den 40er Jahren die Instrumentalisierung der ‚unvernünftigen' Tiere durch die ‚vernünftigen' Menschen anprangerten, zogen die 68er nie in Erwägung, die Gewaltherrschaft über die Tiere in Frage zu stellen. Auch die Friedensbewegten beteiligten sich an dem täglichen Vernichtungskrieg gegen die Tiere. Es sollte noch einige Jahre dauern, bis sich in der BRD Menschen aktiv für die Interessen der Tiere einsetzten." (TAN-Reader 1996)

Der entscheidende Schritt in Richtung Tierrechtsbewegung vollzog sich wiederum zuerst in England. Dort entwickelte sich aus der 1972 entstandenen Jagdsaboteur_innen-Bewegung („Hunt sabs") die „Animal Liberation Front" (ALF), die 1976 mit ihren ersten Aktionen auf sich aufmerksam machte. Die ALF versteht sich als militante Untergrundgruppe, die sich zum Ziel gesetzt hat, Tiere zu befreien und der Tierverwertungsindustrie möglichst hohen Schaden zuzufügen. 1982 gründete sich die „ALF-Supports-Group", ein legaler Arm der ALF, der für die Öffentlichkeitsarbeit und die zunehmend notwendige Anti-Repressionsarbeit zuständig war. Von England ausgehend gründeten sich in Kanada, Holland, Spanien, Australien, USA und Neuseeland ebenfalls ALF-Gruppen.

Die Situation in Deutschland kennzeichnet folgendes Zitat:

> „Das Recht der Tiere auf Leben und Unversehrtheit war für die meisten TierschützerInnen noch kein Thema. Ein Problem war auch, dass es kaum Tierschutztradition, die über karitative Initiativen hinausreichte, und keine Diskussionsprozesse gab, an die angeknüpft werden konnte. So bereiteten sie letzthin durch die öffentliche Diskussion, die sie gezielt entfachten, den Weg für die Tierrechtsbewegung." (ebd.)

Waren es in der BRD zuerst noch so genannte Tierversuchsgegner_innen aus dem eher konservativ-bürgerlichen und links-liberalen Spektrum, die keine grundlegende Veränderung der Mensch/Tier-Beziehung anstrebten, gründeten sich Anfang der 80er Jahre erste autonome, militante Tierrechtsgruppen. So befreiten „Tarzan und seine Bande" bundesweit ca. 500 Tiere und führten Sachbeschädigungen gegen ein im Bau befindliches Versuchslabor aus. Für Mitte der 80er Jahre stellt die TAN (Tierrechtsaktion Nord) einen Wandel der Aktionsformen des Autonomen Tierschutzes (AT) fest.

> „Es wurde langsam von Tierbefreiung zu Sachbeschädigungen bei Tiermordindustrie und anderen übergegangen, um bei diesen möglichst große wirtschaftliche Verluste zu verursachen." (ebd.)

Eine neue inhaltliche Qualität stellte sich zudem durch neue Leute ein,

> „die aus fortschrittlichen politischen Zusammenhängen kamen, und es wurde sich ein politisches, anarchistisches Selbstverständnis erarbeitet." (ebd.)

So wurde erkannt, dass die Tierausbeutung letztlich eine logische Konsequenz eines kapitalistischen Systems ist, dessen Grundlage eine hierarchische Ordnung ist:

> „Wer Tiere befreien will, muss gegen Patriarchat und Kapitalismus kämpfen." (ebd.)

Wie in autonomen, linksradikalen Kreisen üblich, gaben sich einzelne Gruppen Namen, durch die ein Bezug zu ihren Aktionen deutlich werden sollte. Die „Feuersalamander" brannten eine Jagdhütte nieder, das „Kommando Lieber Säger und Gammler als Jäger und Sammler" sägte Hochsitze um, die „Vier Pfoten" machten McDonald's das Leben schwerer, „Pil Huhn" zerstörte in einer Hühnerfarm Gegenstände und ein „Kommando Zorniger Zobel" schütte bei C & A Buttersäure in Pelze. Mit der Entwicklung des militanten Tierschutzes ging jedoch auch die Entwicklung legaler Strukturen einher, die nicht notwendigerweise der autonomen Szene zugehörten. „Wer Tiere befreien will, muss gegen Patriarchat und Kapitalismus kämpfen."

1986 gründete sich der „Bundesverband der TierbefreierInnen" und 1987 die „Tierrechts-Aktiv-Nord", die sich als „Aktionsgruppe und UnterstützerInnengruppe des Autonomen Tierschutz" (TAN-Reader 1996) verstand. Neben den vielen Aktionsgruppen, die sich Mitte/Ende der 80er Jahre aus dem autonomen, anarchistischen und antifaschistischen Spektrum gründeten, ist besonders die Phase ab 1991 interessant. Die erste Phase des „Aktionismus" neigte sich dem Ende zu, auch weil der Staatsschutz immer repressiver gegen die Aktivist_innen vorging. Nach einer kurzen Verschnaufpause gründete sich in NRW die „Vegane Offensive Ruhrgebiet" (VOR), die über ihren Namen deutlich machte, was sich schon längere Zeit abzeichnete.

> „Die VOR löste durch ihre Kritik an der Ausbeutung der Tiere gerade durch Menschen, die für eine herrschaftsfreie Gesellschaft

eintreten, unter TierrechtlerInnen und ihren GegnerInnen besonders in autonomen, linken Kreisen eine heftige öffentliche Diskussion aus." (ebd.)

Die Folge waren klare Abgrenzungen. Die vegane Ernährung geriet immer stärker in den Mittelpunkt und entwickelte dadurch ein enormes Konfliktpotential innerhalb der sich autonom, links oder linksradikal verstehenden Politikszene. Allerdings wurde die vegane Ernährung nicht mehr nur in diesen politischen Kreisen diskutiert, sondern wanderte in viele Familien, z. B. über die Fernseh-Soap „Lindenstraße" und die Jugendzeitschrift *BRAVO*. Die vegane Ernährung entwickelte ein enormes Konfliktpotential innerhalb der sich autonom oder linksradikal verstehenden Politikszene.

Lindenstraße: Es war ein Morgen wie jeder andere, doch der Griff zum Pausenbrot brachte Klausi in Rage. „Sag mal, wann schnallst du es endlich? Ich esse kein totes Tier mehr!" Mutter Beimer blickte verständnislos erst zu ihrem Sohn, dann auf die Schinkenstulle.

> „Damit hatte die Lindenstraße, Klatschmeile deutscher Befindlichkeiten, ein Konflikt erreicht, der bundesweit Freunde und Familien entzweit, der zunehmend militanter geführt wird; der die einen zu Mördern, die anderen zu asketischen Langweilern stempelt und der an Tischen und Tresen um immer die gleiche Frage kreist: Was darf's denn sein?" (*Stern*, 46/95)

Diese Beschreibung trifft die Situation für die 90er Jahre recht gut. Immer mehr Jugendliche organisierten sich in veganen Gruppen, weil sie sich von ihrem Fleisch essenden Umfeld abgrenzen wollten. Neben „Lindenstraße" und *BRAVO* nahmen auch *Stern*-TV, Hessischer Rundfunk, *Die Zeit*, *taz* etc. das Thema Tierrechte und Veganismus auf. Es entstanden neue Zeitschriften wie die *Vegan-Info* (1994) oder die *Tierbefreiung aktuell* (1993), und der Versuch der Vernetzung untereinander gipfelte in einer ersten Tierrechtswoche 1995. Vegane Versandshops gründeten sich und bieten heute neben veganen Lebensmitteln auch Kleidung, Kosmetik, Bücher, Aufkleber an: Merchandising einzelner Gruppen boomt auch hier. Neben der inhaltlichen Ausweitung expandierte also auch der Konsumbereich. Hinweise auf vegane Restaurants fehlen ebenso wenig wie die Gründung einer neuen „Tierschutz Partei" (bei der letzten Europa-Wahl 2009 immerhin 1,1 Prozent der Stimmenanteile) und einer „Gewerkschaft für Tiere e. V.". Mutter Beimer blickte verständnislos erst zu ihrem Sohn, dann auf die abgelehnte Schinkenstulle.

Die Tierrechtsbewegung lehnt, im Gegensatz zur Tierschutzbewegung, jegliche Nutzung von Tieren für den Menschen ab. Tiere haben für Tierrechtler_innen individuelle Rechte und sie arbeiten auf ein endgültiges Ende der Ausbeutung der Tiere hin. Die Tierschutzbewegung will über Reformen den Umgang mit den Tieren verbessern und deren Gesamtsituation „humaner" gestalten. Die Tierrechtsbewegung will dagegen das ausbeuterische System völlig abschaffen.

„Mit anderen Worten, die traditionelle Tierschutzbewegung stellt die Sklaverei, in der die anderen Tiere von den Menschen gehalten werden, nicht in Frage, sondern setzt sich für bessere Lebensbedingungen für diese Sklaven und Sklavinnen ein, während die Tierrechtsbewegung das Ende der Sklaverei will." (Endreß 1995: 38)

Ein anderes wesentliches Merkmal ist die bewusste Überschreitung des legalen Aktionsrahmens in Form von Sachbeschädigungen, Tierbefreiung und anderen direkten Aktionen. Seit Mitte der 1990er Jahre hat sich eine inhaltliche Ausweitung der Tierrechtsbewegung ergeben, in der eine Verbindung zwischen verschiedenen Unterdrückungsverhältnissen aufgezeigt wird, welche als Wesensmerkmale eines kapitalistischen Systems bezeichnet werden. So wird ein direkter Zusammenhang zwischen Rassismus, Sexismus, Kapitalismus und Speziesismus gesehen, gegen den es anzugehen gilt. Während Tierschützer_innen im „Schlamm ihrer Inkonsequenz und Widersprüche stehen" (Animal Liberation), lehnen Veganer_innen jegliche Nutzung und Verwertung von Tieren ab. So sind in der Tierschutzbewegung Vegetarier_innen/Veganer_innen klar in der Minderheit. Dort geht es um ein Schnitzel von einer glücklichen Bio-Kuh, die zu ihrem „Recht auf artgerechte Haltung" gekommen ist. Dagegen zeichnet sich die Tierrechtsbewegung durch konsequente vegane Ernährungsweise aus, die darüber hinaus auch noch politisch/theoretisch orientiert ist. Im Internet ist die Aktualität der Tierrechtsbewegung unter www.tierrechteportal.de, www.tierrechte.de, www.tierrecht-aktuell oder www.tierrechtsnetz.de zu sehen.

7.3. ERDBEFREIUNGSBEWEGUNG

„Zum Geleit
Die Menschen in ihrer endlosen Arroganz sind zur Plage für das gesamte Ökosystem geworden.

Die Menschen (besonders die weißen, europäischen) haben sich zu Herren über die Tiere und die Naturgesetze aufgespielt (was kein anderes Tier je tun würde). Die Tiere und ihr Lebensraum sind zu Objekten ihrer zum Himmel stinkenden Selbstgefälligkeit geworden ...

Es ist Zeit, die Menschheit in ihre Schranken zu weisen.

Der Platz der Menschen ist im Tierreich, als eine Tierart unter vielen, ein Leben in Harmonie mit allen anderen Tieren führend ...

Brechen Menschen aus dieser Ordnung aus, bedrohen sie das natürliche Gleichgewicht, was das gesamte Ökosystem in Gefahr bringen kann.

Deshalb könne keine Grenzüberschreitungen mehr geduldet werden ... Eine Revolution ist unsere einzige Chance, unsere einzige Hoffnung. Und ob es realistisch oder wahrscheinlich ist oder nicht: wir wissen, dass wir siegen müssen ...

> Vegan zu leben ist das Mindeste, was du tun musst. Das ist keine persönliche Entscheidung, sondern deine verdammte Pflicht.
> Als Fleisch-, Milch- und/oder EierkonsumentIn bist du AuftraggeberIn für millionenfachen Mord und millionenfaches Leiden. Deine Hände sind mit Blut befleckt, deine Schuld ist unabwendbar." (*Instinkt* Nr. 1: 93-94)

„Als Fleisch-, Milch- und/oder EierkonsumentIn bist du AuftraggeberIn für millionenfachen Mord."

Unter Punkt II.6. habe ich dargestellt, wie sich mit der so genannten holistischen Ethik eine völlig neue Denkweise entwickelt hat. Diese hat unmittelbar für die Erdbefreiungsbewegung eine zentrale Bedeutung. Der Holismus beinhaltet eine „tiefergehende" grundsätzliche Sichtweise der Welt. Tiefergehend in dem Sinne, dass sie der Natur durch den Menschen keine Zuschreibungen zukommen lässt und sie dadurch aufzuwerten versucht; der Wert der Natur wird dadurch gestärkt (die Natur geschützt), dass der Mensch nur als ein Teil der Natur verstanden wird. Somit hat niemand das Recht, irgendjemanden oder irgendetwas einen Wert zuzuschreiben oder über ihn zu urteilen.

1973 wird der Begriff „deep ecology" von Arne Naess eingeführt. Damit wurde versucht, die Aufspaltung der Welt (Mensch-Natur-Trennung) zu beseitigen, die sich im Laufe der Jahrhunderte ergeben hatte. Leitgedanke war aber auch, das Denken, das Gefühl, die Spiritualität und die Handlungen zueinander zu bringen und diese zu vereinigen. Dabei hat der Mensch die Rolle des Bewahrers oder eben des Zerstörers inne, der weg soll von oberflächlichen Lösungsvorschlägen und Antworten. Auf jeden Fall wird der Mensch als der Verursacher der vielfältigen Zerstörungen von Lebensgrundlagen für Tiere, Pflanzen und Menschen gesehen.

Wie aus dem Text „Zum Geleit" deutlich wird, sehen Erdbefreier_innen im Menschen die eigentliche Plage der Welt. Sie beherrschen und unterdrücken Tiere und Umwelt und es scheint nötig zu sein, die Menschen „in ihre Schranken zu weisen". Von „Natur aus" müsste der Mensch eigentlich in Harmonie mit der ihn umgebenden Welt leben, doch Erdbefreier_innen stellen fest, dass die Menschen aus dieser „natürlichen Ordnung" ausgebrochen sind und dadurch das „natürliche Gleichgewicht" in Gefahr gebracht haben. Diese Ansicht zieht sich durch die beiden Erdbefreiungs-Zeitschriften (*Instinkt*, *Die Eule*) und ist eine der Grundlinien innerhalb dieser Richtung: Der Mensch, *„das Krebsgeschwür der lebenden Erde ‚Gaia'."* (Ditfurth 1996: 123)

In *Instinkt - Erdbefreiung* (Nr. 4, Herbst 1994) kann dazu in einer „ODE AN DIE WILDNIS" nachgelesen werden, dass eine natürliche Lebensweise die Grundvoraussetzung für das Miteinander zwischen Mensch und Tier darstellt. Mensch und Tier sind eben keine Maschinen, sondern Lebewesen, die sich den natürlichen Verhältnissen angepasst haben. In den letzten 100 Jahren habe sich der Mensch von dieser natürlichen Lebensweise entfernt:

> „Einst glorreich wandelnd auf dem sonnigen Pfad der Rechtschaffenheit, im Einklang lebend mit den Gesetzen der Natur, wälzt der Mensch sich nun im tiefsten Morast aus Selbst- und Habsucht. ... versucht der Mensch sich von seinen/ihren Wurzeln zu trennen." (*Instinkt* 4/94)

Rückblickend auf ein „altes, prächtiges Zeitalter", in dem der Mensch noch „Teil der Wildnis" und lediglich ein „Tiervolk unter vielen" war, wird der Zeitpunkt der Nutzbarmachung des Feuers als entscheidender Wendepunkt angesehen. Mit dem Feuer kam die neue Nahrungszubereitungsart und damit der „Haxenbraten".

> „Er/sie lernte, Waffen herzustellen und diese zum heimtückischen Mord an seinen/ihren Tierbrüdern und Tierschwestern zu verwenden und ihre Leichenteile mit Salz und Gewürze schmackhaft zu machen." (ebd.)

Im weiteren Verlauf der ODE wird erklärt, wie der Mensch von seiner damaligen Hauptnahrung (Früchte und Nüsse) abkam und die Umwelt durch Getreideanbau, Viehzucht etc. zerstörte. Auf dem Weg „zurück zu unseren Wurzeln" gilt es, die Luft und das Wasser sauber zu halten, eine natürliche Ernährung einzuhalten (dies gilt für alle Tiere, nicht nur für den „Tiermenschen"), Ruhe und Entspannung zu fördern (spazieren gehen, viel schlafen) und insgesamt ein einfaches Leben zu führen auf Grundlage der natürlichen Regeln. An diese „natürlichen Regeln" halten sich die „anderen Tiere", nur nicht der Mensch.

> „Nur der Mensch glaubt in seiner unendlichen Überheblichkeit, sich ungestraft über sie erheben zu können – ein fataler Irrtum, wie die Zivilisationskrankheiten zeigen." (ebd.)

Der Mensch kann durch Annahme einer (Rohkost-) veganen/frugivoren Ernährungsweise den Schritt in die richtige Richtung unserer Wurzeln gehen. Ernährung ist für Erdbefreier_innen der zentrale Punkt, über den die revolutionäre Veränderung läuft, quasi der Kristallisationspunkt aller Bemühungen. Dieser Schritt bringt eine

> „einfache und offensichtliche Lösung der sozialen und ökologischen Hauptprobleme der Welt" (ebd.),

wenn sich die Menschen nur noch von Baumfrüchten und/oder Nüssen ernähren würden. „Es ist Krieg, und Menschen sind die Feinde."

Mit ihrer radikalen Rückkehr zu Nüssen und Baumfrüchten als ausschließliche Nahrungsquelle kritisieren sie grundsätzlich auch die Aktionen der Tierrechtler_innen, die z. B. großen Wert auf Öffentlichkeitsarbeit legen. Erdbefreier_innen wollen die Gesellschaft nicht erziehen, da

> „wir wissen, dass die Gesellschaft sich niemals ändern wird. Wir wollen einfach unsere Familienmitglieder befreien und die Misshandlungsmaschinerie des Systems sabotieren." (ebd.)

So wird in zivilem Ungehorsam ebenfalls kein Sinn gesehen, da „es keine geeignete Taktik im Krieg" (ebd.) ist. Denn:

„Denk daran, es ist Krieg, und Menschen sind die Feinde." (ebd.)

Da es den Erdbefreier_innen um Leben und Tod geht, ist es aus ihrer Sicht heraus nachvollziehbar, dass sie keine Kompromisse eingehen können.

„Männer und Frauen einfühlsam miteinander und mit allen Lebewesen, die sie umgeben, wandelnd auf dem sonnigen Pfad der Rechtschaffenheit. Das ist der Pfad, der gegangen werden muss." (Veganer Heiliger Krieg, 12.5.93)

Die „Vegane Miliz Essen" erklärt den Gesamtzusammenhang in einem Flugblatt etwas detaillierter. Aus ihrer Sicht darf es nicht mehr um die Befriedigung der menschlichen Gelüste gehen, da sie die Rechte der Tiere beeinträchtigen. Ausgangspunkt ist ein Überlegenheitsgefühl des Menschen über die Tiere, für die es eigentlich keinen rationalen Grund geben kann.

„Im Gegenteil, angesichts des Bösen, das Menschen über ihre Mit-Menschen und Mit-Tiere gebracht haben, seit es ‚Kultur' und ‚Zivilisation' gibt (Krieg, Mord, Vergewaltigung, Demütigung, Sklaverei, Besitz), ist der Mensch das asozialste Wesen der Erde geworden." (Vegane Miliz, 4.6.93)

Befreiung von Unterdrückungsverhältnissen kann nur dann verwirklicht werden, wenn „das Konzept der Gerechtigkeit ... auf alle Lebewesen angewandt wird." (ebd.) Eine Rechtfertigung von Unterdrückung (der Tiere) lässt sich immer auch auf andere Menschen übertragen.

„In der Herrschaftsideologie sind die Opfer nach Belieben austauschbar; doch die Ideologie bleibt immer dieselbe." (ebd.)

Aus diesem Grund sieht die „Vegane Miliz Essen" ein Scheitern der Kämpfe gegen Sexismus und Rassismus, wenn in ein Befreiungskonzept nicht auch die Tierwelt mit einbezogen wird. An diesem Punkt wird einer der wesentlichen Unterscheidungslinien zur sonstigen linken Szene deutlich, bei der die Frage der Ernährung und der Umgang mit Tieren eben kein wesentlicher Punkt ist. Erdbefreier_innen sagen von sich, dass sie keine Meinungen haben. Meinungen seien etwas für Liberale.

„Unsere Ethik liegt tiefer als Theorien und Beobachtungen. Unsere Gefühle und unser Verstand sind eins. Unsere Lebensweise ist ein Instinkt." (ebd.)

Die von Instinkten geleiteten Tiere, die, wie weiter oben schon beschrieben, innerhalb der „natürlichen Ordnung" leben, sind das eigentlich Erstrebenswerte. In dem Moment, wo sich auch der Mensch instinktgeleitet, nicht etwa vernunftgeleitet, verhält, ist er auf dem Weg zurück in die „natürliche Ordnung" der Erde. Diese Lebensweise ist dann

„verwurzelt in dem Odem des Lebens selbst. Es ist der natürliche Weg zu leben – der wahre Weg. Es ist keine subjektive Meinung. Wie der Rest des Tierreichs tun wir, was wir tun müssen." (ebd.)

Innerhalb der Erdbefreiungsbewegung spielten die Gruppen von „Earth First!" (EF!) eine wesentliche Rolle. „Earth First!" wurde 1980 in den USA gegründet und hatte dort 1995 ca. 10-15.000 Mitglieder. Bis Mitte der 90er Jahre

> „entwickelte sich so was wie eine eigene EF!-Kultur, die spirituell z. T. recht stark an die Kulturen der indigenen Völker Nordamerikas angelehnt war." (*Die Eule* 1/95)

Durch verschiedene Richtungsstreitigkeiten spalteten sich etliche Gruppen ab und es gab im Wesentlichen zwei Hauptrichtungen. Eine Richtung legte Wert auf eine spirituelle Linie, die sich mit Naturkulten, alten Riten, Bräuchen und Spiritualität beschäftigt. Die andere Richtung behauptete mehr, eine politische Linie zu besitzen, und beschäftigte sich mit weiterreichenden politischen Zusammenhängen, wie z. B. Feminismus, Imperialismus und Ausbeutungsverhältnissen.

Bei der Durchsicht der mir vorliegenden Zeitschriften konnte ich jedoch feststellen, dass es neben heftigen Kritiken auch immer wieder Vermischungen beider Richtungen gibt. Grundsätzlich wird sich jedoch von einer amerikanischen EF!-Spiritualität distanziert, vor allem aber auch in den Fragen der Militanz. Dagegen zeigt sich in der Zeitschrift *Instinkt* eine starke Annäherung an die „amerikanische Richtung":

> „Tiefenökologie deckt sich weitgehend mit dem der Naturreligionen. Es ist aber nicht so, dass die Politik von EF! zwingend auf einer spirituellen Weltanschauung aufbauen oder den Glauben an etwas Übernatürliches bedingen würde. Die Tiefenökologie ist einfach gegen die Annäherung der rationalen Wissenschaft an die Natur ..." (*Instinkt* 4/94)

Dieses Zitat stammt aus einem Text, der die Überschrift trägt: „Spiritualität und Rettung der Erde – Natur als spirituelle Orientierung". Die Inhalte von *Die Eule* sind dagegen wesentlich breiter gefächert und gehen etwas differenzierter mit bestimmten Themen um. Der Themenbereich, der hier behandelt wird, geht von „Shell to Hell" über Anti-AKW-Aktionen bis hin zu umstrittenen Straßenbauprojekten und die Bedeutung von Brutplätzen für bestimmte Tierarten. Vegane Ernährung spielt zwar auch eine Rolle, ist aber nicht so dominant wie z. B. in der *Vegan-Info*. „Earth First!" steht für eine tiefe Erdverbundenheit und hat in England anscheinend eine eher anarchistische Ausrichtung. Die einzelnen Gruppen distanzieren sich eindeutig von (bürgerlichen) Umweltgruppen, die sich „im Grunde nur auf ökologische Aspekte beschränken." (*Die Eule* 1/95) Auch innerhalb der Tierrechtsbewegung

> „haben wir uns mit unseren Ansichten, speziell was unsere Verbundenheit mit der Erde angeht, nirgends richtig heimisch gefühlt." (ebd.)

In *Die Eule* 1/95 wird deutlich, dass sich EF!-Gruppen „wie ne Bewegung" verstehen, und sie begründen dies mit dem Fehlen einer Gesamtorganisation (anders als z. B. „Animal Peace") und dem Hinweis auf ein erd- und naturverbundenes Bewusstsein, aus dem sie eine ökologische

Notwehrsituation beschreiben. Das Fehlen einer Organisationsstruktur soll dazu dienen, die Eigenverantwortlichkeit der Menschen zu fördern. Zu finden ist aber auch, von vereinzelten Gruppen, eine klare Distanzierung zur amerikanischen EF!-Militanz:

> „Das ist auch nicht unsere Sache, unser Aktionsfeld erstreckt sich bis zu zivilem Ungehorsam, Demos und vor allen Dingen um die inhaltliche Vermittlung von Gedanken und Ideen um Erdbefreiung und Erdverbundenheit." (ebd.)

EF!-Gruppen geht es darum, die Erde als Hüterin, Spenderin und Grundlage allen Lebens zu begreifen, um dann die zerstörerische Rolle einer „Herrenmenschenzivilisation" zu erkennen, in Frage zu stellen und anzugreifen. Brenner schreibt in seinem Buch „Ökologie-Ethik" über „Deep ecology", dass dieser Ansatz „den Schutz der Natur über die Formel der Selbstrealisierung zu erlangen" versucht. Dieser Anspruch scheint ein recht hoher zu sein, da es vom Einzelnen verlangt, „seine Integration in das Naturganze zu begreifen." (Brenner 1996: 17) Hilfestellung bietet da weniger eine rationale Anstrengung als eine „Offenheit für andere Weisen der Natur-Erkenntnis." (ebd.) Nur so kann der Mensch, der Tiefenökologe, vielfältige Beziehungen aufbauen, die bewusst außermenschliche Natur mit einbezieht. Ist dies vollzogen, dann führt laut Brenner die Selbstrealisation zur Solidarität, Gewaltfreiheit und letztlich zum Verschwinden von Unterdrückungsverhältnissen. In den verschiedenen Erdbefreiungs-Zeitschriften können diese auf einer theoretischen Ebene getroffenen Aussagen voll bestätigt werden.

Kritikwürdig sind verschiedene Aussagen und Handlungsanweisungen der Erdbefreier_innen. Ausgehend von zwei Gruppen („Hardline", „Frontline"), die sich bewusst auf ihre amerikanischen Wurzeln berufen, hat sich in Deutschland (in der linken Szene) Mitte der 1990er Jahre eine heftige Auseinandersetzung entwickelt. Dabei gerieten ganz allgemein „die Veganer_innen" in die Kritik, die in der Folge die Diskussionsfronten stark polarisierten. Die Erdbefreier_innen waren insgesamt sehr indifferent und im Gegensatz zur Tierrechtsbewegung ohne eigenständiges Profil. Eine vegane Ernährung wird von allen Erdbefreier_innen als „unteres Level" angesehen, darüber hinaus wird eine frugivore Ernährung als optimal angesehen. Der Rückgriff auf den Jainismus und andere religiös-spirituelle Denkrichtungen ist innerhalb der Erdbefreiungsbewegung ein durchgehendes Merkmal, durch das sie sich klar unterscheiden von der sonstigen veganen Bewegung.

Zur Erdbefreiungsbewegung muss jedoch auch gesagt werden, dass ihre Relevanz zunehmend abgenommen hat und die Herausgabe der bis dahin relevanten Zeitschriften eingestellt wurde. Ihre Hauptagitationszeit lag in der Mitte der 1990er Jahre und die Inhalte in dieser Zeit wurden auch bewegungsintern immer sehr stark kritisiert. Trotzdem konnten die verschiedenen Gruppen in unterschiedlichen Handlungs- und

Aktionsfeldern einen nicht unerheblichen Einfluss verbuchen. Dieser ist in den letzten Jahren jedoch ganz erheblich zurückgegangen und spielt heute keine Rolle mehr in der aktuellen veganen Bewegung.

Die hier vorgestellte Entwicklung der veganen Bewegung hat innerhalb der gesamtgesellschaftlichen und auch europäischen Auseinandersetzungen mit dem Thema Ökologie stattgefunden. Auf die vegane Bewegung bezogen sind dabei zwei unterschiedliche Ansätze einer ethischen Diskussion festzustellen. Im englischsprachigen Raum wurde die Ökologie-Ethik bestimmt durch eine entstehende Tierschutzethik, wohingegen der deutschsprachige Raum den Schwerpunkt auf die umweltzerstörenden Großindustrien und die damit verbundene Gesellschaftskritik legte. Deshalb ist es nicht verwunderlich, dass die deutsche vegane Bewegung erst später aus den USA und Großbritannien mit den Inhalten von Gruppen wie „Hardline“, später noch „Frontline“, konfrontiert wurde – aber eben auch nur punktuell. Die Diskussionen um die Tiefenökologie und ähnliche Ansätze führte in der BRD zu ausgesprochen heftigen Auseinandersetzungen, aus denen sich eine stärkere Profilierung einzelner Organisationen entwickelte, wie z. B. www.animal-peace.org, www.peta.de oder www.tierrechts-aktion-nord.de.

III. POSTMODERNE – ANARCHISMUS – VEGANISMUS

1. POSTMODERNE

> „Postmoderne – der Begriff ist in Verruf geraten, noch bevor ernsthaft die Frage erörtert worden ist, ob er helfen kann, unsere Gegenwart besser zu verstehen. Entsprungen ist er wohl der wie immer auch diffus bleibenden Einsicht, dass mit dem Fortschreiten der geschichtlichen Entwicklung auch die Moderne geschichtlich zu werden beginnt, wodurch sie in Widerspruch gerät zu dem von ihrem Begriff nicht abtrennbaren Anspruch, das Gegenwärtige unter sich zu fassen." (Bürger 2000: 7)

In dieser Arbeit wird die Postmoderne bewusst als ein Zeitabschnitt eingeführt, der dazu dienen soll, die vielfältigen gesellschaftlichen Umbrüche verstehen zu können und neue Handlungsansätze, wie sie im Veganismus zu finden sind, besser einordnen zu können. Ganz generell von einem neuen Zeitabschnitt, einer neuen Epoche zu reden, ist deshalb schwierig, weil sich die Postmoderne nur durch den Begriff der Moderne verstehen lässt und sich deutlich nur durch das „zeitliche Nachher" (ebd.) absetzen kann. So kommt Bürger zu dem Ergebnis, dass

> „so gut wie alle Versuche, die Postmoderne zu bestimmen, immer wieder auf Merkmale stoßen, die man bislang zur Charakterisierung der Moderne verwendet hat. Soll man den Begriff also verabschieden, oder lässt sich mit ihm vielleicht doch etwas verbinden, was unsere Gegenwart charakterisiert?" (a. a. O.: 7f)

Wenn mensch sich also dafür entscheidet, die Postmoderne als einen Begriff zur Charakterisierung der Gegenwart zu nutzen, muss im Folgenden deutlich werden, worin das wesentlich Neue liegt und welche neuen Möglichkeiten sich daraus ergeben.

> „Geht man davon aus, dass die Moderne um die Begriffe Natur, Arbeit und Fortschritt zentriert ist, dann wäre ein postmodernes Denken eines, das ebendiese Kategorien in Frage stellt und seinerseits solche entwickelt, die sich den modernen so entgegensetzen, dass sie nicht von diesen dialektisch eingeholt werden können." (a. a. O.: 8)

In diesem Abschnitt wird also das, was mit dem Begriff der Postmoderne verbunden werden kann, genauer beschrieben und die Bedeutung für den Veganismus hergestellt. Damit wird der Veganismus in den Denkzusammenhang der Postmoderne gestellt und die Verknüpfungspunkte zwischen Postmoderne und Veganismus (These 11, S. 18) beschrieben.

1.1. ZUM BEGRIFF DER POSTMODERNE

Die zeitgeschichtliche Einordnung der Postmoderne bleibt ebenso problematisch wie der Versuch, die Postmoderne eindeutig beschreiben zu wollen; spätestens seit den 1980er Jahren hat der Begriff der Postmoderne sowohl in den wissenschaftlichen Diskursen als auch in der Alltagssprache seine Anwendung gefunden. Eine Festlegung, wann die Postmoderne begonnen habe, wird in keiner Literatur getroffen:

> „Fest steht nur, dass sie mit der Moderne als Epoche in enger Beziehung steht." (Behrens 2004: 6)

Eine inhaltliche Bandbreite der Postmoderne-Diskussion lässt sich unter anderem mit „Nine Eleven", dem „11.9.", darstellen:

> „Diese Attacken haben keine physischen Konsequenzen, nur menschliche, und sind letztlich Attacken auf Symbole amerikanischer Macht. In diesem Sinne kann man sie ‚postmodern' nennen: Sie betreffen Symbole und Identitäten, sie suchen auf ihre Art etwas zu signalisieren, und niemand behauptet, dass sie Teil einer rationalen Strategie wären." (Baudrillard in: *Frankfurter Rundschau* vom 13.9.2001)

Auffällig ist, dass mit der Postmoderne-Diskussion immer auch Begriffe wie Symbolik und Identität einen breiten Raum einnehmen. Ist die Postmoderne also eine Art zivilgesellschaftliche Kriegsführung um die Neubesetzung von Begriffen? In der Tat werden mit der Postmoderne Begriffe völlig neu bewertet und in gänzlich neue Sinnzusammenhänge gestellt. Die Begriffe „Mann" oder „Frau" werden in ihrer Symbolik als unterdrückerische und machterhaltende Begriffe angegriffen, die es zu dekonstruieren gilt, um sie sprichwörtlich „in Schutt und Asche der Twin Towers von New York versinken zu lassen". Erst wenn das passiert sei, könne die männliche Herrschaft über das angeblich Weibliche beendet werden. (siehe auch: Butler 1995, Benhabib 1995, Fraisse 1995)

> „In der Genealogie all der Formen, in denen im Laufe der Geschichte über die Geschlechterdifferenz und das Verhältnis von Männern und Frauen nachgedacht worden ist, zerfallen die Begriffe des ‚Weiblichen' oder ‚Männlichen' in unendlich vielfältige Konstellationen, in denen Wissen, Macht und Begehren zueinander in Beziehung treten können. Diese Vielfalt der imaginären und realen Konstellationen des Geschlechterverhältnisses, die die Geschichte bereitstellt, ist nicht nur ein Mittel zur konkreten Kritik

an herrschenden Festschreibungen dessen, was die Geschlechter denn nun ‚wirklich' – jenseits aller Geschichte – seien, sondern die grundsätzliche Subversion der Idee, dass es eine solche endgültige ‚Wahrheit' über die Geschlechter je gäbe." (Fraisse 1995: 15)

Damit zusammenhängend wird der Begriff der Identität ins Blickfeld gesetzt, der in der Geschlechterdiskussion seit Anfang der 90er Jahre eine wichtige Rolle spielt und mit der Frage nach dem Subjekt engstens verbunden ist.

„Das Klonen von Menschen und die Schaffung hybrider Wesen (Cyborgs) ist keine Fiktion mehr, sondern in greifbare Nähe gerückt. Die unter dem Druck von Industrialisierung, Mechanisierung und Nationalisierung sowie durch die Erfindung neuer Medien (Fotografie/Film), Fortbewegungsmittel (Bahn/Auto/Flugzeug) und Kommunikationstechnologien (Schreibmaschine/Telefon) am Anfang unseres Jahrhunderts vor allem durch die Psychoanalyse angestoßene Problematisierung alter Subjektvorstellungen (Descartes: ‚Ich denke, also bin ich') hat sich unter dem Eindruck neuer technologischer Möglichkeiten und Globalisierungsentwicklungen weiter verschärft. Die Freudsche Vorstellung, dass das ‚Ich' nicht mehr ‚Herr im Hause' sei, und seine Unterscheidung zwischen ‚Ich', ‚Es' und ‚Über-Ich' arbeiteten einer Vorstellung des Subjekts zu, die am Anfang des 21. Jahrhunderts eine neue Aktualität gewonnen hat. Dabei zeichnet sich ein breites Spektrum von unterschiedlichen Positionen ab, die zwischen den Extrempunkten eines emphatischen Holismus (Identität als ganzheitliches Konzept) und eines radikalen Relativismus (Identität als Konstrukt) changieren." (von Braun/Stephan 2000: 69f)

In diesem Spannungsverhältnis, das durchaus als postmodernes Verhältnis gekennzeichnet werden kann, bekam die Frage nach dem Subjekt eine grundlegende Bedeutung. Was eine Frau und was ein Mann sei, wurde noch dadurch verkompliziert, dass postmoderne Thesen über die Konstruktion von Identität hinzukamen und ein immer stärkeres Gewicht (a. a. O.: 70) erhielten. Der bis in die 80er Jahre mühsam errungene Konsens über eine stabile Kategorie von ‚Frau' und ‚Mann' wurde (nach von Braun und Stephan) plötzlich ebenso in Frage gestellt wie die mühsam erzielten Konzeptionen eines festen „Frauen-Wir" durch die damals aktive Emanzipationsbewegung. Plötzlich wurde dieses „Frauen-Wir" durch die Kritik an der weißen, wohlhabenden, heterosexuellen und eurozentrischen Frau in Frage gestellt.

Daraus entwickelte sich der Tripple-Oppression-Ansatz, der die Erweiterung der Unterdrückungsverhältnisse durch den Begriff des Sexismus begründete. Die dreifachen Unterdrückungsverhältnisse Rassismus, Kapitalismus und Sexismus

„bildeten fortan eine kritische Trias im feministischen Diskurs. Die von der alten Frauenbewegung zugunsten eines politikfähigen

‚Frauen-Wir‘ lange Zeit ausgeblendeten ethnischen und sozialen Differenzen zwischen den Frauen rückten zunehmend ins Blickfeld. Durch die Berücksichtigung weiterer Kategorien (zum Beispiel Alter/Aussehen) erfolgte eine Ausdifferenzierung dessen, was lange Zeit unhinterfragt geblieben war: die Frau als Subjekt und Objekt der feministischen Politik.“ (ebd.)

Genau hier setzt der Speziesismus und Veganismus mit der in dieser Arbeit vorgestellten Theorieerweiterung an, die aus dem Tripple-Oppression-Ansatz den Unity-of-Oppression-Ansatz entwickelt hat.

Die „postmoderne Verabschiedung des Subjektes“ wird bis heute heftig diskutiert und damit die „postmoderne Infragestellung fester Identitätsvorstellungen“ als interessanter Diskussionsbeitrag gewertet. So wird Identität und Identitätsstiftendes in vielen Diskursen hinterfragt, dekonstruiert und ihre Existenz bezweifelt, denn Identität in Zeiten der Postmoderne gibt es nicht (mehr). Was in dem kurzen Rekurs auf den Feminismus deutlich werden sollte, ist die Bedeutung der Postmoderne, die wie der Feminismus,

„tief kritisch gegenüber den Prinzipien und Metaerzählungen der westlichen Aufklärung und der Moderne ...“ (Benhabib 1995: 221)

ist. Benhabib weist jedoch sehr deutlich darauf hin, dass weder Feminismus noch Postmoderne rein deskriptive Kategorien sind,

„sondern Begriffe, die Wirklichkeiten schaffen und Wertungen enthalten; sie geben den Praktiken, die sie zu beschreiben versuchen, Bedeutung, definieren sie. Als Kategorien der Gegenwart projizieren sie mögliche Weisen, die Zukunft zu denken und die Vergangenheit zu bewerten.“ (ebd.)

Genau in diesem Zusammenhang wird in dieser Arbeit der Bezug zwischen Postmoderne, Anarchismus und Veganismus hergestellt. Für Baudrillard (*Frankfurter Rundschau* vom 13.09.2001) waren die Türme des World Trade Centers (WTC) identitätsstiftende Merkmale der Moderne, welche spätestens mit deren Einsturz an ihr Ende gekommen sei. Er bezeichnet das 20. Jahrhundert als das Jahrhundert, in dem das Ende der Moderne stattgefunden hat, in der die Geschichte zum Stillstand gekommen sei. Das WTC symbolisiere diesen Befund, weil es lediglich die Oberfläche einer nur noch simulierten Moderne darstellte. Die Zeit der Moderne sei also samt ihrer

„Unerträglichkeit des selbstgenügsamen Unernsten ... vorbei. Die Zäsur einer neuen Zeit, des 21. Jahrhunderts, verläuft nicht an der Peripherie, sondern im Zentrum der Macht.“ (ebd.)

So wie Lyotard Auschwitz als das „Nicht-Darstellbare“ in der Sprache der Moderne bezeichnet, stellt Baudrillard die postmoderne Welt als nicht darstellbar dar. Alles ist Inszenierung, Oberfläche und Simulation. Realität wird nur vorgegaukelt, so wie er in seiner Veröffentlichung von einem vorgegaukelten Anschlag auf die Twin Towers spricht. (Baudrillard: 2002)

So hat also zeitgleich mit einer Diskussion über die Frage, wann die Postmoderne begonnen habe, auch die Diskussion über das Ende derselben eingesetzt. In diesem Spannungsverhältnis muss mensch demnach über die Postmoderne schreiben und sich skeptisch die Metaerzählungen der liberalen Demokratien (R. Rorty) ansehen und damit kritisch mit den kulturellen und politischen Idealen der liberalen Aufklärung und der Moderne (Benhabib) umgehen. Somit auch mit dem Anarchismus.

Ob die Postmoderne eine „Theorie der Moderne" ist oder den „Zustand der Moderne" beschreibt, bleibt letztlich unklar. Diese Unklarheit spiegelt jedoch genau die Postmoderne-Diskussion wider und verdeutlicht, dass es eine klare, abgrenzbare Definition der Postmoderne nicht geben kann.

> „Paradox zugespitzt: Postmoderne ist ein ambivalenter Begriff, der genauso ambivalent ist wie die postmoderne Zeit, die schließlich die Postmoderne hervorgebracht, verbreitet und zur Mode erklärt hat. Die Unmöglichkeit einer eindeutigen Definition der Postmoderne ist zugleich ihre einzig mögliche Definition. Alles als ‚postmodern' zu bezeichnen, ist selbst schon eine postmoderne Haltung. Genauso, wie es eine postmoderne Kritik sein kann, diese Unmöglichkeit der Definition als postmoderne Situation zu begreifen." (Behrens 2004: 8)

In diesem Zusammenhang ist es dann natürlich zulässig, im Rahmen dieser Arbeit die Position einzunehmen, der Veganismus sei eine zeitgerechte Variante des Anarchismus und damit ein postmodern-anarchistischer Lebensstil, eben ein postmoderner Anarchismus. Obwohl bei vordergründiger Betrachtung und einer ersten Sichtung Anarchismus und Veganismus kaum bis wenig miteinander zu tun zu haben scheinen, lehrt uns die Postmoderne jedoch:

> „Der Konsens ist ein Horizont, er wird niemals erworben." (Lyotard zitiert in Welsch 1987: 228)

Damit geht Welsch auf Lyotards Paralogie-Begriff ein, den er (Lyotard) einsetzt, um den Begriff der Postmoderne zu erklären (Lyotard 1993). Demnach bedeutet Postmoderne für ihn die

> „Anerkennung der grundsätzlichen Heteromorphie der wissenschaftlichen Aussagen sowie die Herausstellung des Wissens von der Nichtübereinstimmung all unseres Wissens. Heteromorphie und Nichtübereinstimmung, das meint Paralogie." (Bucher 2000: 24)

Auf das Thema dieser Arbeit bezogen bedeutet Paralogie also das Vorhandensein von Widersprüchlichkeit „an sich", die kein Versuch zur Eindeutigkeit beheben kann.

Veganismus als anarchistische Lebensweise zu betrachten scheint aus moderner Sicht unlogisch und nicht akzeptabel zu sein, da die eine Seite (der Anarchismus) den Menschen in den Mittelpunkt seiner Theorie gestellt hat und die andere Seite (der Veganismus) dem Menschen jegliche

Sonderstellung und Privilegierung abspricht. Aus postmoderner Sicht ist es jedoch möglich, den Veganismus als eine Entwicklung in der Postmoderne zu betrachten, mit dem anarchistische Lebensweisen in der Postmoderne weiter ermöglicht werden.

Neben der Schwierigkeit, die Postmoderne inhaltlich klar zu definieren, gibt es auch die Schwierigkeit der zeitgeschichtlichen Einordnung, denn: Genaue Festlegungen treffen will mensch und ich damit auch nicht. Ein wichtiger Hinweis, wie mensch mit diesen ganzen Unklarheiten (und damit Unwissenheiten) umgehen kann/muss, findet sich bei Behrens wieder:

> „Das heißt, es geht nicht nur darum, etwas zu klären, ob die Postmoderne die Moderne ablöst oder ob die Postmoderne die Moderne fortsetzt und wann sie dieses oder jenes tut, sondern darum, ob der Zeitbegriff, die Geschichtsvorstellung, das moderne Denken in Epochen, überhaupt aufrechterhalten werden kann." (Behrens 2004: 9)

Dass die Postmoderne dem modernen Denken in Epochen ein Ende bereitet, ist durchaus nachvollziehbar. Nach Behrens ist es aber auch weniger wichtig, sich über die Bedeutung und Auswirkung der Postmoderne Gedanken zu machen, als sich vielmehr die Bedeutung und die Auswirkungen der Moderne zu Gemüte zu führen. Denn diese kann für viele Fehlentwicklungen haftbar gemacht werden. Genau deshalb erhält im Zusammenhang einer Postmoderne-Diskussion die Problemlage der Moderne eine große Bedeutung: Probleme, die die Moderne erzeugt haben soll und für die sie verantwortlich gemacht wird. Freiheit kann nicht mehr eindeutig positiv definiert werden, Fortschritt impliziert geradezu auch den Rückschritt!

Der mit der Moderne verbundene Großbegriff der „Freiheit" wird hier stellvertretend angeführt, weil genau diese Freiheit immer stärker auch mit den negativen Folgen der Freiheit der Moderne verbunden wird. Mit zunehmender Freiheit, als Folge und Konsequenz all der aufklärerischen Entwicklungen, nimmt auch die Bedrohung zu. Freiheit kann nicht mehr eindeutig positiv definiert werden, Fortschritt meint nicht mehr den Fortschritt der Moderne. Fortschritt impliziert heutzutage geradezu auch den Rückschritt!

Mit der Moderne verbindet sich ganz eindeutig die Abkopplung von zuvor existierenden, für die Bildung von Sinnzusammenhängen, Moral und Ethik zuständigen höheren Instanzen. Religion, Gott und Schicksal spielen in der Verwirklichung der freien Individuen, einer freien Gesellschaft und einem autonomen Subjekt keine Rolle mehr für eine allgemeine Weltbegründung. Vielmehr speist sie sich aus sich selbst, aus der eigenen Vernunft, und bezieht sich damit immer wieder auf sich selbst. Der freie, selbstbestimmte und selbstverwirklichte Jugendliche (die erste postmodern aufgewachsene Generation) ist für seine Sinnsuche selbst zuständig und verantwortlich und wächst auf mit dem Verlust an traditionellen Bindungen und den in Kapitel I dargestellten weiteren gesellschaftlichen

Erscheinungen. So entstehen natürlich auch neue Wertvorstellungen, neue Vorstellungen von Gemeinschaft und Gesellschaft, die am Beispiel der Veganer_innen nachvollzogen werden können. Die erste postmodern aufgewachsene Generation ist für ihre Sinnsuche selbst zuständig und verantwortlich.

Auch Wolfgang Schäuble sieht diese Tendenz und versucht in einem Artikel (in *Der Tagesspiegel* vom 18.10.2009) die Gefahren dieser Entwicklungen darzustellen. Schäuble weist darauf hin, dass der Mensch kein Einsiedler und auf Gemeinschaft angewiesen sei. Die Gegenwart zeige jedoch, dass sich immer mehr Menschen der Gemeinschaft entziehen und damit die Freiheit, das höchste Gut, bedrohen. Anders als Schäuble wahrhaben möchte, entziehen sie sich jedoch durch das, was Jahre vorher die Anerkennung der Politik erhalten und zur Erklärung von Veränderungen in der Arbeitswelt geführt hat. Mit dem Hinweis auf die Globalisierung konnten Arbeitsverhältnisse leichter gekündigt, der Lohn eingeschränkt und die Betriebsstandorte kurzfristig verlegt werden. Was der Ökonomie zugebilligt wird, wird dem/der Einzelnen am liebsten verwehrt. Die Gefahr, die Schäuble selbst sieht, liegt in der steigenden Unberechenbarkeit des/der Einzelnen. Wenn auch die globale Weltwirtschaft nicht kontrolliert werden kann (siehe Weltwirtschaftskrise ab 2008), so soll der/die Einzelne im Staatsverbund kontrollierbar bleiben. Aus dieser Kontrolle lösen sich postmodern sozialisierte Menschen, wie z. B. die modernen Nomaden, aber eben auch die Veganer_innen. So weist Schäuble auf die Lebensform der modernen Nomaden hin, aber auch auf die besondere Sozialisation aller Menschen:

> „Auch in jeder beliebigen deutschen Kleinstadt und erst recht in unseren größeren Städten gibt es Menschen, die nicht mehr in lokalen Strukturen eingebunden sind, und ihre Zahl nimmt eher zu. Durch das Internet und die weltweite Verfügbarkeit von Informationen leben wir in einem Global Village. Der Bewohner des globalen Dorfes überblättert den Lokalteil, in dem es um ganz konkrete Fragen des Zusammenlebens geht – wenn er überhaupt noch Zeitung liest. Dafür engagiert er sich für den Regenwald in Südamerika. Insgesamt brauchen Bewohner des Global Village für ihre Meinungsbildung nicht mehr länger Vereinsabende oder Stammtische. Sie beteiligen sich lieber an Online-Foren oder Mailinglisten." (ebd.)

Für Schäuble liegt in der Lockerung dieser örtlichen Bindungen, auch in der Loslösung von Traditionen, eine Befreiung aus Zwängen, die auch eine bedrohliche Seite hat. So fragt er besorgt, was mit der Mitarbeit in Stadtteilgruppen ist, dem Engagement in der Freiwilligen Feuerwehr etc., denn Menschen, die sich nur dem „Global Village" zugehörig fühlen, fehlen dann vor Ort. Menschen, die sich nicht zugehörig fühlen, sehen auch eher weg, übersehen eher Defizite und haben eher Probleme mit der demokratischen Teilhabe. So stellt Schäuble auf der einen Seite ein bisher unbekanntes Maß an Freiheit fest, auf der anderen Seite kann

> „aber auch der Eindruck entstehen, dass man die anderen nicht mehr braucht, dass Rechte auch ohne Pflichten zu haben sind. Ein Verständnis von Freiheit nimmt Raum, das im Kern unsozial ist. Es erschöpft sich darin, möglichst wenige Einschränkungen zu akzeptieren. Politik und Gesellschaft müssen vermitteln, dass Freiheit nicht darin bestehen darf, sich aus Bindungen zurückzuziehen." (ebd.)

Schäuble hat die Auswirkungen der Globalisierung und der Postmoderne sehr genau dargestellt, ohne jedoch die Auswirkungen dieser Veränderungen wirklich zu verstehen. In seinem Rettungsversuch schreibt er der Gesellschaft eine neue Verantwortung zu, damit die für ihn (Schäuble) richtige Freiheit gelebt wird. Schäuble übersieht jedoch, dass diese Gesellschaft, die er bemühen will, genau diejenige ist, die er kurz vorher noch kritisiert hat. Schäuble möchte also wieder zurück in die Zeit der klaren Verhältnisse und damit in die Zeit der Vor-Globalisierung oder in die Vor-Postmoderne. Er möchte die Freiheit der Moderne retten, indem er die Lebensweise der „Global-Village"-Bewohner_innen kritisiert und die Freiheit dabei instrumentalisiert.

> „Erst in der eigenverantwortlichen Bewältigung von Problemen wächst und bewährt sich Freiheit, wächst und bewährt sich die Bindung an ein helfendes Umfeld. Der Staat soll den Menschen nur dort helfen – und muss es tun – wo sie nicht mit eigenen Mitteln weiterkommen können." (ebd.)

Die Probleme, die Menschen haben, sollen sie also selbst und in der Gemeinschaft regeln, und dort, wo es um weiterführende Dinge geht, ist der Staat zuständig. Schäuble als Bewahrer der Freiheit. Dort, wo die Einzelnen dies nicht verstehen, muss der Staat (also die Exekutive) für die ordnungsgemäße Aufrechterhaltung der Freiheit sorgen. Deshalb darf es zwar nomadisierendes Kapital geben, aber eben nicht den nomadisierenden Menschen. Hinter diesem Freiheitsverständnis versteckt sich ein höchst autoritäres Staatsverständnis und hat mit freiheitlichen Vorstellungen nicht viel zu tun.

Die Freiheit des Menschen, losgelöst von den früheren religiösen und sonstigen Vorgaben, führt nach Schäuble dazu, diese Freiheit auszunutzen und sie in ihr Gegenteil zu verkehren. Freiheit kann demnach nicht mehr nur einseitig positiv gesehen werden und verliert dadurch ihren eigentlichen, modernen und fortschrittlichen Sinn. Der Wunsch der Moderne nach Klarheit, Eindeutigkeit und Wahrheit ist nunmehr in dem Begriff der Freiheit nicht mehr zu finden. Hinzu kommt, dass nach Zygmunt Bauman die moderne Gesellschaft mit der Überzeugung, Modernisierung sei immer ein linearer und fortschrittlicher Prozess, an ihr Ende gekommen ist. Wolfgang Schäuble beweist dies eindeutig.

Will der Anarchismus den Weg aus der Moderne finden und dabei auch an seinen wesentlichen Begriffen festhalten, muss er sich aus der Moderne verabschieden, mindestens aber die positiven wie negativen Seiten an seinen eigenen Positionen selbst erkennen. So werden in der Folge der postmodernen Infragestellung bisheriger Leitmotive (der großen Erzählungen, der Metaerzählungen) der Moderne auch die Leitmotive des Anarchismus (Freiheit, gegenseitige Hilfe, freie Vereinbarung, Herrschaftslosigkeit usw.) in Frage gestellt. Dies geschieht nicht im Sinne einer Korrektur oder Neuformulierung, sondern in Form einer Radikalisierung, Infragestellung, Auflösung und Dekonstruktion.

Lyotard, der sich vom Begriff der Postmoderne (ganz postmodern) dann aber auch letztlich trennen will, spricht in diesem Zusammenhang von einer „Re-Visionierung" der Moderne oder von einer „redigierten Moderne". Für ihn heißt es:

> „Man muss postmodern gewesen sein, um wirklich modern zu werden. Insofern ist die Postmoderne immer beides: der Bruch mit der Moderne und der Zustand nach diesem Bruch. Die Postmoderne hat darin experimentellen Charakter und kann sogar als rettender und äußerster Selbstversuch der Moderne gelten." (Behrens 2004: 18)

Für diese Arbeit von mir umformuliert:

Mensch muss Veganer_in geworden sein, um wirklich anarchistisch zu sein. Insofern ist der Veganismus immer beides: der Bruch mit dem Anarchismus und der Zustand nach diesem Bruch. Der Veganismus hat darin experimentellen Charakter und kann sogar als rettender und äußerster Selbstversuch des Anarchismus gelten.

Mensch muss Veganer_in geworden sein, um wirklich anarchistisch zu sein.

Das Problem, dass Behrens beschreibt, ist das einer kritischen Fortführung der Moderne oder einer moderaten Kritik an der Moderne, die Lyotard in den Mittelpunkt seiner Betrachtungen stellt. Für Lyotard ist Auschwitz „die Signatur des Zivilisationsbruchs", mit dem deutlich wird, dass die „unvollendete Moderne" nicht weiter fortgeführt werden kann, weil jeder Versuch der Selbstkritik (die auch in der Moderne enthalten ist) immanente Kritik ist, die geleitet wird von Vorstellungen der Moderne, von moderner Freiheitsvorstellung, einem modernen Autonomiebegriff, moderner Vernunft, Logik und Ethik. Auf die sprachwissenschaftliche Ebene gehoben stellt Lyotard fest, dass die Selbstkritik in der Moderne in ihrem Text gefangen bleibt und

> „... die Postmoderne stellt nun die Logik der Moderne in Frage, indem sie in die Texte eindringt. Denn die Katastrophe der Moderne folgt einer Logik, die es mit ihren eigenen sprachlichen Mitteln nicht mehr ermöglicht, ihre Geschichte weiter zu erzählen." (Behrens 2000: 10)

Trotzdem versucht er in seinem Buch „Postmoderne für Kinder" (Lyotard 1996) die Frage zu beantworten, was denn die Postmoderne sei:

„Das Postmoderne wäre dasjenige, das im Modernen in der Darstellung selbst auf ein Nicht-Darstellbares anspielt; das sich dem Trost der guten Formen verweigert, dem Konsensus eines Geschmacks, der ermöglicht, die Sehnsucht nach dem Unmöglichen gemeinsam zu empfinden und zu teilen; das sich auf die Suche nach neuen Darstellungen begibt, jedoch nicht, um sich an deren Genuss zu verzehren, sondern um das Gefühl dafür zu schärfen, dass es ein Undarstellbares gibt. ... Postmodern wäre also das Paradox der Vorzukunft (post-modo) zu denken." (Lyotard 1996: 29f)

Dies ist quasi das Programm der Post-Moderne: Absage an die seit der Aufklärung betonte Vernunft, an das autonome Subjekt und an den universellen Anspruch der Wahrheit, auch an die der bisherigen Wissenschaft. Damit erleiden die bisher existierenden philosophischen und religiösen Auffassungen (mit ihrer Moral und ihren Werten) eine ganz generelle Delegitimierung.

Und genau in diesem Programm der Postmoderne ist viel Konfliktpotential enthalten, denn es wird das thematisiert, wofür die Moderne verantwortlich gemacht werden kann: Auschwitz, Umweltzerstörung, Vereinsamung, Drogenkonsum, Anlagenbetrug etc.

Kurzum: Anders als es die Moderne will, besteht eben auch die Möglichkeit, die falsche Entscheidung zu treffen und dies in vollem Bewusstsein und kraft der Vernunft. Damit kann Fortschritt nicht mehr nur einseitig positiv gesehen werden, da der angebliche Motor der Moderne immer auch mit seinen negativen Konsequenzen konfrontiert werden muss und damit seine Grenzen erfährt. Durch die Errungenschaften aus dem fortschrittlichen Denken und seinen Entwicklungen zeigen sich eben immer deutlicher auch die Risiken und negativen Nebenerscheinungen. Der positiv besetzte Begriff des Fortschritts wurde spätestens durch die Protestbewegungen gegen die Atomkraft hinterfragt und damit das bisher positiv besetzte Fortschrittsdenken, dem Denken auf ein Fortschrittsziel bezogen, abgelehnt.

1.2. MODERNE

Wenn in dieser Arbeit über die Postmoderne und damit auch über eine Kritik an der Moderne geschrieben wird, ist ein zumindest kurzer Rückblick auf das, was hier mit dem Zeitalter der Moderne bezeichnet wird, notwendig. Wer also über die Postmoderne schreibt, muss zwangsläufig auch über die Moderne schreiben und deutlich machen, „gegen welche Moderne er sie absetzen möchte." (Welsch 2002: 45)

Wer nach einer historischen Abfolge sucht, dem bietet Welsch folgende Epochenfolge an: Altertum (Antike) – Mittelalter – Neuzeit und Moderne – Postmoderne. Welsch legt sich bewusst diese Epochenfolge zurecht, weil er mit dieser Unterteilung die vorhandenen Unterschiede besser aufzeigen kann, und benennt dabei in diesem Zusammenhang einen wichtigen sprachlichen Unterschied. Er weist darauf hin, dass es im romanischen Sprachraum die sprachliche Unterscheidung in Neuzeit und Moderne nicht gibt und meint, dass „das Konzept der Postmoderne" diese Unterscheidung geradezu verlangt. So versucht Welsch diese Unterscheidung darzustellen und sie für sich nutzbar zu machen. Hauptthese dabei ist, dass sich die Postmoderne sehr entscheidend von der Neuzeit abgrenzt, wesentlich weniger jedoch von der Moderne. Eine sprachliche Unterscheidung in Neuzeit und Moderne hilft demnach auch die Bedeutung der Postmoderne genauer zu bestimmen.

> „Nach-neuzeitlich ist sie gewiss, nach-modern aber kaum, sondern eher radikal-modern. Es gilt – so wird sich zeigen –, nicht nur Moderne von Neuzeit zu unterscheiden, sondern vor allem innerhalb der Moderne weiter zu differenzieren zwischen denjenigen Formen, die sich zwar modern und oft direkt anti-neuzeitlich gerieren, im Grunde aber die Schematik der Neuzeit ungebrochen übernehmen und fortsetzen, und jenen Formen, die in der Tat nicht bloß gegen Inhalte der Neuzeit opponieren, sondern deren Struktur kritisieren und hinter sich lassen." (a. a. O.: 66)

Bei der weiteren Klärung der Frage, wie die verschiedenen Epochen unterscheidbar seien, legt sich Welsch auf keine begriffsgeschichtliche Vorgehensweise fest. Der Beginn der Neuzeit wird in der Geschichtswissenschaft mit dem Jahr 1492 festgelegt und unterteilt in die Frühe Neuzeit mit der Eroberung Amerikas bis zur Französischen Revolution und andererseits in die sich anschließende Moderne. Welsch geht die Frage der Unterscheidbarkeit der Epochen im philosophischen Sinne an.

> „Man muss, um sich der Neuzeit im philosophischen Sinn zu versichern, nicht auf Ausdrücke, sondern auf philosophische Konzeptionen zurückgehen. Wo wird eine Zäsur zu allem Vorausgegangenen gesehen und aufrechterhalten? Die Antwort lautet weitgehend einhellig: bei Descartes." (a. a. O.: 68)

Bei Descartes war es der Wechsel zum Prinzip des von sich ausgehenden Denkens und der Beginn der allgemeinen Wissenschaft mit einer eigenständigen, völlig neuen Philosophie. Wenn wir also diesem Gedankengang folgen, dann kann auch der Veganismus mit einer neuen philosophischen Epoche aufwarten, weil er mit seinem nicht-anthropozentrischen Denken alles Vorausgegangene hinter sich lässt. Dieser Epochenwechsel wird in der Abwendung vom Anthropozentrismus hin zum Nicht-Anthropozentrismus gesehen und bedeutet in letzter Konsequenz einen tief greifenden ethischen, moralischen und gesellschaftlichen Wechsel.

Aber zurück zu Welsch und seinen „vielen Modernen", die es gibt, und den entsprechend vielen Post-Modernen. In seiner Aufzählung unterscheidet er nach chronologischen, inhaltlichen, sektoriellen, subsektoriellen und funktionalen Gesichtspunkten, damit mensch die Modernen ausreichend differenziert betrachten kann. Mit diesem Versuch der Differenzierung verspricht sich Welsch, dass man nicht nur deutlicher sehen kann „nach welcher Moderne“ die Postmoderne kommt, sondern auch, wie die Moderne gedeutet wird und wie daraus die entsprechenden Kritikpunkte der Postmoderne entwickelt werden können.

Ganz grob und an dieser Stelle kurz angedeutet, ist mit der Moderne also die Beschreibung des allgemeinen gesellschaftlichen Umbruchs gemeint. Der Umbruch des individuellen und gesellschaftlichen Lebens gegenüber den bis dahin geltenden Traditionen und die Umbrüche, die vor allem mit der Aufklärung im geistesgeschichtlichen, mit der Französischen Revolution im politischen und mit der Industrialisierung im ökonomischen Bereich bezeichnet werden.

Wichtiger als die Versuche einer zeitgeschichtlichen Festlegung sind die eindeutig beschreibbaren Elemente, um den eben genannten Wendepunkt charakterisieren zu können. Dazu zählt vor allem die Säkularisierung als Folge der Aufklärung, mit der die Hoffnung verbunden war, die Macht der Religion zu überwinden. Auf dem gesellschaftspolitischen Gebiet konnte mit der Industrialisierung, also dem Übergang von der Manufaktur zur industriellen Massenfertigung, die Ablösung der feudalen Gesellschaft stattfinden, mit der letztlich die Voraussetzung für die Entwicklung des Kapitalismus verbunden war.

Auch in diesem Zusammenhang spielt der sich stetig dynamisierende Fortschrittsglaube eine Rolle, der dem Menschen suggerierte, einfach unbegrenzte Möglichkeiten zu besitzen und dass Grenzen keine reale Größe mehr waren. Dieser Fortschrittsglaube und Fortschrittsoptimismus ist natürlich in unmittelbarem Zusammenhang mit der sich entwickelnden Vorstellung verbunden, der Mensch sei ein vernunftbegabtes Wesen und über die Vernunft sei er in der Lage, alle Probleme lösen zu können. Mit dem Gedanken der Vernunft, der Ratio, war mensch nunmehr auf andere Art die „Krone der Schöpfung“, und das netterweise ganz ohne religiöse Überhöhung. So gaben sich die Menschen ganz säkular und aufgeklärt den entsprechenden Stellenwert selbst zurück, den sie sich vorher von der Kirche hatten abringen lassen, und fast könnte mensch märchenhaft meinen, nun tritt ein: „... sie lebten vergnügt bis an ihr Ende.“ (Brüder Grimm: Hänsel und Gretel)

So kann das 18. Jahrhundert als ein Jahrhundert beschrieben werden, in dem sich die erwähnten Entwicklungen in allen gesellschaftlichen Bereichen verankerten und damit der Politik, dem Rechtsverständnis und der Ethik eine neue Gestalt gaben und der Mensch als autonomes Wesen entstand. Aus heutiger Sicht wären diese Punkte kaum erwähnenswert, weil sie uns ganz selbstverständlich erscheinen, doch die hier angeführten Wendepunkte stellen letztlich den großen und allumfassenden Paradigmenwechsel dar, der sich auf dem Weg in die Moderne ergeben hat.

1.2.1. FREIHEIT, FORTSCHRITT UND DIE AUFKLÄRUNG

„In einem Universum, in dem der Erfolg darin besteht, Zeit zu gewinnen, hat das Denken nur einen – jedoch unverbesserlichen – Fehler: Zeit zu verlieren." (Lyotard)

Die weiter oben beschriebenen Veränderungen werden deutlich, wenn mensch sich mit bestimmten Begriffen beschäftigt und sich deren jeweils zeitgeschichtliche Deutungen ansieht. Ich möchte mit den Begriffen der Freiheit und des Fortschritts in aller Kürze aufzeigen, welche Bedeutung ein Epochen- oder Paradigmenwechsel haben kann, denn Freiheit und Fortschritt sind zwei ganz wesentliche Begriffe, mit denen der zeitgeschichtliche Wandel deutlich gemacht werden kann.

Während in der Antike Freiheit ein Privileg für Gebildete und die Oberschicht war, entwickelten sich im Mittelalter verschiedene Vorstellungen darüber, wessen Freiheit wie weit gehen könnte.* Der Freiheitsbegriff, der dem heutigen Freiheitsverständnis zugrunde liegt, ist im Zeitalter der Aufklärung entstanden und bezieht sich im Wesentlichen auf John Locke, Voltaire, Immanuel Kant, John Stuart Mill. Leben, Freiheit und Eigentum werden als Rechte der Bürger diskutiert, Meinungsfreiheit entwickelt und Freiheit durch die Vernunft überhaupt erst einmal erkannt. Ohne Vernunft ist der Mensch tiergleich, meinte Kant, mit Vernunft ist er dagegen in der Lage, das Gute zu erkennen und genau das Richtige zu tun – und nur dann ist er frei, wenn er moralisch gut handelt. Freiheit im aufklärerischen Sinne war anders als das Freiheitsverständnis in der Antike nicht mehr mit einem kosmischen Geschehen eng verbunden, sondern mit dem Leben direkt. Daneben gab es den christlichen Entwicklungsstrang, in dem Freiheit nur auf Gott bezogen existieren konnte. Der Mensch, besser gesagt der Christ, in der Position des Knechtes und des Herren zugleich, der seine wahre Freiheit in Christus allein findet.

Aus der Zeit der Aufklärung und der Moderne wurde der Freiheit nun ein neuer Freiraum gegeben. Dieser ermöglichte, dass Freiheit zum Leitideal an sich wurde, und nur mit ihr kann heute die Französische Revolution, die Industrialisierung etc. verstanden werden.

In engem Zusammenhang mit der Freiheit steht der Begriff des Fortschritts. Ob Fortschritt das Näherkommen an ein gesetztes Ziel meint oder eine als Verbesserung angesehene Veränderung eines Zustandes, bleibt dahingestellt. Fortschritt ist jedenfalls eine weitere wichtige Kategorie in der Moderne und unterstreicht den Grundgedanken der Linearität der gesellschaftlichen Veränderung. Fortschritt prägte in besonderer Weise das Weltbild der Moderne und erhielt durch die Französische Revolution und mit der so genannten Aufklärung eine besondere Bedeutung. Die ständige Weiterentwicklung der Technik brachte schon bald jedoch auch Entwicklungen mit sich, die durch eine zeitgemäße Ethik (z. B. die Arbeitsethik, Tugenden etc.) verknüpft werden konnten und damit quasi als flankierende Maßnahmen der gesellschaftlichen Entwicklung zu sehen sind.

* Hier wie im Folgenden nach http://de.wikipedia.org/wiki/Freiheit vom 13.05.2010.

Objektiv und subjektiv verbesserte sich der „deutsche Allgemeinzustand" der Gesellschaft kontinuierlich. Aus einer 6-Tage-Arbeitswoche wurde die 5-Tage-Arbeitswoche; aus einem 10-Stunden-Tag wurde ein 7,25-Arbeitsstunden-Tag; die sozialen Sicherungssysteme wurden verbessert; die Wohn- und Versorgungsverhältnisse sind enorm verbessert worden; der Umweltschutz wird stärker eingehalten etc.

Auch wenn es immer wieder Rückschläge (Krieg, Armut, regionale Umweltverschmutzungen, Ausbeutungsverhältnisse, Sozialabbau) gegeben hat, hat sich die gesamtgesellschaftliche ökonomische Situation zumindest in Europa verbessert. Allerdings ist auch diese Entwicklung in den letzten Jahren anscheinend an ihre Grenze gekommen und hat sich gewendet. Obwohl die Arbeitstage wieder länger, die Sozialleistungen geringer werden und die Schere z. B. im Einkommensbereich weiter auseinander geht, findet sich auch heute noch eine positive Sichtweise auf die allgemeine Entwicklung. Diese wird in unserer Sprache kultiviert, wenn von Null- oder Negativwachstum, von der schwarzen Null, der Personalfreisetzung etc. gesprochen wird.

Der Fortschritt der Moderne darf nicht ins Wanken geraten, so scheint es. Problematisch an dieser doch eher eindimensionalen Sicht ist die Festlegung auf das, was wir heute als Linearität bezeichnen. Was fortschrittlich (oder progressiv) ist, ist auf dem Weg „nach vorne". Wer nicht in diesem Sinne agiert, ist konservativ, und wer die Entwicklung umlenken möchte, wird als reaktionär eingestuft. Die Bewertung, Fortschritt sei ein immer nach vorne gerichteter Zustand, ist ein Merkmal der Moderne.

Ganz postmodern würde ich aber einwenden: wer seinen Weg nie verlässt, der bleibt auf der Strecke. Ist die Moderne also auf der Strecke geblieben und zur Postmoderne mutiert oder ist sie abseits ihres Weges postmodernisiert worden?

In dieser Arbeit wird der Anarchismus als Kind der Aufklärung bezeichnet und somit zeitgeschichtlich in der Moderne verankert. Mit dem Zeitalter der Aufklärung wird die gesellschaftliche Entwicklung zwischen dem 16. und 18. Jahrhundert bezeichnet, die von dem Anspruch lebte, sich von Althergebrachtem zu befreien und sich neues Wissen anzueignen. „Ziel" dieser Zeit wurde es, sich von bisherigen Traditionen zu befreien, die sich auf religiöse und autoritäre Grundhaltungen bezogen. Diese galt es abzulegen und sich zu selbstbestimmten, freien und autonomen Individuen zu emanzipieren. Vorläufer dieses Prozesses war sicher das, was mit der Wiedergeburt des antiken Geistes (Renaissance) bezeichnet wird und mit der Reformation einen deutlichen Impuls bekam.

Die Aufklärung kann eigentlich nicht als homogene Entwicklung oder Epoche angesehen werden, da die nationalen Unterschiede doch recht groß und auch die inhaltliche Zielrichtung sehr unterschiedlich waren –

> „Aufgrund der geschichtlichen Entwicklung in den europäischen Ländern entfaltete sich die Aufklärung in England, Frankreich,

Deutschland und Russland ganz verschieden." (Neumann 2003: 65)

– und dies kann eine Erklärung dafür sein, dass sich noch heute sehr unterschiedliche politische Strömungen positiv auf die Aufklärung beziehen. „Habe Mut, dich deines eigenen Verstandes zu bedienen!"

Mit der Aufklärung verbunden ist der schon erwähnte Fortschrittsglaube, der mit naturwissenschaftlichen und technischen Erkenntnisfortschritten auch sehr sichtbar war. Aber auch die Herausbildung von humanistischen Vorstellungen und einer Ethik mit rationalen Kriterien wird als aufklärerisches Ergebnis immer wieder betont. Die Entwicklung hin zu einer demokratischen Staatsauffassung und die Entstehung des Liberalismus mit seinen dazugehörenden Bürgerrechten gehören ebenfalls in diese Zeit mit ihren spürbaren Veränderungen (Entwicklungen im positiven Sinn) für alle Bevölkerungsschichten. So war z. B. die Entwicklung des Buchdrucks nicht unerheblich für die sich neu entwickelnde Weltsicht.

Diese Entwicklung ging natürlich nicht stufenlos vor sich, sondern musste sich ihren Weg kämpfend erobern. *„Habe Mut, dich deines eigenen Verstandes zu bedienen!"* (Kant) weist auf die Widerstände hin, die zwangsläufig entstanden. Kant wird dann auch gerne als zeitgeschichtlicher Deuter der Aufklärung herangezogen und über die Aufklärung wird von ihm geschrieben:

> „Aufklärung ist der Ausgang des Menschen aus seiner selbstverschuldeten Unmündigkeit. Unmündigkeit ist das Unvermögen, sich seines Verstandes ohne Leitung eines anderen zu bedienen. Selbstverschuldet ist diese Unmündigkeit, wenn die Ursache derselben nicht am Mangel des Verstandes, sondern der Entschließung und des Mutes liegt, sich seiner ohne Leitung eines anderen zu bedienen. Sapere aude! Habe Mut, dich deines eigenen Verstandes zu bedienen! ist also der Wahlspruch der Aufklärung!" (zitiert nach Neumann 2003: 65)

Kant knüpft an die von Descartes formulierte Forderung nach klarer Erkenntnis an, die nur durch den Gebrauch der Vernunft erzielt und die durch wissenschaftliche Methoden gesichert werden kann. Dazu gehört eine genaue Begriffsklärung, die Überprüfung unterschiedlicher Meinungen und die Abklärungen, die „im Licht der Vernunft" zu geschehen haben. Damit wird im Wesentlichen der Mittelpunkt der Aufklärung beschrieben.

Will mensch die Aufklärung, ohne die die Postmoderne nicht zu denken ist und die den Beginn der Moderne kennzeichnet, als Epoche kennzeichnen, so ist das 18. Jahrhundert mit einem klaren zeitgeschichtlichen Bezug zur bereits erwähnten Renaissance und zum Humanismus zu erwähnen. Voraussetzung der Aufklärung waren die naturwissenschaftlichen Entdeckungen dieser Zeit (Galilei, Newton u. a.) und die Entstehung einer neuen Philosophie der Wissenschaft durch Bacon und Descartes.

Die Aufklärung vollzog sich sehr unterschiedlich,

> „... in England hat die A. einen eher religiösen und politischen (seit

dem 16. Jh.), in Frankreich (seit dem 17. Jh.) einen moralkritischen und gesellschaftlichen Charakter; in Deutschland (seit dem 18. Jh.) hat sie den Charakter der Besinnung des Einzelnen auf sich selbst (in der Philosophie und der Literatur)." (Ulfig 1999: 46)

Allem voran aber stand der Glaube (jedoch ein unchristlicher Glaube) an die Befreiung der Menschen von Unterdrückung und Armut und die Gewissheit, dass Wissen auch Macht ist (Bacon). An dieser Stelle soll die folgende Aufzählung deutlich machen, wie weitreichend die Veränderungen waren und wie breit gefächert der gesellschaftliche Umbruch war. Neben der Entwicklung der Encyclopedia (mit Beiträgen so berühmter Personen wie Diderot, Voltaire, Rousseau und Montesquieu u. a.) muss auf jeden Fall die Neuordnung des Kalenders erwähnt werden, die Neueinteilung der Zeit, der Maßeinheiten und die Entstehung des Geldsystems. Neben diesen konkreten gesellschaftlichen und lebenspraktischen Auswirkungen sind aus der Sicht der verschiedenen Autoren besonders folgende Merkmale hervorzuheben, die für die Aufklärung konstituierend und prägend waren:

- Kritisches Fragen und Denken als Grundvoraussetzung und „Muss" jeder Auseinandersetzung;
- Entstehung eines neuen Bürgertums durch veränderte ökonomische Rahmenbedingungen;
- im Verstand begründete Denkfähigkeit (logisches und eigenständiges Denken) gewinnt an Bedeutung und ersetzt die religiöse Zentrierung;
- die Gleichsetzung von „gut = vernünftig" und die Entwicklung vieler Dualismen;
- Freiheit statt Absolutismus und die Abschaffung der Ständeordnung;
- wissenschaftliche Arbeit statt Aberglaube;
- Toleranz statt dogmatischer Einstellung;
- letztlich die „Erkenntnis", dass der Mensch von Natur aus gut ist und dass man ihm dies zeigen muss.

All dies begünstigte bzw. ermöglichte die einsetzende Französische Revolution, mit der die Zeit der Aufklärung aber dann auch schon an ihr Ende gelangte. Sie gab den Hintergrund ab, auf dem sich die politischen Ismen entwickeln konnten, zu denen auch der Anarchismus gehörte. Ohne die Aufklärung hätte sich eine libertäre Denkweise sicher nicht entwickeln können, und so kann man in der Entstehungsgeschichte des Anarchismus die Ergebnisse der Aufklärung gut nachlesen.

1.2.2. FRANZÖSISCHE REVOLUTION UND INDUSTRIALISIERUNG

Zwischen 1789 und 1799 wird durch die Französische Revolution in Europa ein historischer Wandel eingeleitet – ohne hier auf die Entwicklung und Einzelheiten einzugehen. Der Übergang von einer absoluten Monarchie hin zu einer Republik veränderte die europäische Gesellschaft grundlegend. Die wesentlichen Aspekte der Französischen Revolution liegen in der Entwicklung einer modernen Staatsform (der Entstehung der Nation) und einer entsprechenden Gesellschaftsordnung. Diese sollte geprägt sein durch persönliche Freiheit, Meinungs- und Pressefreiheit, der Gleichheit aller Bürger vor dem Gesetz, einem Steuer- und Wahlsystem (Wahlrecht und Pressefreiheit), der Bindung des Staates an eine Verfassung, Berufsfreiheit, der Entstehung politischer Richtungen und der Erklärung der Menschenrechte. Dies alles ist auch noch heute Grundlage der demokratischen Staaten. Der Auslöser der Französischen Revolution liegt also auf jeden Fall in der Aufklärung und ihrem kritischen Geist begründet. Natürlich spielte auch das neu entstandene Bürgertum eine wesentliche Rolle, mit dem dann auch das Ende des Feudalismus eingeläutet wurde.

Die veränderten ökonomischen Rahmenbedingungen und die Mitte des 18. Jahrhunderts einsetzende Wirtschaftskrise werden ebenfalls als unterstützende gesellschaftliche Entwicklungen der Französischen Revolution angesehen. Die Erfindung der Dampfmaschine hat dabei genauso eine wesentliche Rolle gespielt, denn ganz platt geschrieben, machte sie der wirtschaftlichen Entwicklung Dampf und führte letztlich zur Fabrikarbeit mit all ihren unangenehmen Folgen. Die im Vorlauf durchgeführte Neuordnung der „Zeit“ (Zeit als Konstrukt!) ermöglichte es, industrielle Arbeit zu systematisieren und in einzelne Arbeitsschritte zu zerlegen. Die Entstehung von Geldkreisläufen war notwendig, um die Entwicklung und Produktion der Maschinen als kapitalintensiven Bereich finanzieren zu können, aus denen sich dann die verschiedenen Sektoren entwickelten, die mit dem primären Sektor (Rohstoffgewinnung) begann und sich mit dem sekundären (Verarbeitung) und dem tertiären Sektor (Dienstleistungen) weiterentwickelte. Der quartäre Sektor (Freizeitbereich) als letzter Sektor erfreut sich noch nicht so ganz lange seiner Existenz.

1.3. INHALTE UND PHILOSOPHIE DER POSTMODERNE

Aus dem bisher Geschriebenen möchte ich noch einmal die Grundgedanken wiederholen, weil sie für diese Arbeit wichtig sind. Es wird deutlich, dass die Moderne „nicht isoliert zwar, aber doch immerhin gesondert“ (Welsch 2002: 65) betrachtet werden kann. Wir müssen uns bewusst machen, dass der Versuch einer Rekonstruktion der Moderne immer auch mit einem postmodernen Blickwinkel geschieht, der sich aus der Moderne heraus gebildet hat. Deshalb müssen wir bedenken,

> „dass wir, indem wir die Moderne rekonstruieren, uns zugleich unseres heutigen, postmodernen Selbstverständnisses versichern.“ (a. a. O.: 66)

Welsch differenziert zudem zwischen neuzeitlicher Moderne und radikaler Moderne, wobei die erstere die Neuzeit (s. o.) fortsetzt und die

Postmoderne an die zweite anknüpft. Welsch betrachtet die Postmoderne, wie schon erwähnt, in folgender Reihenfolge: Neuzeit – neuzeitliche Moderne – radikale Moderne – Postmoderne. Der jeweiligen Abgrenzung zwischen unterschiedlichen Epochen dient der Blick auf eine stattgefundene Zäsur zu allem Vorausgegangenen, die sich gehalten und weiterentwickelt hat. So erscheint Descartes, der „Vater der neuzeitlichen Philosophie" (Osborne 1996: 76), als derjenige, der die Neuzeit (aus der Rückschau) begründet hat. Osborne beschreibt dies so, dass Descartes alles, was man ihm in seinem Leben gelehrt hatte, fallen ließ, verwarf, und versuchte, aus seinem eigenen Vernunftvermögen (Geist) heraus zu grundlegenden Gewissheiten zu kommen. Er verwarf Gott, die Kirche, Aristoteles und alle vorherigen Philosophen und entwarf ein Denksystem nach Vernunftprinzipien, auf denen man ein sicheres Wissensgebäude errichten konnte, und war überzeugt, dass das wahre Wissen allein aus menschlicher Vernunft stammen musste. Mit Descartes begann aber nicht nur das Prinzip der Selbstgewissheit, des „von sich ausgehenden Denkens", sondern

> „auch die exakte Wissenschaft, die Mathesis universalis, die systematische Weltbeherrschung, die wissenschaftlich-technische Zivilisation – also die zu uns führende Linie. Nach Bacons und Galileis Vorarbeit ist die neuzeitliche Leitidee der Mathesis universalis bei Descartes zu ihrem radikalen Selbstbewusstsein gekommen und hat von da aus ihren Siegeszug durch die Wissensgebiete angetreten und die bis in unsere Tage reichende Epoche bestimmt. Diese Mathesis universalis ist es, die den Zusammenhang der Neuzeit ausmacht. ... Descartes Gründungstat betrifft nicht bloß einen spezifischen Wissenstyp, sondern das Ganze der wissenschaftlich-technischen Welt." (Welsch 2002: 69)

So kann der Neuzeit bescheinigt werden, dass sie einen radikalen Neuanfang wollte, nicht eine Erneuerung.

> „Nicht, dass alles am überlieferten Wissen falsch wäre – aber im Ganzen ist es falsch. Deshalb braucht es einen Neuansatz und eine darauf aufbauende einheitlich-systematische Neuerrichtung von allem." (ebd.)

Damit gelangt Welsch zu der zweiten wichtigen Erkenntnis, dass nämlich auch ein Universalitätsanspruch geltend gemacht wird. Descartes schreibt nicht über *eine* Methode, sondern über *die* Methode und macht deutlich, dass dies für *alle* Wissensgebiete zu gelten hat.

> „Und so wird es nicht bei ihrer Anwendung auf die Physik bleiben, sondern zu ihrer Anwendung auf die Politik (durch Hobbes), auf die Ethik (durch Spinoza), auf die Ökonomie (durch Petty), auf das Recht (durch Pufendorf), auf die Botanik (durch Linné) usw. kommen." (a. a. O.: 72)

Alle sich daraus in der Folgezeit entwickelnden Wissenschaften und Denkrichtungen müssen unter diesem Gesichtspunkt gesehen werden. Sie unterliegen jedoch auch dem Makel dessen, was sich in der Folgezeit verdichtet, nämlich der Gefahr,

> „dass die Neuzeit im gleichen Maß, in dem sie radikal neu ansetzt, auch unerbittlich vereinheitlichend, universalisierend, totalisierend ist. Beide Charakteristika … sind offensichtlich ‚technischen' Geistes. Sie sind von ihrem Pathos und Drang zur Strukturierung und Zurichtung getragen und kennen weder innere noch äußere Grenzen. So weisen sie noch einmal auf den grundlegend technischen Zug der Neuzeit hin, die wir heute als die Epoche der wissenschaftlich-technischen Welt begreifen." (ebd.)

Dies alles, meint Welsch, weist die Postmoderne nun zurück, doch ist es ein Urteil über die Moderne (sie hat versagt, weil nicht vollendet) oder ist die Postmoderne in ihrer Kritik die Vollendung der Moderne? Ganz nüchtern betrachtet ist die Postmoderne erst einmal „nur" eine Reaktion auf die Moderne und steht in dieser Tradition.

Ganz pragmatisch betrachtet wird mit der Postmoderne das „Ende der großen Erzählungen" (Lyotard) ausgerufen, jedoch kein weiterer Paradigmenwechsel eingeläutet, sondern „lediglich" eine Neuanwendung der Begrifflichkeiten versucht. Dies geschieht dann mit und durch den Dekonstruktivismus und Poststrukturalismus, die jegliche Festschreibungen oder Festlegungen verhindern möchten bzw. solche auf die *Möglichkeit* angelegten Sichtweisen bezweifeln.

Für die Postmoderne werden in einem zusammenfassenden Beitrag (http://de.wikipedia.org/wiki/Postmoderne vom 13.05.2010) konstituierende Wesensmerkmale festgestellt, die sich aus der Beschäftigung mit Lyotard, Welsch u. a. zwangsläufig ergeben und sich mit den Ergebnissen dieser Arbeit decken:

- Eine eindeutige Absage an den seit der Aufklärung bestehenden Vernunftglauben;
- Ablehnung von universalen Wahrheitsansprüchen jeglicher Auffassungen und Systeme, mit einer Absage an die so genannten Metaerzählungen, Gott, Ideologie, Utopie, Religion etc.;
- Verlust traditioneller Bindungen und damit Lösung von bisherigen Einstellungen zu Solidarität, Gemeinschaft, Subjekt, Identität etc. und damit auch die Möglichkeit der Lösung von bisherigen anarchistischen Denkweisen;
- Individualisierung aller Gesellschaftsbereiche – mit der Konsequenz einer starken Ausdifferenzierung und der damit verbundenen widersprüchlichen Lebens- und Denkweise der verschiedenen Bevölkerungsgruppen;
- Pluralismus, Toleranz, Individualisierung und neue Freiheit als neue Leitbegriffe, die mit Hilfe der Dekonstruktion, von Sampling und Mixing zu neuen politischen Methoden führen können.

Rückblickend hat Descartes' Denkweise dazu geführt, dass der Mensch in verstärktem Maße Selbstverantwortung übernehmen und sich damit auch erst mal so etwas wie ein (Selbst-)Bewusstsein entwickeln musste, zu dem Denken, Vernunft und Verstand gehören.

Der nächste Anschluss daran ist mit Karl Marx verknüpft, der nun formulierte, dass nicht das Bewusstsein das Sein bestimmt, sondern das Sein das Bewusstsein und das individuelle Sein von der Ökonomie und den entsprechenden sozialen Bedingungen abhängig sei.

Erst Nietzsche hat dann radikal mit der neuzeitlichen Rationalität gebrochen, indem er sagte, dass auf gar keinen Fall Vernunft und Vernunftentscheidungen den Menschen bestimmen, sondern ein innewohnender „Wille zur Macht". Nun gilt also nicht mehr „Ich denke, also bin ich", sondern „Ich will, also werde ich sein". Der Wille zur Macht wurde entdeckt und zu einem neuen Leitmotiv der Zeit.

Warum erwähne ich das hier überhaupt? An dieser Stelle wird zweierlei deutlich. Erstens wird deutlich, dass die Postmoderne nicht aus einer bestimmten Denktradition stammt, sondern sie

> „provoziert den Bruch mit den modernen Traditionen. Insofern schließt sie in vielfältiger Weise an Theorien an, ohne sich um deren Geschichte oder Systematik zu kümmern." (Behrens 2004: 28)

In ähnlicher Form geht auch diese Arbeit vor. Es wird erstens keine zeitliche, zeithistorisch korrekte Aneinanderreihung von Denkrichtungen dargestellt oder genutzt. Es wird versucht, die Anschlüsse an verschiedene Theorien, ohne deren genaue Systematik, zu nutzen und daraus für das gestellte Thema einen Erkenntnisgewinn zu erzielen.

Und so wird zweitens deutlich, wie sich eine Verschiebung vom Denken auf die Sprache vollzieht. Die Sprache wird entdeckt zur Machtaneignung und damit zur Lebensgestaltung. Dabei wird nicht mehr nur einfach danach gefragt, ob ich „denke" (was ist „Denken" überhaupt?) oder ob „ich" (wer bin „ich" denn überhaupt?) will, sondern die viel entscheidendere Frage wird gestellt, wie denn die Bedeutung für „ich bin" lauten könnte.

> „Was ist das Sein, das dem denkenden Menschen zugrunde liegt? Heidegger hat dies in seinem Hauptwerk ‚Sein und Zeit' (1927) als die Frage nach dem Sinn des Seins versucht zu klären. … Um etwas über das Sein zu erfahren, können wir nämlich nicht nach dem fragen, als was das Sein immer schon interpretiert wird (Subjekt/Objekt, Mensch, Leben, Wesen/Erscheinung, Gesellschaft etc.). Zudem hat Heidegger die Beziehung zwischen Sprache und Sein ähnlich wie der Strukturalismus freigelegt: Die Sprache sei das Haus des Seins." (a. a. O.: 26)

Damit habe ich elegant und pflichtschuldig auf den Strukturalismus hingewiesen und kann somit auf die für diese Arbeit wesentlicheren Aspekte der Post-Moderne kommen.

Der Versuch, **die Sprache** als das „Haus des Seins“ darzustellen, beeinflusste die weitere Entwicklung zumindest des europäischen Denkens. Wie schon weiter oben erwähnt, kritisiert die Postmoderne die logozentrische Moderne, die das europäische Denken mit ihren Werten und Normen bestimmte. „Logos“ bedeutet demnach eben nicht nur Lehre, sondern auch Vernunft **und** Sprache!

> „In diesem Logozentrismus entdeckt die Postmoderne nicht nur die Legitimation des ‚Eurozentrismus‘, die Vorherrschaft des abendländischen Denkens gegenüber dem nichteuropäischen, nichtlogischen Denkens, sondern ebenso einen ‚Phallozentrismus‘, also die Macht des Männlichen, Weißen (Derrida, Butler), die das Andere und Fremde permanent ausschließt (Kristeva). Die Macht des Logos ist die Macht der Sprache und die Macht durch die Sprache, die Rhetorik, das Gesetz, die Regel, die Sprecherposition etc. Ausgangspunkt für die Postmoderne und den Poststrukturalismus ist die moderne Sprachphilosophie, die sich im 20. Jahrhundert entwickelt.“ (a. a. O.: 27)

Die sich daraus ergebenden einzelnen Fragestellungen („Sind die Grenzen meiner Sprache auch die Grenzen meiner Welt?“) sind vielfältig, aber in dieser Arbeit nicht darzustellen. Wichtig für mich ist dabei, dass auch die so genannte Wirklichkeit die gesellschaftlichen Verhältnisse und die „Geschichte an sich“ einer sprachlichen Ordnung folgen. Diese sprachliche Ordnung ist wiederum nur sprachlich vermittelt, so dass sich die Namen, Begriffe und Zeichen in einer bestimmten „Ordnung des Diskurses“ (Foucault) wiederfinden lassen. Auch hier möchte ich nur kurz auf die Bedeutung eingehen, denn sonst müsste auch ein genauer Rückgriff auf Nietzsche gemacht werden, der ja erstmals deutlich eine Vernunftkritik formulierte und damit die Ursprungserzählungen mit ihren Wahrheitsproduktionen hinterfragte.

Die grundsätzliche Frage lautet demnach, inwiefern die Wirklichkeit durch die Sprache überhaupt erst entsteht? Und: gibt es dann überhaupt nur *eine* Wirklichkeit oder unendlich viele?

> „Das heißt: Unabschließbar vielfältige und vervielfältigbare Lektüren sind möglich, weil sich Zeichen in einem unendlichen System der Differenz bewegen. Das Individuum selbst ist eine Unendlichkeit der Wunschmaschinen (Deleuze); individuelle Erfahrung wird zum unendlichen Interpretationsprozess (Lacan). Und alle Positionen des Sprechens sind miteinander kombinierbar.“ (a. a. O.: 28)

Hier schließt sich nun der Kreis zumindest dieser Personen, weil ich an dieser Stelle auf **Lyotard** zurückkommen möchte. Er gilt ja als wichtigster Vertreter der Postmoderne, der in seinen Mittelpunkt nicht etwa eine moderne Kommunikationstheorie stellte, sondern eine Diskursanalyse des unlösbaren Widerstreits. Die auch schon in dieser Arbeit aufgeführten Folgen einer postmodernen Zeit (Auflösung herkömmlicher

Milieus, Abhandenkommen einer Hauptkultur und Bildung von unzähligen Kulturen etc.) hat Lyotard zu der Aussage geführt, dass die Auflösung bisher verbindlicher Leitprinzipien und Orientierungen der Moderne sich in einem *„lockeren Netz von Sprachspielen ausdifferenziert"* (Behrens) haben. Das heißt dann letztlich auch, dass alles machbar ist, und verdeutlicht die Auflösung von klaren Trennlinien zwischen „Hochkultur" und „Massenkultur".

Da dies auf die gesamte Gesellschaft bezogen ist, auf alle Bereiche des Lebens, der Kultur, der Wissenschaft und Bildung, sind die Konsequenzen enorm. Wissen, das immer auch in bestimmten Dingen, Aktionen, Traditionen, Angeboten und Handlungen transportiert oder vermittelt wurde, verliert seinen bisherigen Wert und damit auch seinen Status. Es verändert sich die Bedingung, in der dieses Wissen steht und weitergegeben wird.

Peter Engelmann schreibt in seinem Vorwort zum Buch „Das Postmoderne Wissen", dass Lyotard davon ausgeht, dass die hier aufgezeigte Entwicklung (z. B. Globalisierung) mit den bisherigen Theorien nicht adäquat erfasst, analysiert und bearbeitet werden kann. Deshalb meint Lyotard, sich von den großen „Metaerzählungen" trennen zu müssen.

Neben den „großen Erzählungen" von der Emanzipation der Vernunft und Freiheit, von der Entwicklung des Liberalismus oder des Sozialismus gehört für mich der Anarchismus ebenfalls zu diesen großen Geschichten. In dieser Arbeit wird von der Bedeutung des Anarchismus als eine der großen Erzählungen ausgegangen und behauptet, dass auch mit dem Anarchismus Geschichte gemacht wurde und Geschichte beschrieben werden kann. Auch der Anarchismus kann mit seinen bisherigen zentralen Begriffen die postmoderne Wirklichkeit nicht mehr wirklich erreichen.

In diesem Sinne möchte ich „das Ende der großen Erzählungen" verstanden wissen als das Ende eines Denkzusammenhanges, der besagt, dass die in der Moderne entwickelten

> „‚großen Erzählungen' in der Postmoderne an Plausibilität verloren haben. Statt der großen Erzählungen seien also nun viele kleine Erzählungen am Werk …" (Kastner 2000: 185)

Wie schon in Kapitel I beschrieben, besitzen viele Begriffe für die heutige Zeit keine Erklärungsrelevanz mehr oder sie können die komplexen Zusammenhänge nicht mehr ausreichend beschreiben. Dies gilt auch für den Anarchismus, der als „große Erzählung" in der Postmoderne u. a. an Plausibilität verloren hat und der mit seinen bisherigen zentralen Begriffen die postmoderne Wirklichkeit nicht mehr wirklich erreichen kann. Er kann seine Bedeutung nur zurückgewinnen, wenn er in andere Erzählungen übergeht und dort eine neue Wirkung entfaltet. Eine dieser neuen Erzählungen wird also in dieser Arbeit in der Theorie und Praxis des Veganismus gesehen. Somit werden die sich politisch verstehenden Veganer_innen als postmoderne Anarchist_innen bezeichnet, mit einem postmodernen Anarchismus, der quasi als *eine* der neuen Erzählungen nach den großen Erzählungen zu verstehen ist.

Er kann seine Bedeutung nur zurückgewinnen, wenn er in andere Erzählungen übergeht und dort eine neue Wirkung entfaltet.

Wichtig in diesem Zusammenhang ist die Erkenntnis, dass der postmoderne Anarchismus eine Neuformulierung, aber auch eine Fortführung des Anarchismus ist.

Mit diesen Aussagen wird ganz allgemein erst einmal der Anspruch negiert, eine der bisherigen „Großtheorien" könne heute noch einen Anspruch von Wahrheit in sich tragen (siehe Arbeitshypothese 4) oder erst recht, sie könne damit eine heute gültige Wirklichkeit erklären. Wahrheit gibt es nicht mehr:

> „Wir haben gesagt, dass die Frage des Beweises Probleme macht, insofern der Beweis bewiesen werden müsste. Man kann immerhin die Mittel des Beweises publizieren, so dass die anderen Wissenschaftler sich des Resultats vergewissern könnten, indem sie den Prozess wiederholen, der dazu geführt hat. Doch die Erbringung eines Beweises ist die Feststellung einer Tatsache. Aber was ist eine Feststellung? Die Aufzeichnung der Tatsache durch das Auge, das Ohr, ein Sinnesorgan? Die Sinne täuschen, und sie sind in der Ausdehnung und im Unterscheidungsvermögen beschränkt." (Lyotard 1999: 129)

Dem könnte sich auch Baudrillard anschließen, der noch ein Stück deutlicher wird, wenn er versucht, die Wirklichkeit als verschwunden darzustellen:

> „... wir leben in einer simulierten Welt, in der schließlich Erfahrung und Wissen durch Bilder und Symbole ersetzt worden sind und Wirklichkeit ihre eigene Repräsentation ist. Im Zeitalter des Simulacrum gibt es nur noch Kopien von Kopien der Repräsentation von Repräsentation und weder ein Reales noch ein Original. Daher gibt es auch keine Wirklichkeit mehr, mit der die Simulation auf Sinn, Echtheit und Wahrheit überprüft werden könnte. Es gibt nur noch Oberflächen, auf denen schließlich die Wirklichkeit wirklicher als wirklich wird, weil die Kopien echter und glaubwürdiger werden, als es die Realität jemals war: die Postmoderne erzeugt eine Hyperrealität. In dieser Hyperrealität gibt es keine Geschichte mehr, bloß synchrone Bilder einer ewigen Gegenwart." (zitiert nach: Behrens 2004: 35)

Und wieder die Frage, warum ich dies hier anführe?! Und wieder die Antwort: Weil eine postmoderne Theorie mit der **Dekonstruktion** die Differenz als eigenständigen Wert darzustellen versucht. Dekonstruktion bedeutet, alle Selbstverständlichkeiten (eines Textes) aufzubrechen und neue Zusammenhänge einzubringen. Wenn in der Moderne „einen Text lesen" bedeutete, ihn zu verstehen, ihn sich zu erschließen, bedeutet es unter dekonstruktivistischem Gesichtspunkt, den Text wieder zu öffnen, ihn zu entkleiden:

„Sie beabsichtigt jene Momente des Textes freizulegen, in denen er seine eigene Autorität, seine Autorenschaft untergräbt." (a. a. O.: 40)

Und indem ein Text in dieser Weise hinterfragt wird, dass selbst der Autor hinterfragt wird, bedeutet dies zwangsläufig auch die Auseinandersetzung mit dem Begriff der Identität. Wenn Derrida den Autor „als Selbst" für tot erklärt, stirbt mit ihm letztlich auch das Subjekt, zumindest verschwindet es aus dem Zentrum des Textes. So spricht die postmoderne Theorie auch von dem „dezentrierten Subjekt" und das dekonstruktive Lesen eines Textes wird eine Art Spurensuche nach den Spuren der verborgenen ‚Differance', die auch vom Autor nicht so ohne weiteres erkennbar ist. Wichtig ist, dass die dekonstruktive Methode nicht nur als philosophische Spielerei gesehen wird, oder als sprachwissenschaftliche Toberei, sondern sie ist auch eindeutig zu einer Praxis geworden, mit der soziale und kulturelle Zusammenhänge neu gestaltet werden können – auf der Grundlage von Pluralität und Differenz. Dies soll durch den Veganismus exemplarisch dargestellt werden, der in neuer Gestaltung eine anarchistische Lebensweise anschlussfähig an die neue Zeit machen kann (siehe Arbeitshypothesen 7 - 12).

Und weiter konstatieren die Vertreter der Postmoderne mit dem Ende der Moderne auch das Ende des modernen Subjekts, welches eh nur ein Hirngespinst der Humanwissenschaft gewesen sein soll. Durch diesen kurzen Hinweis soll erwähnt werden, dass selbst die Biologie dekonstruktivistisch betrachtet werden muss und ihre Existenz letztlich nur als ein Konstrukt, eine Ordnung des Diskurses, zu sehen ist. Doch auch dies steht in dem oben schon erwähnten Zusammenhang des Versuchs, soziale und kulturelle Zusammenhänge neu zu verstehen bzw. sie neu zu bewerten (bei Jürgen Mümken vertiefend dargestellt). So erscheint die Medizin als medizinische Kontrolle von denen, die man die „Anderen", die „Fremden" nennen kann (u. a. nachzulesen bei Foucault). Foucault fügt dann noch die Erfindung des Menschen durch Normierung, Kontrolle und Disziplin hinzu und hinterfragt damit letztlich die bisher sicher geglaubte Identität eines Menschen. Doch auch diese Identität gibt es nicht, es gilt herauszuarbeiten, wie in der modernen Gesellschaft z. B. durch Disziplinierung Menschen geschaffen oder Menschen zu Subjekten wurden.

Diese Herausarbeitung kann als Methode des Poststrukturalismus bezeichnet werden, nach Derrida jedoch ist Dekonstruktion nicht etwa eine Methode, sondern eine Praxis, die immer wieder neu ausgerichtet werden muss. Zu bedenken ist dabei jedoch, dass sie zumindest nicht immer gleich anwendbar (im Gegensatz zu einer Methode) ist. Neben der Umkehrung bzw. der Auflösung der binären Unterscheidungen (Frau – Mann/ gut – böse/Kultur – Natur etc.) ist die Verschiebung der gesamten Logik im Blick. Derrida betont, dass eine Dekonstruktion nie abgeschlossen ist, da die Gefahr der binären Neubildung recht groß sei. Wichtig ist die

Erarbeitung durch Derrida deshalb, weil eben nicht nur Textanalyse betrieben werden konnte, sondern sie auch für den sozialwissenschaftlichen Bereich von großer Bedeutung wurde. So nahm z. B. die Geschlechterforschung diese Ansätze in der Queer-Theorie auf und hinterfragte durch die Praxis der Dekonstruktion die damit bisher sicher geglaubte Identität. Dahinter steckte letztlich der Versuch, sich aus den existierenden Machtsystemen zu befreien, um zu einer neuen sozialen Praxis (hier: zwischen den Geschlechtern) zu gelangen. Hier wird deutlich, wie stark die Dekonstruktion dazu beitragen kann, sich Beziehungen zu anderen Menschen neu zu erarbeiten, auch zu denen, die bisher völlig aus dem Blick waren. War bisher These-Antithese eine entsprechende Vorgehensweise, so bedeutet die Dekonstruktion die Erarbeitung einer Vielzahl weiterer Perspektiven, die möglicherweise auch noch sehr konträr zueinander stehen können. Lyotard meinte dazu, dass es uns nicht zukommt, Wirklichkeit zu liefern, sondern besser „Anspielungen auf ein Denkbares zu erfinden".

1.4. FAZIT

Deutlich werden sollte in diesem Abschnitt meine Position zur Postmoderne, die ich als Epoche auf der einen Seite in enger Beziehung zur Moderne sehe. Beide, Moderne und Postmoderne, sind nicht als voneinander gelöste oder getrennte Epochen zu verstehen. Es sollte auf der anderen Seite aber auch deutlich werden, dass auch ich die Moderne als unvollendetes Projekt im 20. Jahrhundert bezeichne und sie an ihr vermeintliches Ende gelangt sehe, so wie das Epochendenken an sein Ende gekommen ist.

Die Konstruktion neuer Sinnzusammenhänge, neuer Deutungen von Begriffen und der neuen Un-Ordnung kann als Kennzeichen der Postmoderne bezeichnet werden.

Begriffe, die bisher eindeutig und unzweifelhaft waren, erhalten neue Grundlagen und damit auch neue Möglichkeiten. Dies habe ich u. a. an dem Beispiel des Begriffs der Freiheit versucht deutlich zu machen und es könnte exemplarisch an vielen anderen Begriffen verdeutlicht werden. Gewollt ist jedenfalls die Un-Ordnung, weil durch die Ordnung der Dinge Kategorien eingeführt wurden, die die jeweiligen Herrschaftsverhältnisse nur zementiert haben. So wird im Zusammenhang der Geschlechterforschung die Kategorie Geschlecht vollständig neu diskutiert und die herrschaftsrelevanten Aspekte erarbeitet, die im Anarchafeminismus nachzulesen sein werden. Begriffe, die bisher eindeutig und unzweifelhaft waren, erhalten neue Möglichkeiten.

Deutlich wird auch, dass in der Postmoderne eine Diskussion um herrschaftsrelevante Begriffe geführt wurde und wird, letztlich schon durch Nietzsche, den Peter Bürger als den ersten der modernekritischen Ursprungsdenker (Bürger 2000: 170) bezeichnet und der u. a. den Versuch gestartet hat, den Begriff der Wahrheit als Konvention zu entlarven

(a. a. O.: 171). Letztlich geht es darum, wer überhaupt die Definitionsmacht besitzt und wer erklären kann/darf, was und wer die Wahrheit spricht. Damit verbunden ist natürlich auch der Begriff der Freiheit, der Herrschaftsfreiheit und der Verknüpfungspunkt mit dem Veganismus.

Der Veganismus geht weit über die Moderne hinaus, weil mit dem Veganismus Begriffe erweitert und ersetzt werden: Natur und Kultur, Mensch und Tier, Mitwelt – Umwelt, Solidarität etc.! Es wird eine neue Grundlage gelegt und mit dem Unity-of-Oppression-Ansatz ein mit der Postmoderne kompatibler Politikansatz in die Lebenswelt eingeführt. Ebenfalls neu ist der Veganismus mit seiner nicht-anthropozentrischen Haltung, die ohne den Anthropozentrismus der Moderne jedoch nicht zu denken ist, so wie die Postmoderne nicht ohne die Moderne zu denken ist.

Der Veganismus versucht ein herrschaftsfreies Leben zu realisieren und wendet sich damit der der Postmoderne zuzuordnenden Dekonstruktion zu und der radikalen Infragestellung alles bisherigen anthropozentrischen Denkens. So wie mit dem Begriff des Anthropozentrismus ein Paradigmenwechsel zu verstehen war, der in klarer Abgrenzung zum Theozentrismus stand, kann in einem nicht-anthropozentrischen Denken ebenfalls von einem Paradigmenwechsel gesprochen werden. Wie schon erwähnt, vollziehen sich Paradigmenwechsel nicht gleichförmig, sondern in Brüchen und mit Auseinandersetzungen. Die Möglichkeit eines „anderen Denkens", einer Infragestellung der großen aufklärerischen Erfolge, ist ein Kennzeichen dieser Postmoderne und ermöglicht damit die Entwicklung eines Veganismus und veganer Lebensstile.

> „Man kann das exemplarisch an Lyotard erkennen. Die Grundthese des *Postmodernen Wissens* ist die Verabschiedung der Meta-Erzählungen, gerade auch der Meta-Erzählung der Neuzeit – Methesis universalis – und ihrer Nachfolgeformen. ... Die Grundoption gilt dem Übergang zur Pluralität, zur Anerkennung und Beförderung der heterogenen Sprachspiele in ihrer Autonomie und Irreduzibilität. Die Verteidigung der unterschiedlichen Lebenswelten, Sinnwelten und Anspruchswelten macht die emphatische Inspiration dieses philosophischen Postmodernismus aus. Er tritt allen Totalisierungen philosophischer, ökonomischer, technologischer Art vehement entgegen und hält – über ein grundsätzliches Finitätsbewusstsein – zur Wahrnehmung und Praxis der Pluralität an." (Welsch 2002: 79)

In einer Vorlesung an der Friedrich-Schiller-Universität Jena im Wintersemester 1998/99 stellt Wolfgang Welsch die auch für diese Arbeit und dieses Fazit wichtigen Arbeiten von Michel Foucault dar (Welsch 2006, Audio-CD). Im Folgenden beziehe ich mich auf diese Quelle und Darstellung. In Foucaults Buch „Die Ordnung der Dinge" (Foucault 2002) verabschiedet er sich von der anthropologischen Denkfigur, die alles Denken,

Reden und Handeln nur auf den Menschen bezogen sieht. Seit der Aufklärung kann alles Reden über die Welt, den Kosmos, über Menschen und über Tiere als ein Reden *vom* Menschen aus und letztlich auch *auf den Menschen zu* verstanden werden. Der Mensch im Mittelpunkt des Redens und des Handelns

Diese Sichtweise geht seiner Meinung nach in der Postmoderne dem Ende zu. Das Ende eines Denktypus (Foucault: „Das Ende des Menschen") kann auf der einen Seite eine Leere erzeugen, sie kann auf der anderen Seite jedoch, wie Welsch erklärt, auch einen Raum entfalten, in dem es möglich ist, neu zu denken. Auch wenn Foucault den Veganismus nicht im Blick hatte, so trifft dies nun heute auf ihn zu, denn der anscheinend leere Raum wird durch das vegane Denken neu besetzt. Dieses Denken ist dann nicht mehr beschränkt auf den Menschen, sondern bezieht die Tiere mit ein. Vernunft ist immer auch ein Herrschaftsinstrument gewesen.

Foucault führt eine kritische Auseinandersetzung mit der Dialektik der Aufklärung und deshalb mit dem Großbegriff der Aufklärung, dem der Rationalität, der Vernunft. Eine These ist dabei, dass Vernunft von Anfang an immer auch als Herrschaftsinstrument zu verstehen ist, und er fragt, wie mensch über dieses Denken hinaus kommen kann. Allerdings versucht Foucault dann nicht, etwas ganz Neues zu entwickeln, mit dem man in ein ganz anderes Denken übergehen kann, z. B. in eine herrschaftsfreie Vernunft. Foucault möchte „in der Mitte" einer Vielfalt von „herrschaftlichen machtverbündeten Rationalitäten" denken. „Inmitten der Vielfalt – und nicht durch einen Sprung in ein möglichst anderes Denken" (ebd.).

Dies entwickelt er dann in weiteren Schriften sehr deutlich, indem er z. B. in „Wahnsinn und Gesellschaft" (Foucault 1984) dieses „*Inmitten*" feststellt: Keine Vernunft ohne Wahnsinn. 1975 erscheint „Überwachen und Strafen" (Foucault 1977), in dem er das Verhältnis von Wissen und Macht beschreibt, die in einer wechselseitigen Beziehung zu sehen sind. Er macht damit deutlich, dass bisherige Machtkonzeptionen als Erklärungsansätze nicht mehr ausreichend sind für die moderne Gesellschaft, da Macht nicht nur bei den bisherigen Machthabern anzutreffen ist, sondern auch bei denen, die davon betroffen sind.

Da Foucault Überwachung und Disziplinierung als gesellschaftlichen Grundzug analysiert, hat dies Auswirkungen auf die davon betroffenen Menschen. Sie übernehmen diese Strukturen, und je mehr Überwachung und Disziplinierung versucht wird, umso mehr sie versuchen sich zu perfektionieren, umso größer ist die Übernahme, die „Internalisierung". Die gröbste Folge könnte sein: Menschen übernehmen die Überwachung quasi selber.

Entscheidend ist das Wissen um und über diese Überwachung, aus der heraus sich eigenständige Macht entwickelt. Macht ermöglicht demnach immer auch Wissen um Macht und begrenzt diese nicht.

Der aus dieser kurzen Darstellung zu entnehmende Mehrwert ist, dass es in einer Diskussion um den Neugebrauch von Begriffen also darum gehen muss aufzuzeigen, dass Macht und Herrschaftsverhältnisse anders zu denken sind und demnach auch der Machtbegriff im Anarchismus neu zu bedenken ist. Wird dem gefolgt, dann geht es also um „Machtnetze", die sich *in* allen Menschen wiederfinden, neu entstehen und genutzt werden, sodass es ein außerhalb von Macht nicht mehr gibt. Demnach kann auch nicht mehr davon ausgegangen werden, dass, wenn der Staat abgeschafft würde, auch alle Machtstrukturen abgeschafft seien. Dies wird im Verlauf dieser Arbeit auch noch deutlich gemacht, wenn ich auf den Feminismus eingehe.

Damit ist ein Bezug zwischen postmodernem Denken und Anarchismus hergestellt. Der traditionelle Anarchismus muss nicht abgeschafft, er kann mit diesem Gedankengang erweitert werden. Die anarchistische Kern-Forderung „Der Staat muss weg" ist unter aufklärerischem Gesichtspunkt nachvollziehbar, unter postmodernem Gesichtspunkt jedoch nicht mehr. Der Bezugsrahmen, wer von Macht und Herrschaft „betroffen" ist, wer Macht über wen ausübt, wird ausgeweitet: Veganer_innen beziehen die Tiere mit ein.

In ähnlicher Weise gilt es nun, die wesentlichen Begriffe des Anarchismus zu „dekonstruieren". Es betrifft in dieser Arbeit die Begriffe der Freiheit, des Fortschritts, der Herrschaft, der gegenseitigen Vereinbarung und den der Solidarität, aber auch ganz allgemein den der Identität.

Die Postmoderne wird in diesem Abschnitt beschrieben als Ermöglicherin von pluralisierten Lebenswelten, von der Gleichzeitigkeit größter Differenzen mit allgemeinen Uneindeutigkeiten und der Feststellung, nicht auf jede Frage eine klare Antwort erhalten zu können. Wenn mensch Foucault und Lyotard gänzlich folgt, dann hießen ihre in dieser Arbeit mehrfach zitierten Aussagen, dass auch der Anarchismus an sein Ende gekommen sein muss, weil er ja eine der Erzählungen aus der Moderne, der Aufklärung, ist. Doch genau diese, an ihr scheinbares Ende gekommene Erzählung greifen der Veganismus, die Veganer_innen, auf und können, durch die Postmoderne befördert, diese historische Theorie des Anarchismus postmodern ausrichten. Die Postmoderne, die das Ende der großen Erzählungen beschreibt, ist damit gleichzeitig Ermöglicherin für die Erneuerung einer dieser Erzählungen – in und durch den Veganismus.

Deshalb wird im folgenden Abschnitt auf den Anarchismus eingegangen und gezeigt, wie er sich heute – in der Postmoderne – darstellt. Der Moderne ein Ende zu bereiten und nicht mehr in Epochen die Geschichte verstehen zu wollen, hilft, den Veganismus als einen postanarchistischen Ansatz, als einen postmodernen Anarchismus zu begreifen.

2. DER ANARCHISMUS IN DER GEGENWARTSGESELLSCHAFT – BESTANDSAUFNAHMEN UND PERSPEKTIVEN

Traditionelle Darstellungen des Anarchismus versuchen die Entwicklungsgeschichte der Theorie und Praxis des Anarchismus darzustellen. Dabei werden die entsprechenden Vor-Denker und die jeweiligen anarchistischen Theorien und deren unterschiedlichen Praxen einander zugeordnet und kategorisiert. Es liegt dabei nahe, dass dies entlang der Zeitgeschichte dargestellt wird. Von dieser Darstellungsweise möchte sich diese Arbeit lösen und verzichtet von daher auf eine Gesamt-Darstellung der anarchistischen Denker_innen und deren Denktraditionen.

Nicht verzichtet werden kann jedoch auf den Versuch, eine Begriffsdefinition abzugeben. Sie wird in dem Bewusstsein geschrieben, dass jede Begriffsdefinition aus objektiven, geschichtlichen Bestandteilen und einer subjektiven Sichtweise, die dem Autor zuzuschreiben ist, geschieht. So wird ein Begriff des Anarchismus definiert, der von einer ganz persönlichen Sichtweise geprägt ist, die als Grundlage aller folgenden Inhalte dieser Arbeit zu verstehen ist. Damit grenze ich mich gleichzeitig zu den vielen anderen Definitionsmöglichkeiten ab, ohne eine Wertung abzugeben über richtig/unrichtig oder vollständig/unvollständig.

Es wird auf eine weit reichende Darstellung nicht nur der Geschichte des Anarchismus und der vielfältigen und teilweise unterschiedlichen anarchistischen Theorieansätze verzichtet, sondern auch auf viele Teilbereiche wie zum Beispiel die der libertären Pädagogik, Kunst und der zahlreichen (kultur-)subversiven Strategien. Somit versucht dieser Teil der Arbeit eine „subjektive Querschnittsdarstellung" unter dem Gesichtspunkt abzuliefern:

> „Das Denken muss also parteilich sein und ist es immer gewesen."
> (Bloch 1969: 330)

Die Perspektive, die (sich) der Anarchismus in der heutigen Welt eröffnen kann, soll in dieser Arbeit am Beispiel der Verknüpfung zwischen Postmoderne, Veganismus und Anarchismus aufgezeigt werden.

In den 70er und 80er Jahren des letzten Jahrhunderts konnten sich innerhalb der Neuen Sozialen Bewegungen auch anarchistische Lebensformen und Einstellungen punktuell durchsetzen, die

> „als Einzelaspekte des anarchistischen Ideenspektrums in den sozialen und politischen Kontext der bürgerlichen Gesellschaft eingesickert sind." (Degen/Knoblauch 2009: 36)

Rolf Raasch beschreibt in seinem Artikel „68 und die Folgen: Anarchismus oder Anarchie?" die damalige Situation der anarchistischen Bewegung im Zusammenhang der allgemeinen gesellschaftlichen Entwicklungen. Konnte der Anarchismus im Nachkriegsdeutschland keine Bedeutung entwickeln, so veränderte sich dies durch die Entwicklung der „Neuen Linken" und der „APO" seit Mitte der 60er Jahre. (Raasch in: Degen/Knoblauch 2009: 31)

Raasch benennt dabei „Einzelaspekte des anarchistischen Ideenspektrums", die sich in das politische Leben etablierten und sich dabei von der alten Strategie entfernten, die eher den Kampf gegen das gesamte System zum Inhalt hatte. Dies veränderte sich im Laufe der Entwicklung der Neuen Sozialen Bewegungen und es ging vorrangig erst einmal nicht mehr darum, dass *„der Anarchismus"* *„das Ganze"* abschaffen kann und soll, sondern es wurden

> „Anarchie-Konzepte als konkretisierbare Utopien und freiheitlich-ethisch begründete Lebensformen gefordert. ... Eine einheitliche Ideologie, d. h. ein komplettes, in sich geschlossenes Lehrgebäude, das wie eine alles erklärende Weltformel funktioniert, stammt aus der Vorstellungswelt fundamentalistischer Heilslehren, samt ihrer Führer- und Gefolgschaften." (a. a. O.: 36f)

Damit unterstützt Raasch das Anliegen dieser Arbeit, wenn ich den Veganismus als freiheitlich-ethisch begründete Lebensform darstelle und die Verknüpfung zwischen Veganismus und Anarchismus aufzeigen will. In dieser Verknüpfung sehe ich die „konkretisierende Utopie", die zeigt, dass der Veganismus *eine* der Perspektiven des Anarchismus sein kann. In dieser Arbeit wird ebenfalls davon ausgegangen und durch die Bezugnahme auf die Postmoderne begründet, dass es kein einheitliches Gedankengebäude (mehr) geben muss, sondern dass – viel wichtiger in Zeiten der Postmoderne – konkrete und lebbare Lebensformen entstehen, die auf einer freiheitlich-ethischen Grundlage basieren. Die sich anarchistisch verstehenden Veganer_innen versuchen genau dies: Sie haben eine freiheitlich-ethisch begründete, ganz konkrete Lebensweise, mit der sie versuchen, innerhalb der Gesellschaft ihren anarchistischen/libertären Lebensansatz zu verwirklichen, um damit auch die Lebenswirklichkeit insgesamt zu verändern.

Auch Raasch führte an, dass in der heutigen Zeit eine alles erklärende Weltformel nicht mehr zeitgemäß ist, sondern es vielmehr um lebbare Teilaspekte gehen muss. Für den Anarchismus, schreibt Raasch,

> „reichen ein paar flexibel zu handhabende Prämissen aus dem bekannten Fundus (nicht nur) anarchistischer Klassiker und Klassikerinnen. Dieser Fundus könnte als eine Art Werkstatt fungieren, ausgestattet mit theoretischem Werkzeug, auf das je nach den Bedürfnissen zugegriffen werden kann. Denn: Geht es nicht eigentlich um einen Gebrauchswert für vitales Handeln lebendiger Menschen mit unterschiedlichsten Interessen und Bedürfnissen?" (a. a. O.: 37)

Dies trifft den Lebensnerv und die Charakterisierung der Lebenswirklichkeit von Jugendlichen sehr gut. Jugendliche in der Postmoderne, bzw. die erste voll in der Postmoderne sozialisierte Jugend, kann mit genau diesem Ansatz etwas anfangen. Jugendliche greifen auf unterschiedliche

Versatzstücke zurück und bauen sie in ihr Leben ein (siehe Kapitel I.). Sie wollen konkrete Umsetzungsmöglichkeiten haben und bilden damit ihren eigenen Lebensstil ab. Veganer_innen, genauer die sich anarchistisch orientierenden Veganer_innen, gehen eben genau diesen Weg. Sie sehen in einer herrschaftsfreien Gesellschaft eine „gute Idee" und versuchen diese ganz konkret in ihrem Leben umzusetzen, indem sie vegan leben. Damit dies möglich ist, muss sich die klassische Haltung der Anarchist_innen verändern, denn:

> „Neben der Revision überholter Begrifflichkeiten bietet es sich an, bei einer Neuformulierung anarchistischer Prämissen einmal mehr geschichtliche Zusammenhänge und ihre Folgen zu diskutieren." (ebd.)

Der Veganismus bietet die Möglichkeit, jenseits nostalgischer und revolutionsromantischer Konzepte (Raasch), eine neue Diskussion über Perspektiven des Anarchismus zu eröffnen. Dies ist nur möglich, wenn sich von den nostalgischen und traditionellen Denkansätzen gelöst wird. Dies ist auch nur dann möglich, wenn akzeptiert wird, dass es keine einheitlichen Denkansätze gibt, sondern unterschiedliche Denkansätze, die Handlungsorientierung für ein ganzes Spektrum von Lebenskonzepten geben. Der Veganismus ist dann zu verstehen als einer neben vielen anderen und verschiedenen Lebenskonzepten. Der Veganismus bietet die Möglichkeit, jenseits nostalgischer Konzepte eine neue Diskussion über Perspektiven des Anarchismus zu eröffnen. Bei all dem sind die momentanen Lebensbedingungen zu berücksichtigen und dass mensch mit seinem anarchistischen Lebenskonzept nicht „das Ganze" verändern kann. In der anarchistischen Vielfalt und in einer eigenständigen, nicht konformen Lebensweise wird die uns umgebende Realität beeinflusst und verändert, so wie Raasch dies für die Neuen Sozialen Bewegungen aufzeigt. Darin liegt die Kraft und Bedeutung der veganen Bewegung als Beispiel, auch in der Postmoderne anarchistisch leben zu können. Auch Raasch weist in seinem Artikel darauf hin, dass der Kernpunkt dieser Sichtweise die Neuformulierung von Solidarität darstellt.

> „Kernpunkt dabei ist die Neuformulierung von Solidarität. Alte Solidaritätsformen treten zunehmend in den Hintergrund, wie beispielsweise die Arbeitersolidarität, als eine Beziehung zwischen Gleichen. Im Zuge von Globalisierungs-, Pluralisierungs- und Individualisierungsprozessen tritt statt der Gleichheit die Verschiedenheit verstärkt ins Blickfeld." (Raasch in: Raasch/Degen 2002: 15)

So habe ich in Kapitel I. diese Tendenz der gesamtgesellschaftlichen Entwicklung und anhand Kapitel III.1. die Postmoderne als Verstärker einer sich entwickelnden veganen Bewegung aufgezeigt. Diese gesellschaftlichen Prozesse ermöglichen die Entwicklung eines **anarchistischen Veganismus**, der als eine anarchistische Lebensform für Jugendliche sehr attraktiv erscheint.

Daneben gibt es jedoch noch viele andere Formen und Vorstellungen des Zusammenlebens, z. B. der Sichtweisen auf die unterschiedlichen Geschlechterrollen und anderer ganz spezifischen Themenbereiche. Deshalb ist in diesem Kapitel eine Darstellung des Anarchismus in der Gegenwart notwendig, damit die anderen, schon existierenden anarchistischen Lebenswirklichkeiten neben die des Veganismus gestellt werden können.

Raasch zitiert aus einem Interview mit Noam Chomsky aus der Le Monde diplomatique vom August 2007:

> „Es gibt keine festen anarchistischen Prinzipien oder einen verbindlichen libertären Katechismus. Der ‚Anarchismus', wie ich ihn verstehe, ist menschliches Denken und Handeln, das Autoritäts- und Herrschaftsstrukturen zu erkennen sucht, ihnen Rechenschaft abverlangt, und falls sie diese nicht ablegen können, sie zu durchbrechen versucht. ... Viele Formen von Unterdrückung und Ungerechtigkeit, die kaum erkannt und noch weniger bekämpft wurden, nimmt man heute nicht mehr hin." (Chomsky/Mermet 2007: 15)

Mit dieser Einstellung bekommt der Veganismus seinen Platz in der Vielfalt anarchistischer Lebenskonzepte, weil er versucht, Formen der Unterdrückung aufzuzeigen und eigene Handlungsansätze zu verwirklichen. Für Veganer_innen ist Solidarität kein historisch überholter Begriff, sondern wird erweitert durch die Ausdehnung der Solidarität zwischen Mensch und Tier. Die Grundlage dieses Denkens liegt in dem Werkzeugkoffer des Anarchismus mit den Themen der Herrschaftsfreiheit, der Gerechtigkeit und der Solidarität.

So werden in diesem Kapitel diejenigen anarchistischen Lebenskonzepte dargestellt, die von ihrem Anspruch her nicht universalistisch, sondern lebenspraktisch sind und einen erweiterten Begriffshorizont beinhalten, wie sie z. B. im Öko-Anarchismus und im Anarchafeminismus, aber auch bei den Graswurzelrevolutionären und den Anarchosyndikalisten zu finden sind.

2.1. ZUM BEGRIFF

> „Kurz gesagt, der Anarchismus lehrt, dass wir in einer Gesellschaft frei von Zwang irgendwelcher Art leben können. Ein Leben ohne Zwang bedeutet natürlich Freiheit; das heißt, frei zu sein von Druck und Zwang, die Möglichkeit so zu leben, wie es Ihnen gefällt. Solch ein Leben können Sie aber nicht führen, bevor Sie nicht die Institutionen abschaffen, die Ihre Freiheit einschränken und in Ihr Leben eingreifen, sowie die Zustände, die Sie anders handeln lassen, als Sie eigentlich wollen." (Berkman 1997: 18)

Wenn mensch besonders gründlich an die Begriffsbestimmung gehen will, kommt er nicht umhin, bis auf die Zeit vor unserer Zeitrechnung (vor Christus) zurück zu gehen. In diesem Zusammenhang (nach http://de.wikipedia.org/wiki/Anarchie, 13.05.2010) kann mensch darauf hinweisen, dass schon 490 bis 425 v. u. Z. Homer und Herodot „anarchia" als Beschreibung eines anführerlosen (oder heerführerlosen) Zustandes definierten. Auch die damaligen Seeleute waren demnach Anarchisten, wenn sie führerlos im Meer fuhren. Etwas brisanter (politischer) wurde es durch Aristoteles (bis 322 v. u. Z.), der mit Anarchie einen „Zustand der Sklaven ohne Herrscher" verstand. Da zu seiner Zeit die Methode der Dekonstruktion oder der Diskurstheorie noch nicht so ausgeprägt war, kann man über die Schwierigkeit hinwegsehen, wieso ein Sklave ein Sklave genannt werden kann, wenn kein Herrscher da ist. Dann handelt es sich eher um einen sklavenlosen Zustand.

Zielführender ist dann schon die Definition von Xenophon (bis 480 v. u. Z.), für den das Jahr der anarchia das Jahr war, in dem es keinen Herrscher gab. Auch in der weiteren Entwicklung der Begriffsgeschichte bei den Stoikern und Hedonisten findet sich der Ansatz, der von einem herrschaftsfreien Gemeinwesen ausging.

Ebenfalls nur kurz erwähnen möchte ich den kirchengeschichtlichen Aspekt, in dem der Begriff der ‚Hierarchia' entwickelt wurde, wie auch die von Schlegel (1772-1829) bezeichneten Gedanken der „absoluten Freiheit der Anarchie" verstanden als Ideal und als Gegensatz zur Despotie.

Anarchistische Grundgedanken finden sich auch bei Fichte (der Staat hat die Aufgabe, sich selbst überflüssig zu machen), bei Goethe (in „Zahmen Xenien": „Warum mir aber in neuester Welt/Anarchie gar so gut gefällt?/Ein jeder lebe nach seinem Sinn,/Das ist nun also auch mein Gewinn./Ich lass einem jeden sein Bestreben,/Um auch nach meinem Sinn zu leben."), Wilhelm von Humboldt („Ideen zu einem Versuch, die Grenzen und Wirksamkeit des Staates zu bestimmen") und bei Heinrich Heine, der sich als einer der ersten in Deutschland auch in einem politischen Sinn offen für Anarchie aussprach. (alle Hinweise nach Wikipedia vom 13.05.2010 und in Degen/Knoblauch 2008: 10f)

In allen Hinweisen im Rahmen der Definitionsgeschichte des Anarchismus wird deutlich, dass mit Anarchie zumindest ein herrschaftsbewusster, in idealer Weise aber ein herrschaftsfreier Raum gedacht wird. So lege ich mich an dieser Stelle nur auf die Einführung des Begriffs ‚anarchia' als Bezeichnung für die Anführerlosigkeit und die Abwesenheit von Herrschaft fest.

Augustin Souchy wird in einem Interview 1969 nach möglichen Veränderungen der anarchistischen Prinzipien und Postulate gefragt. Seine Antwort bezieht er auf die Grundprinzipien der Anarchie:

> „Die anarchistischen Grundsätze sind nicht dem Wandel der Zeit unterworfen, denn sie haben das nie zu ertötende Streben des Menschen nach Freiheit und Gerechtigkeit zum Inhalt. ... P. J.

Proudhon, den man den ‚Vater der Anarchie' nannte, hat in einem Brief aus dem Jahr 1864 seine Auffassung folgendermaßen definiert: ‚Die Anarchie ist, wenn ich mich so ausdrücken darf, eine Regierungsform oder Verfassung, in welcher das öffentliche und private Gewissen, gebildet durch die Entwicklung von Wissenschaft und Recht, allein zur Erhaltung der Ordnung und Sicherstellung aller Freiheiten genügt, in welcher also das Autoritätsprinzip, die polizeilichen Einrichtungen, die Steuern usw. auf das einfachste beschränkt sind, in welcher noch vielmehr die monarchischen Formen, die Zentralisation – durch föderative Einrichtungen und kommunale Gebräuche ersetzt – verschwinden.' Diese Grundsätze dürften von den Vertretern aller anarchistischer Richtungen anerkannt werden: von individualistischen Stirnerianern, mutualistischen Proudhonisten, kollektivistischen Bakunisten, kommunistischen Anarchisten Kropotkinscher Prägung und auch von Tolstoianern und religiösen Anarchisten." (in v. Borries/Weber-Brandies 2007: 12)

Hier stellt uns Proudhon eine auf das Notwendigste reduzierte Definition von Anarchismus vor: Freiheit und Gerechtigkeit ohne Staat und Herrschaft!

Auch wenn es in der konkreten Ausgestaltung Unterschiede z. B. in den Fragen des Eigentums gibt, haben nach Souchy die aus dem vorigen Jahrhundert stammenden anarchistischen Grundsätze ihre Aktualität nicht eingebüßt. Dies bezieht er jedoch nur auf die eben genannten Grundsätze, die alle anarchistischen Strömungen teilen können.

Die Frage, ob nicht doch eine Überarbeitung oder Neuformulierung angesichts der veränderten gesellschaftlichen Bedingungen notwendig erscheint, beantwortet Souchy:

„Die moderne Entwicklung hat vieles von den alten Theorien hinter sich gelassen; nicht wenige Forderungen der sozialen Bewegung des vorigen Jahrhunderts sind überholt. ... Der Denkinhalt der sozialistischen und anarchistischen Ideologien muss im Lichte des technischen und industriellen Fortschritts und auch unter Berücksichtigung der neuen Wissensgebiete (Soziologie, Psychologie, Verhaltensforschung), die es im vorigen Jahrhundert noch nicht gab, aufs neue überprüft und revidiert werden. ... Um neu formulieren zu können, muss man sich von altem Denkballast befreien." (a. a. O.: 13)

Im weiteren Verlauf des Interviews nimmt Souchy dann auch zu einigen konkreten inhaltlichen Punkten (Revolution: ja/nein; Staat: ja/nein; Gewalt: ja/nein; freiwillige Vereinbarung: ja/nein etc.) Stellung, um am Ende des Interviews überspitzt nachzulegen:

„Freilich haben auch die alten Anarchisten den Geist der neuen Zeit nicht erfasst. ... Die Menschheitsideale sind nicht überflüssig geworden, doch sie bedürfen neuer Zielsetzungen und müssen modern formuliert werden. … Man vermisst auch die sozialphilosophische Auseinandersetzung mit den modernen Geistesströmen, der sich eine freiheitlich-sozialistische Weltbewegung stellen muss, wenn sie jung bleiben will." (a. a. O.: 30f)

Diese Aussage verstehe ich als Anspruch an diese Arbeit und an den Anarchismus ganz allgemein. Der heutige Anarchismus muss sich heute mehr denn je um die entsprechenden gesellschaftlichen Veränderungen kümmern und sich mit den daraus folgenden Konsequenzen aus den Diskussionen um die Postmoderne beschäftigen.

Freiheit und Gerechtigkeit ohne Staat und Herrschaft sind die Prämissen des Anarchismus, die jedoch ebenfalls den gesellschaftlichen Veränderungsprozessen unterliegen und deshalb immer wieder neu formuliert werden müssen. Die Unterschiedlichkeit bei der Umsetzung der Ziele, oder die Differenzen zwischen den verschiedenen Anarchismen, lassen sich aus dem folgenden Koordinatensystem von Bröskamp (Bröskamp 1999: 5) ableiten.

Dimensionen des Anarchismus (nach Bröskamp)

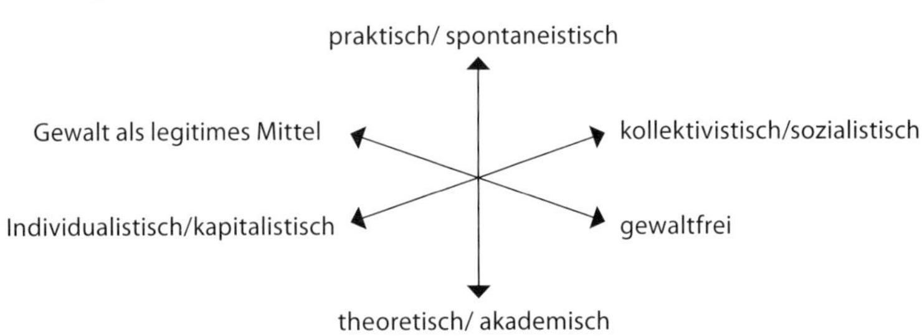

So lassen sich die Unterschiedlichkeiten der verschiedenen anarchistischen Richtungen nach Bröskamp an drei unterschiedlichen Dimensionen festmachen:

Das Freiheitsverständnis (individualistisch – kollektivistisch)
Die Mittelwahl (Gewalt – Gewaltfrei)
Das Theorie-Praxis-Verhältnis.

In dieser Arbeit wird die Definition vertreten, dass der Anarchismus zum Ziel hat, die Abschaffung aller Herrschaftsverhältnisse zu ermöglichen. Es kann jedoch nur dann gelingen, wenn der einzelne Mensch dies als persönlichen Anspruch wahrnimmt. Eine Herrschaftslosigkeit (als Globalformulierung) kann es demnach nur in einer freiheitlichen Gesellschaft geben, in der alle Menschen gleichberechtigt leben, dazu ermutigt und befähigt werden und dies als Grundlage für ihr eigenes Lebenskonzept nehmen.

2.2. THEORIEASPEKTE DES ANARCHISMUS

Ganz bewusst habe ich die Absatzüberschrift mit dem Begriff „Aspekte" versehen. Auch hier gilt wieder die schon am Anfang dieses Kapitels erwähnte und begründete Reduzierung meiner Darstellung des Anarchismus, da auch in vielen anderen Publikationen auf dieses Problem hingewiesen wird. Franz Neumann deutet in seinem „Handbuch Politische Theorien und Ideologien" darauf hin:

> „Die vielen Mischformen und Spielarten anarchistischen Denkens können in dem vorliegenden Beitrag nur in wenigen Hauptströmungen vorgestellt werden, die die eben erwähnten Hauptziele verschieden begründen und mit verschiedenen Methoden erreichen wollten: individualistischer, solidarischer, kollektiver, kommunistischer Anarchismus, Gemeinde-Sozialismus und Anarchosyndikalismus, wobei diese Etikettierung wie alle Typologien ein problematisches Ordnungsschema bleibt." (Neumann 1969: 162)

Ein ähnliches Problem beschreibt Horst Stowasser in seinem Buch „Anarchie! Idee – Geschichte – Perspektiven!":

> „... denn eine korrekte Definition ist schon deshalb schwierig, weil Anarchismus keine einheitliche Bewegung ist, sondern eine vielfältige und damit auch widersprüchliche. Das liegt in ihrem Wesen, denn ihr Wesen ist Freiheit, und Freiheit ist nicht uniform. So gibt es unter Anarchisten denn auch alle möglichen Überzeugungen und Strategien der Veränderung. Von Ökologen über Gewerkschafter, Pädagogen, Siedler und Alternativunternehmer bis hin zu den Befürwortern revolutionärer Gewalt und Anhängern strikter Gewaltfreiheit ist alles vertreten. Es finden sich unter ihnen Atheisten und Religiöse, Asketen und Schlemmer, Materialisten und Esoteriker. Für die einen ist der entscheidende Hebel zur Überwindung der Herrschaft die Erziehung, für die anderen der zivile Ungehorsam oder die direkte Aktion; diese wollen mit dem gleichen Ziel Gegenstrukturen aufbauen, jene die Arbeiterschaft gewinnen; Selbstverwaltung ist das Credo von manchen, auch Unterwanderung ist für viele angesagt und wieder andere schwören auf Propaganda, Aufklärung oder das vorgelebte Beispiel." (Stowasser 2007: 15f)

Wichtig ist jedoch bei all der angedeuteten Schwierigkeit, eine eindeutigere Darstellung der Theorie des Anarchismus abzuliefern, dass diese Unmöglichkeit nicht negativ bewertet wird. Es soll ein Hinweis darauf sein, dies quasi als Vorwegnahme einer zukünftigen Gesellschaft, die geprägt sein muss von Individualität, Unterschiedlichkeit und gegenseitiger Akzeptanz, zu sehen. Das Einzige, zu dem mensch konkrete und klare Aussagen machen kann, ist die Frage: Was wollen die Anarchist_innen? Stowassers Antwort darauf ist eine Zeile von *Ton Steine Scherben*: Keine Macht für niemand!

Und nicht zuletzt habe ich schon in meiner Begriffsdefinition darauf verwiesen, dass der Ursprung der Anarchie bis in die Antike zurückgeht und somit viele Eltern besitzt. So ist es nicht verwunderlich, wenn es in der Geschichte des Anarchismus sehr unterschiedliche Spielarten gab, die Franz Neumann in dem „Lexikon der Politik" versucht zu strukturieren:

Individualistischer Anarchismus
Sozialer Anarchismus
Kollektiver Anarchismus
Kommunistischer Anarchismus
Anarcho-Syndikalismus

Allerdings wird bei der Darstellung der verschiedenen Theorieansätze schnell deutlich, wie sehr die unterschiedlichen anarchistischen Richtungen miteinander verknüpft sind. So weist Neumann auf dieselbe soziale Basis der verschiedenen Richtungen hin:

> „Die soziale Basis des sozialen, kollektiven und kommunistischen Anarchismus waren Landbewohner, Kleinbauern, Handwerker, Kleinbürger, Künstler, Literaten, Wissenschaftler, Lehrer, Journalisten und zum kleineren Teil auch Industriearbeiter." (Drechsler/Hilligen/Neumann 2003: 25)

Nicht verwunderlich ist auf jeden Fall, dass sich in jedem anarchistischen Segment eine je spezifische Organisationsform entwickeln konnte, die auch als Ergebnis ihrer Zeitgeschichte zu verstehen ist.

Die unterschiedlichen Organisationsformen unterscheiden sich partiell, nicht jedoch grundsätzlich. Das Oberziel, eine herrschaftsfreie und freiheitliche Gesellschaft, kann dabei immer als das oberste und feststehende Kriterium angesehen werden. Damit steht die Freiheit des/der Einzelnen ganz oben. Deshalb ist klar, dass jede Organisationsform, jede Aktionsform und jedes Projekt von diesem Primat hergeleitet werden muss – wenn es denn anarchistisch sein will. So ist es nur folgerichtig gewesen, dass sich Marx schon bald vom kommunistischen Anarchismus verabschiedete bzw. Bakunin (und damit die anarchistische Denkweise) aus der Internationalen Arbeiterassoziation (IAA) ausschloss, denn nach Bakunin sollte der Staat, als Garant der Unfreiheit, gleich zu Beginn einer Revolution abgeschafft werden,

> „bei Marx/Engels am Ende eines revolutionären Prozesses, in dem das politisch in einer Partei organisierte, klassenbewusste Proletariat als herrschende Klasse vorübergehend die zentralisierte Staatsmacht übernimmt und die Diktatur des Proletariats errichtet. Marxismus sei – so Bakunin – ‚autoritärer Staatskommunismus'; libertärer, antiautoritärer Sozialismus sei das Gegenstück." (a. a. O.: 24)

Wesentlich ist, dass der Anarchismus über die Jahrhunderte die Pluralität seiner Ideen nie verloren hat und bei allen Unterschiedlichkeiten immer im Auge hatte, dass z. B. eine verabsolutierende Parteienherrschaft oder ein festgelegtes Mehrheitsrecht als Organisationsprinzip nicht in

Frage kamen. Demgegenüber standen immer auch ein Konsensprinzip, eine Veränderbarkeit und die unbedingte Berücksichtigung des/der Einzelnen und der Basis. Anarchistische Organisationsform setzte (und setzt) immer auch, im Gegensatz zu einer „Parteiendemokratie",

> „die kleinen auf bedingungslose Freiwilligkeit beruhenden assoziativen Gruppen entgegen, diese zur Bewältigung bestimmter Zielsetzungen gebildeten informellen Vereinigungen, deren Mitgliederzahl stets überschaubar bleibt, haben stets temporären Charakter und lösen sich nach Erreichung der selbstgewählten Ziele wieder auf, um sich zur Lösung neuer Aufgaben auf Grund der Kompetenzen einzelnen Mitglieder neu zu formieren." (Vortrag 7.9.2007 in der Bibliothek der Freien, Berlin – www.bibliothekderfreien.de/texte/was-ist-anarchismus.html, 13.05.2010)

Eine anarchistische Organisation ist weder hierarchisch noch setzt sie auf das Delegiertenprinzip, sondern stellt die Selbstvertretung in den Mittelpunkt. Die Freie Arbeiterinnen und Arbeiter-Union (FAU) ist noch heute dafür das beste Beispiel. Auch im größeren Rahmen wird das Prinzip der Freiwilligkeit gewählt, also der freien Vereinbarung,

> „die, wenn nötig, vertraglich abgesichert wird, aber immer die Möglichkeit der bedingungslosen Aufkündbarkeit ohne gegenseitige juristische Nachteile mit einschließt. Ein solches Organisationsprinzip setzt natürlich im hohen Maße ein großes Einfühlungsvermögen sowie Verantwortlichkeit und die Fähigkeit zu freiem und selbstbestimmtem Handeln jedes Einzelnen voraus. Gerade hierin finden wir einen wesentlichen Unterschied des Anarchismus zum autoritären Sozialismus, der in den Menschen immer nur eine abstrakte Masse, beziehungsweise Klasse, sah ... Der Anarchismus zielte von Anfang an darauf, die Kräfte des einzelnen Individuums zu stärken, um es so in den Stand zu versetzen, mit all seinen Fähigkeiten, frei und selbstbestimmt in einer Gruppe von Gleichen ohne hierarchische Strukturen handeln zu können." (ebd.)

Anarchismus bedeutet also den Aufbau der Gesellschaft durch diejenigen, die es betrifft: die Bewohner_innen eines Stadtteils, einer Kommune, eines Landes. Es wird von unten nach oben gedacht mit allen Mitbestimmungsrechten. Wenn es also eine Institution gibt, die dieses Grundprinzip verunmöglicht, wird Freiheit eingeschränkt, und so ist der/die Einzelne auch nicht in der Lage, frei zu entscheiden. Diese, aus anarchistischer Sicht, Bevormundung verhindert die Entwicklung eines emanzipativen Bewusstseins, das Voraussetzung für einen freiheitlichen Umgang miteinander ist und dass Menschen sich frei vereinbaren können. So ist es sicher kein Wunder, dass Anarchisten meinen:

> „Der Staat in sich stellt ein Ungleichgewicht dar. Der Staat sorgt einerseits für seinen Machterhalt und gleichzeitig für die Ohnmacht aller Anderen in der Gesellschaft. Dieses Ungleichgewicht

entsteht damit auch im Sozialen und Ökonomischen bzw. erhält diesen Zustand dort. Gleichheit ist die notwendige Voraussetzung für Freiheit." (ebd.)

Eine nachvollziehbare Möglichkeit, anarchistische Theorieansätze, auch in ihrer geschichtlichen Perspektive, darzustellen, könnte folgende sein:

Traditionelle anarchistische Strömungen in Vergangenheit und Gegenwart
Libertäre Strömungen
Jüngere Strömungen
Sonderformen und wesensverwandte Ansätze

(1) Zu den traditionellen anarchistischen Strömungen gehören:
- Kollektiver Anarchismus (Bakunin)
- Sozialer Anarchismus (Proudhon)
- Individualistischer Anarchismus (Stirner)
- Anarcho-Kommunismus (Kropotkin, Mühsam, Berkman)
- Syndikalistischer Anarchismus/Anarcho-Syndikalismus (Souchy, Rocker)
- Graswurzel-Anarchismus (Galtung)

(2) Zu den libertären Strömungen gehören:
- der Libertäre Individualismus (Godwin, Stirner)
- der Libertäre Kommunalismus (Bookchin, Biehl).

(3) Zu den jüngeren Strömungen gehören:
- Folk-Anarchismus (richtet sich gegen alle traditionellen Anarchismusrichtungen, die als „Dinosaurier" bezeichnet werden)
- Postanarchismus (May, Kastner, Mümken: richtet sich ebenfalls gegen herkömmliche Denktraditionen und gegen das Festhalten an alten Denkschemen)
- Post-linker Anarchismus (Bookchin, Chomsky)
- Anarcha-Feminismus (Goldman, Biehl)
- strömungsloser Anarchismus (Autonome) und
- Öko-Anarchismus.

(4) Die Sonderformen und wesensverwandten Formen des Anarchismus
- finden sich im Libertarismus, Pogo-Anarchismus, der APPD, dem Anarcho-Primitivismus und dem Plattformismus wieder.

In der Auflistung der verschiedenen Richtungen und Strömungen wird deutlich, wie schwer es fällt, den Anarchismus deutlich darzustellen. Auch der Versuch, Kategorien zu finden, mit denen mensch den Anarchismus besser einordnen könnte, hilft nicht wirklich weiter, wenn dadurch ein verständlicherer Blick auf *den* Anarchismus entstehen soll.

Dies wird erst recht deutlich, wenn wir uns die Ursprünge der Theorieentwicklung ansehen. **William Godwin** veröffentlichte zur Zeit der Französischen Revolution das Buch „Politische Gerechtigkeit" und schrieb darin über Individualismus, Rationalismus und die Aufklärung. Diese Schrift wird auch als erster theoretischer Entwurf des Anarchismus gesehen.

50 Jahre später schrieb **Max Stirner** dann schon in einem starken Gegensatz zu Godwin. Die einzige Gemeinsamkeit, die die beiden hatten, war die atheistische Grundhaltung und die feste Überzeugung, dass nur das Individuum und nicht etwa der Staat oder ähnliches maßgebend sei. Zwei Menschen, die als die ersten großen Theoretiker des Anarchismus gelten, stehen in einer selben Zeitepoche in ihrer Unterschiedlichkeit nebeneinander.

> „Die Unterschiedlichkeit des anarchistischen Denkens wird deutlich durch die Tatsache, dass der nächste wesentliche anarchistische Denker Max Stirner war. Er gehörte zu der Generation junger Intellektueller im Deutschland der 40er Jahre des 19. Jhdts., die stark durch die idealistische Philosophie Hegels beeinflusst waren und ihre eigenen Theorien durch eine systematische Kritik der eher konservativen Bedeutung der Philosophie Hegels in Beziehung zum Staat und zur Religion entwickelten." (Carter 1988: 7)

Die starke Herausstellung des Individuums und dessen Autonomie findet sich bei den späteren Theoretikern in dieser Form nicht mehr wieder. In der zweiten Hälfte des 19. Jahrhunderts wird dies durch **Proudhon** deutlich, der als Grundlage seiner Arbeiten einen völlig anderen Ansatz nutzte und dabei die fortschreitende Industrialisierung im Blickfeld hatte. Daraus entwickelte er u. a. seine mutualistische Sozial- und Wirtschaftstheorie. Auch die Suche nach einer Vernetzung auf kommunaler Ebene, die anarchistische Föderation, entwickelte er aus dieser Sichtweise.

An dieser Stelle wird damit dann die Zerfahrenheit der anarchistischen Denktradition deutlich. Noch in der 1864 gegründeten 1. Internationale besaßen die Proudhonisten großen Rückhalt. Doch schon bald wurde **Bakunin** als internationalistischer Revolutionär – in Kooperation mit **Kropotkin** – zu einer der bestimmenden Figuren der weiteren Zeit. Die revolutionäre Arbeiterklasse war für Bakunin die entscheidende Kraft zur Entwicklung einer anarchistischen Revolution. Im Gegensatz zu Proudhon bekämpfte er persönliches Eigentum und forderte die kollektivistische Variante des Anarchismus. Aus dieser nur sehr kurzen und skizzenhaften zeitgeschichtlichen Sequenz wird folgendes deutlich:

1. In den Ursprüngen der Entstehungsgeschichte stehen zwei Dimensionen im Mittelpunkt: der individualistische und der kollektivistische Denkansatz.

2. Die Ausdifferenzierung, die Unterschiedlichkeit oder die Differenzierungen in den entstehenden anarchistischen Ausprägungen werden schon in der Entstehungsgeschichte des Anarchismus sehr deutlich. Letztlich werden im Spannungsfeld des Individual- und Kollektivanarchismus Unterscheidungsmerkmale möglich, die sich auf das Theorie-Praxisverhältnis, die Mittelwahl und das Freiheitsverständnis beziehen.

Hinzu kommt, dass zur korrekten Darstellung bei jeder einzelnen Person auch die jeweiligen zeitgeschichtlichen Aspekte dargestellt werden müssten, die für jeden der anarchistischen Theoretiker von Bedeutung sind. So stellt April Carter dies in ihrem Buch „Die politische Theorie des Anarchismus" gut dar, indem sie immer wieder die zeitgeschichtlichen Besonderheiten präsentiert und damit die Vielfalt der theoretischen Ansätze erklärt.

Die nochmalige Erwähnung des wichtigen Aspektes der zeitgeschichtlichen Besonderheiten halte ich deshalb für erforderlich, um erklären zu können, warum es richtig und notwendig ist, die Postmoderne zu berücksichtigen und ihre Bedeutung für eine Theorieerweiterung des Anarchismus darzustellen.

So möchte ich als Fazit folgendes festhalten:

1. Die Theorie- und Geschichtsaspekte des Anarchismus in ihrer Vollumfänglichkeit für diese Arbeit darzustellen ist weder möglich noch nötig.

2. Die Entwicklung eines neuen Dimensionsschemas des Anarchismus ist notwendig und schafft Platz für die Integration neuer anarchistischer Theorieansätze, die in diesem Fall durch postmoderne, zeitgeschichtliche Entwicklungen erklärt werden können.

3. Ähnliches gilt im Übrigen für den Ökoanarchismus und den Anarchafeminismus. Ökoanarchismus und Anarchafeminismus stellen im Vergleich zu den traditionellen Anarchismusformen eine wesentliche Erweiterung des Herrschaftsbegriffes dar. In ihnen wird die Herrschaft der Männer über Frauen und des Menschen über die Natur thematisiert und in die anarchistische Theorie eingeführt. Letztlich beinhalten schon diese Ansätze erste Hinweise auf die in dieser Arbeit dargestellte Erweiterung vom Triple-Oppression-Ansatz zum Unity-of-Oppression-Ansatz. Damit erhält der Veganismus mit seinem nicht-anthropozentrischen Theorieansatz Anschluss an den traditionellen Anarchismus. Die Theorie des Anarchismus wird erweitert und den postmodernen Bedingungen angepasst.

2.3. GEGENWART DES ANARCHISMUS

> „Wir leben im Zeitalter der Dinosaurier. Überall um uns herum trampeln soziale, wirtschaftliche und politische Kolosse durch zerstörte Landschaften, und ihre lebensbedrohlichen Schatten bedecken den gesamten Planeten. Anarchistische Ansätze müssen relevant für die alltäglichen Probleme der Menschen sein und dabei genug Flexibilität besitzen, um Kämpfe in unterschiedlichen Situationen und Kontexten führen zu können. Wenn wir das erreichen, wird die Welt nach den Dinosauriern erblühen können."
> (More Than Just Music Brigade 2006: 24)

Die anarchistischen Strukturen sind nicht viel mehr als das Röntgenbild einer kleinen, weltanschaulich geprägten Gemeinde.

Schon im Kapitel III.1. wurde deutlich, dass in dieser Arbeit die Ideale der Aufklärung als ursächlich für die Entstehung des Anarchismus angesehen werden. Damit wurde auch deutlich, dass der klassische Anarchismus nur wenig mit den Grundannahmen der postmodernen Theorie zu tun hat. Eine recht nüchterne Bestandsaufnahme der Gegenwart des Anarchismus stellt Horst Stowasser auf:

> „Diese spezifisch anarchistischen Strukturen sind nicht viel mehr als das Röntgenbild einer kleinen, weltanschaulich geprägten Gemeinde. Ohne die geschilderte Diffusion in soziale Bewegungen und ihre Wurzelwerk-Funktion könnte man das getrost als das Diagramm einer Sekte abtun. Aus dieser Perspektive stellt sich der deutsche Mainstream-Anarchismus unserer Tage in der Tat als eine etwas skurrile Glaubensgemeinschaft dar. Er ist in seinem eigenen sozialen Ghetto verfangen … Oft genügt sich dieser Insiderkreis als eigene Zielgruppe und betreibt einen geistigen Inzest, für den das Fehlen einer Publikumszeitschrift bei gleichzeitiger Existenz von mehreren Theorieblättern ein bezeichnendes Indiz ist." (Stowasser 1995: 360)

Horst Stowasser bescheinigt der anarchistischen Bewegung, nicht auf der intellektuellen Höhe der Zeit zu sein, und wünscht sich eine radikale und permanente Revision anarchistischer Theorie. Auf der anderen Seite stellt er die nach wie vor existente Qualität der radikaldemokratischen Ideen, Wertvorstellungen und punktuellen Aneignungen anarchistischer Theorie und Praxis der verschiedenen Bewegungen fest. Diese positiven Bestandteile sind für ihn in den anarchistischen Prämissen Dezentralität, Föderalität, Hierarchiekritik, Selbstverwaltung und gewaltfreier Widerstand festzumachen. Mit diesen Inhalten haben Anarchisten die unterschiedlichen Strömungen der Neuen Sozialen Bewegungen beeinflusst und in wesentlichen Teilen auch deren Inhalte mit reformiert. Dies kann als der eigentliche Erfolg des neueren Anarchismus angesehen werden, da er quasi

> „durch die Hintertür der gesamten Gesellschaft einen Demokratisierungsschub verpasste." (Raasch 2002: 13)

Da sich nach dem Zweiten Weltkrieg keine deutlich neue und eigenständige anarchistische Bewegung entwickelte, orientierten sich die meisten Anarchisten an den entstehenden Neuen Sozialen Bewegungen und

> „schleusten anarchistische Elemente in den Wertekontext der Ökologie-, Friedens-, Bürgerinitiativ- und Alternativbewegung ein." (Raasch in Degen/Knoblauch 2009: 33)

Die Frage, die auf diese Gegenwartsdarstellung gestellt werden kann, lautet:

> „… hat der Anarchismus mit diesem Reformismus seine historische Mission erfüllt? Wahrscheinlich nicht!" (Henning/Raasch 2005: 174)

Diesem ‚wahrscheinlich' soll in diesem Abschnitt nachgegangen werden. Was tut sich also im Umfeld des Gegenwarts-Anarchismus?

Neben der Auseinandersetzung vieler Anarchist_innen mit historischen Fragestellungen (Spanischer Bürgerkrieg, Tauschbank, Syndikalismus, Mutualismus etc.) wurden durch die Veröffentlichung von Raasch und Degen (Raasch/Degen 2002) neue Ansatzpunkte und Wahrscheinlichkeiten formuliert. In „Die richtige Idee für eine falsche Welt? Perspektive der Anarchie" wird der Frage nachgegangen, welche Perspektive der Anarchismus in der Gegenwart besitzt. Die Autoren (keine Autorin!) sind mehrheitlich weit über 40 Jahre alt (beginnend mit dem Jahrgang 1926), kennen und beeinflussen die anarchistische Bewegung in den letzten Jahrzehnten entscheidend mit (Klemm, Knoblauch, A. Laska, Portmann, Timm etc.) und meinen,

> „dass es wieder einmal an der Zeit ist, Bilanz zu ziehen, ebenso wie es an der Zeit ist, Alternativen zu formulieren." (a. a. O.: 7)

Ohne auf Einzelheiten der Texte einzugehen, möchte ich die Grundzüge der verschiedenen Kritikpunkte am heutigen Anarchismus (und damit auch die Selbstkritik) und die aufgezeigten Perspektiven darstellen, da sie den Gegenwartsanarchismus recht gut spiegeln. Ich möchte diese Selbstkritik auch als Beleg meiner Thesen nehmen, dass der Anarchismus eine Revision benötigt und diese durch die Postmoderne unterstützt wird. Mit der schon weiter oben vorgestellten Definition von Raasch soll der erste Hinweis darauf gegeben werden, welche neuen Spielräume in der postmodernen Zeit existieren.

Raasch meint, dass ein „Festgelegt sein" auf eine kurze, prägnante Definition des Anarchismus und seiner Theorieaspekte nur einengend sein kann. Aber in der anarchistischen Bewegung findet sich eher ein sehr traditioneller Gebrauch von Begrifflichkeiten wieder. Von diesem „passiven Begriffsanarchismus" oder „ideologischen Anarchismus" sollte mensch sich trennen und sich lieber auf „ein paar flexibel zu handhabende Prämissen" (a. a. O.: 11) konzentrieren. Diese Prämissen dürfen dann aber doch noch von den anarchistischen Klassikern stammen, die mensch eher als „theoretische Werkzeugkiste" benutzen soll. In dieser Funktionalisierung traditioneller Theorie wird ein erster Abnabelungsprozess deutlich, der die geforderten neuen Spielräume aufzeigen soll, auch wenn von Dekonstruktion (noch) nicht die Rede ist und sein wird. Als Beispiel wird der Begriff der Freiheit angeführt, der von manchen Anarchist_innen mit solcher Inbrunst benutzt wird, dass Raasch religiöse Parallelen sieht:

> „Diese Überhöhung einer abstrakten Begrifflichkeit ist derselbe Popanz wie die Anbetung zweier kreuzweise übereinander gelegter Holzleisten, an die ein mageres Männlein genagelt ist." (ebd.)

Hinzu kommt ein Problem, dass im Kapitel I.3.3. schon ausgeführt wurde: soziale Enttabuisierung. Unterscheidet sich „der" Anarchist von der Mehrheit der Bevölkerung? Auf den ersten Blick könnte mensch die Frage verneinen. Zumindest sind die sichtbaren Unterscheidungsmerkmale nicht mehr so deutlich! Unterscheidet sich „der" Anarchist noch von der Mehrheit der Bevölkerung? Auch weite Teile der Bevölkerung schimpfen über die Parteibonzen und die Gewerkschaftsfunktionäre; auch sie belügen das Finanzamt; auch sie finden, Beamte gehören abgeschafft, und überhaupt sind diese alle korrupt und bestechlich. Die Religion hat ihren Einfluss verloren; wählen gehen wird schon bald nur noch eine Minderheit, und Gesetze sind dazu da, sie zu brechen. Bürgerwehren statt Staatspolizei, Werbeagenturen mögen gepiercte Teenager, das Arbeitsamt unterstützt Selbstverwaltung; Familien sind enttraditionalisiert, und ökologisch sind eh schon viele.

> „In diesem Sinne wäre unser Familienrecht ‚anarchisch' geordnet, kennt unser Eherecht keinen Herrscher und keinen Untertan in der Ehe, sondern die Ehepartner sind gleichberechtigt. Anarchische Rechtsformen gibt es auch im Wirtschaftsrecht, im Vereinsrecht, im klassischen Sinne bei einer Genossenschaft, denn die Leitung einer Genossenschaft steuert, sie herrscht nicht." (Timm in: Raasch/Degen 2002: 114)

Anders formuliert: Wenn alle in Freiheit leben, gibt es dann noch Freiheit? Damit möchte ich deutlich machen, dass es sich lohnt, über „Freiheit" neu nachzudenken, zumindest wird es als Beispiel genannt, um sich von traditionellen Begriffen und deren (inneren) Zuschreibungen zu lösen. Also auch schon eine Form der Dekonstruktion! Zumindest mahnt Raasch eine Revision überholter Begrifflichkeiten an und fordert, bei einer Neuformulierung anarchistischer Prämissen den geschichtlichen Zusammenhang mit zu diskutieren.

In diesem Sinne werden in der genannten Diskussion über die Perspektiven des Anarchismus weitere Grundbegriffe angesprochen, die im postmodernen Sprachgebrauch dekonstruiert werden. Anarchist_innen müssen demnach einen neuen Begriff der Gleichheit erarbeiten, der die Verschiedenheit akzeptiert und durch Globalisierungs-, Pluralisierungs- und Individualisierungsprozesse immer weiter beschleunigt wird. Diese Erkenntnis ist wichtig, wenn es um neue Solidarisierungsinhalte geht. Solidarisierung nicht nur mit den „Mit-Anarchist_innen", sondern mit denen, die sich „ausdifferenziert" haben: z. B. den Veganer_innen, die dadurch Solidarität mit Tieren üben können. Wenn alle in Freiheit leben, gibt es dann noch Freiheit?

So scheint erst einmal die Forderung nach Solidarität ein Begriff aus der Mottenkiste der anarchistisch-sozialistischen und sozialdemokratischen Geschichte zu sein. Solidarität in der ursprünglichen Form gibt es nicht mehr! Die gesellschaftlichen Bedingungen im Zeitalter der Globalisierung haben sich derart verändert, dass weder Klassenwidersprüche noch Schichtzugehörigkeit eine Erklärung für die Forderung nach Solidarität abgeben können. Es gibt diese Solidarität schlicht nicht mehr, selbst in den Nahräumen zwischen der arbeitenden Bevölkerung nicht. Solidarität muss sich heute auf völlig andere Parameter beziehen. Leider wird jedoch in nicht wenigen Publikationen mit einem historisch überholten Solidaritätsbegriff gearbeitet. Deshalb ist die Forderung nach Solidarität mit Tieren auch noch nicht zu finden.

Ein weiterer Aspekt zur Erarbeitung neuer Spielräume wird in der kritischen Hinterfragung anarchistischer „Reinheitslehre" gesehen. Ende der 30er Jahre, also mit der Niederlage gegen Franco im Spanischen Bürgerkrieg und der Dezimierung der anarchosyndikalistischen Bewegung auch in Deutschland, scheint der Versuch, die Machtfrage zu stellen, gescheitert zu sein. In diesem Spanischen Bürgerkrieg zeigte sich das Dilemma, in dem sich Anarchist_innen befanden. Entweder allen anderen die anarchistische Theorie und Praxis aufzwingen oder sich mit Partnern, die nicht anarchistisch sind, zusammenschließen. Es scheint keine rein anarchistische Lösung der Machtfrage zu geben und ein Insistieren auf die „reine Lösung" scheint Selbstblockaden aufzubauen: Den Vorwurf, mensch sei „un-anarchisch", eben kein echter Anarchist, will niemand auf sich sitzen lassen.

Ein Hauptaspekt anarchistischer Programmatik ist die Auseinandersetzung mit dem Verhältnis Gesellschaft – Staat. Auch hier wird angeregt, dass dieser Widerspruch relativiert werden sollte, da der Staat heute auch wichtige Schutzfunktionen übernimmt, ohne die viele Menschen schlechter gestellt wären. Außerdem ist der Trend zu erkennen, dass auch FDP und CDU sich (unbewusst und ungewollt) anarchistischen Denkweisen annähern, in dem sie weniger Staat fordern – zumindest an einigen Punkten.

Der Anarchismus war schon immer mit einer westlichen Ausprägung versehen. Zuletzt Bookchin, der ausschließlich Aspekte aus der griechischen Antike bis zur euro-amerikanischen Neuzeit in seinen libertären Kommunalismus aufnimmt. Selbst aktuelle anarchistische Entwürfe sind euro-amerikanisch ausgerichtet. Auch mit dieser euro-amerikanischen Sicht und Ausrichtung anarchistischer Theorie muss Schluss sein. Erste Hinweise dazu hat sehr eindrücklich Herold Barclay in seinem Buch „Völker ohne Regierungen" (Barclay 1985) geliefert, indem er anarchische Strukturen in Völkern auf allen Erdteilen feststellte. Nicht nur bei den Inuits, sondern auch in afrikanischen, australischen und asiatischen Völkern konnte er in seinen ethnologischen Studien anarchische Organisations- und Verhaltensweisen feststellen.

Hinzu kommt der Vorwurf, der aktuelle Anarchismus werde von weißen Männern aus der Mittel- bis Oberschicht dominiert und sei deshalb schon euro-amerikanisch dominant.

> „Es ist notwendig, zu unterscheiden zwischen einem Herrschaftsuniversalismus und der universalistischen Geltung emanzipatorischer Werte. … Anarchistische Prinzipien wie Freiheit, Gerechtigkeit und Menschenwürde sind universell gültig. Welt- und Menschenbilder sowie Traditionen und Erfahrungen der Befreiung sind allerdings so vielfältig, dass es anmaßend wäre, den westlich geprägten Anarchismus als allgemeingültig auszugeben. Vielmehr

> gibt es in der Kulturgeschichte anderer Länder eigene Bewegungen, die freiheitliche Ideale entwickelt haben." (Raasch/Degen 2002: 27)

Während anarchistische Prinzipien als universalistisch angesehen werden, muss eine anarchistische Theorie, die bisher westlich geprägt war, universalistisch umgedacht werden. Es gibt, wie Barclay gezeigt hat, in anderen Kulturen ebenfalls anarchistische (anarchische) Ideen. Anstatt dogmatisch an den Ursprüngen und philosophischen Ausgangsideologien des westlich-aufklärerischen Anarchismus festzuhalten, sollte sich in der Welt umgesehen werden. Allerdings wird auch festgestellt, dass sich im Anarchismus ein beängstigendes Utopiedefizit breit gemacht hat, das begleitet wird von einer allgemeinen Skepsis über die eigene Sinnhaftigkeit anarchistischer Arbeit.

Die Suche nach eigener Identität (Wer sind wir Anarchist_innen denn überhaupt?) fällt allerdings in eine Zeit, in der besser über Nicht-Identität nachgedacht werden sollte. Anarchistische Gruppen strömen heute eine (notwendige) Nestwärme aus, die manche Menschen suchen, auch weil sie hier ihren Familienersatz zu finden hoffen. Der Nachteil, der sich daraus ergibt, ist der, dass sie natürlich mit ihren Unzulänglichkeiten unter sich bleiben. Foucault-mäßig gesprochen bedeutet dies, dass sie damit gesellschaftlichen Alltag reproduzieren und in der Öffentlichkeit nicht unbedingt als Alternative zu dem Bestehenden auftauchen.

> „Es ist tatsächlich so, dass die Individuen in den modernen Gesellschaften ‚ortlos' geworden sind … Dagegen müsste der Anarchismus heute zu Felde ziehen: So wie sich der Anarchismus in früheren Zeiten gerade nicht als eine weitere Ideologie verstanden hat, sondern als einzige Ideologiekritik, weil nur Herrschaftsformen einer Legitimationsideologie bedürfen, so müsste der Anarchismus heute als Identitätskritik auftreten." (a. a. O.: 29)

Mit dieser Identitätskritik ist das gemeint, was an anderer Stelle auch als Szene-Identität bezeichnet werden kann: eine Ästhetisierung, Selbststilisierung und damit der Versuch, sich durch Identitätsfindung von anderen abgrenzen zu können, auch durch die besondere Überhöhung der eigenen Theorie. Dies hat schon früher zur Zersplitterung der Linken geführt und der jeweilige theoretische Standpunkt konnte zur Identitätsstiftung führen, wenn schon keine reale politische Gestaltungsmöglichkeit bestand.

> „Borniert wird eine Theorie und eine Szene dann, wenn sie die eigene Gruppierung zum Hauptopfer der Verhältnisse stilisiert und einen Hauptwiderspruch konstruiert, aus dem dann alles andere abgeleitet wird … Ein zeitgemäßer Anarchismus müsste demgegenüber die Kritik der Hierarchien in allen gesellschaftlichen Bereichen in den Mittelpunkt stellen, jede Herrschaftskritik der verschiedenen Szenen als im Prinzip gleichberechtigt anerkennen und bornierte Szene-Identitäten kritisieren und sogar aufbrechen." (a. a. O.: 30)

Und so ist es nicht verwunderlich, wenn in diesem Zusammenhang die Forderung auftaucht, dass sich Anarchist_innen eigentlich in verschiedenen Szenen gleichzeitig aufhalten können müssten: in der Ökoszene wie bei den Punks oder Veganer_innen. Nicht etwa, weil anarchistische Merkmale beliebig sind, sondern weil die Suche nach Gemeinsamkeiten und Zusammenhängen im Vordergrund stehen sollte und nicht die der Ab- und Ausgrenzungen. Und genau aus diesen Austauschprozessen kann eine neue Form der Solidarität entstehen, die völlig losgelöst von Klasse, Schicht oder Herkunft zu sehen ist und nicht in der Gefahr steht, gesellschaftliche Identität nur zu reproduzieren. Weiter gedacht bedeutet dies, internationaler zu denken und auch die verschiedenen kulturellen Einflüsse der anarchistischen Bewegungen anderer Länder in die eigene Gedankenwelt mit einzubinden. So entstehen neue Identitäten!

> „Es muss tatsächlich zu einer ‚Vermischung' kommen, wenn das libertäre Ideal eines fließenden Kulturbegriffs, das Rudolf Rocker 1937 in seinem Hauptwerk ‚Nationalismus und Kultur' entworfen hat, zeitgemäß und erneuert werden soll." (a. a. O. : 31)

Wie schon weiter oben genannt, geht es auch hier darum, alte Begriffe zu dekonstruieren und, wenn schon nicht neue zu erfinden, so doch neue Inhalte zu produzieren. Sich auf Theorien aus vorindustrieller, agrarischer und feudalabsolutistischer Zeit zu beziehen, ist für Degen inzwischen ein Unding. Das Abschneiden alter anarchistischer Zöpfe ist damit auch gemeint und bezieht sich auf die Gesamtheit aller anarchistischen Strömungen. Die Anarchie mit einer Dekonstruktion anarchistischer Theorie und die Verknüpfung mit einer aktuellen gesellschaftlichen Analyse scheint die notwendige neue Richtung zu sein. Erst dabei kann erkannt werden, was von den „alten Klassikern" übernommen werden kann und was nicht. Dabei wird auch deutlich, was alles an diesem zweihundertjährigen Anarchismus nicht freiheitlich ist: Eurozentrismus, Anthropozentrismus, Antisemitismus, fehlende Patriarchatskritik, Sexismus, männliche Sprache, Dogmatismus etc.

Anarchie benötigt Orte der Öffentlichkeit, um sich entfalten zu können, und nicht selbst geschaffene Szene-Identitäten. Freiheit und Selbstbestimmung kann nur gelingen, wenn Menschen zusammenkommen und sich auseinandersetzen, diskutieren und mit-er-leben. Auch hier müssten sich zum Beispiel in Deutschland die verschiedensten Gruppen aufeinander zu begeben und sich neue Räume aneignen. In diesem Diskussionszusammenhang wird ein wesentliches Paradigma anarchistischer Identifizierung deutlich: Hierarchiekritik. Mensch könnte die verschiedenen Kritikpunkte, wie z. B. die Staatskritik, weglassen und sie durch den Begriff der Hierarchiekritik ersetzen oder sich darauf beschränken. Hierarchiekritik muss alle gesellschaftlichen Bereiche mit einbeziehen und sie als gleichwertig anerkennen. Bestehen heute noch wenige Austauschprozesse zwischen Anarchist_innen und Veganer_innen, so müssten neue

Gemeinsamkeiten entdeckt werden, die heute noch dadurch verdeckt sind, dass krampfhaft nach Hauptwidersprüchen gesucht wird. Und genau hier liegt der Ansatz der Vermischung mit kulturellen Unterschiedlichkeiten. Andere Länder, andere Kulturen können in einem integrativen Prozess neue anarchische Beziehungen eröffnen und damit bisher sich abgrenzende Identitätskonstrukte dekonstruieren.

> „Eine der Voraussetzungen einer anarchistischen Perspektive – die wichtigste Voraussetzung einer libertären Gesellschaft – ist das ‚selbstbewusste' Individuum." (a. a. O.: 55)

In diesem Sinne können postmoderne Erscheinungen, wie sie oftmals in den Begriffen der Selbstverantwortung und des Selbstbewusstseins gesehen werden, in das Ziel anarchistischer Arbeit einbezogen werden. Der Anarchismus muss Abschied nehmen von einem Menschenbild, das geprägt ist von der aufklärerischen Vorstellung des autonomen, frei von den herrschenden Verhältnissen existierenden Menschen. Denn erst wenn die Menschen erkennen, dass sie durchdrungen sind von dem, was sie eigentlich ablehnen, können sie das „wirklich Fremde" in sich erkennen und dagegen angehen. Gesellschaftliche Veränderung fängt also damit an, sich selbst zu erkennen, um dann in sozialen Zusammenhängen dagegen anzugehen, wie dies das Beispiel der anarchistischen Veganer_innen zeigt. Dies ist als Prozess zu sehen, der im Alltag mit Kapitalist_innen, Sexisten und sonstigen Herrschenden seinen Platz hat und nicht in der abgekapselten anarchistischen Widerstandszelle.

All die hier aufgeführten Diskussionspunkte kennzeichnen die Diskussion im gegenwärtigen Anarchismus natürlich nicht in seiner Gesamtheit. Erkennen kann mensch jedoch, dass sich etliche Gruppen und Personen durchaus in einer Aufbruchsituation befinden, in der sie erkannt haben: Wer seinen Weg nicht verlässt, der bleibt auf der Strecke. So wird in „Die richtige Idee für eine falsche Welt?" (Raasch/Degen 2002) mit der Abkehr von einem nostalgischen und revolutionsromantischen Konzept und der Akzeptanz der realpolitischen Verhältnisse eine Chance gesehen, die Fixierung auf das System durch den Blick auf eigene, konstruktive Alternativen zu ersetzen. Erst recht, weil die „Alles-oder-nichts-Haltung" in der Vergangenheit nichts gebracht haben soll.

2.4. SPEZIFISCHE AUSPRÄGUNGEN IM GEGENWARTSANARCHISMUS

In diesem Abschnitt werden die verschiedenen anarchistischen Hauptströmungen vorgestellt, die für eine Darstellung des Gegenwartsanarchismus wichtig sind. Dabei sind es teils alte Strömungen (FAU), teils aber auch noch recht junge anarchistische Denkrichtungen (Anarcha-Feminismus). Sie alle werden vorgestellt, damit die Bandbreite des Anarchismus deutlich wird, aber auch die Veränderungen, die sich innerhalb der anarchistischen Bewegung ergeben haben. Nur mit der Beschreibung dieser Veränderungen kann eine notwendig gewordene neue Dimension (siehe auch Kapitel III.2.1.) in der Darstellungsweise des Anarchismus verständlich werden. Der Veganismus kann somit ebenso wie der Anarcha-Feminismus oder Öko-Anarchismus in den Bezugsrahmen des Anarchismus gestellt werden. Deshalb ist es mir in diesem Kapitel III.2.4. wichtig, auch auf Einzelheiten einzugehen, die den Charakter der verschiedenen Denkrichtungen/Strömungen deutlich machen können. Dies geschieht deshalb etwas ausführlicher, weil damit auch die Aussagen von Raasch/Degen untermauert werden und deutlich wird, dass der heutige Anarchismus sehr unterschiedliche freiheitlich-ethisch begründete Lebensformen besitzt, ein in sich geschlossenes Lehrgebäude (oder Ideologie) jedoch nicht. Wichtiger als die Macht der Agitation (zum Beispiel der von Johann Most), die Forderung der Revolution und die Beseitigung des Staates als Ganzes und sofort wird bei den neuzeitlichen und hier vorgestellten anarchistischen Gruppen der postmoderne Lebensstil in den Mittelpunkt gestellt. Damit gerät die Ideologie/das Lehrgebäude der Altanarchist_innen in den Hintergrund und der konkrete und sofort umsetzbare (freiheitlich-ethisch begründete) Lebensstilaspekt in den Mittelpunkt.

Ein Blick zurück bis zur letzten großen Zerschlagung der anarchistischen Zusammenhänge durch das nationalsozialistische Deutschland soll helfen, die Verbindungslinie aufzuzeigen, die auch für die heutigen anarchistischen Gruppen wichtig sind, wenn sie sich aus der Werkzeugkiste des Anarchismus (Raasch) bedienen wollen. So entwickelte sich nach dem Zweiten Weltkrieg erst einmal in den USA eine neue politische Theorie des Rechts-Libertarismus. In ihr wurde gegen den übermächtig werdenden Einfluss des Staates auf die Wirtschaft angegangen und sie kann aus heutiger Sicht in der Tradition des klassischen Liberalismus des 18. und 19. Jahrhunderts gesehen werden. Auch in Deutschland wurde dieser Ansatz vertreten und in Form der Publikation *eigentümlich-frei* erscheint dazu seit den 90er Jahren bis heute eine entsprechende Zeitschrift. Die Herausgeber bezeichnen sich als „individualistisch, kapitalistisch und libertär" und führen „libertäre Diskussionen rund um den Liberalismus" (Homepage www.eifrei.de). Allerdings wird dieser Libertarismus von den meisten Anarchist_innen anderer Denkrichtungen als „reinste Form des Kapitalismus" abgelehnt und kann sich deshalb in der deutschen Anarchismusbewegung nicht verankern.

In Deutschland geriet mit der Student_innenbewegung Ende der 1960er Jahre der Anarchismus wieder in das Blickfeld der Gesellschaft. Grund war die anhaltende Diskussion um die so genannten Notstandsgesetze und der daraus entstehende Eindruck, die Bundesrepublik entwickle sich wieder zu einem autoritären Staat. Die Politisierung der Student_innenbewegung, die auch eine Aufarbeitung der Zeit des Nationalsozialismus verlangte, aber auch anderer gesellschaftlich relevanter Teile der

Gesellschaft (Gewerkschaften, Intellektuelle), führte zur Entstehung der Außerparlamentarischen Opposition (APO). Der Sozialistische Deutsche Studentenbund (SDS) wurde schon 1946 gegründet und war der erste Studentenverband, der sich nach dem Ende des Zweiten Weltkrieges neu gründete und sich innerhalb der Student_innenenbewegung eine Meinungsführerschaft erarbeitete. Innerhalb des SDS konnte sich eine erste anarchistische Strömung nach dem Zweiten Weltkrieg Gehör verschaffen.

> „So gab es in der dritten und besonders in der vierten SDS-Generation sowohl Linkssozialisten als auch Syndikalisten und Anarchisten, aber auch Räte- bzw. Parteikommunisten. Letztere waren freilich immer eine Minorität." (Fichter 1988: 18 in Henning/Raasch 2005: 22)

Der SDS wurde also als Sammelbecken der gesamten Protestbewegung angesehen, in dem sich eben auch Anarchist_innen mit ihrem „antiautoritären Ansatz" ab 1964 verorten konnten:

> „Sozialisten, Marxisten, Marxisten-Leninisten, Trotzkisten, Maoisten und Anhänger der Kritischen Theorie und radikale Demokraten vereinen sich hier in ihrer Kritik am Zustand der Demokratie in der Bundesrepublik. In Theorie und Praxis des ‚antiautoritären Lagers' lassen sich jedoch anarchistisch/syndikalistische Elemente aufzeigen. (vgl. Holzapfel 1984)" (Neumann 1996: 209)

Im weiteren Verlauf der Ereignisse hatte der Anarchismus für die entstehenden Neuen Sozialen Bewegungen (NSB) eine theoretische und praktische Bedeutung. Auch in der später entstehenden Szene der Autonomen, als linksradikaler Flügel der NSB, gab es von Anfang an anarchistische Elemente.

Seit Ende der 90er Jahre entwickelte sich eine postmoderne und poststrukturalistische anarchistische Theorierichtung und spätestens seit Anfang 2000 verankerte sich der Begriff des Postanarchismus innerhalb des Anarchismus. In Deutschland geschieht dies ganz explizit durch eine verstärkte Auseinandersetzung um die Bedeutung der Postmoderne für den Anarchismus in Veröffentlichungen (Kastner, Mümken) – und im Internet (www.postanarchismus.net).

Im Rahmen der 4. Anarchietage in Winterthur im Februar 2008 wurde die anarchistische Theorie und Praxis in ihrer ganzen Spannbreite repräsentiert. In Form einer eigenen Arbeitsgruppe wurde auch über den Postanarchismus diskutiert,

> „um so auch 2008 die Perspektive auf eine nachkapitalistische Gesellschaft weiterzuentwickeln." (Flyer zu den 4. Anarchietagen Winterthur)

Gegen diese „nachkapitalistische Gesellschaft" wenden sich heute wieder weltweit anarchistische Gruppen, die besonders in der anglo-amerikanischen Welt Aktivitäten gegen die Globalisierung organisierten. So ist es nicht verwunderlich, dass die postanarchistische Denkrichtung ihren

Ursprung in den USA hat, während in Deutschland der eher klassische Anarchismus weiter verbreitet ist und sich der postmoderne Anarchismus erst noch einen festen Platz erarbeiten muss. Bestimmend, und mit besonderer Bedeutung in Deutschland, sind die anarchosyndikalistische Gewerkschaft FAU, die pazifistische Graswurzelrevolution, Teile der Autonomen, aber eben besonders auch eine Vielzahl an anarchistischen Projekten und viele thematisch ausgerichtete Einzelgruppen.

Deshalb werde ich die heutige anarchistische Bewegung in ihren unterschiedlichen Ausprägungen darstellen, um zu zeigen, dass der Anarchismus auch 150 Jahre nach Bakunin noch immer ausgesprochen pluralistisch, vielschichtig und sehr ausdifferenziert ist und damit dem Veganismus eine gute Möglichkeit gibt, Anschlusspunkte zu finden.

Ich beginne deshalb mit dem traditionell ausgeprägten Anarchismus und im Speziellen mit dem Anarchosyndikalismus, weil innerhalb des erwähnten SDS Rudi Dutschke eine deutliche Auseinandersetzung genau mit dieser anarchistischen Richtung führte. Henning/Raasch gehen sogar davon aus, dass Dutschke als SDS-Vertreter die Rehabilitation des Anarchismus vorangetrieben hat, auch wenn für Dutschke der Anarchismus nur auf dem Boden der Marxschen Theorie zu verstehen sein sollte.

> „Dutschke erkannte zwar die anarchosyndikalistischen Tendenzen in Gestalt der Fabrikkomitees und Sowjets als die (...) bestimmenden Kräfte der Revolution (...) an, gab aber zu bedenken, dass diese Bewegung nicht nur am Leninismus, sondern auch an eigenen Schwächen gescheitert sei ..." (Henning/Raasch 2005: 45).

Auf Dutschke bezogen versuchen sie jedoch

> „die marxistische Kritik der politischen Ökonomie und den Historischen Materialismus mit Elementen der anarchistischen Revolutionstheorie in einer Synthese zu verbinden ..." (a. a. O.: 47).

So gesehen liegt dann im Rahmen der SDS-Aktivitäten der Neubeginn anarchistischen Lebens in Deutschland nach dem „Dritten Reich".

2.4.1. ANARCHOSYNDIKALISMUS

> „Man muss die Arbeiter nicht so sehr dazu auffordern, die Arbeit niederzulegen, als vielmehr dazu, sie unter eigener Regie fortzuführen." (Errico Malatesta in Stowasser 2007: 367)

Das Jahr 2008 scheint ein gutes Jahr für Gewerkschaften gewesen zu sein. Nach etlichen Jahren der Lohnkürzungen, Lohnstagnationen und einer radikalen Anpassung an Globalisierungstendenzen wollten die Gewerkschaften ihr verloren gegangenes Terrain wieder zurückerobern und eine Trendwende in ihrem kontinuierlichen Mitgliederschwund einleiten. Was passt dazu besser, als sich für Lohnerhöhungen einzusetzen? Nachdem eine kleine Gewerkschaft der Lokführer (GDL) es geschafft hat, sich gegen einen mächtigen Konzern wie die Deutsche Bahn (DB) durchzusetzen, mussten die großen Gewerkschaften dies nun natürlich ebenfalls erreichen. In Berlin zeigte sich dieses reflexhafte Verhalten der Gewerkschaften recht deutlich. Die Berliner Verkehrs Gesellschaft (BVG) wurde von einem unbefristeten Streik getroffen, obwohl die angestellten Mitarbeiter_innen eine Beschäftigungsgarantie bis 2020 haben und die Einkünfte der „Altangestellten" weit über dem Durchschnitt liegen. Die Tatsache, dass alle Neuangestellten deutlich weniger verdienen (bis zu 900 Euro), führt jedoch zu keiner differenzierten gewerkschaftlichen Strategie. Es liegt nahe, zu fordern, dass aus solidarischen Gründen die „Altangestellten" mit deutlich höherem Gehalt auf eine generelle Lohnsteigerung von 12 Prozent verzichten und den unteren Einkommensgruppen eine Lohnsteigerung zubilligen. So wird in der anarchosyndikalistischen Zeitung *Direkte Aktion* (DA) vom März/April 2008 ebenfalls gefragt:

> „Woher diese plötzliche Kampfeslust? … Verdi entstand 2001 als Reaktion auf die anhaltende Krise des DGB, die sich in stetem Mitgliederschwund und praktisch nicht mehr vorhandenem Engagement der Basis ausdrückte." (M. Seiffert in *DA* 186, März/April 2008)

Die organisatorische und inhaltliche Neuausrichtung, so wird vermutet, geht auf die Erkenntnis zurück, dass der

> „DGB endlich in der Realität einer Gesellschaft angekommen wäre, in der es keine Klassen, sondern nur noch Schichten gäbe." (ebd.)

Doch auch diese Neuausrichtung verhinderte nicht den weiteren Mitgliederverlust „von 2,9 auf nunmehr 2,1 Mio." (ebd.) und eigenen Mitarbeiter_innenabbau innerhalb der Gewerkschaftsorganisation. So wird das Engagement von verdi letztlich als Reaktion auf die „Erfolge" der kleinen Gewerkschaften gesehen und als Versuch, sich gegen weiteren Bedeutungsverlust zu wehren.

Da stellt sich natürlich die Frage, wo die Verortung einer anderen, anarcho-syndikalistischen, Gewerkschaft liegt. Die Freie Arbeiterinnen und Arbeiter-Union (FAU) wird hier im Rahmen einer traditionell geprägten Ausformung des Anarchismus gesehen. In ihrer Selbstdarstellung heißt es:

> „Wir Anarcho-SyndikalistInnen haben die herrschaftslose, ausbeutungsfreie, auf Selbstverwaltung begründete Gesellschaft zum Ziel. Die Selbstbestimmung in allen Lebensbereichen ist die grundlegende Idee des Anarcho-Syndikalismus. Daher lehnen wir die Organisation unserer Interessen in zentralistisch aufgebauten Organisationen ab, da diese stets Machtkonzentration und Hierarchie bedeuten." (ebd.)

Stellvertreter_innen-Politik wird damit grundsätzlich abgelehnt und damit eben auch die Organisationsform von Gewerkschaften, Parteien und Kirchen; Interessen sollen eigenständig vertreten werden. Als Interessensgruppen aus den verschiedensten Arbeitsbereichen schließen sich FAU'ler_innen in unabhängigen Betriebs-, Branchen- und Ortsgruppen zusammen, die sich bundesweit als FAU und international als IAA zusammengeschlossen haben.

> „Zur Durchsetzung unserer Ziele und Forderungen dienen uns sämtliche Mittel der Direkten Aktion, wie z. B. Besetzungen, Boykotts, Streiks etc. Im Gegensatz dazu lehnen wir die parlamentarische Tätigkeit in jeglicher Form ab. Mit dieser Art von Organisation verbinden wir die Möglichkeit, Vereinzelung und Perspektivlosigkeit aufzuheben und so für eine revolutionäre Veränderung auf freiheitlicher Grundlage zu kämpfen." (ebd.)

So gibt es heute eine Strukturierung der verschiedenen Ortsgruppen in Nord, West, Ost, Süd in 45 Städten und eine Aufgliederung in verschiedene Syndikate: Bildungs-, Gesundheits-, Tiermedizinisches Syndikat, Syndikat Erwerbsloser und Lohnabhängiger etc.

Mit den dargestellten grundsätzlichen Positionen kann die FAU auf eine bewegte Geschichte zurückblicken:

> „Im Dezember 1922 kamen in Berlin Delegierte aus einem Dutzend europäischer und amerikanischer Länder zusammen, um eine anarchistische Gewerkschaftsinternationale zu gründen. Sie vertraten knapp 2 Millionen organisierter Mitglieder. Zehn Jahre später zählte die Internationale Arbeiter-Assoziation mehr als doppelt so viele Anhänger in 23 Ländern. Nach gut weiteren 10 Jahren waren von dieser mächtigen Bewegung nur noch kümmerliche Reste vorhanden." (Stowasser 2007: 367)

Die große Blütezeit des traditionellen Anarchismus liegt also circa zwischen den beiden großen Weltkriegen und konnte in dieser Zeit zu einer Massenbewegung werden. Stowasser bezeichnet diese Zeit als Phase, in der es erstmals gelungen war,

> „die libertäre Utopie einer freien Gesellschaft in einer modernen Massengesellschaft im großen Stil zum Funktionieren zu bringen. Die neue Formel, mit der dies gelang, hieß *Anarchosyndikalismus*. Mit diesem Wort verband sich in den zwanziger und dreißiger Jahren die Hoffnung einer ganzen Generation." (ebd.)

Vorausgegangen waren die Erfahrungen in Russland, durch die schon deutlich wurde,

> „dass die libertäre Selbstorganisation der Menschen kein Hirngespinst war. Sogar das Scheitern dieser Revolution hatte indirekt der anarchistischen Kritik am Kommunismus recht gegeben." (ebd.)

Wichtig war die Lehre aus dieser Zeit, dass ein eigenständiger Weg gefunden werden musste, und dies geschah nun durch die Gründung einer weltweiten libertären Organisation mit einem eigenständigen libertären Programm und eigenständiger Strategie. So hat der Anarcho-Syndikalismus einen historisch großen Stellenwert, aus dem heraus die FAU zu verstehen ist:

> „Ihr zufolge sollte die Gewerkschaft – französisch *syndicat* – eine doppelte Funktion bekommen. Zum einen bleibt sie ein Werkzeug, um die Arbeits- und Lebensbedingungen der Menschen hier

und heute konkret zu verbessern. Zum anderen ist sie eine Organisation, aus der sich Strukturen der Zukunft entwickeln sollen." (a. a. O.: 369)

Diesen Anspruch und diese Aufgabe hat die FAU auch heute noch, nur dass sie eben nicht mehr massenwirksam ist, denn auch die „Masse an sich" hat sich verändert.

„Die Arbeiterklasse, von der sich viele fragen, ob es sie in der herkömmlichen Form überhaupt noch gibt, ist mit Sicherheit nicht mehr *der* kraftvolle Motor sozialer Veränderung. Auch die große Zeit der Gewerkschaften scheint vorbei. Der Wunsch nach gesellschaftlicher Umwälzung ergibt sich heute meist aus anderen Spannungsfeldern als ausgerechnet dem Elend der westlichen Arbeitnehmerschaft." (a. a. O.: 375)

„Die Arbeiterklasse, von der sich viele fragen, ob es sie überhaupt noch gibt, ist mit Sicherheit nicht mehr der kraftvolle Motor sozialer Veränderung."

Horst Stowasser sieht die Situation der FAU und die der verschiedenen anarchosyndikalistischen Gruppen grundsätzlich kritisch. Dabei ist die FAU in sehr vielen Städten in konkreten Arbeitszusammenhängen anzutreffen und gerade für Jugendliche ein „Eintrittstor" in die Beschäftigung mit dem Anarchismus.

„Im Umfeld solcher Gruppen scharen sich für gewöhnlich alle möglichen anarchistisch bewegten Menschen auf ihrer verzweifelten Suche nach *irgendeiner* anarchistischen Gruppe oder Struktur. Ihre Aktivitäten beschränken sich im Wesentlichen darauf, die *Idee* des Anarchosyndikalismus zu propagieren, und zu diesem Zwecke sondern sie beeindruckende Mengen von Papier ab." (ebd.)

Die zwei-monatlich erscheinende Zeitung der FAU (*Direkte Aktion*) zeigt jedoch, dass es nicht nur um das Absondern von viel Papier geht, sondern um die Vernetzung einer nicht ganz so kleinen Anzahl an unterschiedlichen Gruppen über die ganze Bundesrepublik verteilt. Sicher, die Mitgliederzahlen sind nicht die einer Gewerkschaft, sie verteilen sich aber über ganz Deutschland und sind durchaus im Kontext von sehr unterschiedlichen Arbeitsprozessen zu sehen.

Der Reiz zu Verbalradikalismen ist gerade in den linksradikalen Bereichen recht hoch und auch in den Hoch-Zeiten der Bewegungen gab es die Tendenz, dass sich in den verschiedenen politischen Gruppen auch Personen engagierten, die als „nicht unproblematisch" bezeichnet werden können. Sie suchten eher eine persönliche Spielwiese, Familienersatz oder einen „Raum", in dem sie mit ihrer angeknacksten Psyche trotzdem akzeptiert wurden. Das ist grundsätzlich erst einmal positiv zu bewerten, erschwert aber die Binnenarbeit der Gruppen. Auch die großen Gewerkschaften haben damit zu tun, denn zwischen verbalen Attacken („Wir kämpfen gegen die Kapitalisten!") und der Realität liegt nun einmal ein großer Spannungsbogen. Bei dem großen BVG-Streik 2008 in Berlin konnte man feststellen, dass sich zum Streikbeginn plötzlich viele Gewerkschafter_innen haben krankschreiben lassen, weil sie somit ihren normalen Lohn erhalten konnten. Als der Streik dann plötzlich unterbrochen wurde, war die BVG mehrere Tage trotzdem nicht einsatzfähig, weil die vielen Krankschreibungen einen Regelbetrieb verhinderten. So viel zum Thema Solidarität.

Die FAU ist sich durchaus ihrer wahren „Größe“ bewusst und kann auf Erfolge verweisen. So konnte in Nordhausen, ganz nach dem Motto von Malatesta, die wegen Insolvenzgefahr geschlossene Fahrradfabrik durch eine Besetzung vor dem Aus vorläufig gerettet werden. Die FAU leistete dabei Beratungsarbeit und konnte erreichen, dass ab 1. Mai 2008 die Produktion von Fahrrädern wieder aufgenommen wurde und sich aus der ehemaligen „Bike-Systems GmbH“ eine Fahrrad-Manufaktur in einem Teil der alten Produktionsräume gründete. Ihr Ziel ist die Produktion von bis zu 25.000 Fahrrädern, geleitet durch zwei formale Geschäftsführer und vier Gesellschafter_innen ohne besondere Weisungsbefugnis.

Während dies in Deutschland auf der Basis einer geringen Verbreitung der FAU geschieht, kann für Spanien, Frankreich und Schweden festgestellt werden, dass dort wesentlich aktivere bzw. zahlenmäßig weiter verbreitete libertäre Gewerkschaften existieren. Stowasser erkennt jedoch eine wichtige Tendenz:

> „Denn nach Jahrzehnten der Erfolglosigkeit im Ghetto politischer ‚Szenen‘ setzt in vielen jener kleinen Gruppen mittlerweile ein Umdenken ein: Immer mehr Anarchosyndikalisten suchen heute nach zeitgemäßen Formen für ihre Ideen. Zur gleichen Zeit stoßen immer mehr kämpferische Arbeiterinnen und Arbeiter in aller Welt bei ihrer Suche nach radikalen Modellen auf den reichen Ideenfundus des Anarchosyndikalismus, von dem sie zuvor noch nie etwas gehört hatten. … Wenn Erstere (suchende Anarchos) sich als Anarchisten nicht zu dogmatischen Gralshütern einer historischen ‚Wahrheit‘ aufspielen und Zweitere (suchende Arbeiter) keine inhaltlichen Berührungsängste mit dem Anarchismus haben, können solche Begegnungen durchaus fruchtbar sein.“ (a. a. O.: 375f)

Dies verweist auf die von mir dargestellte Notwendigkeit, sich einen neuen Zugang zu alten Begriffen zu erarbeiten. **Solidarität** kann nicht mehr nur traditionell verstanden werden (als Solidarität zwischen den Arbeitern), sondern Solidarität kann auch zwischen ganz verschiedenen Menschen praktiziert werden, oder auch zwischen Mensch und Tier. So ist es nur positiv zu verstehen, wenn sich neue und damit zeitgemäße (postmoderne) Formen nicht nur in der Frage der Zusammenarbeit entwickeln. Der Anarchosyndikalismus selbst scheint verstanden zu haben, dass in Zeiten der Globalisierung ein gewerkschaftlicher Ansatz einen weitergehenderen Fokus haben muss. So schreibt Harald Beyer-Arnesen in einem Aufsatz in der *Libertarian Labor Review* , dass der Anarchosyndikalismus nicht nur das eigene Klientel im Auge haben sollte,

„sondern die Interessen der gesamten Klasse ins Auge fasst und beinhaltet, dass Solidarität über die eigene Mitgliedschaft hinausreicht.“ (Beyer-Arnesen: A Historical Closed Door ... or Not? In: *Libertarian Labor Review* Nr. 22 Winter 1997/98, zitiert nach Degen/Knoblauch 2009: 53)

Der Begriff der Solidarität scheint also ein weiterer Anknüpfungspunkt zwischen dem Veganismus und Anarchismus zu sein, da es um die Ausweitung der Solidarität geht.

Stowasser fügt in diesem Zusammenhang noch die Entwicklung der Confederation General del Trabajo (CGT) in Spanien hinzu. Die sich von der CNT abgespaltene libertäre Gewerkschaft CGT organisiert erfolgreiche Schulungskurse, bei denen der Anarchosyndikalismus bzw. seine Inhalte (Direkte Aktionen, Arbeiterselbstverwaltung und Basisdemokratie) auf große Resonanz stoßen.

„Deshalb versuchen modernere anarchistische Szenarien, dieses genial-einfache Konzept zu aktualisieren und auch auf völlig andere soziale Bereiche zu übertragen. Hierzu müssen sie seine Struktur von ihren historischen Bindungen lösen, denn diese ist ja keineswegs an die Form der Gewerkschaft oder die Klasse des Industrieproletariats gekoppelt. Zahlreiche soziale Bewegungen lernen heute vom Anarchosyndikalismus, zehren von der Dialektik seines Revolutionsbegriffs, machen Anleihen bei seinen Aktionsformen, inspirieren sich an seiner Volkstümlichkeit: Ökologiebewegung, Kommunen, Graswurzelnetze, Projektanarchismus, Antimilitaristen, Pazifisten, Globalisierungsgegner ...“ (Stowasser 2007: 376)

Hier zeigt Horst Stowasser einen wesentlichen Punkt auf, der für diese Arbeit immer wieder im Mittelpunkt stehen soll, denn der Anarchismus muss sich von seinen historischen Bindungen lösen und es muss versucht werden, eine zeitgemäße Neuorientierung einzuleiten. Diese konstatiert Stowasser hier, indem er dem Anarchosyndikalismus bescheinigt, durch seine zeitgemäßen Aktionsformen Vorbild für viele andere Gruppen und Denkzusammenhänge zu sein. Sich von den historischen Strukturen lösen, ist die wesentliche Erkenntnis und auch bedeutsam für die Verbindung von Anarchismus und Veganismus.

2.4.2. GEWALTFREIER ANARCHISMUS

„Jeder kann mitmachen, der sich für die Ziele einsetzt und konkrete Aktionen unterstützt. Auch in Vereinen der Bürgerrechts- und Menschenrechtsorganisationen und pazifistischen Organisationen sind gewaltfreie Anarchisten tätig. Die thematischen Aufgaben kommen aus dem Antimilitarismus, der Ökologie und dem Kampf für Menschenrechte. Feministische Aspekte in der Gender-Diskussion, Vegetarismus und alternative Formen von Arbeit und Leben sind Themen der Graswurzelrevolution.“ (Degen/Knoblauch 2009: 57)

Innerhalb des gewaltfreien Anarchismus werden also Themen aufgegriffen und bearbeitet, die sich stark auf die gesellschaftlichen Wandlungsprozesse beziehen. Somit spielt der Vegetarismus ebenfalls eine Rolle und erhält eine nicht unwesentliche Bedeutung in dem Themenspektrum innerhalb des gewaltfreien Anarchismus. Aus diesem Grund wird in diesem Abschnitt auf den gewaltfreien Anarchismus eingegangen und werden die Verknüpfungspunkte mit dem Veganismus aufgezeigt.

Das Erstarken der anarchistischen Bewegung nach dem Ersten Weltkrieg und die damit verbundene Blütezeit der FAUD mit bis zu über 150.000 Mitgliedern in Deutschland führte zu unzähligen unterschiedlichen Angebots- und Aktionsformen. Es gab Anfang des 20. Jahrhunderts im Umfeld der FAUD weit reichende kulturelle Aktivitäten,

> „... mit Sängerbund, Frauenbund, Jugendbewegung, sexualpolitischen Reformbestrebungen, Kommuneversuche. Er blieb in der Praxis nicht frei von Widersprüchen: Sexismus, Eugenik, Rassismus oder Homophobie kamen vor, oft auch gegen selbst formulierte Ansprüche. Hauptursache für den libertären Aufschwung bei Kriegsende war das Desaster der Herrschenden. Dass das wilhelminische Kaiserreich die nationalismustrunkenen Deutschen in einen verheerenden Krieg trieb, war der äußere Anlass für die kurzzeitige Blüte einer anarchistischen Massenbewegung in der Weimarer Republik, in welcher sich auch eine radikal-gewaltfreie Strömung entwickeln konnte." (Graswurzelrevolution 1999: 30)

Anfang des 20. Jahrhunderts gab es auch noch eine starke Verknüpfung zwischen der damaligen Arbeiterschaft, der FAUD und der sich entwickelnden gewaltfreien Aktion. Den Zusammenhang zwischen Arbeiterschaft, Anarchismus und Gewaltfreiheit hielt Rudolf Rocker fest und forderte deshalb, nicht nur die Waffen niederzulegen, sondern auch die Hämmer, bevor es dann den von den Anarchosyndikalisten mitinitiierten Generalstreik gegen den Kapp-Putsch gab. Dies war dann aber auch bis heute die letzte große gemeinsame Aktion der Arbeiterbewegung und der anarchistischen Bewegung. Konnte nach dem Ersten Weltkrieg noch das oben erwähnte Erstarken der anarchistischen Bewegung im Rahmen der FAUD festgestellt werden, so ist nach dem Zweiten Weltkrieg die Befreiung vom Nationalsozialismus kein erneuter Entwicklungsschub für den Anarchismus gewesen. Es standen bereit für den Kalten Krieg,

> „... die bürgerlichen Demokraten und die staatssozialistischen BürokratInnen, die sich für den Kalten Krieg formierten. Immerhin entstand eine weite Kreise beeinflussende antimilitaristische *Ohne-Mich-Bewegung*, die dann in die atomspezifischen Ostermärsche mündete." (a. a. O.: 31)

Die erste Rezession nach dem Zweiten Weltkrieg, eine kulturelle Stagnation, die Große Koalition, die Notstandsgesetze und ganz allgemein die Machtpolitik der beiden großen politischen Blöcke führte zu dem, was sich zur Studentenbewegung ab 1968 und letztlich zu den Neuen Sozialen Bewegungen (NSB) entwickelte. In diesem Rahmen entwickelte sich neben der Friedensbewegung ganz allgemein auch ein eigenständiger explizit gewaltfreier Anarchismus, der sich bis heute gehalten und etabliert hat.

Diese „Graswurzelbewegung" kann auch heute noch auf eine Zeitung zurückgreifen, die als *Graswurzelrevolution – für eine gewaltfreie, herrschaftslose Gesellschaft* (GWR) 1972 das erste Mal (a. a. O.: 198) erschien und noch heute regelmäßig monatlich erscheint. Damit ist sie eine der kontinuierlichsten Zeitschriften der anarchistischen Bewegung, die auch die aktuelle theoretische Diskussion in der gesamten anarchistischen Bewegung aufnimmt. Beispielhaft kann in den Ausgaben GWR 326 – 328 vom Februar bis April 2008 das heutige Spektrum der *Graswurzelrevolution* nachvollzogen werden. Es reicht von der „Kampagne zur Vernetzung des Zivilen Ungehorsams" über „In unheilvoller Tradition – Von der neuen Wehrmacht zur Bundeswehr", „Martin Luther Kings Traum und Alptraum", „Kenias Kleptokraten – Zwischen Despotie und Demokratie", „Digitale Freiheit – Freie Software für freie Menschen", „Wer die Macht haben will, weiß nie genug – Ein Angriff auf die informationelle Selbstbestimmung", „Anarchismus in den USA heute" bis hin zu „Jenseits des Realitätsprinzips? Zur Utopie des Bedingungslosen Grundeinkommens" oder „Indigener, subalterner oder postmoderner Gandhi?". Daneben werden zahlreiche Kampagnenberichte zur Gentechnik, Kriegsdienst, Atomenergie, Grundeinkommen etc. und Diskussionsbeiträge dokumentiert sowie an Anarchist_innen erinnert, so z. B.: „Anarchist, Pazifist und Weltbürger – Eine Erinnerung an Theodor Michaltscheff (20. April 1899 – 29. April 1968)" (in *GWR* 328). Es wird jeweils auf aktuelle tagespolitische Entwicklungen und Themen eingegangen und aus anarchistischer Sicht bewertet. Dabei spielt natürlich die kritische Auseinandersetzung mit der Politik der USA eine Rolle, aber auch die Auseinandersetzung mit dem Islam. Neben den neuesten Buchbesprechungen inserieren sehr viele Zeitschriften aus dem linken Spektrum, so z. B.: *grünes blatt – zeitung für umweltschutz von unten, analyse und kritik – Zeitung für linke Debatte und Praxis, Antifaschistisches InfoBlatt, Direkte Aktion, Rote Hilfe, Junge Welt* und die entsprechenden linken Verlage Edition AV, Espero, Karin Kramer Verlag, Oppo-Verlag. Seit 2007 gibt es zudem die *Utopia*, eine gewaltfreie Jugendzeitung (www.jugendzeitung.net) als Beilage der GWR.

Im Mittelpunkt der *Graswurzelrevolution* steht die **Gewaltfreiheit**, die nicht nur als eine Technik zur Durchsetzung politischer Ziele betrachtet wird, sondern auch als eigenständige anarchistische Philosophie angesehen werden muss. Aus diesen beiden Aspekten hat sich bis zum heutigen Zeitpunkt eine Bewegung entwickelt, die eben nicht nur als Einpunktbewegung zu verstehen ist, sondern die sich vehement gegen die destruktiven Erscheinungen des Kapitalismus, Rassismus, Patriarchat und der damit verbundenen Umweltzerstörungen richtet. Somit sind der gewaltfreie

Anarchismus und die Graswurzelrevolution als eine eigenständige anarchistische Strömung zu verstehen, die unter dem Gesichtspunkt des Unity-of-Oppression-Ansatzes eine nicht unerhebliche Rolle bei der Bewertung des modernen Anarchismus spielt. So ist es nicht verwunderlich, dass seit der Ausgabe 340 (August 2009) bis Ausgabe 343 (November 2009) eine inhaltlich intensive Diskussion zum Thema Anti-Speziesismus und Tierrechte geführt wird.

Dies sehe ich als einen starken Beleg dafür, dass der Veganismus sehr deutliche Anknüpfungspunkte zu dieser und anderen anarchistischen Bewegungen besitzt.

Immer dann, wenn der traditionelle Bezugsrahmen verlassen (sich lösen von einfachen Unterdrückungs- und Herrschaftsdefinitionen) und sich auf alternative Aktions- und Inhaltsformen bezogen wird, ist die Kompatibilität zwischen Anarchismus und Veganismus sehr hoch. Auch hier im gewaltfreien Anarchismus spielt die Ausrichtung auf den Unity-of-Oppression-Ansatz (der im folgenden Kapitel III.3. noch beschrieben wird) eine bedeutsame Rolle. Zu überwinden ist nicht allein nur die kapitalistische Gesellschaft, die durch die Herrschaft der Menschen über Menschen geprägt ist, sondern es geht auch um Technologie- und Wissenschaftskritik, also um eine sehr weitgefasste Kritiklinie.

> „Seit der Philosophie der Aufklärung, der Proklamierung der Menschenrechte wissen wir, dass Menschen in der Lage und fähig sind, aus sich heraus ethische Maßstäbe zu entwickeln und zu praktizieren." (Beyer in Degen/Knoblauch 2009: 64)

Aus diesem Wissen heraus kann der Mensch ethische Maßstäbe entwickeln, die quasi „über ihn hinausgehen" und den Menschen nicht mehr im alleinigen Mittelpunkt stehen haben.

Gewaltfreiheit als Technik zur Durchsetzung politischer Ziele, verbunden mit einer anarchistischen Philosophie, führt dazu, dass sich eine ausgesprochen vielseitige Aktionsbreite entwickelt hat: Boykotte, ziviler Ungehorsam und auch Sabotage gehören in diese Aktionspalette. Die Schwerpunkte der Arbeit in den letzten zwei Jahrzehnten liegen in den Bereichen Atomwiderstand, Flüchtlingshilfe, Gentechnik, der Hilfe für Totalverweigerer und das damit zusammenhängende Engagement gegen Aufrüstung und Remilitarisierung.

Bei allen Aktivitäten in den genannten Aktionsbereichen wird größter Wert darauf gelegt, dass keine Menschen zu Schaden kommen können. „Direkte Aktionen", wie z. B. Sabotage, sind bis zu dem Zeitpunkt keine gewalttätigen Aktionen, solange kein menschlicher Schaden zu befürchten ist. Gewalt gegen Sachen/Gegenstände ist also legitimiert und als Kampfform akzeptiert und damit wird der bürgerlich herrschende Gewaltbegriff abgelehnt. Aus dieser Sicht heraus können gewaltfreie Sabotageaktionen durchgeführt werden, da „Sachen"/„Gegenstände" nicht als belebte, empfindsame Objekte angesehen werden. Wer nicht empfindsam ist, nicht lebt, kann auch keine Gewalt erfahren. Hier wird die Nähe zum postmodernen Anarchismus deutlich und im Speziellen zum Veganismus, da sich die Bandbreite der Aktionsformen und -inhalte ähneln. Auch im Veganismus spielt die Leidensfähigkeit, die Empfindsamkeit und der Ansatz des Unity-of-Oppression eine wesentliche Rolle.

Es ist sicher nicht verwunderlich, wenn innerhalb des Graswurzelansatzes ebenfalls Wert auf basisdemokratische Strukturen gelegt wird und die gesamte Bandbreite anarchistischer Inhalte und Theorie anzutreffen sind. So wird mit der Herausgabe der *Graswurzelrevolution* (GWR) das Aktionskonzept der gewaltfreien Aktion und des zivilen Ungehorsams unterstützt und die damit verbundene Theorie des gewaltfreien Anarchismus verbreitet.

Dies machte sich dann auch in der Gründung der FöGA bemerkbar. Diese „Föderation Gewaltfreier Aktionsgruppen" bezeichnet Stowasser als ein breites Sammelbecken,

> „in dem antimilitaristische, ökologische, anarchafeministische und projektorientierte Ansätze gleichwertig vertreten waren." (Stowasser 2007: 461)

In dieser FöGA konnten sich sehr viele unterschiedliche Gruppen organisieren, die sich der Gewaltfreiheit verschrieben hatten. Trotz Gewaltfreiheit war die Arbeit dieser Gruppen ebenso radikal und kämpferisch wie die derjenigen Gruppen, die sich dieser Einschränkung nicht unterwerfen wollten. So ist es zu verstehen, dass sich z. B. die Autonomen dieser Organisationsform eher verweigerten. Diese und weitere Ausprägungen des heutigen Anarchismus werden in den folgenden Absätzen dargestellt.

2.4.3. ÖKO-ANARCHISMUS

Unter dem Label des Öko-Anarchismus lassen sich verschiedene Richtungen fassen, die aus ihren unterschiedlichen philosophischen Denkweisen zu verstehen sind und aus den verschiedenen sozialen Bewegungen stammen. Besonders engagiert waren Anarchist_innen im Rahmen der Neuen Sozialen Bewegungen (NSB) auch im Bereich der Ökologie. Da die NSB auch verbunden sind mit neuen sozialen Aktions- und Widerstandsformen, ist es nicht verwunderlich, wenn in diesem Spektrum ein recht hoher Mobilisierungsfaktor auch von jungen Menschen lag.

So stelle ich in diesem Kapitel besonders **Murray Bookchin** heraus, weil er sich in sehr deutlicher Form mit den von ihm als „Lebensstilanarchisten" gelabelten jungen Anarchist_innen auseinandersetzt, die sich im Bereich Umwelt, Natur- und Tierschutz aufhalten. In diesem Themenzusammenhang wird natürlich auch, und in dieser Form erstmalig für den traditionellen Anarchismus, das hierarchische Verhältnis zwischen Mensch und Tier thematisiert. Der Mensch, der sich außerhalb der Natur stellt und meint, die Verwertungsrechte über Tier- und Pflanzenwelt zu besitzen, wird innerhalb der Öko-Anarchismus-Szene verantwortlich gemacht für ein hierarchisches Denken und Handeln und damit auch für Umweltkatastrophen. So wird das Ziel eines gleichberechtigten Nebeneinanders zwischen Tier und Mensch in einer für alle in gleicher Weise bestehenden Umwelt/Natur formuliert und dabei zu einem der zentralen Aspekte.

Lebensstilanarchist_innen …

Bookchin vertritt dazu eine deutlich andere Position und inhaltlich baut sich dabei ein Spannungsverhältnis zwischen traditionellem Anarchismus und postmodernem Anarchismus (Bookchin würde sagen: Lebensstilanarchismus) auf. Dieser Spannungsbogen ist aus postmoderner Sicht geradezu notwendig, da nur dadurch Raum für neues Denken erzeugt und ein Ansatzpunkt zwischen Anarchismus und Veganismus aufgezeigt werden kann.

Die Gesellschaftskritik des Öko-Anarchismus richtet sich gegen diejenigen Institutionen, die für Unterdrückungsverhältnisse zuständig erscheinen. Dies sind in Übereinstimmung mit der klassischen anarchistischen Theorie der Staat, die Lohnabhängigkeit, der Kapitalismus mit seinen destruktiven Globalisierungstendenzen, das Patriarchat sowie die Vermittlungsinstanzen Politik, Wissenschaft und Technologie. In diesen politischen, wirtschaftlichen und sozialen Ebenen sind die Ursachen für Abhängigkeit, Unterdrückung und Ausbeutung zu sehen, von der in gleicher Weise eben auch die Natur betroffen ist. Da die Unterdrückungstendenzen aus den Institutionen und den Vermittlungsinstanzen stammen, sind diese nicht reformierbar, sondern gehören abgeschafft und ersetzt. Fortschritt kann demnach nur dann erzielt werden, wenn die bisherige Denkweise abgelöst wird. Der Glaube an das Wachstum, an die sich selbst regulierende Marktwirtschaft etc. wird ersetzt durch die Überzeugung, dass nur der selbstbestimmte Mensch mit autonomen Aktionen, Sabotage, gewaltfreiem Widerstand, zivilem Ungehorsam, kreativen Aktionen, Besetzungen, Blockaden, Aktionscamps eine Veränderung der umwelt- und lebenszerstörenden Tendenzen erzielen kann. So wird im Rahmen des Öko-Anarchismus das gemeinschaftliche Leben in Kommunen und Ökodörfern favorisiert und auf eine autarke, bioregionale Versorgung Wert gelegt.

2.4.3.1. Soziale Ökologie/ Libertärer Kommunalismus

Murray Bookchin, der als der entscheidende Verfechter einer Sozialen Ökologie aufgetreten ist, starb 2006 in den USA und war als libertärer Sozialist der Begründer der anarchistisch-ökologischen Bewegung in den USA. Die von ihm entwickelte „Soziale Ökologie" basiert auf den Grundgedanken der Dezentralisierung, dualer Gegenmacht, Selbstverwaltung und Selbstorganisation, die allesamt nicht durch die bisherigen Vorstellungen des Klassenkampfes oder einer Revolution zu erzielen sind, sondern durch die Arbeit in Stadtteilen, Bürgerversammlungen und der konsequenten Umsetzung direkter Demokratie.

Aus diesem Grund wird zunächst die Soziale Ökologie/der libertäre Kommunalismus beschrieben und im Anschluss daran der Ökofeminismus von Janet Biehl, der auch heute noch als durchaus relevant angesehen werden muss. … und libertäre Kommunalist_innen

Während das Buch „Die Neugestaltung der Gesellschaft" von M. Bookchin einen Überblick über seine Theorie zur Sozialökologie (die theoretische Grundlage der libertär-kommunalistischen Politik) hergibt und deutlich machen will, wie ein konstruktiver Ansatz zur politischen Gesellschaftsveränderung aussehen kann, stellt **Janet Biehl** in „Der libertäre Kommunalismus – die politische Praxis der Sozialökologie" eine Konkretisierung der bisherigen Ideen Bookchins dar. Biehl spricht sogar davon, dass der Libertäre Kommunalismus eine revolutionäre politische Philosophie sei, die mit dem Nationalstaat Schluss machen und an dessen Stelle menschlichere und kooperativere Beziehungen unter den Menschen setzen möchte. Sie beschreibt dabei den Libertären Kommunalismus als die politische Komponente des Gesamtkomplexes „Sozialökologie". Der Libertäre Kommunalismus ist in Janet Biehls Sichtweise die Krönung der bisherigen Gedanken von Bookchin.

Im Wesentlichen fordert Bookchin vier notwendige Veränderungen:

Ein Ende des Kapitalismus.

Die Beseitigung des Nationalstaates.

Die Aufhebung des Individualismus der Menschen.

Damit verknüpft die Beseitigung der Strukturen, die den Menschen vom selbsttätigen Handeln (und Denken) abhalten. Dies ermöglicht die direkte Demokratie.

Bookchin möchte aufgrund der schon bestehenden Kommunalverfassungen demokratisches Potential entwickeln und daraus eine direkte Demokratie entwickeln. Stationen auf diesem Weg sind:

1. Politische Einheiten müssen dezentralisiert werden.
2. Es muss sich eine neue Bürgertugend entwickeln.
3. Ein Leben als *Citoyen* muss wiederhergestellt werden.
4. Es muss sich eine Ethik des Teilens und der Kooperation entwickeln.

Sind diese Schritte zurückgelegt, dann finden wir eine kollektive Selbstbestimmung vor, die sich eben nicht auf politische Machteliten bezieht. Wenn das alles funktioniert, kann über verschiedenste Föderationen nachgedacht werden bzw. sind sie die logischen Konsequenzen daraus. Und erst wenn die Zahl der Föderationen stark angestiegen sind, kann der Nationalstaat verändert und beseitigt werden. Nach dieser befreienden Entwicklung wird es schließlich eine rationale, ökologische und anarchistische Gesellschaftsordnung geben.

Den Begriff „Libertärer Kommunalismus" hat Bookchin geprägt und damit seit den 50er Jahren eine Wiederbelebung der Diskussion um Basis- oder Direktdemokratie entfacht. Seine Inhalte werden als Weiterentwicklung anarcho-kommunistischer Vorstellungen bezeichnet. Sozialanarchismus und/oder Sozialökologischer Anarchismus werden heute als eine Strömung des gegenwärtigen Anarchismus gesehen.

Im Rahmen seines libertären Kommunalismus erhielt die Ökologie und die Auseinandersetzung über die Besonderheit der Städte eine wesentliche Bedeutung, weil in den Städten (besonders in den Stadtteilen) für Bookchin viele Ansatzpunkte konkreter Einwirkungs- und Veränderungsmöglichkeiten liegen. Seine letzten Veröffentlichungen in Buchform handeln genau von diesen Veränderungsmöglichkeiten: „Die Neugestaltung der Gesellschaft. Pfade in eine ökologische Zukunft" (1992) und „Die Agonie der Stadt" (1996).

Die Idee des Kommunalismus reicht weit in die libertäre, anarchistische Geschichte zurück. Vor allem Kropotkin und Landauer beziehen sich in ihren Entwürfen auf föderierte Siedlungen und Gemeinden. Libertärer Kommunalismus meint die direkt-demokratische Verwaltung von dezentralen Kommunen durch Bürgerversammlungen. Die dezentralisierten Kommunen föderieren sich wiederum mit anderen Kommunen/Stadtteilen, um übergeordnete Aufgaben zu koordinieren und sich auszutauschen.

Für Bookchin war es wichtig herauszuarbeiten, dass nicht etwa der Mensch nicht mit der Natur umgehen kann oder die Technik an den vielfältigen Umweltzerstörungen Schuld sei, sondern die ungleiche Verteilung von Macht und Einfluss durch das Kapital und die Großbetriebe, die durch Entsolidarisierung und soziale Veränderungen ein unökologisches Verhalten fördern. Der Mensch muss (und kann) wieder einen neuen Umgang mit der Natur lernen! Dieser Grundgedanke des libertären Kommunalismus, der auch einen Anknüpfungspunkt für den Veganismus bietet, da er einen neuen Umgang mit der Natur und neue Formen der Solidarität beinhaltet, bietet natürlich auch viele alternative Gegenentwürfe in der Gegenwart, und diese finden sich in den in der Agenda 21 behandelten Themenbereichen teilweise wieder.

Die Gedanken und Aktivitäten rund um die Agenda 21 beruhen auf der Überzeugung, dass der Mensch an sich als Täter und gleichzeitig Opfer der Umweltzerstörung der Natur gegenüber steht. Schlagwörter zur Lösung der Ökologieprobleme lauten entsprechend: „Effizienzrevolution" oder „ökologischer Konsum". Durch eine „ökologischere Technologie" und einen „bewussten, ökologischen Konsum" ließe sich das Umweltproblem lösen oder entschärfen. Hauptansatzpunkt ist eine Verhaltensänderung der privaten Haushalte, die somit für die ökologischen Probleme verantwortlich gemacht werden. Allerdings ist dies eine alte Argumentationsweise, um von den Verantwortlichkeiten der Großindustrie abzulenken. Der Einzelne mit und durch seine Verhaltensweise soll verantwortlich sein und nicht die Großindustrie, die durch Kernkraftwerke, Einleitung von Abwässern und Luftverschmutzung wesentlich mehr zur eigentlichen Umweltverschmutzung beiträgt.

Bookchin selbst schreibt in diesem Zusammenhang der Naturzerstörung, dass der Grund, warum Menschen der Natur gegenüber feindlich

Nicht das Wesen des Menschen „an sich" ist umweltfeindlich, sondern die Organisierung unserer Gesellschaft.

eingestellt sind, in ihrer eigenen (feindlichen) sozialen Umgebung liegt (Bookchin 1992: 7-14). Nicht das Wesen des Menschen „an sich" ist umweltfeindlich, sondern die Organisierung unserer Gesellschaft.

> „Eine ökologische Gesellschaft, die sich um das konföderale System einer Kommune von Kommunen strukturiert, von denen jede an das Ökosystem und die Bioregion angepasst ist, in der sie gelegen ist, würde dieses technologische Rüstzeug gekonnt einsetzen. Sie würde auf die örtlichen Ressourcen zurückgreifen, von denen schon viele als Folge von Massenproduktionstechniken aufgegeben wurden." (a.a.O.: 193)

Umweltzerstörungen werden hauptsächlich durch hierarchische, zentralistische Strukturen erklärt und nicht durch die Unvernunft des Menschen oder „den Menschen an sich". So wurden im Rahmen der Debatten um die Agenda 21 von anarchistischen Gruppen die Direkte Demokratie statt Bürgerbeteiligung gefordert. Weitere Forderungen waren: kommunaler Sozialismus statt „Marktwirtschaft mit ökologischen Leitplanken" oder „Transnationalismus statt global governance". All dies sind Forderungen, die mit denen Bookchins kompatibel sind.

Allerdings wird seit Mitte der 90er Jahre innerhalb der radikalen Linken eine kontroversere Haltung gegenüber Bookchin eingenommen, die für diese Arbeit von Bedeutung ist. In einem im Sommer 1995 geführten Gespräch zwischen Bookchin und Manfred Zieran/Jutta Ditfurth wird der Zusammenhang zwischen Sozialanarchismus und Sozialökologie deutlich gemacht und damit verbunden erstmals eine Auseinandersetzung zwischen Anthropozentrismus und Nicht-Anthropozentrismus geführt. Bookchin geht davon aus, dass die Zerstörung der natürlichen Welt ihre Wurzeln in der irrationalen Struktur der heutigen Gesellschaft hat:

> „Die Idee der Naturbeherrschung folgt aus der Idee der Herrschaft des Menschen über den Menschen. ... Die Unterschiede zwischen Menschen und Tieren sind keine Eigenschaften, die Sozialökologen den Menschen oder Tieren an sich zuschreiben, sondern Ergebnisse der natürlichen Evolution selbst. Es ist quasi natürlich, in die Natur einzugreifen, sie zu verändern, sie dem menschlichen Überleben und Wohlbefinden anzupassen. ... Was die Tiefenökologen nicht zu begreifen scheinen, ist, dass es nicht darum geht, ob wir die Welt verändern, denn so sind Menschen konstituiert, sondern ob wir dies rational, ökologisch und mit einer Sensibilität tun, die kein Tier je aufzubringen vermag. Und die Fähigkeit, so zu handeln, hängt nicht nur von unseren Einstellungen und Perspektiven ab, sondern von den sozialen Bedingungen, die unser Verhalten entscheidend bestimmen." (Bookchin in: *Ökolinx* 1996/23)

Bookchin spricht sich dabei auch vehement gegen den Biozentrismus aus:

> „Nicht weniger idiotisch ist die Auffassung des Biozentrismus. ... Die Prämisse des Biozentrismus, dass alle Lebewesen denselben

inneren Wert haben, ist völlig belanglos, weil nur Menschen sich einen Begriff von diesem inneren Wert machen können." (ebd.)

Damit stellt sich Bookchin klar gegen alle nicht-anthropozentrisch denkenden Menschen. Natürlich spielt es für Bookchin eine Rolle, dass es von dieser Seite aus heftige Attacken gibt

„gegen die Vernunft selbst und gegen die Aufklärung, welche einst unter den Menschen die Vorstellung von Vernunft als Kriterium für Wahrheit und Universalität als Voraussetzung gesellschaftlicher Veränderung entwickelte" (ebd.).

Bookchin kann es nicht verstehen, dass die Menschheit angeklagt wird und nicht die Bourgeoisie, der Kapitalismus, der Nationalstaat etc. Darin enthalten ist auch sein Unverständnis, dass Technik kritisiert wird und nicht die Art der Technik-Nutzung. In diesen kontroversen, sich 1995 entwickelnden Diskurs stellt Bookchin auch die Auseinandersetzung über Menschen- und Tierrechte:

„Dann gibt es eine wachsende Zahl von ‚Tierrechts-AktivistInnen'. In England ist daraus ja schon eine Manie geworden. ... Aber diese Bewegung zieht die Aufmerksamkeit von den Menschenrechten ab." (ebd.)

Eine der Grundüberzeugungen Bookchins ist der Gedanke, dass die Ausbildung sozialer Hierarchien zur Herrschaft über Menschen und zur Herrschaft über die Natur führte. So stellt er in seinem Buch „Die Neugestaltung der Gesellschaft" Alternativen zur gesellschaftlichen Organisierung vor, insbesondere Alternativen zum Nationalstaat.

Einige seiner wesentlichen Ansichten sind die Ablehnung des entmündigenden Nationalstaates und die völlige Ablehnung kapitalistischer Wirtschaftsordnungen wegen ihrer zerstörerischen Wirkungen. Seine Entgegensetzung ist eine „moralische Wirtschaft" und ein „Gefühl gegenseitiger Verpflichtung", die letztlich in eine „rationale Gesellschaft" münden werden. Bookchin setzt also, in anarchistischer Tradition, ein „außerhalb des Staates" als Voraussetzung einer freiheitlichen Gesellschaft voraus und weist dem Menschen und damit der anthropozentrischen Sichtweise eine Schlüsselstellung zu.

Für Bookchin steht dem heutigen Nationalstaat die rationale Gesellschaft gegenüber. Dementsprechend schreibt er von Staatsräson im Nationalstaat und – als Abgrenzung dazu – von Politik im anarchistischen Gemeinwesen. Ökologie ist für ihn kein zentrales revolutionäres Thema, obwohl er es als grundlegend bezeichnet, sondern ökologisches Verhalten ergibt sich aus einem veränderten sozialen Miteinander, letztlich aus der Beteiligung an Politik. Es geht ihm vor allem um eine andere Politik, eine Politik, die für direkte Demokratie kämpft und gegen den Nationalstaat steht.

„Benötigt werden keine Alternativbetriebe, sondern der Aufbau einer alternativen öffentlichen Sphäre, eine Neudefinition von Politik

> auf der Ebene, die dem Leben einfacher Leute am nächsten ist – nämlich in ihren Nachbarschaften und Kommunen." (ebd.)

Politik ist nach Bookchin die öffentliche Regelung gemeinschaftlicher Interessen, die in eine konkrete Vorstellung von „Gemeinde" übertragen wird. Wenn das gelingt, dann ist das revolutionäre Subjekt „geboren", wird aktiv, und dann handelt es sich um eine libertäre Kommune.

So wie bei Bookchin ist Staatskritik ganz generell in jedem (historischen) anarchistischen Politikansatz enthalten. Demgegenüber hat sich in den letzten Jahrzehnten, besonders durch **Foucault**, eine Erweiterung der Staatskritik ergeben. Die Entwicklung neuer Technologien der Macht, die letztlich auch die Armee, Polizei und den modernen Staat zur Folge hatten, lassen die dadurch entstandenen Machtverhältnisse nicht mehr ausreichend erklären. Für Foucault z. B. muss die Analyse der Machtverhältnisse über den Staat hinausgehen, da der Staat und seine Instrumente „tief eingemauert in das Innere eines Machtsystems" sind. (Foucault 1976: 116) So kommt Foucault zu dem Ergebnis, dass der Staat nicht der Ursprung der Macht ist. Man muss vielmehr davon reden, dass

> „eine stetige ‚Etatisierung von Machtverhältnissen' stattgefunden hat, ... ‚das heißt in der Form oder unter dem Schirm staatlicher Institutionen ausgearbeitet, rationalisiert und zentralisiert worden sind.'" (Dreyfus/Rabinow 1994: 259)

Der Staat wird dabei als „Überbau" angesehen und zwar in Bezug auf eine Serie von Machtnetzen,

> „die die Körper, die Sexualität, die Familie, die Verhaltensweisen, das Wissen, die Techniken usw. durchdringen, und diese Beziehungen werden ihrerseits von einer Art Über-Macht konditioniert und wirken konditionierend auf sie, die im Wesentlichen um eine gewisse Anzahl großer Verbotsfunktionen herum strukturiert ist; aber diese Über-Macht mit ihren Verbotsfunktionen kann nur insofern wirklich greifen und sich halten, als sie in einer ganzen Reihe vielfältiger, nicht definierter Machtverhältnisses verwurzelt ist." (Foucault 1978: 39).

In seinem Buch „Überwachen und Strafen" beschreibt er dann auch, dass der Mensch, den man eigentlich befreien möchte, „bereits in sich das Resultat einer Unterwerfung" (Foucault 1977: 42) ist. So ist die Folgerung zwangsläufig, dass neue Formen der Subjektivierung gefunden werden müssen.

Entgegen der Vorstellung, dass der Staat durch seine Gesetzgebung die Freiheit der Menschen schützt, meint Bookchin, dass die Stadt ein Ort möglichen politischen Lebens in Freiheit sei. Dabei spielt die direkte Demokratie natürlich eine entscheidende Rolle. Innerhalb der heutigen Stadtsoziologie wird jedoch etwas völlig Entgegengesetztes festgestellt. Die Stadt wird dabei als Bühne individualisierten Lebens gesehen, in der gemeinsame Interessen kaum vorfindbar sind. Dies widerspricht natürlich seiner Sicht des gemeinschaftlich motivierten Handelns in der Stadt.

Für Bookchin liegt jedoch die Chance der Stadt in der Möglichkeit für gemeinschaftlich motiviertes Handeln, und auch hier schwebt ihm die Form der freien Versammlung und der freien Entscheidung vor. Diese freien Versammlungen sollen dazu führen, dass nach und nach basisdemokratische Strukturen entstehen, die irgendwann in einen unausweichlichen Konflikt mit dem Nationalstaat führen werden. Dieser Konflikt muss gesucht und geführt werden, da dieser (Nationalstaat) seine Herrschaft nicht freiwillig abgibt.

Doch auch an diesem Punkt werden Unterschiedlichkeiten zwischen Anarchoklassikern und einer möglichen heutigen Sichtweise deutlich. Nicht nur Bakunin (als Stellvertreter der anarchistischen Klassiker) glaubte, man könne von einem „gesunden Menschenverstand" ausgehen, der besonders auf den untersten gesellschaftlichen Ebenen im Gegensatz zum Nationalstaat stehe. Besonders im kommunalen Bereich sei die Gemeinsamkeit der Menschen am größten. Dieser Ansicht wird inzwischen widersprochen.

> „Wer einmal auf einer Stadtteilversammlung war, weiß, dass gesund hier eher das ‚Volksempfinden' als der Verstand ist." (GrasWurzelRevolution 1999: 236)

Nicht nur das Versanden der Neuen Sozialen Bewegungen, auch die mehr als schwache Mobilisierung von Menschen zu verschiedensten Themen zeigt, dass Bookchins Vorstellung einer Bürger_innenversammlung an der Realität vorbei geht. Ein wesentlicher Schwachpunkt ist dabei die vertretene Meinung, dass mensch von unterschiedlichen Interessen zwischen Nationalstaat und Bürger_innen ausgehen kann. Dies ist wohl das Wunschdenken, aber völlig realitätsfremd. Realitätsfremd ist es sicher auch, mit rationalen Argumenten gesellschaftliche Veränderungen herbeiführen zu wollen: Es drückt die Ignoranz gegenüber postmodernen Lebenswelten aus. Ein wesentlicher theoretischer Fehler bei Bookchin ist, dass er den Stadtmenschen (Citoyen) in Opposition zum Nationalstaat sieht. In diesem Denken wird ein Vorgang deutlich, der davon geprägt ist, auf altbewährte Lösungsmuster zurückzugreifen, die ihren Ursprung in der Aufklärung haben. Die Antworten sind immer gleich: Der libertäre Kommunalismus hat Aussicht auf Erfolg gegen die Macht der Medien, gegen die unheilvolle Globalisierung, gegen Veränderung der Arbeitsverhältnisse etc. – denn der libertäre Kommunalismus ist das notwendig Bessere.

Auch hier also schwingt mit, dass Politik ein Prozess anwachsenden Bewusstseins ist, an dessen Ende der Anarchismus „siegen wird", dessen Sieg auch über die Erziehungsleistung gehen kann. Werden die Menschen „richtig" erzogen, dann wird die zukünftige Gesellschaft auch die richtige, die rationale, die anarchische sein.

So hat sich Bookchin in den letzten Interviews verärgert darüber gezeigt, dass seine Strategie nicht umfassend genug beachtet wird. Besonders gegen einen so genannten Lifestyle- oder kulturellen Anarchismus spricht er sich aus, da er diese als staatskonform und eigenbrötlerisch bezeichnet. Oscar Lubin (GrasWurzelRevolution-Diskussion) weist in seinen Texten darauf hin, dass gerade in der Betrachtung dieser so genannten Lifestyle-Anarchist_innen ein Schlüssel für ein realistisches Bild der Gesellschaft liegt. Wenn Veganer_innen Lifestyle-Anarchist_innen sein sollten, dann ist es unumgänglich, sich mit diesen auseinanderzusetzen und sie nicht kategorisch abzulehnen. Lubins Kulturbegriff besagt, dass Kultur die Summe aller Lebenswelten an einem bestimmten Ort zu einer bestimmten Zeit ist. Und nur über die persönlichen Lebenswelten lassen sich Menschen heute am ehesten politisch ansprechen: individuell, zu bestimmten Problemen und Themen, zu bestimmten Zeiten, aber eben nicht mehr als Proletarier_innen, Stadtbürger_innen, Klassenzugehörige in „geschichtlich entbundener Subjektform". Diesen Blick blendet Bookchin allerdings in seiner Auseinandersetzung mit dem Lifestyle-Anarchismus aus, zu dem er einen Teil der Tierrechtsbewegung zählt. So bezeichnet er diese Vertreter_innen der Tierrechtsbewegung, aus der Perspektive eines Generationenkonflikts, als Lifestyle-Anarchist_innen (in: Social Anarchism or Lifestyle Anarchism, Bookchin 1993), die eine unübersehbare Nähe zu Stirner haben. Dadurch wird eine Spannung zwischen Individualismus und Kollektivismus aufgebaut, die Janet Biehl, ausgehend von Bookchins Ansatz, wiederzugeben versucht. Demnach hat Bookchin schon 1995 seine Besorgnis geäußert und meinte, dass

> „viele AnarchistInnen jetzt den Anarchismus von der evolutionären Tradition trennen und ihn in eine apolitische Lebensstil-Subkultur verändern wollen – in eine sozial harmlose Ideologie für persönliche Autonomie und Selbstdarstellung." (GWR 1999: 238)

Dieser Lebensstilanarchismus wird zwar erst einmal als ungefährlich angesehen, aber trotzdem ist er es wert, bekämpft zu werden. So steht dort nicht mehr das Streben nach Gemeinsamkeit und Freiheit im Vordergrund, sondern das

> „Ich wird zum höchsten Tempel der Realität und die Erfüllung seiner Begehren wird zur endlichen Erfüllung der Befreiung." (Bookchin, ebd.)

Es geht also um eine Bewertung von sozialer Freiheit und persönlicher Selbstverwirklichung:

> „Lebensstilanarchismus lehnt die Aussicht auf soziale Revolution überhaupt ab, sowie die Praxis, je Organisation zu bilden." (ebd.)

Der persönliche Aufstand besteht nur aus symbolisch ausgedrückten Gesten gegen die Macht:

> „Zu oft verfallen Lebensstilanarchisten ins Suchen nach Erregung und persönlicher Selbstbestätigung, von radikaler Rhetorik erfüllt, aber ohne eine eigentliche Herausforderung der Sozialordnung." (ebd.)

Hinzu kommt noch eine allgemeine Theoriefeindlichkeit, auch gegen Befreiungstheorien. Besonders scheint Bookchin zu schmerzen, dass Misstrauen oder Abneigung gegen Vernunft geäußert wird. In diesem Zusammenhang führt er dann auch sofort die New-Age-Bewegung an, alle mythisch ausgerichteten Gruppen/Personen und explizit die Erdbefreier_innen. Es wird, auch durch Janet Biehl, suggeriert, die Lebensstilanarchist_innen seien alle fixiert auf Schamanismus, Mythologie, Egoismus, Hexerei etc.

Einige Merkmale der so genannten Lebensstilanarchist_innen decken sich mit denen der neueren Soziologie des Jugendalters:

> „... sind mit einem Wunsch nach unvermittelten Erfahrungen assoziiert. ... Das Abenteurertum sucht unvermittelte Erregungen und verachtet die anstrengende, oft langweilige Organisationsarbeit ... sucht Ekstase, Trance, Einbildung – unbeeinflusst von der Kritik der Vernunft." (ebd.)

In der Tat suchen viele Jugendliche das unmittelbare Erleben, den Kick. Sie wenden sich ab von langweiliger Parteiarbeit, dem sich Hocharbeiten vom kleinen Parteisoldaten zum Funktionär, sondern suchen/wollen konkrete und umsetzbare Ansatzpunkte für ihr jugendliches Leben. Wenn Janet Biehl den Anarchismus mit langweiliger Organisationsarbeit verbindet, dann braucht sie sich nicht zu wundern, wenn Jugendliche außerhalb der traditionellen anarchistischen Organisationsformen ihre Verwirklichungsmöglichkeiten suchen. Die in Kapitel I erwähnten Shell-Jugendstudien erklären sehr genau diese Vorgehensweise, und so ist persönlicher Lebensstil heute eng verbunden mit einem persönlichen politischen Engagement – besonders in der veganen Bewegung.

Ein weiterer Vorwurf Bookchins an die Lebensstilanarchist_innen (und damit auch an die Veganer_innen) ist deren starke Fixierung der Kritik auf die „Zivilisation" und nicht mehr auf Kapitalismus und Ausbeutungsprozesse. Bookchin hat, ähnlich wie Kropotkin, in seinen letzten Veröffentlichungen immer auch das Positive der Zivilisation gesehen und die in ihr vorhandenen positiven Möglichkeiten der Technik, denn es kann nur um das Handling und nicht um die Infragestellung der Technik/Zivilisation und der dahinter stehenden (anthropozentrischen) Ethik gehen.

Bookchin möchte Freiheit durch Struktur und gegenseitige Verantwortung. Neben weiteren Forderungen, die allesamt in der Geschichte des Anarchismus nachzulesen sind, bezieht er sich besonders auf die Vernunft, die die notwendige Anleitung geben muss. Nur so kann mensch Fortschritt und Rückfall, Notwendigkeit und Freiheit, Gut und Böse, Zivilisation und Barbarei voneinander unterscheiden. Dieses Schwarz-Weiß- oder Gut-Böse-Schema ist überholt. Konsequent müsste es also heißen: Wer gegen die Zivilisation ist, der ist für die Barbarei. Wenn mensch die Ergebnisse der Shell-Studie hinzunimmt, wird deutlich, dass anscheinend ein echter Generationenkonflikt ausgebrochen ist. Und so heißt es auch über Bookchin:

„Bookchins Ansatz scheint ein manchmal lobenswerter, aber jetzt enger und dünner Libertarismus, der einer früheren Zeit, einem früheren Ort und früheren Verhältnissen angehört.“ (ebd.)

Dieser Streit zwischen Lebensstilanarchist_innen und Sozialanarchist_innen wird von Janet Biehl jedoch nicht als Generationenkonflikt analysiert, sondern als eine verheerende Strömung, die nach rechts weist (Biehl).

Ob dies so ist, kann bezweifelt werden. Auch wenn es zum Teil stimmt, dass sich links nach rechts annähert (oder umgekehrt), wird in diesem Diskussionszusammenhang deutlich, dass es sich um einen Generationenkonflikt handelt, vor dem sich Alt-Anarchist_innen nicht verschließen sollten. Lubin bewertet den Begriff der Lebensstilanarchist_innen nicht, und er geht davon aus, dass in der westlichen Welt politische Aktionen eher aus individuellen oder kulturellen Lebensstilen erwachsen als aus strukturellen Gruppen. Allein Strukturen zu schaffen, die dann revolutionär wirken sollen, und die Gegenwartsentwicklungen ausblenden, gehe an der (konstruierten) Wirklichkeit vorbei. Für Lubin sind Klassen oder Kommunen soziale Einheiten, die

„weder irgendwie homogene Interessen aufweisen, geschweige denn durch irgendwas ... automatisch zur politischen Tat gedrängt werden.“ (Lubin in: GWR 1999: 240)

Diese Auseinandersetzung zwischen politischem Anspruch und einer Analyse des Ist-Zustandes hat der libertäre Kommunalismus bisher versäumt zu führen. Es ist eben nicht egal, wie die momentanen Lebensstile aussehen oder sich entwickelt haben.

Innerhalb einer anarchistischen Gesellschaft müssen sich neue Formen der Subjektivierung und Individualität entwickeln (Mümken), die eine auf Freiheit beruhende Individualität ermöglichen. So scheint es keine Autonomie des Individuums zu geben, jedenfalls nicht im aufklärerisch-klassischen Sinn, da diese ja immer auch ein Produkt gesellschaftlicher Konstitutionspraktiken sind. Nach Mümken ist es wichtig, dass diese Praktiken von allen Herrschaftszuständen befreit werden und es auch bleiben. In anarchistischen Gesellschaften muss es also darum gehen, jedem Individuum eine

„... ‚anarchische Subjektivität' zu ermöglichen, die ‚keiner Lebens-, Denk- oder Sprechweise verpflichtet' ...“ (Schäfer 1995: 53 ff)

ist. Aus diesem Grund ist für mich der Veganismus ein wesentlicher Bestandteil in dieser Auseinandersetzung und der vegane Lebensstil eine Möglichkeit der konkreten Umsetzung eines freiheitlich-ethischen Lebens. Der Veganismus bezieht sowohl die Herrschafts- und Unterdrückungsverhältnisse von Menschen zur Mitwelt mit ein als auch die damit (folgerichtige) Kritik anthropozentrischer Sichtweisen.

Jürgen Mümken spricht davon, dass

„Dekonstruktion im Sinne einer ‚anarchischen Subjektivität' eine wichtige Praxis des Anarchismus werden kann, denn das Subjekt dekonstruieren meint, nicht verneinen oder abtun, sondern in Frage stellen." (Mümken 1998: 19)

Dekonstruktion in seiner Grundrichtung wendet sich gegen jegliche Form von Naturalisierungen (und damit auch teilweise gegen Bookchin) und geht von einer gesellschaftlichen Konstruktion der Begriffe und Kategorien aus. Dekonstruieren ist letztlich nichts anderes als verändern oder die Möglichkeit von Veränderungen sichtbar machen. Dekonstruiert werden müssten vor allem Gegensatzpaare wie zum Beispiel: Natur – Kultur, weiblich – männlich, Körper – Geist etc. Oppositionelle Begriffsrelationen

> „werden meist als Binarismen verstanden, d. h. als aus zwei Einheiten bestehend. Diese, sich gegenseitig ausschließenden Einheiten erhalten ihre Bedeutung erst in Relation zum jeweils anderen Part." (Lorey 1996: 16)

Entsprechend heißt dekonstruieren in meinem Themenbereich, Hierarchien innerhalb der Binarismen (auch Mensch – Tier/Mensch – Natur etc.) aufzuzeigen, sie zu verschieben oder sie aufzulösen. Auch wenn Judith Butler (Butler in: Der Streit um Differenz. Feminismus und Postmoderne in der Gegenwart 1995) davon ausgeht, dass Begriffsrelationen nicht ohne weiteres verabschiedet oder für falsch erklärt werden können, liegt in einem dekonstruktiven Anarchismus die Möglichkeit, die schon bestehenden dekonstruktiven Ansätze zu nutzen. Ohne zum Beispiel die Erkenntnis über die kulturelle Konstruktion von Geschlecht darf die anarchistische Theorie im 21. Jahrhundert nicht mehr auskommen. Und deshalb muss auch der Anarchismus in sein Denkgebäude diesen Ansatz mit einbeziehen, also ein dekonstruktiver oder postmoderner Anarchismus werden.

Bookchin dagegen sieht den Anarchismus als eine Idee an, die „irgendwie organisch eingebettet" ist, und in seinem Buch „Agonie der Stadt" (Bookchin 1996) fordert er die *Erneuerung* des Gemeinwesens. Für Bookchin verbindet sich mit dem Begriff der Konstruktion die Angst, dass all das, was als konstruiert bezeichnet wird, nicht wirklich da sei, nicht echt, nicht authentisch sei. Dies beinhaltet auch die Vorstellung, dass anarchistische Politik einen eindeutigen Grund haben muss, der auch nicht dekonstruiert werden muss/kann. Er ist einfach nur authentisch. Über die Konstruktion des Anarchismus braucht dann auch nicht mehr nachgedacht werden. Nur aus dieser authentischen Politik entstehen revolutionäre Subjekte, die gesellschaftliche Veränderungen erzielen können.

> „Die Bewegung muss mehr aufweisen als bloßes Sendungsbewusstsein – sie muss ein Heimatgefühl vermitteln können. Den meisten progressiven Bewegungen geht nämlich jedes Traditionsbewusstsein ab, jede Verwurzelung in dem, was Amerikanern lieb und teuer ist." (Bookchin in GWR 1999: 236)

Auch wenn sich Bookchin vehement gegen die so genannten Life-Style-Anarchist_innen wendet, verbindet beide die Idee einer neugestalteten Gesellschaft (Bookchin 1992). Die wesentlichen Punkte sind dabei die Beachtung der Natur, veränderte Wirtschaftsbeziehungen und die Einbeziehung der Individuen in soziale Zusammenhänge. Deutlich sollte werden, wie die wesentlichen Unterscheidungsmerkmale zwischen traditionellem Anarchismus (den es ja auch noch gibt) und postmodernen Ansätzen aussehen.

2.4.3.2. Öko-Feminismus

Im Öko-Feminismus verbinden sich unterschiedliche soziale und politische Strömungen, die den Anspruch besitzen, Ökologie und Feminismus zu verbinden. Im Öko-Feminismus wird deutlich gemacht, dass es einen Zusammenhang zwischen den wesentlichen Ausbeutungs- und Unterdrückungsverhältnissen gibt, und er lehnt sich damit sehr stark an die Vertreter_innen des Radikalen Feminismus an. Diese beziehen sich dabei ursprünglich auf das Konzept der Geschlechterdifferenz, das sich Mitte der 70er Jahre entwickelte und aus dem Versuch bestand, patriarchale Rollenzuschreibungen umzudeuten, um damit typisch weibliche Verhaltensweisen und Arbeiten aufzuwerten.

> „Frauen sollten sich nicht auf den Konkurrenzkampf in der Gesellschaft der Männer einlassen, sondern parallel zur öffentlichen Welt der Männer eine weibliche Welt entstehen lassen, in der sie ihre weiblichen Eigenschaften ohne die Angst der Abwertung leben könnten." (Lohschelder 2000: 150)

Das patriarchale System ist demnach nur durch den massenhaften Entzug zum Einsturz zu bringen, also durch eine durchgehende Verweigerung durch die Frauen.

Der Radikale Feminismus erweitert diese Sichtweise, die neben der Theorie der *Differenz und Gleichheit* und der Theorie des *sex und gender* steht, und hat zur Grundlage:

> „Radikalfeministinnen betrachten die biologische Differenz als Ursprung aller Unterdrückung der Frau. Auch verstehen sie das Patriarchat (...) als dasjenige Phänomen, das die Bedingungen jeglicher weiterer Unterdrückungsmechanismen und Ausbeutungsformen schuf. ... Weiterhin gehen die Radikalfeministinnen davon aus, dass Männer versuchen, Frauen und Natur für ihre Zwecke auszunützen (...). Die Annahme, dass Frauen der Natur näher stünden als Männer, ist integraler Bestandteil [des Radikalfeminismus]. Da das Patriarchat die Urform aller menschlicher Unterdrückung darstellt, argumentieren die Radikalfeministinnen, müssten alle Unterdrückungsmechanismen ihre Kompetenz verlieren, wenn das Patriarchat erst einmal abgeschafft ist." (Nash a. a. O.: 152)

Auf diese Grundlage bezieht sich der Ökofeminismus und erweitert wiederum den Ansatz, indem ein stärkerer Bezug zwischen Frau und Natur konstruiert wird:

> „Frauen und Natur werden als Opfer patriarchaler Unterdrückung

gleichgesetzt. Ökofeministinnen postulieren eine größere Naturverbundenheit von Frauen, die sich auf deren Fähigkeit gründet, schwanger zu sein, zu gebären und Kinder zu stillen." (a. a. O.: 153)

Genau dieser Zusammenhang ist für diese Arbeit von Wichtigkeit. Nicht nur die Frau wird im Patriarchat unterdrückt, sondern auch die Natur. Die Frau, von Maria Mies (Mies 1995) als „dritte Kolonie" bezeichnet, die neben den kolonisierten Staaten und der unterworfenen Natur vom Ausbeutungsverhalten (durch die Männer) betroffen ist, muss sich von diesem Unterdrückungs- und Dominanzsystem befreien. Dabei wird davon ausgegangen, dass dieses Dominanzsystem nur so lange existieren kann, wie die Aufteilung und Trennung in Mensch – Natur aufrecht erhalten wird, ebenso wie die Aufrechterhaltung des Subsystems Mann – Frau. Damit die patriarchale Dominanz aufgelöst werden kann, muss erst einmal der Gesamtzusammenhang erkannt und eine Annäherung zwischen den verschiedenen Bereichen „female" und „nature" stattfinden.

Der Öko-Feminismus versteht sich als Folge und logische Konsequenz aus dem, was mit „male dominance" bezeichnet wird. Durch die Entwicklung der Theorie des Öko-Feminismus versprach man sich in den 70er Jahren

> „eine linke soziale und politische Analyse so zu erweitern, dass sie das Beziehungsgeflecht aller Herrschaftsstrukturen beinhaltet. Schon in der Sozialen Ökologie ist die Kritik der Hierarchie fundamentaler als es der Begriff von der ‚Klasse' vermag. Im Ökofeminismus bestand nun die Möglichkeit, Feminismus mit Anarchismus, libertärem Sozialismus und sozialer Ökologie zu verbinden. Und dies konkret, nicht idealistisch im philosophischen Sinn." (Biehl 1991: 9)

Dieses Potential hat die Theorie des Öko-Feminismus nach Meinung von Janet Biehl jedoch bis heute nie ausgeschöpft:

> „Vierzehn Jahre später ist zu sagen, dass dieses Potential nicht umgesetzt wurde. Sobald er sich etabliert hatte, wurde der Ökofeminismus vom ‚kulturellen Feminismus' vereinnahmt. Dabei wurde das revolutionäre Potential völlig neutralisiert." (ebd.)

Diese Einschätzung rührt auch daher, dass im Rahmen des Öko-Feminismus den Frauen (und der Natur) eine besondere Befähigung und Verantwortung zur Rettung und Bewahrung der Natur zugeschrieben wird. Somit wird Frauen eine weitaus größere Naturverbundenheit zugeschrieben als Männern, die sich u. a. auf der Tatsache gründet, Kinder gebären zu können.

> „Durch die ähnlichen Unterdrückungserfahrungen, als Trägerinnen des biologischen Lebens und dadurch, dass sie sich Werte erhalten hätten, die nicht von männlichen Imperialismus beeinflusst worden seien, seien Frauen geradezu prädestiniert, eine soziale und ökologische Wende herbeizuführen." (Lohschelder 2000: 153)

So gesehen müssten Frauen ein besonderes Interesse haben, Herrschaftsverhältnisse zu beenden, die die Natur unterdrücken und damit gleichzeitig die Entfremdung zwischen Mensch und Natur aufheben. Öko-Feministinnen stellen sich ihre Gesellschaft als eine dezentrale und basisdemokratisch organisierte Gesellschaft vor, die sich besonders in der Friedens- und Anti-Atom-Bewegung organisiert. Das Problem, das auch Janet Biehl sieht, ist, dass Öko-Feministinnen sich über das Geschlecht besondere Charakterzüge und Fähigkeiten zusprechen. Damit reproduzierten sie jedoch die patriarchale Weiblichkeitsideologie und tragen dazu bei, die traditionelle weibliche Rolle durch positiv besetzte Werte attraktiv zu machen.

Dies wurde besonders durch die radikale feministische Theorie kritisiert und im Rahmen des Anarcha-Feminismus aufgegriffen und theoretisch untermauert.

2.4.4. ANARCHA-FEMINISMUS

Auch hier ist mir die Darstellung der Schnittstellen zwischen der jeweiligen anarchistischen Theorierichtung und dem Thema dieser Arbeit wichtig. Geht man auf die Seite www.anarchafeminismus.ch.vu, dann wird durch die Anzahl der Plattformen deutlich, dass es sich um einen wichtigen Teilbereich im Gegenwarts-Anarchismus handelt. Auf dieser Internetseite werden eine Literaturliste, eine Linkliste und ein Textarchiv zur Verfügung gestellt, durch die die Aktualität und Breite des Anarcha-Feminismus verdeutlicht wird. Alle radikalen Feministinnen sind im Grunde natürliche Anarchistinnen.

Es gab vor 1987 eine eher funktionale Auseinandersetzung zwischen Feminismus und Anarchismus, bei dem es den Radikalen Feministinnen darum ging, ein politisches Gerüst zu finden, was dann ja auch im kommunistischen Anarchismus gefunden wurde. (Kamann in Degen 1991: 92) Nach Frederike Kamann hatte sich dies 1987 auf einem Treffen anarchistischer Frauen in Lyon zum Themenbereich „Anarchismus – Feminismus" schon etwas verändert. So schreibt Kamann:

> „Anarchismus und Feminismus wurden als unterschiedliche Bewegungen für eine komplexe antihierarchische Kultur anerkannt, die sich gegenseitig neue Impulse geben können. So wurde bereits von einem ‚post-feministischen Anarchismus' gesprochen, ‚der die grundsätzlichen Erträge der feministischen Bewegung integriert, indem er in den zwischenmenschlichen Beziehungen die nichthierarchischen Prinzipien jetzt schon anwendet'* und die Reflexion über das geschlechtsspezifische Rollenverhalten selbstkritisch aufgreift. Deutlich wurde auch der anarchafeministische Ansatz als auf die feministische Bewegung bezogen formuliert." (a. a. O.: 93f)

* Aus einem Interview mit Rosella di Leo (Mailand) und Mimmo (Lyon) übers. aus *Le Monde Libertaire*, in: *Schwarzer Faden* Sondernummer, S. 4

Mitte der 70er Jahre sah das noch etwas anders aus, als zum ersten Mal radikale US-amerikanische Feministinnen auf der Suche nach einem politischen Gerüst waren, mit dem sie sich aus der patriarchalen Herrschaft befreien wollten. Sie sahen dies in den Prinzipien des Kropotkinschen Anarchismus, in dem sie ihre eigenen Themen gut verorten konnten. Diese können noch als gültige und bestehende Grundlage für die anarchafeministische Theorie und Praxis angesehen werden:

> „1) Alle radikalen Feministinnen sind im Grunde natürliche Anarchistinnen – aufgrund ihrer Zuneigung zu nicht-hierarchischen Beziehungen, ihrer Vorliebe für Arbeit in kleinen Gruppen und ihrer Fähigkeit, aus der Kraft der Massen einen Nutzen zu ziehen. (S. 9)
> 2) Anarchismus und Feminismus entsprechen einander und sollten sich gegenseitig ergänzen.
> 3) Der Anarchismus liefert dem Feminismus ein klares Verständnis von Hierarchie und Autorität. (S. 11)
> 4) Der Feminismus erkennt, dass alle Arten der Unterdrückung miteinander in Beziehung stehen, dass sich die persönliche, ökonomische und politische Unterdrückung im Leben von uns allen manifestiert, der Feminismus bietet den anarchistischen Männern Aufschluss über ihr maskulines Erbe, welches ihre Emotionen und Ausdrucksmöglichkeiten verkrüppelt. …“ (a. a. O.: 92)

Die Darstellung dieser amerikanischen Verknüpfung von Feminismus und Anarchismus wurde witzigerweise in Deutschland überwiegend von Männern geleistet. Während in der feministischen Bewegung kein Rückgriff auf diese Verknüpfung genommen wurde, bestand die anarchistische Bewegung in Deutschland überwiegend aus Männern, die sich nun in diesen neuen Diskurs begaben. Allerdings eben auch typisch „Männer-like“:

> „Widerhall fanden sie dagegen in der zu diesem Zeitpunkt immer noch zum größten Teil von Männern getragenen anarchistischen Bewegung. In deren Kreisen fanden ja auch die Veröffentlichungen statt. Allein schon dadurch erklärt sich aber auch die sofort einsetzende Akzentverschiebung bei der Rezeption: Der Feminismus (und damit hoffentlich auch die Vertreterinnen) wurde als genuin anarchistisch begriffen und so dem Anarchismus einzuverleiben versucht. Er verlor dadurch manches von seiner bedrohlichen Infragestellung und Herausforderung. MANN meinte, den Frauen doch nun etwas bieten zu können.“ (a. a. O.: 92f)

Nun ja, die Anarcho-Männer waren auch nicht viel besser als andere Männer, und so schreibt Kamann, dass die Diskussion um den Zusammenschluss von Feminismus und Anarchismus zu einer arroganten männlichen Spitze gegen den Separatismus der autonomen Frauenbewegung geriet und die Männer einfach nicht verstehen wollten, warum Feminismus und Anarchismus zwar gleiche bis ähnliche Inhalte haben, aber letztlich der Mann das Problem war – und Männer gibt es eben auch bei den Anarchisten.

In der Folge wurden eher die Gemeinsamkeiten und der inhaltliche Zusammenhang zwischen Anarchismus und Feminismus in den

Mittelpunkt gestellt. So hatte sich in Lyon 1987 die eben dargestellte Zweigleisigkeit dahingehend verändert, dass es zumindest keine Berührungsängste mehr zwischen den beiden Bereichen Anarchismus und Feminismus gab. Sie waren eigenständige Bewegungen, die sich gegenseitig Impulse geben wollten und konnten. Im Rahmen des Anarcha-Feminismus war jedoch auch klar, dass es in Zukunft nicht darum gehen sollte, eigenständige Organisationsformen zu entwickeln, sondern sich an den verschiedenen Diskussionssträngen aktiv zu beteiligen. Anders als bei dem vorherigen Männerblick ging es also konkret um die Beseitigung der Unterdrückungsverhältnisse. Und dazu gehört nun einmal – und das war ja nun der Hammer für die Männer –, die Gesamtheit der patriarchalen Prägung mit einzubeziehen: das Rollenverhalten, die Sprache, das männliche Bewusstsein. Es reichte eben nicht aus, zu sagen: „Wir haben eine anarchistische Utopie, sind herrschaftsfrei in unseren Zusammenhängen und deshalb sind wir gut."

Deutlich wurde, auch durch die zunehmend intensivere Geschlechterforschung, dass das Verständnis von Freiheit, Gleichheit und Solidarität von der umgebenden hierarchischen Umwelt und Kultur geprägt und deshalb ebenso kein Garant ist für Herrschaftslosigkeit, sondern im schlimmsten Fall eben auch das reproduziert (siehe Öko-Feminismus), gegen das Anarchisten eigentlich sind. In der Logik der Sache und dem Ergebnis der Geschlechterforschung bedeutet dies dann, Abschied zu nehmen von bisher verwendeten Begriffen – zumindest Abschied nehmen von der Überzeugung: „Anarchismus ist gegen Herrschaft – bin ich Anarchist, bin ich einer, der keine Herrschaft ausübt."

Kamann macht deutlich, dass in der Geschichte des Anarchismus die traditionelle Form der Politik am grundsätzlichsten in Frage gestellt wird. Der Anarchismus

> „rüttelt an der Grundstruktur aller von Männern beherrschten politischen Organisationen: der Hierarchie, und hält ihr z.B. die Prinzipien des Föderalismus, der freien Vereinbarung und der gegenseitigen Hilfe entgegen sowie die Utopie von der grundsätzlichen Gleichwertigkeit aller Menschen. In die Utopie der Gleichheit und Freiheit sind die Frauen miteingeschlossen, mitgemeint. Ihre Unterdrückung wird ausdrücklich benannt. Und: die Rollen Mann und Frau in der bürgerlichen Gesellschaft werden nicht biologistisch gesehen – also als natürliche Wesensbestimmungen –, sondern als soziale Rollen im Herrschaftsgefüge und damit veränderbar, ja notwendigerweise zu verändern." (a.a.O.: 94)

Obwohl alle Klassiker (bis auf Proudhon) die Unterdrückung auch der Frauen beseitigt wissen wollten, war dieses Thema immer nur ein Randthema:

> „Die männlichen Theoretiker kommen nur dort auf das so genannte andere Geschlecht zu sprechen, wo sie selbst auch betroffen sind

– wenn es nämlich um die freiheitliche Organisierung ihres Privatlebens geht." (a. a. O.: 95)

Und obwohl Sexismus schon lange ein Thema war, wurde dieses als eine Kategorie der Unterdrückungsverhältnisse in den Theorien und vor allem in der Praxis anarchistischer, autonomer und linksradikaler Gruppen zuerst nur marginal genutzt. „Die männlichen Theoretiker kommen nur dort auf das andere Geschlecht zu sprechen, wo sie selbst betroffen sind.

Im Anarchismus hat sich jeder Mensch selbst zu vertreten. Eine Stellvertreterpolitik ist im Anarchismus nicht vorgesehen. Deshalb kann auch der Mann nicht stellvertretend für die Frau Forderungen aufstellen, sondern muss sein eigenes Rollenverständnis und seine eigenen herrschaftsstabilisierenden Inhalte/Strukturen/Verhaltensweisen in Angriff nehmen. Für Kamann gibt es die Prämisse, dass die konkrete Veränderung der Lebensverhältnisse von Frauen Realität werden muss und Hierarchie und Herrschaft ganz grundsätzlich abgebaut werden müssen:

„Im eigentlichen Sinne bedeutet diese Forderung eine revolutionäre Sprengung unseres vorgefundenen gesellschaftlichen Alltages, dessen zentrales Element der Warenverkehr auf allen Ebenen geworden ist. Sie ist nicht etwa im Rahmen einer Utopie gedacht, sondern ganz konkret auf heute bezogen." (a. a. O.: 100)

Während der „bürgerliche Feminismus" die Forderung nach gleichen Rechten in den Mittelpunkt stellte, konnten die Radikalfeministinnen die übergeordneten HERRschaftsstrukturen nicht unberücksichtigt lassen. Während die einen (bürgerliche Feministinnen) gegen die Abhängigkeit von ihren Männern kämpften, kämpften die anderen (Radikalfeministinnen) gegen den Kapitalismus und das Patriarchat. Auf dem Anarchafeministinnen-Treffen (April 2006) in der Kommune Olgashof wurden mit verschiedenen Thesen die wesentlichen Bestandteile des Anarcha-Feminismus hervorgehoben:

„1. Die Unterdrückung der Frau ist Bestandteil und Stützpfeiler des Patriarchats. Jede Analyse, die das nicht berücksichtigt, ist falsch. Jedes praktische Handeln ohne diese Inhalte schafft keine libertäre Veränderung. Das bedeutet, dass wir Rassismus, Sexismus und Kapitalismus als menschenunwürdige Gewaltverhältnisse (Triple-Oppression) begreifen und deshalb bekämpfen.

2. Da für uns alles Private und alles Öffentliche politisch ist, auch das Unbekannte, ist die Trennung von Privatem und Öffentlichem aufgelöst. Darin liegt die Kraft zur Entwicklung einer anarchafeministischen Gesellschaft.

3. Unser anarcho-feministisches Selbstverständnis beinhaltet, dass wir jegliche Erscheinungsform von Hierarchie, geschlechtsspezifischen Rollenverhalten, Dominanz und ökonomischer Unterdrückung ablehnen. Das gilt für alle Beziehungen zu allen und allem. Das bedeutet, dass wir lernen, libertäre Lebensmodelle zu

entwickeln und einzuüben. In diesem Entwicklungsprozess richten wir unsere besondere Aufmerksamkeit darauf, dass sich keine neuen Hierarchien, geschlechtsspezifischen Rollenverhalten, Dominanzen und ökonomische Unterdrückung entwickeln können.

4. In unseren Augen ist kein Projekt (Mensch, Lebenszusammenhang) revolutionär, das das Verhältnis der Geschlechter nicht radikal in Frage stellt." (aus: Broschüre der Frauen und Lesben des Anarchafeministinnentreffens Griff nach den Sternen: 2. Auflage 2006)

In der hier aufgeführten 3. These spielte auch der Gedanke an das Verhältnis Mensch – Tier eine Rolle und wurde auf dem besagten Treffen entsprechend thematisiert. In der Diskussion wurde festgehalten, dass der Umgang mit Dominanz für *alle Beziehungen* und *zu allem,* also auch zu der Umwelt und zu den Tieren von großer Wichtigkeit ist.

Mit diesen Thesen wird deutlich, dass sich die heutigen Anarcha-Feministinnen in der Tradition der Frauenbewegung aus den 70er Jahren verstehen (Pfaff in: Degen/Knoblauch 2009: 92), diesen Rahmen aber bei weitem überschreiten. Sowohl der Triple-Oppression-Ansatz als auch die Diskussion in „Das Private ist politisch" verdeutlicht dies. Deutlich wird auch, dass aus dem Anarcha-Feminismus heraus zum Kampf gegen alle Herrschaftsverhältnisse aufgerufen wird. Diese sind natürlich die drei eigenständigen Unterdrückungssysteme: Sexismus, Rassismus, Kapitalismus. Dem Anarcha-Feminismus ist es wichtig, dass sich Männer mit dem Patriarchat auseinandersetzen, sich eine pro-feministische Grundhaltung erarbeiten und ihre eigenen männlichen Rollenmuster kritisch verändern. So wird der Feminismus eben nicht nur zur reinen Frauenfrage, sondern auch zur Männerfrage und letztlich zur Menschenfrage. Damit eingeschlossen ist dann auch die Auseinandersetzung mit allen sozioökonomischen und soziokulturellen Gegebenheiten: Sprache, Verhalten, Kultur etc.

Dies bedeutet nicht, dass jede/r nun in eine Kommune einziehen muss, nicht heiraten darf, kein Bankkonto besitzen darf, sondern jede/r muss sich bewusst machen, welchen Anteil er/sie bei der Reproduktion von herrschaftsrelevanten Dingen besitzt und wie er/sie diese reduzieren kann.

Silke Lohschelder hat dies in ihrem Buch „Anarchafeminismus" (Lohschelder 2000) noch einmal sehr deutlich gemacht und auf die anarcha-feministischen Ansätze der 70er und 80er Jahre hingewiesen, bevor sie den feministischen Diskurs um den Poststrukturalismus und um die Dekonstruktion von Geschlecht darstellt. In der Unterscheidung zwischen dem biologischen Geschlecht (sex) und dem sozialen/kulturellen Geschlecht (gender) wird deutlich, dass es keinerlei Zusammenhang zwischen einer biologischen Disposition und den geschlechtsspezifischen Zuweisungen und Rollenerwartungen an Männer und Frauen geben kann. Geschlechterrollen und -identitäten sind Ergebnis jahrhundertealter Prozesse und keine Ergebnisse biologischer und natürlicher Geschlechterdifferenzen. Somit werden Ungleichheit, Unterdrückung, verschiedene Wertigkeiten, männliches/weibliches Rollenverhalten und ihr jeweiliger gesellschaftlicher Status als Konstrukte eines geschichtlichen Prozesses verstanden, die es zu dekonstruieren und damit aufzulösen gilt. Nur so lassen sich anarcha-feministische Ansprüche verwirklichen.

In letzter Konsequenz bedeutet dies, dass sich jeder Mensch auch über sein Verhältnis und den Umgang mit dem Tier klar machen muss, denn auch Lohschelder meint:

> „Der ökologische Aspekt, den der soziale Ökofeminismus betont, fügt der Analyse des Beziehungsgeflechts aller Herrschaftsstrukturen einen weiteren Baustein hinzu." (Lohschelder 2000: 170)

Der Anarchafeminismus hat feministische Analysen und linke Herrschaftsanalyse verbunden und damit eine Komponente dem Anarchismus hinzugefügt, die die Theorie und Praxis des Anarchismus klar erweiterte.

Nach Lohschelder stellt der **soziale Ökofeminismus** den aktuellsten Beitrag im Rahmen der anarcha-feministischen Diskussion dar. Dieser soziale Ökofeminismus wurde maßgeblich von **Janet Biehl** entwickelt und steht in enger Verbindung mit dem Konzept des libertären Kommunalismus und der Sozialen Ökologie von M. Bookchin.

> „Janet Biehl geht es vor allem darum, feministische und linke Politik in einen ökofeministischen Ansatz wieder zusammenzubringen, nachdem kulturfeministische und spirituelle Einflüsse den Feminismus immer mehr in eine unpolitische bis konservative Ecke geführt haben." (a. a. O.: 162)

Biehl bezieht sich zwar explizit auf den ökofeministischen Ansatz, lehnt aber die oben erwähnten Schlussfolgerungen definitiv ab. Den positiven Bezug zum Öko-Feminismus behält sie jedoch aus den ebenfalls schon erwähnten Gründen bei, da auch sie in ihm die Möglichkeit sieht, Feminismus mit Anarchismus, libertärem Sozialismus und sozialer Ökologie zu verbinden. Genau aus dieser Verbindung von ökofeministischen Inhalten und einer politischen Analyse entwickelte sich der Soziale Ökofeminismus.

Auch für Biehl ist die Rolle des Mannes der entscheidende Punkt innerhalb der feministischen Analyse, allerdings nur in einer „übergreifenden linken Theorie" (Biehl 1991: 20). In dieser Theorie wird die These abgelehnt, dass die patriarchale Diskriminierung die erste und wichtigste Unterdrückungsform überhaupt sei und alle anderen Unterdrückungsmechanismen auf diese zurückzuführen seien. Deshalb stimmt Biehl auch nicht zu, dass am Ende des Patriarchats gleichzeitig alle anderen Herrschaftsformen beseitigt seien. Diese Ansicht ist für Biehl notwendig, um den Kampf gegen andere Unterdrückungsformen wie Kapitalismus, Nationalstaat oder eben auch Tierunterdrückung nicht zu vernachlässigen.

Eine weitere Diskussion wurde und wird um die so genannte „Geschlechterdifferenz" geführt, in der es zwei Stränge gibt:

Auf der einen Seite werden alle Unterschiede zwischen Männern und Frauen mit sozialisationsbedingten Faktoren begründet.
Auf der anderen Seite steht die Überzeugung, Frauen seien „von Natur aus“ anders als Männer.

In diese Diskussion führt Biehl die Diskussion über die Schaffung neuer Werte ein, um einen Gegenpol zu den traditionellen Vorgaben zu haben. Diese neuen Werte sollten unabhängig von der Kategorie Geschlecht sein und nicht dazu dienen, eine erneute Hierarchisierung zu ermöglichen. Es geht Janet Biehl auch um die Beseitigung hierarchischer Strukturen in unserem Denken, denn in unseren Denkstrukturen liegt die Voraussetzung dafür, aus einem sichtbaren Unterschied auch eine Hierarchie abzuleiten. (ebd.)
Biehl fordert eine „Ethik des Sorgens“, die nicht nur für den privaten, sondern auch für den politischen Bereich gelten soll. Damit verknüpft sie ganz bewusst den öffentlichen mit dem privaten Bereich, der gerade in der feministischen Bewegung einen wichtigen „Kampfbereich“ darstellt. Darüber hinaus stellt sie dies in den Rahmen des libertären Kommunalismus, in dem Dezentralisation, Basisdemokratie und lokale Orientierung ganz wesentlich sind. Der Kampf der Frauen darf eben nicht nur ein Kampf gegen sexistische Unterdrückung sein, sondern muss sich genauso gegen Kapitalismus, Nationalstaat und Religion richten. Gegen die Trennung von Privatheit und Öffentlichkeit stellt sie ihre Theorie bewusst in den Rahmen des libertären Kommunalismus.

„Der soziale Ökofeminismus strebt nichts anderes an als die Abschaffung von Kapitalismus und Nationalstaat und die Restrukturierung der Gesellschaft auf eine dezentralisierte, gemeinschaftliche Weise, so dass für alle ein ausgefülltes öffentliches und privates Leben möglich wird. Es werden lokale Lösungsversuche befürwortet, welche sich eng an der Gemeinschaft orientieren, in der die private und die öffentliche Sphäre zusammenfließen, zwischen denen keine großen Entfernungen – sei es geografisch oder gefühlsmäßig – überwunden werden müssen. Es wird eine gemeinschaftliche Fürsorge für die Kinder und ältere Menschen angestrebt sowie eine Restrukturierung der Gesellschaft, durch die das Heraustreten der Frauen aus dem privaten Bereich erfolgt.“ (a. a. O.: 24)

Durch die Benennung einer neuen „Ethik des Sorgens“ versucht Biehl die Grundlagen der Ökologie zu bewahren, neue Lebenszusammenhänge zu schaffen, in denen ein möglichst freiheitliches Miteinander praktiziert wird. Diese „Ethik des Sorgens“ greifen Veganer_innen auf (nicht bewusst auf den sozialen Ökofeminismus bezogen) und zeigen ebenso deutlich, dass diese Sorge von allen aufgebracht werden muss, also auch von Männern. Diese „Ethik des Sorgens“ gilt auf Menschen (Frauen, Männer, Alte, Kinder etc.) bezogen, aber auch auf die Umwelt, Natur und die Tiere.

2.4.5. AUTONOME

Nicht nur der gewaltfreie Anarchismus, sondern auch die Autonomen sind auf dem geschichtlichen Hintergrund der so genannten 68er-Revolte und der APO zu sehen. So liegen die Wurzeln der Autonomen in verschiedenen Strömungen der auseinander brechenden APO und in der Studentenbewegung. Aus Teilen der Spontis, Antiautoritären, libertär-anarchistischen Strömungen, sowie beeinflusst von italienischen marxistisch-operaistischen Gruppen, entwickelten sich in den 80er Jahren die Autonomen als eigenständig handelnde und öffentlich wahrnehmbare politische Gruppe. Wichtige Bereiche autonomer Praxis waren hier Hausbesetzungen, Anti-AKW-Bewegung, Startbahn-West und die Ausrichtung auf stadtteilbezogene Aktivitäten. Ihre Politikfelder sind im Wesentlichen durch einen ausgeprägten Antifaschismus, Antirassismus und Antiimperialismus geprägt.

Die Autonomen (griech.: nach eigenen Gesetzen lebend) werden hier deshalb erwähnt, weil sie im Umfeld der sich entwickelnden Neuen Sozialen Bewegungen (NSB) eine wichtige Rolle spielten. Sie verstanden sich als linksradikaler, militanter Flügel, für den das Gewaltmonopol des Staates keine Legitimation besaß und die ihrerseits Gewalt als legitimes politisches Mittel einsetzten. Innerhalb der Autonomen fanden die ersten Auseinandersetzungen über die verschiedenen Unterdrückungsverhältnisse statt, die in Form von Sexismus-Debatten begannen und in dem „Tripple-Oppression-Ansatz" einmündeten. Somit haben die Autonomen einen wesentlichen theoretischen Beitrag geleistet, da sich aus dem „Tripple-Oppression-Ansatz" der „Unity-of-Oppression-Ansatz" entwickeln konnte.

Auch wenn Horst Stowasser die Autonomen nur als Randgruppe mit einer „Rammbock-Strategie" ansieht (Stowasser 2007: 460), sind sie im Umfeld des Anarchismus anzusiedeln. Der Bezug zur anarchistischen Bewegung liegt dabei in vielen theoretischen Überschneidungen, wie z. B. der Ablehnung des Staates zur Erlangung größtmöglicher Freiheit, die Fixierung auf das Individuum als Möglichkeit der Selbstverwirklichung, die Ablehnung des kapitalistischen Systems (gegen die Globalisierung) und die Abschaffung generell jeglicher Herrschaftsverhältnisse. Aus diesem politischen Bereich entstand wie eben erwähnt der so genannte Triple-Oppression-Ansatz und die langsame Erweiterung auf die Gesamtheit der Unterdrückungsverhältnisse (Unity-of-Oppression), die für die vegane Bewegung von größter Bedeutung ist. Innerhalb der Autonomen gab es zu diesem Bereich in den 80er und frühen 90er Jahren starke inhaltliche Diskussionen (z. B. zwischen der veganen und der Currywurst-Fraktion), die noch heute andauern.

Ebenfalls in der Nähe anarchistischer Theorie liegt der stark stadtteilbezogene Ansatz, denn nur in der Selbstverwaltung der städtischen Kieze ließe sich eine herrschaftsfreie und basisnahe Politik verwirklichen.

So gesehen sind die Autonomen zwar eine selbständige Bewegung, besitzen jedoch wichtige Schnittstellen zur anarchistischen Theorie und Praxis. Durch die im Vordergrund stehende Kritik an bestehenden Herrschaftsverhältnissen lässt sich erklären, warum innerhalb der autonomen Szene nicht wenige Veganer_innen ihre politische Heimat haben und in den autonomen Zentren vegane Volksküchen (Vokü s) durchaus die Regel sind. Herrschaftskritik ist dabei die entscheidende Verbindungslinie zwischen beiden, die vor allem in der Entwicklung des Triple-Oppression-Ansatzes begründet liegt.

2.4.6. PROJEKT-ANARCHISMUS

Wurden in den Punkten 2.4.1. bis 2.4.5. die wesentlichen in der Öffentlichkeit wahrnehmbaren anarchistischen Ausprägungen und die Schnittstellen zu meiner Arbeit dargestellt, so verbinde ich mit dem Projekt-Anarchismus all diejenigen Ansätze, die sich keiner besonderen politischen Richtung zuordnen lassen oder die sich nur in lokalen Zusammenschlüssen organisieren und/oder an ganz konkreten Themen arbeiten. Auch hier wird es mir nicht möglich sein, eine präzise Übersicht über die gegenwärtig existierenden Gruppen, Projekte und Initiativen zu geben. Zudem gibt es nicht immer Schnittstellen zu dem Thema dieser Arbeit und deshalb soll nur exemplarisch dargestellt werden, was unter Projekt-Anarchismus zu verstehen ist.

Anarchistische Ideen fanden und finden sich in unzähligen Haus- und Hofprojekten, in Lesezirkeln, in anarchistischen Lokalen, Cafés und einzelnen Buchprojekten wieder. Horst Stowasser hat in seinem Buch „Anarchie! Idee – Geschichte – Perspektiven" den Begriff des Projektanarchismus für die Phase zwischen den Weltkriegen benutzt, um aufzuzeigen, wie vielfältig in diesem Zeitabschnitt anarchistische Aktivitäten waren:

> „Die Rede ist von den vielen kleinen sozialen Initiativen und Unternehmungen, die uns bisher schon des Öfteren begegnet sind. Jenen Siedlungen und Kommunen, Selbsthilfegruppen und Kooperativen, Schulen, Firmen, Läden, Kneipen, Handwerksbetrieben und selbstverwalteten Kollektiven, die im libertären Sinne versuchen, als soziale Experimente schon hier und heute ein Stück vorweggenommener Utopie zu leben. Projekte, die unspektakulär und weitgehend legal ohne die Begleitumstände von Revolten und Volkserhebungen geboren werden und vielleicht gerade deshalb die interessanteren Versuche sind. Es hat sie seit jeher gegeben, und sie haben den Mainstream-Anarchismus zu allen Zeiten begleitet." (Stowasser 2007: 392)

Diese Aktivitätsfülle ist heute auf den ersten Blick zwar nicht mehr zu erkennen, auf den zweiten Blick erscheinen jedoch mehr Aktivitäten vorhanden zu sein als mensch denkt. Stowasser bescheinigt der anarchistischen Bewegung ein „Business as usual", ohne im neuen Jahrtausend eigenständige Akzente setzen zu können. Für ihn ist das Wesensmerkmal der heutigen anarchistischen Bewegung „reagieren statt agieren“. Aber auch Stowasser sieht eine gewisse Diffusion anarchistischer Ideen in momentane Bewegungsansätze, wie z. B. der Anti-Globalisierungsbewegung (attac), und einige wenige neue Ansätze, die von jungen Anarchist_innen, auch aus den USA, stammen. So erwähnt er das für ihn so schön unbefangen-freche, lebendige und inspirierende Buch der „Curious George Brigade“ mit dem Titel „DIY. Von Anarchie und Dinosauriern“.

Trotz der eher resigniert erscheinenden Schreibweise von Stowasser erkennt er ähnlich positive Tendenzen seit den 80er und 90er Jahren in Deutschland und billigt diesen projektanarchistischen Ansätzen, z. B. auch dem Projekt-A, durchaus auch innovative Ideen zu, besonders im Bereich der Ökologie. Das Label „selbstverwaltet, ökologisch, libertär“ ist in seinen Augen ein positives Markenzeichen geworden.

Dass diese Projekte nicht immer nur etwas mit der Schaffung von selbstverwalteten und selbstbestimmten Arbeits- und Lebensstrukturen zu tun haben müssen, zeigt das Beispiel der Mackay-Gesellschaft mit einem eher traditionell geprägten Verständnis des Anarchismus. Ihre Arbeit ist aus der Tradition des individualistisch und mutualistisch geprägten Anarchismus zu verstehen. Vor allem das Verlagswesen ist eines ihrer Hauptaufgabengebiete und Uwe Timm einer ihrer Mitbegründer. Die Mackay-Gesellschaft hatte in ihren Hochzeiten bis zu 200 Mitglieder und konnte über 50 Publikationen veröffentlichen. Anfang der 90er Jahre wurden die Aktivitäten der Mackay-Gesellschaft eingestellt, jedoch schon 1994 durch die Ersterscheinung der Zeitschrift *espero* wieder belebt. Mackays Bedeutung für den Anarchismus leitet sich aus seinen Veröffentlichungen und Aktivitäten ab, die dem individualistischen Anarchismus viele Impulse gaben. Er gilt als der Wiederentdecker und Biograph von Max Stirner.

espero versucht, Themen der Herrschaftslosigkeit, Freiheit, Ökonomie sowie Soziologie zu behandeln und die Geschichte des Individualanarchismus aufzuarbeiten. Die heute aktiven Mitglieder verstehen sich in der Tradition der Mackay-Gesellschaft und sehen im Staat eine Zwangsorganisation (Regierungen wechseln, aber die Probleme bleiben) und wollen

> „eine Gesellschaft, in der die Menschen im Zusammenschluss mit anderen oder allein ihre Interessen und Bedürfnisse wahrnehmen, ohne andere aggressiv mit Kosten und Zwängen zu belasten, um diese gegen ihren Willen auszubeuten.
> Jeder Mensch ist frei geboren und sollte über sein Leben frei bestimmen können. ... Die ‚soziale Frage‘ ist eine Frage der Freiheit, der Verwirklichung der wirtschaftlichen Unabhängigkeit für alle Menschen. Dazu gehört die Auflösung des Staates in freie Gesellschaften, autonome Rechts- und Sozialgemeinschaften. Jedem den Staat und die Gesellschaft seiner Träume.“ (www.dadaweb.de/wiki/Hauptseite, 13.05.2010)

In den Theoriebeiträgen werden in Anlehnung an Proudhon und andere konkrete Vorschläge zur Verwirklichung eines anarchistischen Gemeinwesens entwickelt, auf der Grundlage des Individualanarchismus von Max Stirner. Dabei spielte der auf Proudhon zurückgehende solidarische Anarchismus eine Rolle, der sich mit den Begriffen Mutualismus und Föderalismus zusammenfassen lässt. Mutualismus meint den lokalen, genossenschaftlichen Zusammenschluss, durch den eine eigenständige Organisationsform entstehen sollte. Föderalismus dagegen beschreibt hier die Koordinationsform zwischen den mutualistisch ausgerichteten Kommunen, die sich in Vertragsform zusammenschließen sollten. Proudhons Blick war dabei nicht lokal, sondern weltweit ausgerichtet, jedoch mit klaren Größen der jeweiligen Föderationen.

Neben der auch heute noch aktiven Mackay-Gesellschaft existieren weitere konkrete Projekte, aber auch auf den ersten Blick eher absurde Gruppen, wie zum Beispiel die APPD (Anarchistische Pogo Partei Deutschland).

Eine Darstellung aller unterschiedlichen anarchistischen Gruppen, Info-Läden, Diskussionsforen etc. ist hier nicht möglich. Über die im Anhang gelisteten Links ist es aber jederzeit möglich, in die Tiefen der anarchistischen Lebenswelt zu gelangen.

2.5. FAZIT

Diese Arbeit hat schon zu Beginn aufgezeigt, dass der Veganismus durch die Pluralisierungstendenzen der Postmoderne in allen Lebens- und Politikbereichen überaus günstige Entwicklungschancen gefunden hat. Die Ermöglichung veganer Lebens- und Denkzusammenhänge wurden in dieser Arbeit klar in den zeitgeschichtlichen Zusammenhang des Überganges von der Moderne zur Postmoderne gestellt. Gemeint wird in dieser Arbeit eine Postmoderne, die ganz grundsätzlich als Hort der Kritik an den bisherigen klassischen Gesellschaftsanalysen und Gesellschaftstheorien zu verstehen ist und damit eine anti-aufklärerische Infragestellung für grundlagentheoretische Begrifflichkeiten bedeutet. In dieser Arbeit ist daher durch den Bezug auf verschiedene postmoderne Entwicklungen aufgezeigt worden, welche Konsequenzen für das Verständnis gegenwärtiger Sozialstrukturen und alltagskultureller Lebensstile aus der Postmoderne entstehen.

Richard J. F. Day (Day 2006) stellt in diesem Zusammenhang eine völlig neue Form der Verknüpfung unter- und miteinander fest, die in keiner Weise mit der bisherigen Form der Kooperation, der Aktionsbündnisse, der Koalitionen etc. zu vergleichen ist. Auf diese neue Bedeutung von sich verändernden Verknüpfungen weise ich in dieser Arbeit hin (z. B. am Begriff der Solidarität), und auch Day beschreibt damit die Möglichkeit, postmoderne Ansätze mit anarchistischen Ideen zu verknüpfen.

Nichts anderes möchte auch diese Arbeit erreichen, denn sie beschreibt die neuen Verknüpfungsmöglichkeiten zwischen Postmoderne, Anarchismus und Veganismus. Day differenziert die Aussagen zu den neuen Verknüpfungspunkten und -möglichkeiten am Beispiel einer neuen Form und Interpretation des Begriffes der **Solidarität** und bestätigt damit wesentliche Aussagen dieser Arbeit. Day sieht eine neue Form der Solidarität entstehen, die eben nicht mehr vergleichbares Leid (oder Ausbeutung, Unterdrückung, soziale Herkunft etc.) zur Grundlage hat. Diese neue Solidarität hat ihre Grundlage in der Einsicht, dass es einen Zusammenhang zwischen den eigenen Privilegien und der Unterdrückung Anderer gibt. Das bedeutet, dass *„die Anderen"* (und auch das Tier) nun von dieser Solidarität partizipieren und damit Verantwortlichkeiten anders zu regeln und auf diese *„Anderen"* zu übertragen sind.

Für Veganer_innen besteht die Notwendigkeit, Solidarität nicht unbedingt auf der Grundlage eigener Unterdrückungserfahrungen zu üben, sondern auf der Grundlage der Erkenntnis, durch eigene Privilegien sich Tiere halten zu können und andere (Lebewesen) zu unterdrücken. In der Offenheit für die Anderen (in dieser Arbeit also für das Tier) kann sich so eine neue Form der Verantwortlichkeit und Solidarität entwickeln. Ein „alter", auch anarchistisch genutzter Grundbegriff wird damit inhaltlich weiterentwickelt und kann so in der Postmoderne weiter genutzt werden. Dies also mit einem völlig neuen Ansatz und mit weit reichenden Konsequenzen: Solidarität mit Tieren ist möglich. Der Begriff „Solidarität" hat damit die bisherige Verortung (in der Sozialdemokratie, im Anarchismus, im Arbeitermilieu) verlassen und ist nun nicht mehr nur ein Begriff aus der Arbeiterbewegung oder der anarchistischen Bewegung. Er kann ebenso genutzt werden, wenn es um die **Solidarität mit Tieren** geht. Genau diesen Vorgang will diese Arbeit verdeutlichen, und deshalb war es notwendig, auf den Anarchismus in dieser Breite einzugehen. Damit werden Verknüpfungen hergestellt, mit denen Jugendliche ihren veganen, lebensweltlichen und nicht-anthropozentrischen Ansatz an eine anarchistische Theorie andocken können. Durch diese postmodernen Erweiterungen können sie diese Theorie weiter für sich nutzbar machen und ihren Lebensalltag damit anarchistisch gestalten.

Ein weiterer wichtiger Punkt sollte in diesem Kapitel mit der Darstellung von Bröskamp deutlich werden. Dieser Darstellung von Bröskamp, der zufolge es drei unterschiedliche Dimensionen im Anarchismus gibt, wird in diesem Kapitel widersprochen und sie wird als nicht mehr zeitgemäß dargestellt. Das Freiheitsverständnis auf der Grundlage der individualistischen und kollektivistischen Theorie, die Frage der Mittelwahl durch Gewalt oder Gewaltfreiheit und die Frage der Ausrichtung auf die Theorie oder Praxis können für den traditionellen Anarchismus gelten, reichen jedoch für die neuzeitlichen anarchistischen Richtungen nicht mehr aus.

Die Frage der Herrschaft wird durch den Einbezug der Natur, der Mitwelt und der Tiere so sehr erweitert, dass eine neue Dimension hinzugefügt werden muss, und mit Begriffen wie z. B. dem der Solidarität werden ihre Grenzen bzw. ihre Erweiterungsmöglichkeiten aufgezeigt. Das hierarchische Verhältnis zwischen Mensch und Tier wird überaus deutlich thematisiert und daraus ein neuer Umgang mit der Natur, der Mitwelt und den Tieren abgeleitet. Dies wird im nächsten Abschnitt dann noch theoretisch fundiert. Das Ziel eines gleichberechtigten Nebeneinanders zwischen Mensch und Tier wird zu einem ebenso wichtigen anarchistischen Grundsatz wie das gleichberechtigte Nebeneinander zwischen Mann und Frau, Schwarz und Weiß, Arm und Reich, behindert und nicht-behindert etc. Das Ziel eines gleichberechtigten Nebeneinanders zwischen Mensch und Tier wird zu einem wichtigen anarchistischen Grundsatz.

Dass dies nicht einfach zu denken ist, zeigt in Ansätzen die Auseinandersetzung, die Murray Bookchin mit der Tierrechtsbewegung geführt hat und bei der deutlich wurde, dass die eigentlich kritikwürdigen Lebensstilanarchist_innen nicht einfach wegzudenken sind. Lebensstil ist für die postmodern sozialisierte Generation ein wesentlicher Identitätsaspekt, der besonders auch bei den Veganer_innen zu finden ist. Während sich für Bookchin eine anarchistische Lebensweise von einem, in seinen Augen, postmodernen Lebensstilanarchismus der Veganer_innen ausschließt, ist dies zumindest für einen Teil der Veganer_innen kein Gegensatz. Anarchistisch orientierte Veganer_innen sehen im Anarchismus die Grundlegung zur Begründung ihres Lebensstils und damit für eine herrschaftsfreie Welt, die auf die Ausbeutung von anderen Menschen (Frauen, Migrant_innen, Bildungsferne etc.), aber auch anderen Lebewesen (Tieren), verzichtet. So ist es konsequent notwendig, dass in dieser Arbeit auch dem Anarcha- und Öko-Feminismus Platz eingeräumt wurde, denn nur über diesen Weg wird die Erweiterung des Dimensionsschemas deutlich. Besonders Frauen sehen die Notwendigkeit, den Herrschaftsbegriff zu erweitern, damit auch die Unterdrückungskategorie zu verändern bzw. die bisher existierenden Begriffe zu dekonstruieren möglich ist.

Es geht demnach um Herrschaftsverhältnisse, die eben auch die Natur unterdrücken und damit zur Entfremdung zwischen Natur und Mensch beitragen. Entsprechend deutlich ist die Aussage, dass sich eine revolutionäre, freiheitliche Bewegung nur dann auch so nennen kann, wenn sie gegen alle Formen der Unterdrückung kämpft, also auch gegen die Unterdrückung des Tieres durch den Menschen. Diese Form der Unterdrückung, die sich mit dem Begriff des Speziesismus beschreiben lässt, wird in dem folgenden Kapitel mit ihrer theoretischen Grundlage beschrieben.

3. VEGANISMUS – DER POLITIKTHEORETISCHE ASPEKT

Nachdem ich in Teil II den Veganismus eher phänotypisch vorgestellt habe, möchte ich im Folgenden die Theorie des Veganismus vorstellen. Dabei stehen die theoretischen Grundlagen des Veganismus im Kontext einer allgemeinen ökologie-ethischen Diskussion und in einem auch im wissenschaftlichen Bereich geführten Diskurs über eine nicht-anthropozentrische Ethik.

Besondere Bedeutung erhält auf der einen Seite dabei die Darstellung der Erweiterung des politiktheoretischen Ansatzes durch den Veganismus, da die Erweiterung des Triple-Oppression-Ansatzes zum Unity-of-Oppression-Ansatz eine der theoretischen Grundlagen der veganen Bewegung ist. Auf der anderen Seite wird die Theorie des Veganismus als Ersatz eines ausgedienten anthropozentrischen Ethikansatzes verstanden und damit eine eigenständige nicht-anthropozentrische Ethik möglich.

Eine Theorie, die als gesellschaftspolitische Theorie verstanden werden möchte, weil sie für alle gesellschaftlichen Ebenen von Bedeutung ist, muss dementsprechend gewürdigt und beschrieben werden. Insbesondere die wesentlichen Grundprinzipien, wie z. B. der Gleichheitsgrundsatz, werden in diesem Kapitel dargestellt, in dem es mir ganz grundsätzlich um die Darstellung der Entwicklung einer nicht-anthropozentrischen, herrschaftslosen Theorie und um die damit verbundene Praxis geht.

3.1. DER TRIPLE-OPPRESSION-ANSATZ

Bedeutung erhielt dieser Triple-Oppression-Ansatz in den 80er Jahren. In diesem Ansatz wird von dreifachen Unterdrückungsverhältnissen ausgegangen und sich auf die Themenkomplexe Rassismus, Sexismus und Kapitalismus bezogen. Der Ausgangspunkt des Triple-Oppression-Ansatzes liegt in der Erkenntnis, dass der bis dahin geltende Klassenbegriff überholt ist, da er

> „patriarchalisch vorgeprägt und dominiert ist und voller Rassismen steckt. Die Analyse von globalen oder lokalen Unterdrückungs- und Ausbeutungsverhältnissen war immer ökonomisch verzerrt und machte die Existenz von Patriarchat und Rassismen ‚unsichtbar'. Sie trennt Kämpfe in Haupt- und Nebenwidersprüche und stülpt der Welt ein weißes, eurozentrisches Raster über." (*Vegan-Info* 3/94: 27)

Mit dieser Kritik des Klassenbegriffs wird implizit auch Kritik an der so genannten 68er-Bewegung geäußert. Die weltweiten Protestbewegungen, die deutschen Studentenproteste, die sich entwickelnde APO leiteten einen gesellschaftlichen Umwälzungsprozess ein, der alle Bereiche des Denkens und Lebens betraf. Der Anspruch einer ganz neuen Zeit, dem ein Menschenbild vom freien, selbstbestimmten Menschen zu Grunde lag, der sich nicht mehr „von oben“ bestimmen lassen wollte, war auch damit konfrontiert, bewegungsinterne Widersprüche zu thematisieren. Auf der einen Seite wollte man sich von der prüden und konservativen Nachkriegszeit abgrenzen, auf der anderen Seite erkannten die Frauen jedoch sehr schnell, dass innerhalb der so genannten 68er-Bewegung die männlichen Machtstrukturen ebenfalls erst aufgebrochen werden mussten. Denn auch dort, so die Geschlechterforschung, reproduzierten sich die männlichen Machtstrukturen immer wieder neu. Dagegen anzugehen bildete sich u. a. der SDS-Weiberrat und die sich entwickelnde Neue Frauenbewegung ab den 1970er Jahren. (U. Überschär in einer Zusammenfassung des Workshops vom 27.6.2009 in Berlin in: Friedrich-Ebert-Stiftung/ Forum Frauen-/Genderpolitik) Diese Neue Frauenbewegung spaltete sich jedoch schon recht schnell in zwei unterschiedliche Strömungen auf. Die eine Strömung, die Frederike Pfaff als die bürgerliche Frauenbewegung und Frauenrechtsbewegung bezeichnet,

> „beschäftigte sich vorwiegend mit der rechtlichen Gleichstellung der Frau, ohne grundsätzlich Staaten sowie die von Männern geprägten Institutionen oder insgesamt Hierarchien in Frage zu stellen.“ (Pfaff in Degen/Knoblauch 2009: 93)

Die andere Richtung findet sich in den autonomen Frauenzusammenhängen wieder, die die bestehenden Strukturen ganz grundsätzlich und radikal in Frage stellten. Während der eine Zweig sich in Parteien und Gewerkschaften wiederfand und u. a. als Gleichstellungsbeauftragte und in der Frauenförderung arbeitete (Überschär a. a. O.), sah der andere Zweig in diesen Ansätzen der Frauenrechtsbewegung keine echte Gleichberechtigung sich entwickeln. Bis auch die so genannten 68er (Männer und Frauen) lernten, dass sie ihr eigenes Selbstbild kritisch hinterfragen und verändern müssen, vergingen nicht nur einzelne Jahre. In den Anfängen der Revoltezeit ging es zuerst „nur“ darum, sich von einer Elterngeneration zu befreien, sich von den „bleiernen Zeiten des Autoritären“ zu lösen, keinem über 30 zu trauen und sich ganz allgemein den Vorschriften der Erwachsenenwelt und den Verboten der bisherigen Gesellschaft zu entziehen. Soziolog_innen wollten noch kurz vor dem Ausbruch der Unruhen ein politisches Desinteresse bei den Jugendlichen erkennen und meinten,

> „eine auf Konsumangebote fixierte und von diesen manipulierte Jugend schien heranzuwachsen. Speziell die Studierenden galten geradezu als ‚schweigende Generation‘.“ (Helmut Thielicke in Roth/ Rucht 2000: 41f)

Klaus Farin macht deutlich, dass sich die Jugendlichen zum Beispiel im Bereich der Musik (ab 1963) durch die Beatbewegung, in Abgrenzung zum Rock'n'Roll der 50er Jahre, ihren eigenen Lebensbereich schufen:

> „Wieder schaffen sich die Jugendlichen hier ihre eigene kulturelle Welt und entziehen sich damit den Vorschriften und Verboten, die die Gesellschaft für sie vorsieht. Sexualität, Alkohol, Rauchen, früher

> Privilegien der Erwachsenen, sind fortan Teil des jugendlichen Alltags, ob es die Eltern wollen oder nicht." (Shell Deutschland 2002: 53)

Auf die Frauenbewegung bezogen bedeutet dies alles, dass auch in der 68er-Bewegung noch vieles aus der Elterngeneration konserviert und erst nach und nach selbstkritisch hinterfragt wurde.

> „Als dann die 68er Revolte langsam abebbte, verselbständigte sich die Frauenbewegung und machte sich lächelnd an die gewaltfreie und erfolgreiche Revolution des 20 Jahrhunderts." (Alice Schwarzer in *Der Spiegel* 41/2000: 80)

Dementsprechend war bis Mitte der 80er Jahre die Auseinandersetzung in der radikalen, undogmatischen Linken mit Sexismus und Patriarchat und der Verknüpfung mit aktuellen gesellschaftspolitischen Themen kaum vorhanden. Erst Ende der 80er Jahre wurde die Auseinandersetzung mit dem Thema Sexismus immer aktueller, gerade weil Frauen die szeneinterne sexistische Binnenstruktur thematisierten. Eine umfassende, radikale Kritik in der Zeit der Restrukturierung Gesamtdeutschlands Ende der 80er Jahre und besonders Anfang der 90er Jahre konnte von der politischen Linken nur zögerlich geliefert werden, da bisher die Bedeutung von Kapitalismus, Patriarchat und Rassismus in ihren Zusammenhängen nicht ausreichend analysiert worden waren. So entstand ein erster zusammenhängender Text mit dem Titel „DREI ZU EINS – Klassenwiderspruch, Rassismus und Sexismus" (Viehmann und Genossinnen/Genossen in: Projektgruppe MetropolenGedanken und Revolution 1991), der in den folgenden Jahren die Diskussion über Unterdrückungsverhältnisse prägte und der als Beginn eine verbreiterte und nicht mehr nur auf den Klassenkampf bezogene Diskussion innerhalb der Linken ermöglichen sollte. Deshalb möchte ich im Folgenden die drei Theorieblöcke vorstellen, die in die internen und externen Diskurse eingingen.

3.1.1. KAPITALISMUS ALS UNTERDRÜCKUNGSVERHÄLTNIS

Ein bis dahin gängiger Klassenbegriff erklärte alle politischen Kämpfe mit einem angenommenen Hauptwiderspruch zwischen Lohnarbeit und Kapital. In diesen von Marx angenommenen Kämpfen bestimmt die Arbeiterklasse als revolutionäres Subjekt die Handlungen. Obwohl die marxistische Theorie als

> „unverzichtbar zur Erkenntnis kapitalistischer Ausbeutung und zur Entschlüsselung der Kämpfe, die sich entlang des Widerspruchs zwischen Kapital und Lohnarbeit abspielen," (*Vegan-Info* 3/94: 30)

anerkannt wurde, erschien nun dieser Alleinvertretungsansatz in einer linken/linksradikalen Analyse als unzulänglich. Unzulänglich deshalb, weil sie u. a. die Arbeiterklasse als das allein agierende revolutionäre Subjekt sah und Patriarchat und Rassismen als Nebenwidersprüche abqualifizierte. So wurde die Gesamtheit der verschiedenen Unterdrückungsmechanismen übersehen. Deshalb wurde in der Folge dem marxistischen

Ansatz das abgesprochen, was für einen gesellschaftlichen Umsturz unabdingbar erschien: die Mobilisierung einer notwendigen Gegenmacht mit der Aussicht auf die Befreiung von *jeder* Unterdrückung und Ausbeutung. Klassenkämpfe werden eben nicht nur von weißen, männlichen „Proletariern" in den Metropolen gegen den Kapitalismus geführt, sondern sie müssen auch gegen patriarchale und rassistische Strukturen geführt werden, in denen sich eben dieses angeblich revolutionäre Subjekt selbst bewegt. Um eine herrschende Ordnung umwälzen zu können, ist es aber wichtig zu wissen, wer denn die gesellschaftlichen Akteur_innen sein könnten und mit welchen Machtstrukturen überhaupt gerechnet werden muss – auf jeden Fall darf diese Sichtweise nie eindimensional sein und es kann sich nie um einen Kampf gegen *einen* Teilbereich handeln.

Obwohl historisch längst widerlegt, gab es Anfang der 90er Jahre immer noch die Vorstellung einer Verelendungsstrategie, die besagte, dass eine Revolution vor allem von einer „hungernden Masse" geführt wird: Wer arm ist, kämpft! Dass diese Theorie spätestens nach zehn Jahren Helmut Kohl widerlegt war, hatte nur langsam Eingang in eine linke Theorie gefunden. Übersehen wurde auch die Tatsache, dass die Situation zwischen einer „Metropolenarmut" und der Armut im Trikont völlig verschieden ist und die Vorstellung von einem „Weltproletariat" schnell beiseite gelegt werden kann. Allein die Tatsache, dass es VW-Arbeiter_innen in z. B. Baunatal relativ egal ist, unter welchen Bedingungen ihre Kolleg_innen in Brasilien arbeiten müssen, zeigt die Unhaltbarkeit eines Weltproletariats, das sich gegen die kapitalistische Ausbeutung wehrt.

Noch deutlicher wurde dies in den letzten zehn Jahren durch die so genannte Globalisierung. So werden auch öffentlich geförderte Betriebe durch die weltweit in Konkurrenz stehenden Unternehmen dorthin verlagert, wo die Gewinnmarge am höchsten ist. Das Beispiel der Bosch und Siemens Hausgeräte GmbH (BSH) in Berlin im September 2006 zeigt, dass dieses Prinzip selbst in einer Entfernung von 50 Kilometern angewandt wird. In Berlin wird eine Betriebsstätte geschlossen, weil ca. 50 Kilometer weiter in Nauen (Brandenburg) die Lohnkosten geringer sind und noch einmal öffentliche Fördergelder genutzt werden können. Den Mitarbeiter_innen in Nauen ist es relativ egal, ob an einem anderen Ort, quasi für sie, Stellen gestrichen werden. Das Proletariat, eine Arbeiterklasse, existiert aus dieser Sicht schon lange nicht mehr und damit ist auch die Plausibilität bisheriger Theorieansätze verschwunden.

Ein weiterer Aspekt war die Erkenntnis, dass in dem Begriff „Arbeiterklasse" das weibliche Geschlecht unsichtbar gemacht wurde. Frauen, die neben ihren Lohntätigkeiten noch die notwendigen Reproduktionstätigkeiten durchführen müssen, wurden auf ihr Lohnarbeitsverhältnis reduziert. Wird die Frau allein in der „Arbeiterklasse" verortet (und als Arbeiterin bezeichnet), wird eine zusätzliche Ausbeutung durch den Mann verschwiegen.

„Der der Arbeiterklasse zugrundeliegende Begriff von Arbeit ist auf die des Lohnarbeiters zugeschnitten. Die Bereiche der gesellschaftlichen Produktion, in denen hauptsächlich Frauen – besonders trikontinentale – arbeiten, fallen unter den Tisch." (a. a. O.: 31)

Wird sich also auf das revolutionäre Subjekt der Arbeiterklasse bezogen, bleibt der ganze Reproduktionsbereich für eine „Revolution" unberücksichtigt. Die Annahme, dass Frauen bei einem „Sieg der Arbeiterklasse" ebenfalls zu den Gewinner_innen gehören werden, wird bezweifelt.

Der „Triple-Oppression-Ansatz" behauptet, dass die Unterdrückung der Frauen kein Nebenwiderspruch sein kann und die Unterdrückungssituation nach einer politischen Revolution, auch wenn sie die politischen Verhältnisse vollständig umwandelt, nicht verschwunden sein wird. Dies beweist allein schon

„die von Arbeiterklassemännern genauso wie in allen anderen Klassen ausgeübte Gewalt gegen Frauen." (ebd.)

Die Annahme, dass Frauen bei einem „Sieg der Arbeiterklasse" ebenfalls zu den Gewinner_innen gehören werden, wird also klar bezweifelt. Innerhalb der „Arbeiterklasse" gibt es inzwischen eine klare „rassistische Spaltung von Arbeiter_innen", die sich aus der Tatsache begründet, dass neben unterschiedlichen Nationalitäten unterschiedliche „Ausbeutungsintensitäten" bestehen, angefangen von „Weiße-Kragen-Jobs" bis hin zu Meister_innen, Facharbeiter_innen, Hilfsarbeiter_innen und einer ausländischen Arbeitskräftehierarchie. Diese kurze Darstellung deutet die sexistische Spaltung der Arbeitsgesellschaft an, die vom Kapital installiert wurde und zu einem weiteren wichtigen Unterdrückungsverhältnis führte.

3.1.2. RASSISMUS ALS UNTERDRÜCKUNGSVERHÄLTNIS

Zuerst einmal muss gesehen werden, dass der Begriff der „Rasse" ein gesellschaftliches Konstrukt ist. Innerhalb der Ethnologie gibt es dazu eindeutige Aussagen, die dahin gehen, dass eine Anwendung auf den menschlichen Bereich unzulässig ist. So zeigt Albert Memmi in seinem Buch „Le Racisme" von 1983, dass der Begriff der Rasse innerhalb der Viehzucht eingeführt wurde (Memmi 1987: 13f). Eine Übertragung auf den Menschen, um damit

„bestimmte Kategorien nach bestimmten äußeren oder sogar Charaktermerkmalen abzugrenzen und entsprechende differenzierte Fähigkeiten und Dispositionen für Lebensführung und Kultureigenart zu diagnostizieren, bereitet große Schwierigkeiten." (Wörterbuch der Soziologie 1982: 623)

Der „Triple-Oppression-Ansatz" spricht nicht von Rassismus, sondern von Rassismen. Allen Rassismen ist der Versuch gleich, den Opfern einen Platz auf einer Werteskala zuzuweisen, um sie von dort als von Natur aus Minderwertige zu betrachten. Dieses „von Natur aus" macht gleichzeitig auch die Dauerhaftigkeit dieser Zuschreibung klar.

> „Rassismen versuchen über ‚Abstammung‘ und ‚Reinheit des Blutes‘ Identitäten quer zu den Klassenlagen und auch quer zu den Geschlechtern herzustellen.“ (Projektgruppe 1991: 33)

Durch die Behauptung von unterschiedlichen Rassen wurde ein Wertesystem erstellt, mit dem eine Bevölkerungsgruppe von der anderen ausgebeutet werden konnte.

> „Es gibt keine reinen Rassen und es gibt keine unterschiedlichen Rassen. Wir können höchstens sagen, dass es eine Rasse, nämlich die menschliche, gibt. ... Die Rassentheorie ist in Wirklichkeit nichts anderes als ein ideologisches Prinzip, eine Scheinbehauptung.“ (a. a. O.: 34)

Zwei wesentliche Prozesse, die eine Konservierung und Fortentwicklung von Rassismen gewährleisten, werden im „Triple-Oppression-Ansatz“ angegeben:

1. Äußerliche Merkmale werden mit sozialen und kulturellen Unterschieden verbunden und als Tatsachen dargestellt und damit unabänderlich festgeschrieben. Darüber kann das Konstrukt „Rasse“ und auch das Konstrukt „Volk“ entstehen.
2. Dieser Vorgang dient dazu, eine eigene festgestellte untergeordnete Stellung innerhalb eines kapitalistischen Ausbeutungssystems ertragen zu können, auch weil es die Vorstellung zulässt, nicht auf der untersten Stufe des Ausbeutungsverhältnisses zu stehen.

Rassismen bei sozial deklassierten Menschen sind, wie wir in Deutschland immer wieder feststellen können, durchgängig vorhanden. Erklärt wird dies mit einem oft benutzten Ansatz der Deklassierung, aus dem heraus sich rassistische Verhaltens- und Denkweisen ergeben. Aber nicht nur Deklassierung spielt eine Rolle, sondern auch ein spürbarer Konkurrenzkampf, der besonders in Phasen ökonomischer Unsicherheiten auftritt. Wichtig ist, dass Rassismen nicht durch Deklassierung entstehen, sondern durch sie zum „Ausbruch“ kommen. Dabei schaffen die „Strukturen“ eine klare Kanalisierung, da es nicht zur Solidarisierung gegen die Herrschenden kommt,

> „sondern zu einem patriarchalisch vorgeprägten Treten nach unten. Dies ist ein Ansatz, die ‚konjunkturelle‘ Entwicklung von Rassismen und Sexismen zu verstehen.“ (a. a. O.: 36)

Rassismen sind jedoch nicht nur von außen aufgedrückte Machenschaften, sondern sind zur Struktur geworden, die

> „... sich nicht auf andere soziale Verhältnisse reduzieren lassen. Sie lassen sich auch nicht völlig ableiten aus anderen sozialen Verhältnissen, sie haben eine relative Autonomie gegenüber Patriarchat und Klassenherrschaft.“ (ebd.)

Und so kommt der Triple-Oppression-Ansatz zu dem Schluss, dass eine getrennte Analyse von „Rasse“ und Klassenkampf einen rassistisch organisierten Kapitalismus nicht erklären kann. Rassismen prägen sich als

Gewaltverhältnisse in die Köpfe der Menschen ein und entwickeln sich zu Vorstellungen, Haltungen und Emotionen. Ein übereinstimmender Mechanismus bei der Entstehung von Sexismen und Rassismen wird also durch die Zuschreibung bestimmter, angeblich biologischer, natürlicher Eigenschaften geschaffen und damit Hierarchien und Ausbeutung ermöglicht.

Hinzu kommt, dass z. B. eine schwarze antirassistische Organisation oder Theorie nicht automatisch antikapitalistisch sein muss und genauso wenig antipatriarchal. So zeigt sich anhand der bisherigen Befreiungsbewegungen, dass nach einem Sieg, bei dessen Kämpfen Frauen immer eine wichtige Rolle gespielt haben, wieder neue patriarchale Strukturen entstehen können. Der Grund liegt oftmals in einer „Stilllegung" von antisexistischen/antirassistischen Auseinandersetzungen, weil zuerst die nationale Freiheit, dann die Befreiung der Arbeiter vor der der Frauen ermöglicht werden soll.

> „Selbstverständlich sind Schwarze nicht nur in aus Befreiungsbewegungen entstandenen Nationalstaaten in Klassen und Geschlechter getrennt. Diese Trennungen nehmen in jedem Fall andere Formen an als zwischen Weißen, da sie durch eine lange Geschichte erfahrener weißer Rassismen und im Widerstand gegen diese überdeterminiert worden sind." (a. a. O.: 37)

Wurde bei der Kritik des Begriffes der Arbeiterklasse die Bedeutung von patriarchalen und rassistischen Dimensionen deutlich, so kommt die Erkenntnis hinzu, dass z. B. schwarze antirassistische Theorie und Praxis nicht zwangsläufig auch antipatriarchal und antikapitalistisch sein müssen.

3.1.3. PATRIARCHAT ALS UNTERDRÜCKUNGSVERHÄLTNIS

> „Der Begriff Patriarchat ist von der neuen feministischen Bewegung als Kampfbegriff wiederentdeckt worden, weil die Bewegung einen Begriff brauchte, mit dem die Gesamtheit wie auch der systematische Charakter der unterdrückerischen und ausbeuterischen Verhältnisse ausgedrückt werden konnte, von denen Frauen betroffen sind. Patriarchat bezeichnet die historischen und gesellschaftlichen Dimensionen ... und ist so weniger offen für biologistische Deutungen, im Gegensatz zum Begriff Männerherrschaft." (Mies in Endreß 1995: 55f)

Die feministische Theorie (und Praxis) hat es geschafft, Gewalt gegen Frauen aus dem Verborgenen des Privaten hervorzuholen und aufzuzeigen, dass es sich um eine strukturelle Unterdrückung quer durch alle sozialen Verhältnisse handelt. Außerdem wurde die Dekonstruktion des Mann-Frau-Verhältnisses entwickelt, durch die die Frau erst richtig „sichtbar wurde". Ein bisher herrschender Wissenschaftsbegriff von „Natur", der eine Neutralität darzustellen versuchte, wurde entlarvt und die

> „Subsumierung der Frau unter die Natur zurückgewiesen." (a. a. O.: 38)

Verdeutlicht wurde auch der Zusammenhang zwischen Sexualität und Herrschaft und eine grundsätzliche Kritik aller Dichotomien wie Körper/ Geist, Natur/Mensch (Mann). Weiterhin wurde die Bedeutung der Hausfrauenarbeit und der Subsistenzproduktion im Trikont durch Frauen und die Forderung nach Selbstbestimmung über den eigenen Körper gegen alle Reproduktionstechnologien herausgearbeitet.

> „Als letztes Beispiel hier noch: der generelle Nachweis, dass trotz aller Klassen- und ‚Rassen'-Hierarchien jeder Mann vom System die Kontrolle über zumindest eine Frau zugesprochen bekommt und es seine Verantwortung ausmacht, dies zurückzuweisen." (ebd.)

So wurde verdeutlicht, dass das Patriarchat nicht isoliert ist, sondern mit anderen Unterdrückungsformen in Beziehung steht und diese sich, historisch gesehen, gegenseitig stabilisiert haben. Ein weiterer Erkenntnisgewinn in diesem Zusammenhang lag in der Erarbeitung einer ausdifferenzierten Sicht der Ausbeutungsverhältnisse, da bei einer „normalen" Bürgerin ein anderes Ausbeutungsverhältnis existiert als bei ihrer Putzfrau. Die Verschiedenheit zwischen den Ausbeutungsverhältnissen zwischen einer Putzfrau in einer Villa in München und einer Näherin in Malaysia ist auch nicht zu übersehen. Die Befreiung *der* Frauen aus Ausbeutungs- und Unterdrückungsverhältnissen, als Gesamtgruppe gesehen, kann es ebenso wenig geben wie die Befreiung der Gesamtgruppe *der* Arbeiterklasse, weil die Bedingungen einer Klassengesellschaft unterschiedliche Ausbeutungs- und Unterdrückungsverhältnisse schaffen und in ihr reproduziert werden.

Als Erste erweiterten schwarze Feministinnen ihre Kritik an den bisherigen Erklärungsmodellen, und so wurde das Betrachtungsfeld innerhalb des „Triple-Oppression-Ansatzes" erweitert. Die Kritik war vor allem an die „weiße, eurozentristische Linke" gerichtet. Sie griffen

> „von einem feministischen Standpunkt aus Rassismen an und berücksichtigten auch die Klassenunterschiede und die Widersprüche zwischen Metropole und Trikont sowie deren Wahrnehmung und Verarbeitung. ... Zwei Drittel der Menschheit sind farbig, das müssen weiße Feministinnen sich bewusst machen. Sie müssen sich die Bedingungen ansehen, unter denen Menschen leben und über Machtverhältnisse sprechen. Wer hat die Macht, Unterdrückung durchzusetzen? In welcher Position befinden sich farbige Frauen? Jede unterdrückte Gruppe muss ihren Weg zur Befreiung selbst beschreiten und definieren." (ebd.)

Auch weiße Frauen mussten erkennen, dass sie ein Teil des ökonomischen, kulturellen Imperialismus sind. Feminismus, anders als bis dahin, musste sich auch mit den Fragen der Landrechte, den Maoris, den schwarzen Frauen in Südafrika etc. beschäftigen, sonst hätte der Feminismus eine globale Vision verspielt. (vgl. Gloria Joseph, Interview in *die tageszeitung* vom 29.2.1988)

In diesem Diskussionszusammenhang führen Veganer_innen einen wesentlichen Aspekt ein. In der patriarchalen und damit auch anthropozentrischen Denkweise hat das Tier einen minderwertigen Status und kann dementsprechend behandelt werden. Dies entspricht einem Wertekodex, dem sich unliebsame Menschen und auch Frauen unterordnen müssen.

> „Frauen werden oft mit beleidigenden Worten diskriminiert … welches darauf hindeutet, dass Frauen eben auch nur Sexobjekte sind und dem Patriarchat gefügig sein sollen." (Projektgruppe 1991: 41)

Die diskriminierenden Begriffe (z. B. Mäuschen, Gans, dumme Kuh etc.) beinhalten in vielen Fällen Tiernamen. Mit diesen Begriffen soll die soziale und gesellschaftliche Stellung negativiert werden. Zur Absicherung der herrschenden sozialen und gesellschaftlichen Stellung des Mannes bedarf es einer entsprechenden Kontrolle u. a. auch über die Reproduktionstechnologien. So ist in der Tierwelt Profit mit der Ausbeutung von Tieren nur über die Kontrolle der Sexualität und Fortpflanzung abzusichern. Kühe müssen geschwängert werden, damit sie Milch geben können. Dies geschieht industriell,

> „nicht mehr direkt durch den Bullen, sondern per künstlicher Befruchtung durch aufgetautes Sperma von speziell gezüchteten Hochleistungsbullen, welches per Spritze direkt in die Vagina der Kuh eingespritzt wird (Vergewaltigung). Die biologische Geburtenkontrolle wird, bevor sie am Menschen offiziell angewendet wird, am Tier getestet. … Bei der Massenzucht angewandt, ließen sich intelligentere, weiße und möglichst männliche Nachkommen erzeugen." (*Vegan-Info* 3/94)

Auch hier steht im Hintergrund, dass durch die anthropozentrische Grundhaltung der Menschen ein Unterdrückungsverhältnis aufgebaut und aufrechterhalten wird. Der bisherige Blick auf Rassismus, Kapitalismus und Sexismus wird in der veganen Theorie also um die Komponente Speziesismus erweitert, also der Herrschaft der Spezie Mensch über die Spezie Tier. Diese Erweiterung führt zwangsläufig zur Erweiterung des bisherigen Triple-Oppression-Ansatzes, den ich im folgenden Abschnitt darstellen werde.

3.2. DIE AUSWEITUNG ZUM UNITY-OF-OPPRESSION-ANSATZ

In ihrem Vorbereitungspapier auf den Autonomie-Kongress der radikalen, undogmatischen Linken (Ostern 1995) kritisiert die Gruppe „Radikale Antipatriarchale TierrechtlerInnen" (RAT), dass der „Triple-Oppression-Ansatz" die Tierunterdrückung ausklammert und sich der Ansatz nur auf die Unterdrückung von Menschen durch Menschen bezieht. Sie verweisen dabei auf die in England schon längere Zeit geführte Diskussion über „ageismen" (Unterdrückung aufgrund des Alters), „lookism" (Unterdrückung aufgrund des Aussehens) und „ableism" (Unterdrückung aufgrund von Nicht-Fähigkeiten),

> „die als eigenständige Unterdrückungsform zwischen Menschen genannt werden, jenseits davon z. B. „speciesism“ (Unterdrückung einer Spezies/eines Lebewesens durch ein anderes).“ (*Vegan-Info* 5/95)

Ähnlich wie im „Triple-Oppression-Ansatz“ fordert die RAT-Gruppe, sich eine Theorie anzueignen, durch die die Unterdrückung in ihren Einzelbereichen erkannt werden können.

> „Wichtig ist, Unterdrückung zu erkennen, nur dann ist es möglich, sich zu verhalten.“ (Flugblatt der RAT 1995)

Die Gesamtheit der Unterdrückungsverhältnisse (Unity of Oppression) ist nicht für jeden einzelnen Menschen unmittelbar erkennbar, und es gibt darüber hinaus Unterdrückungsverhältnisse, die sich durch ihre vielgestaltige Praxis überlagern und von daher nur durch eine Theorieaneignung erkennbar gemacht werden können. Aus diesem Grund sehen Veganer_innen die Notwendigkeit, jede einzelne Form von Unterdrückung zu benennen und sie unter dem Begriff der Unity-of-Oppression zu subsumieren. Gerade weil in unserer Gesellschaft Unterdrückungsverhältnisse unsichtbar gemacht werden oder eine Gewöhnung, ein Arrangement und eine Reproduktion diese weiter verbreiten, wollen Veganer_innen: erkennen, benennen, sich verhalten. Erkennen, benennen, sich verhalten.

Die Tierrechtsaktion Nord (TAN) sieht, dass durch die Beseitigung eines angeblichen „Hauptwiderspruchs“ nicht gleichzeitig andere Unterdrückungsformen beseitigt werden. So befürchten sie, dass es eine Gesellschaft geben könnte, in der es keine Tierunterdrückung gibt, in der jedoch andere Unterdrückungsformen weiterhin existieren. Auch in einer von Rassismus und Sexismus befreiten Gesellschaft könnte die Unterdrückung von Tieren weiterhin geschehen. So sieht die TAN, dass die Tierunterdrückung eine eigenständige Befreiung erfordert, weil diese eben nicht in anderen Befreiungsbewegungen und Befreiungskämpfen vorkommt. Hat der „Triple-Oppression-Ansatz“ die Verwobenheit der Unterdrückungsformen gezeigt, so soll aus dieser Sichtweise heraus jedes Herrschaftsverhältnis bekämpft werden.

> „Der Ansatz des ‚Unity-of-Oppression‘ ist somit ein Äquivalent zum (um z. B. Tierrechte) erweiterten anarchistischen Ansatz ... .“ (TAN-Reader 1993: 71)

Wenn also der „Unity-of-Oppression-Ansatz“ für die TAN ein Äquivalent zum anarchistischen Ansatz ist, bestätigt diese Aussage damit die Annahme dieser Arbeit, dass zwischen dem Veganismus und dem Anarchismus deutliche Verknüpfungspunkte hergestellt werden können.

3.2.1. SPEZIESISMUS

In der Tierrechtsbewegung wird der Speziesismus als das Grundübel dieser Gesellschaft erkannt. Dabei beziehen sich die Tierrechtler_innen vor allem auf die in Deutschland bekannten Helmut Kaplan und Peter Singer. Helmut Kaplan schreibt in der *Vegan-Info* 1/94 zwar über den Zusammenhang zwischen Rassismus, Sexismus und Speziesismus, aber ebenso wie Peter Singer setzt sich Kaplan nicht weiter mit dem im „Triple-Oppression-Ansatz" ebenfalls erwähnten Unterdrückungsverhältnis des Kapitalismus auseinander. So weit ich das beurteilen kann, gibt es von beiden Autoren keine Ausführungen über die Bedeutung und den Zusammenhang von Kapitalismus und den anderen Unterdrückungsverhältnissen. Das bedeutet, dass die Tierrechtsbewegung über Kaplans und Singers Ansatz hinaus einen eigenständigen, weitergehenden Entwurf entwickelt hat.

Hinzu kommt, dass Singer und Kaplan eine sehr verkürzte Analyse von Rassismus und Sexismus vorstellen. Singer bezieht sich beim Thema Rassismus im Wesentlichen auf die Sklavenhaltung und auf die rassistische Abwertung ‚schwarzer' Menschen aufgrund ihrer Hautfarbe. Auch Kaplan bedient sich eines sehr einfachen Rassismus-Begriffes. Rassismus existiert bei Kaplan und Singer nur in der Auseinandersetzung zwischen „Weißen" und „Schwarzen". Beide (Singer und Kaplan) benutzen den Begriff „Rasse" und analysieren mit diesem Begriff, ohne ihn selbstkritisch zu beleuchten. Dabei vergessen sie, dass „Rasse" ein Begriff ist, mit dem Rassismus erst legitimiert werden konnte, und sie übersehen, dass mit der Einführung unterschiedlicher „Rassen" die Entstehung von Werteskalen erst möglich wurde. Deshalb kann mit diesem Begriff keine „Gegenanalyse" begründet werden. Seine Rassismus-Analyse ist meiner Meinung nach nicht mit der des „Unity-of-Oppression-Ansatzes" vereinbar und so finde ich die einfache Übernahme der Begrifflichkeiten (z. B. Speziesismus) durch die vegane Bewegung eher problematisch. Singer bezieht sich vor allem auf Bentham. So schreibt er, dass die Leidensfähigkeit der Grund für eine moralische Einbeziehung des Tieres darstellt.

> „Ist ein Wesen nicht leidensfähig oder nicht fähig, Freude oder Glück zu erfahren, dann gibt es nichts zu berücksichtigen. Deshalb ist die Empfindungsfähigkeit (...) die einzig vertretbare Grenze für die Rücksichtnahme auf die Interessen anderer." (Singer 1994: 85)

An diesem Punkt wird auch der Unterschied zu einem holistischen Ansatz deutlich, der auch die nicht belebte Natur mit in seinen Ansatz einbezieht. Mit Singers Sichtweise wäre es durchaus vertretbar, überall dort Natur zu zerstören, wo kein leidensfähiges Lebewesen getötet bzw. zerstört wird. Er bringt sich damit in eine sehr heikle Position, wenn er sich zum Thema Euthanasie äußert. Eine vollständige Kritik Singers kann ich im Rahmen dieser Arbeit nicht leisten. Ich möchte aber betonen, dass Singers Sichtweise gerade in der Euthanasie-Frage völlig unakzeptabel ist. So schreibt er etwa:

> „Eltern mögen mit gutem Grund bedauern, dass ein behindertes Kind überhaupt geboren wurde." (a. a. O.: 235)

Indem er meint, dass Eltern behinderter Kinder darunter leiden, erklärt er, dass die Leiden der Eltern dazu berechtigen, das Kind zu töten. (vgl. a. a. O.: 234) Wenn Eltern jedoch nicht unter einem behinderten Kind leiden, dann dürften sie es auch nicht töten. Damit stellt Singer behinderte Menschen als völlig verfügbare Lebewesen dar, die nur ein Lebensrecht haben, wenn andere es wollen – nicht darunter leiden müssen. Diese Einstellung wird noch deutlicher, wenn Singer seine Sicht über Säuglinge darstellt. Immerhin gesteht er ihnen zu, dass sie empfindungsfähige Wesen seien, allerdings ohne Rationalität und Selbstbewusstsein:

> „Wie wir sahen, sind die plausibelsten Argumente dafür, dass einem Wesen ein Lebensrecht zugeschrieben wird, nur dann anwendbar, wenn es ein gewisses Bewusstsein seiner selbst als eines in der Zeit existierenden Wesens oder eines kontinuierlichen geistigen Selbst besitzt. Wo keine Fähigkeit zur Autonomie vorhanden ist, kann die Respektierung der Autonomie nicht gelten." (a.a.O.: 235)

Das heißt konkret, dass Säuglinge nur dann „lebenswert" sind, wenn sie „die voraussichtliche Lebensqualität" (ebd.) erreichen können. Singer meint zu wissen, wann ein Mensch ein Lebensrecht hat und wann nicht. Wenn ein Mensch „eigentlich kein autonomes Lebewesen werden kann" (wer will das exakt bestimmen?), dann hat er immer noch die Chance, dass seine Eltern nicht unter ihm leiden. Wenn sie aber leiden, dann sollte mensch diesem Lebewesen den Tod wünschen, damit Leiden verhindert und das größtmögliche Glück einer größtmöglichen Zahl von Menschen erreicht wird.

Diese Vorstellung ist, wie gesagt, völlig unakzeptabel. Sie erklärt sich jedoch aus Singers Grundhaltung, die als Utilitarismus bezeichnet werden kann. Demnach richtet sich die ethisch richtige Handlung danach, was am meisten Glück und am wenigsten Leiden für alle Betroffenen bringt. Im klassischen Utilitarismus ist die Tötung von Menschen nicht ausgeschlossen. Direkte Gründe gegen einen Mord gibt es nicht, sondern nur indirekte. Sie beziehen sich auf die mit der Tötung verbundenen Leiden der Opfer, die Leiden der Angehörigen und dem gesellschaftlichen Umfeld. So wäre eine „schmerzfreie Tötung" z.B. eines politischen Täters durchaus denkbar. In Singers „Präferenz-Utilitarismus" gibt es aber auch direkte Gründe gegen die Tötung von Personen, da dies der Präferenz der entsprechenden Person zuwiderläuft, weiterleben zu wollen. Für Singer ist eine „Person" ein Wesen mit geistigen Voraussetzungen. So kommt es eben, dass Singer in „geisteskranken Menschen" oder in im Koma lebenden Menschen keine „Personen" sieht. Dagegen erfüllen für ihn etliche nichtmenschliche Lebewesen den Status der „Person" und fallen in den Bereich des Tiertötungsverbotes. Außerdem lehnen Utilitaristen den Gebrauch von jeglichen Tierprodukten ab,

> „wenn in dem ganzen Prozess bis zum Tod der betroffenen Tiere ein Übergewicht an Leid vorhanden ist." (Gruen in Endreß 1995: 50)

Die einzig vertretbare Grenze liegt bei Singer in der Empfindungsfähigkeit, die über den Umgang mit Mensch und Tier entscheidet. Alle anderen Merkmale, wie Intelligenz oder Rationalität, sind für ihn willkürlich gesetzte Grenzpunkte. Singers Haltung wird an folgenden Beispielen deutlich.

> „Würden wir etwa beschließen, äußerst schmerzhafte oder tödliche wissenschaftliche Experimente an normalen erwachsenen Menschen durchzuführen, die man wahllos aus öffentlichen Parks zu diesem Zweck entführt, so würden die Erwachsenen, die einen Park betreten, sich vor einer Entführung zu fürchten beginnen. Der daraus resultierende Schrecken wäre eine Form von Leiden, die zu den Schmerzen des Experimentes hinzukämen." (Singer 1994: 87)

Singer behauptet nun, dass dieselben Experimente bei Tieren weniger Leid verursachen, da sie sich z. B. nicht im Voraus vor einer Entführung mit anschließenden Experimenten fürchten können. Das Leid ist bei Tieren in diesem Fall verhältnismäßig geringer als bei Menschen. Singer weist ausdrücklich darauf hin, dass Experimente an Tieren nicht gut zu heißen sind, sondern möchte nur deutlich machen, dass es einen Grund (und zwar einen nicht-speziesistischen Grund!) geben kann, in diesem Fall sich eher Tiere als Menschen auszusuchen.

Das Gegenbeispiel bringt er dann, indem er auf das Thema Kriegsgefangenschaft eingeht. Menschen kann man erklären, dass sie nichts zu befürchten haben, wenn sie sich einfügen und sie die Option haben, nach Kriegsende wieder aus der Gefangenschaft freigelassen zu werden.

> „Wenn wir dagegen ein wildes Tier fangen, können wir ihm nicht klarmachen, dass wir sein Leben nicht bedrohen. Ein wildes Tier kann zwischen dem Versuch, es zu überwältigen und einzusperren, und dem, es zu töten, nicht unterschieden: Das eine verursacht ihm denselben Schrecken wie das andere." (a. a. O.: 89)

Singer macht damit deutlich, dass es auch nicht-speziesistische Gründe geben kann, Tiere zu töten, genau wie es Gründe geben könnte, Menschen zu töten. In diesem Gedankengang verbindet Singer dann Rassismus und Speziesismus mit dem Gleichheitsgrundsatz, da er meint, dass der Speziesismus eng mit dem Gleichheitsgrundsatz verbunden ist bzw. dieser sich aus ihm begründet. So wie Rassisten das Prinzip der Gleichheit verletzen,

> „indem sie bei einer Kollision ihrer eigenen Interessen mit denen einer anderen Rasse den Interessen von Mitgliedern ihrer eigenen Rasse größeres Gewicht beimessen," (a. a. O.: 87f)

verletzen auch Speziesisten das Prinzip der Gleichheit. „Rassisten europäischer Abstammung" (Singer) erkennen nicht an, dass der Schmerz eines Afrikaners/einer Afrikanerin der gleiche ist wie der des Europäers/der Europäerin. Und dies gilt eben auch für Speziesisten. Sie erkennen nicht an, dass bei einer Interessenkollision z. B. der Schmerz eines Tieres der gleiche ist wie bei einem Menschen. Wenn also Menschen Tiere benutzen, ausbeuten, aufessen oder quälen, dann geschieht dies aufgrund der Meinung, die menschliche Spezies stehe über der der tierlichen Spezies. Aufgrund der Spezies entstehende Handlungen nennt Singer dann Speziesismus. Für Singer steht im Speziesismus das Fleischessen im Zentrum und muss deshalb besonders intensiv bekämpft werden. Die Aufrechterhaltung des speziesistischen Denkens sieht Singer in der frühkindlichen Sozialisierung begründet.

> „Unsere Einstellungen zu Tieren beginnen sich bereits in unserer frühesten Kindheit zu bilden, und sie sind davon beherrscht, dass wir bereits als kleine Kinder anfangen, Fleisch zu essen." (Singer 1996: 344)

Für Kinder scheint die Ernährung mit Tierprodukten zu Anfang noch mit Widerwillen behaftet zu sein (Clements 2001: 100) und ihr besonderer Bezug zu Tieren („Tiere sind meine Freunde") verbindet sich mit der Ablehnung einer fleischhaltigen Ernährung.

> „Kein Kind ... wäre dazu zu bringen, die Leichen genau jener Wesen zu verspeisen, die zu lieben, liebkosen, streicheln und beschützen es andauernd (von Eltern, Geschichten und Bilderbüchern) ermuntert, ermahnt und gelehrt wird." (Kaplan 1993: 33)

Kaplan begründet seine Aussage, dass Fleischessen als die psychologisch wichtigste speziesistische Praxis zu bezeichnen ist, damit, dass das Kind zu dieser Praxis quasi gezwungen wird. Es wird deshalb gezwungen, weil wir dem Kind nie eine eigene, freie Entscheidung ermöglicht haben und ihm nicht alle Informationen zur Verfügung gestellt haben, bevor es zum ersten Mal zum Fleischessen gezwungen wurde. Bevor das Kind den Fleischgenuss ablehnen konnte, wurde eine

> „Gewohnheit in uns verankert. ... Mit anderen Worten: Zum Fleischessen haben wir uns nicht entschieden, sondern zum Fleischessen wurden wir dressiert bzw. konditioniert. Und Fleischessen konditioniert seinerseits zum Speziesismus." (a. a. O.: 34)

Damit wird behauptet, dass die Ernährung mit Fleisch die speziesistische Grundhaltung erzeugt. Über den Fleischkonsum werden alle anderen speziesistischen Haltungen (Angeln, Zoo, Jagd, Käfighaltung, Pelze tragen, Massentierzucht, Tiertransporte etc.) bestimmt. Damit wird die konsequente Haltung der Veganer_innen verständlich, denn für sie kann es nur ein „entweder – oder" geben. Entweder Mensch isst Fleisch und damit ist er Speziesist, oder er lehnt den Fleischverzehr ab und ist damit kein Speziesist mehr.

> „Denn: Wenn wir erst einmal innerlich akzeptiert haben, dass wir leidensfähige Lebewesen für so banale Zwecke wie unsere Geschmacksvorliebe quälen und umbringen, dann akzeptieren wir auch jede andere, noch so frivole Ausbeutung von Tieren." (ebd.)

Kinder werden oft durch vielerlei Gedichte und Märchen auf eine speziesistische Haltung erzogen, da in vielen Märchen „der böse Wolf" überwiegt und das Tier als Feind des Menschen gesehen wird. Dem steht entgegen, dass in Kinderbüchern Tierwelten aufgezeigt werden, die auf friedlichen Bauernhöfen anzutreffen sind, auf denen Tiere frei herumlaufen und insgesamt einen zufriedenen Eindruck erwecken. Ähnlich wie im Adultismus die Machtlosigkeit von Kindern erklärt wird, zeigt Kaplan die

Strukturen auf, in denen Kinder eine speziesistische Grundhaltung erlernen und durch die der Speziesismus insgesamt abgesichert wird:

> „Wie bei Rassismus und Sexismus wird auch hier beim Speziesismus als Rechtfertigung für die moralische Benachteiligung eine Eigenschaft herangezogen, die in Wirklichkeit moralisch völlig bedeutungslos ist, eben die Zugehörigkeit zu einer bestimmten biologischen Art." (a.a.O.: 29)

Kaplan behauptet weiter, dass beim Speziesismus der Verstoß gegen den Gleichheitsgrundsatz „noch eklatanter" sei als beim Rassismus und Sexismus:

> „Bei Rassismus und Sexismus werden nämlich in der Regel die *ähnlichen Interessen* von Schwarzen bzw. von Frauen vernachlässigt. Beim Speziesismus, also bei unserem Umgang mit Tieren, haben wir es hingegen meist mit Praktiken zu tun, bei denen die *größeren Interessen* von Tieren vernachlässigt werden." (ebd.)

Er erklärt dies, indem er das Pelze tragen anführt, bei dem existentielle tierliche Interessen (nämlich leben zu wollen) den lächerlichen menschlichen Interessen (nämlich einen schönen, warmen Pelz tragen zu wollen) entgegenstehen. Beim Pelze tragen haben wir es also mit

> „geradezu himmelschreienden Verstößen gegen das Gleichheitsprinzip zu tun" (a.a.O.: 30),

während er „rassistische Verstöße" durch eine Ähnlichkeit der Interessen weniger schwer bewertet. Diese Abstufung innerhalb der Unterdrückungsverhältnisse kann dazu führen, dass der Eindruck vermittelt wird, dass das tierliche Leben Vorrang vor dem menschlichen Leben besitzt. Bestärkt wird das noch dadurch, dass Kaplan einerseits zwar behauptet, dass die Überwindung des Speziesismus – die Befreiung der Tiere – anderen Befreiungsbewegungen in nichts nach steht, gleichzeitig jedoch behauptet:

> „Wenn wir von der Zahl der Betroffenen ausgehen, so ist die Befreiung der Tiere wichtiger als jede vorangegangene Befreiungsbewegung: Keine Gruppe unterdrückter Menschen erreichte je auch nur annähernd die Zahl der Tiere, die vom Menschen jährlich gequält und umgebracht werden." (a.a.O.: 31)

Zur Unterstützung dieser Behauptung stellt er dann die Unterdrückung von Frauen oder „Schwarzen" als weniger gravierend dar. Sie wurden oder werden nicht

> „in dem Maße routinemäßig in so fundamentaler Weise ihres Wohlbefindens beraubt, wie dies bei den Milliarden von Tieren der Fall ist ... ." (ebd.)

Damit hat er ganz klar eine verschiedene Wertigkeit zwischen Mensch und Tier eingeführt, die eigentlich neutralisiert werden sollte. Wie will Kaplan ernsthaft behaupten, dass die Gefangenschaft von Schwarzen in Südafrika auf „weniger fundamentale Weise ihr Wohlbefinden gestört" hat als dies Tiere in Gefangenschaft erleben? Der Anspruch, eine

Gleichbehandlung der Unterdrückungsverhältnisse zuzugestehen, wird sowohl von Singer als auch von Kaplan nicht verwirklicht.

3.2.2. WEITERE UNTERDRÜCKUNGSVERHÄLTNISSE

Linda van den Broek (Broek 1988) meint in ihrem Text „Am Ende der Weisheit“, dass es neben Rassismus, Sexismus und Klassenherrschaft noch andere Formen der Unterdrückung gibt, die alle miteinander verbunden sind. Neben den Unterdrückungsverhältnissen Klassenherrschaft, Rassismus, Antisemitismus, Sexismus und Heterosexismus führt sie weitere Unterdrückungsverhältnisse an. Sie zeigt damit auch, dass es der Veganismus geschafft hat, den Diskurs um Unterdrückungsverhältnisse zu erweitern, und hat mit den eingeführten „neuen“ Unterdrückungsverhältnissen auch völlig neue Gruppen in den Diskurs mit einbezogen:

- **Ageismus/Altendiskriminierung**
  Dadurch, dass alte Menschen nicht mehr im Produktionsprozess stehen, werden sie sehr schnell abgeschrieben, aufbewahrt und nicht mehr ernst genommen. Diese Erfahrung machen nicht nur Rentner_innen, sondern auch 50-jährige Arbeitnehmer_innen, für die plötzlich keine Verwendung mehr besteht. Allein das Alter spielt hier eine Rolle für den Zugang zu gesellschaftlichen Bereichen.

- **Bodyismus/Behindertendiskriminierung**
  Auch für diese Menschen gelten ähnliche Bedingungen wie für die „Alten“. Sie werden in Einrichtungen aufbewahrt, der Öffentlichkeit entzogen und oftmals nur aufgrund einer Behinderung daran gehindert, am öffentlichen Leben teilzunehmen. Auf diese Unterdrückungsform haben besonders die „Krüppel-Gruppen“ aufmerksam gemacht und gezeigt, dass ein an einen Rollstuhl fixierter Mensch allein durch städtebauliche Maßnahmen diskriminiert wird.

- **Adultismus**
  Dieser Begriff beschreibt die Machtlosigkeit von Kindern in einer „Erwachsenenwelt“. V. d. Broek schreibt, dass der Adultismus die „grundlegende Konditionierung bildet, die allen anderen Unterdrückungsformen, so auch dem Rassismus, vorausgeht.“ (Broek 1988: 38) Adultismus zeigt sie im Rahmen ihrer Arbeit als die einzige Form der Unterdrückung auf, der jeder Mensch ausgesetzt ist, gleichgültig in welcher Klassenlage er/sie sich befindet. Und so kommt sie zu dem Schluss, dass Adultismus das Fundament für unterdrückerisches Verhalten legt.

„Es ist die am tiefsten verwurzelte Ursache von Machtlosigkeit, die ihrerseits zu Unterdrückung führt.“ (a. a. O.: 49)

3.3. DER GLEICHHEITSGRUNDSATZ ALS ZENTRALER GRUNDBEGRIFF

Ausgehend von den Ausführungen über den Speziesismus möchte ich an dieser Stelle den wesentlichen Grundbegriff des Gleichheitsgrundsatzes darstellen. Es geht dabei um einen Begriff, mit dem Helmut Kaplan den Speziesismus theoretisch unterfüttert. Da für Kaplan im Speziesismus der größtmögliche Verstoß gegen den Gleichheitsgrundsatz liegt, erscheint es mir an dieser Stelle notwendig, noch einmal auf diesen Gleichheitsgrundsatz einzugehen.

Wie schon im Kapitel II erwähnt, besteht zwischen dem von Jeremy Bentham begründeten Utilitarismus und dem Gleichheitsgrundsatz ein enger Zusammenhang. Bentham entwickelte den Utilitarismus unter dem Gesichtspunkt, dass jede menschliche Handlung das Wohl aller von einer Handlung Betroffenen berücksichtigen muss. Wägt der Mensch also seine Handlungen unter dem Gesichtspunkt ab, ob und wie das Wohl der von dieser Handlung Betroffenen beeinträchtigt oder gefördert wird, so sind die Tiere in diesen Abwägungsprozess mit einzubeziehen. Das entscheidende Kriterium, wer in diesen Abwägungsprozess mit einzubeziehen sei und wer nicht, ist dabei der Gleichheitsgrundsatz.

Für die vegane Bewegung spielen zwei Theoretiker eine große Rolle, die die Tierrechts- und Vegetarismus-Diskussion in den 80er und 90er Jahren maßgeblich mitbestimmt haben: Peter Singer und Helmut F. Kaplan. Beide haben der veganen Bewegung die theoretischen Grundlagen eröffnet und dem Veganismus zu einer gewissen Akzeptanz verholfen. Doch zwischen beiden gab es auch unterschiedliche Positionierungen, die sich besonders am Begriff des Utilitarismus zeigen.

Kaplan meint, dass es nicht unbedingt notwendig sei, eine utilitaristische Grundhaltung einzunehmen, um Vegetarier_in/Veganer_in zu sein.

> „Singer wird quasi zum Gefangenen seiner eigenen Positionen (des Utilitarismus). Vor allem übersieht Singer aber, dass eine utilitaristische Interpretation des Gleichheitsprinzips nicht, wie er meint, notwendigerweise zum Vegetarismus führt ..." (Kaplan 1988: 68)

Kaplan möchte die Schwierigkeiten, in die sich Singer und letztlich der Utilitarismus bringt, vermeiden, da mit dem Utilitarismus auch auf Kosten einer Minderheit etwas durchgesetzt werden kann. Deshalb möchte Kaplan den Gleichheitsgrundsatz ohne Utilitarismus erklären und stellt in seinem Buch „Leichenschmaus" drei Grundthesen auf:

1. *Das Gleichheitsprinzip behauptet nicht, dass die Menschen gleich sind*, da für Kaplan allein die äußeren, deutlich sichtbaren Unterschiede die Ungleichheit von Menschen beschreiben können.

> „Natürlich sind die Menschen *nicht* gleich. Es gibt alte und junge, gesunde und kranke, extravertierte und introvertierte Menschen und so weiter und so fort. Ebenso wenig behauptet das

> Gleichheitsprinzip, dass Menschen und Tiere gleich sind. Menschen und Tiere sind ebenso wenig gleich wie die Menschen untereinander gleich sind." (Kaplan 1993: 25)

Damit meint Kaplan nicht die Gleichheit vor dem bestehenden Gesetz, sondern die Gleichheit bezogen auf eine Ähnlichkeit unter- und zwischen einander. Ebenso sind für Kaplan Menschen und Tiere *nicht* gleich, sowenig Menschen untereinander gleich sind.

2. *Das Gleichheitsprinzip fordert nicht, die Menschen gleich zu behandeln.* Jeder Mensch, jede Gruppe von Menschen hat unterschiedliche Interessen, die nach Kaplan auch eine unterschiedliche Behandlung notwendig werden lassen, und er verdeutlicht dies an einem Beispiel, wonach Altenheimbewohner keinen Sandspielkasten und Kinder keinen Aufzug in den ersten Stock benötigen.

Aus diesem Grund fordert das Gleichheitsprinzip nicht, dass Menschen und Tiere gleich zu behandeln sind. Sowohl Menschen untereinander als auch zwischen Menschen und Tieren ergeben sich unterschiedliche Interessen, die eine unterschiedliche Beachtung benötigen. Demnach benötigen Tiere kein Wahlrecht und Menschen keinen Kratzbaum.

> „Kurz: Das Gleichheitsprinzip fordert weder, dass verschiedene Menschen gleich behandelt werden, noch, dass Menschen und Tiere gleich behandelt werden, weil sowohl verschiedene Menschen als auch Menschen und Tiere unterschiedliche Interessen haben." (ebd.)

3. So kommt Kaplan zu seiner dritten Grundthese: *Wo Menschen und Tiere ähnliche Interessen haben, sollen diese ähnlichen Interessen gleich berücksichtigt werden.* Damit meint Kaplan, dass dort, wo ähnliche Interessen existieren, diesen Interessen auch das gleiche moralische Gewicht verliehen werden muss. Gleichgültig, ob dies zwischen Menschen oder zwischen Mensch und Tier gesehen wird, zieht Kaplan folgenden Schluss:

> „Weil alle Menschen ein Interesse an angemessener Nahrung und Unterkunft haben, müssen wir dieses Interesse auch bei allen Menschen in gleichem Maße berücksichtigen. Und weil sowohl Menschen als auch Tiere leidensfähig sind, müssen wir das Interesse, nicht zu leiden, bei Menschen und Tieren gleich berücksichtigen, das heißt gleich ernst nehmen. Und so weiter." (a. a. O.: 26)

Während also das Interesse nach Unterkunft bei Tieren unberücksichtigt bleiben kann, sucht Kaplan nach allgemeingültigen/allumfassenden Interessen und findet diese z. B. in dem Interesse, nicht leiden zu wollen.

Die Grundrichtung seiner Thesen liegt also darin, dass Menschen und Tiere ebenso wenig gleich sind wie die Menschen untereinander gleich sind und der Gleichheitsgrundsatz besagen soll, dass Menschen und Tiere gleich behandelt werden sollen, allerdings in Anbetracht ihrer Ungleichheit.

Der Gleichheitsgrundsatz verlangt also weder die Gleichbehandlung von unterschiedlichen Menschen noch eine Gleichbehandlung von Mensch und Tier, aber wenn Menschen und Tiere ähnliche Interessen haben, dann müssen diese auch ähnlich behandelt werden. Jegliche Fleischproduktion gehört sofort eingestellt.

Mit dieser Argumentationslinie wird dann auch verständlich, dass der Fleischkonsum eine speziesistische Grundhaltung ist, bei der das übergeordnete Interesse des Tieres (leben zu wollen) dem untergeordneten Interesse des Fleischkonsums (des Menschen) geopfert wird. Zumindest müsste der Mensch nicht unbedingt Fleisch essen, um zu überleben. In diesem Fall spricht Kaplan (s. o.) auch davon, dass nicht nur ähnliche Interessen nicht gleich berücksichtigt werden, sondern weitaus größere Interessen nicht berücksichtigt werden. Darüber hinaus meint Kaplan, dass Tiere ja auch in sozialen Verbänden leben würden und diese durch den Tod eines „Schlachtopfers“ ebenfalls beeinträchtigt würden. Kurzum: Jegliche Fleischproduktion geht für Kaplan (und damit für die Veganer_innen) auf Kosten der Tiere und gehört sofort eingestellt, da sie den wesentlichen Grundsatz der Gleichbehandlung verletzt.

3.4. DAS MENSCH-NATUR-VERHÄLTNIS

Der politiktheoretische Aspekt des Veganismus wird insbesondere durch das Mensch-Natur-Verhältnis beschrieben. Innerhalb dieses Verhältnisses spielt wiederum die Beziehung zum Patriarchat eine wichtige Schlüsselrolle und hat für die vegane Bewegung eine entscheidende Bedeutung. Aus ihr heraus lassen sich auch die verschiedenen Politik- und Aktionsfelder erklären.

3.4.1. PATRIARCHAT UND NATUR

Das Patriarchat wird in der Tierrechtsbewegung als eine Form der Geschlechterhierarchie gesehen, die die gesamte Gesellschaft durchzieht. Dabei werden alle materiellen Güter, sozialen Rollen und Selbstverwirklichungschancen vom biologischen Geschlecht bestimmt.

> „Dabei wird den Angehörigen der Geschlechtergruppe ‚Mann‘ das Recht auf Verfügung über Arbeit, Körper und Leben der Angehörigen der anderen Geschlechtsgruppe ‚Frau‘ eingeräumt.“ (TAN-Reader 1994: 9)

In dieser Konstellation beinhaltet die Machtfrage den zentralen Stellenwert, „ist Macht die oberste Norm?“ (ebd.), und dabei lässt die Zuschreibung und der Besitz von Macht und Machtpositionen hierarchische Verhältnisse entstehen. Dieses Machtsystem wird wiederum von Institutionen und gesellschaftlichen Zwängen aufrechterhalten. Im Gegensatz zu diesem „gestützten“ Machtsystem sieht die TAN auch die „Natur“ als recht- und hilflos den männlichen Machtansprüchen ausgeliefert.

> „Sie gilt als gesetzlos und somit als eine potentielle Bedrohung, die es gilt, unter männliche Herrschaft bzw. Kontrolle zu bringen.“ (ebd.)

Durch die im Kapitel Postmoderne beschriebenen gesellschaftlichen Entwicklungen hat sich der Mensch (vor allem der Mann) die Legitimation geschaffen, die Natur ausbeuten und unterdrücken zu können, indem sich der Mensch „von der Natur abgespalten“ hat.

> „Die Frau wird ebenfalls dem Naturbereich zugeordnet und so spalten sich die Menschen in zwei Klassen. Diese erste Teilung gibt den Anstoß zu weiteren Spaltungen in Rassen, soziale und ökonomische Klassen und immer weiter in kleinere Splittergruppen.“ (ebd.)

Wissenschaft, Theologie und Philosophie sind aus Sicht der TAN Teil des Machtapparates, der die hierarchische Gesellschaftsstruktur stützt. Sie liefern die theoretische Legitimation des Herrschaftssystems und arbeiten auf der anderen Seite praktische Möglichkeiten (z. B. Tierversuchslabore, Klonversuche etc.) zur Herrschaftssicherung aus. Die Natur wird in diesem Zusammenhang auf ein

> „materialistisch-mechanistisches Niveau herabgestuft. Als ein einziges Räuber-Beute-System, in dem nur das Recht des Stärkeren zählt.“ (ebd.)

So werden die vorhandenen patriarchalen, hierarchischen Gesellschaftsstrukturen auf die Natur übertragen und tragen so zur Legitimation des ausbeuterischen Mensch–Natur–Verhältnisses bei. Neben der Bedeutung des Überganges von der Sammler- zur Jägerkultur spielt für die TAN auch die Entwicklung zur Ackerbaugesellschaft eine wichtige Rolle. Doch zuerst zur Jagdgesellschaft:

> „Jagen ist der modus operandi der patriarchalen Gesellschaft in allen Lebensbereichen ... Wie harmlos die Sprache auch klingen mag – wir jagen alles, von Häusern über Posten bis hin zu Rekorden –, sie offenbart eine kulturelle Denkart, in der das Rauben so zu Hause ist, dass uns nur noch der Untergang der Welt in Schrecken versetzt ... Eklatant tritt das Jagdfieber zutage, wenn die Beute eine Frau ist, ein Tier oder Land ... Der Natur ist vorgeworfen worden, verführerisch (und gefährlich) zu sein oder gleichgültig gegenüber Männern zu sein. Sirenengleich lockt sie, zieht sie Angeln der Fischer und die Gewehre der Jäger magisch an, wie angeblich auch Frauen Männer verführen und sich nach Vergewaltigung sehnen. ... Verführung und Gleichgültigkeit existieren nur im Kopf des Betrachters, der beides auf die Natur projiziert, um eine Rechtfertigung für seine Handlungen zu haben, und die Rechtfertigung tut ihre Wirkung, weil die Kultur sie akzeptiert. ... Seit der Zeit, als Gott sagte, wir seien alle erschaffen worden, um dem Willen des Mannes untertan zu sein, ist es rechtens, Frauen, Tiere und Natur zu Objekten zu machen und ihnen Eigenschaften und Verhaltensmuster zuzuschreiben, die viel über den Geisteszustand des Patriarchen aussagen ... .“ (Collard/Contrucci 1988: 69f)

Collard/Contrucci zeigen, dass die Misshandlung der Natur untrennbar verbunden ist mit der Unterdrückung der Frau, und so wie die Natur für den Menschen/Mann bloßes Objekt ist, wird auch die Frau zu einem Objekt. Wie schon erwähnt, gelingt über die Spaltung in „Rassen", soziale und ökonomische Klassen der Weg zur weiteren „Ausdifferenzierung" des Unterdrückungspotentials. Neben den Unterdrückungsmechanismen Sexismus, Rassismus, Kapitalismus (Triple-Oppression) kommt im Veganismus der Speziesismus hinzu. Nicht nur die Natur wird unterdrückt, sondern in ihr (oder neben ihr) auch die Tiere. Collard/Contrucci formulieren dazu dann auch sehr deutlich, dass es eine Tatsache sei, dass keine Frau in Freiheit leben könne, bevor nicht das letzte Tier befreit und die Natur von der skrupellosen Ausbeutung durch die Männer erlöst wurde. Keine Frau kann in Freiheit leben, bevor nicht das letzte Tier befreit und die Natur von der skrupellosen Ausbeutung durch die Männer erlöst wurde.

> „Gerade wir Frauen müssen uns ernsthafte Gedanken machen ... zu der männlichen Geschichte der Gewalttätigkeit gegenüber Tieren. Denn was Tieren angetan wurde, ist über kurz oder lang immer auch uns angetan worden." (a. a. O.: 134)

Dass sie damit nicht Unrecht haben, zeigen vor allem die Bereiche der Gen- und Reproduktionstechnologien. So ähnlich äußert sich auch eine Gruppe in der Zeitschrift *Vegan-Info*, wenn sie schreibt,

> „dass es – solange das Patriarchat existiert – auch Tierausbeutung in all ihren Formen geben wird. Das heißt für uns Männer, das Patriarchat in Verknüpfung mit der Propagierung und Gewährleistung von Tierrechten (...) langsam aufzulösen, weil es das ALLUMFASSENDE Unterdrückungsverhältnis dieser Gesellschaft darstellt, von dem die Tierausbeutung nur ein Teil ist (Keine Hierarchisierung der Angriffspunkte)." (*Vegan-Info* 8/96: 10)

Für Männer heißt diese Erkenntnis ganz konkret, Hierarchien in allen Zusammenhängen abzubauen, entsprechende Ausdrucksformen und „Sprachen" zu finden, in denen antipatriarchales Bewusstsein „durchschimmert". Aber auch ein reflexiver Umgang mit maskuliner Militanz gehört dazu. Geschieht dies nicht,

> „stehen wir am Ende vielleicht vor der Situation, Verantwortung für Sprüche wie ‚Vegan oder tot!' oder ‚Fleischesser, wir kriegen Euch!' übernehmen zu müssen." (ebd.)

Dass die „Objektifizierung" weit reichende Folgen nicht nur für die konkrete Umweltsituation hat, zeigt sich, wenn Veganer_innen z. B. von „Vergewaltigung der Milchkühe" reden. Sie scheinen diese Formulierungen von Collard/Contrucci übernommen zu haben, die erklären:

> „Im Patriarchat werden Natur, Tiere und Frauen zu Objekten gemacht, gejagt, angegriffen, ausgebeutet, in Besitz genommen, konsumiert und gezwungen, einen Ertrag zu bringen und zu produzieren (oder eben nicht). Dieser Eingriff in die Integrität der Natur

und des eigenständigen Lebens ist Vergewaltigung." (Collard/Contrucci 1988: 15)

Dass der Ackerbau ebenfalls zur „Objektifizierung" beigetragen hat, versucht die TAN in einem ihrer Reader zu erklären.

> „Mit dem Ackerbau ging die Domestizierung der Tiere einher, sie wurden zu Nutztieren degradiert. Die einst als Nährerin betrachtete Natur wurde mit der Zeit nicht mehr ambivalent betrachtet, sondern als gut oder böse, je nachdem, wie die Voraussetzungen für eine gute oder schlechte Ernte waren." (TAN-Reader 1993: 10)

In diesem Prozess spielt die Sprache eine wichtige Rolle, die z. B. Tiere aufteilt in essbare und nicht-essbare Teile und ihnen dann bestimmte Namen zuordnet: Schnitzel, Schinken etc. Dadurch wird ein (totes) Tier im Prinzip unsichtbar gemacht, da es nur noch als „Schnitzel" existiert und den Konsum dieses Schnitzels somit erleichtert. Mary Daly meint dazu, dass die Sprachkritik eine bedeutende Rolle für die ökofeministische Analyse spielt, da durch das Erlernen der Sprache auch die geistige Ausrichtung übernommen wird. Weiter oben habe ich schon kurz darauf hingewiesen, dass die meisten Menschen nicht in der Lage sind, ein Tier zu töten. Sie überlassen es anderen Menschen, und diese wiederum verstecken die Arbeit hinter Schlachthofmauern.

So wie Tiere sprachlich und praktisch zerlegt werden, werden auch Frauen reduziert: auf Körperteile wie Busen, Hintern, Beine etc. Dazu „gesellen" sich dann Kategorien wie: Sexbombe, Mauerblümchen, Mäuschen, alte Jungfer etc.

> „Durch die Zerlegung und Reduzierung auf einzelne Teile wird ein Lebewesen von seiner ursprünglichen Bedeutung abgetrennt. Schließlich existiert es nur noch durch das, was es darstellen soll." (Sarah Jansen in TAN Reader 1993: 11)

Dass im Kapitalismus fast alles einen Warencharakter hat, zeigt sich u. a. daran, dass Lebewesen zu Konsumartikeln verarbeitet werden. Nicht nur Frauen müssen sich als Ware anbieten und verkaufen, auch Tiere werden darauf reduziert, welchen Wert sie besitzen. Sie werden zu Konsumartikeln seziert, zu Handtaschen, Gürteln, Schminke oder Schnitzel. Grotesk ist, dass zur Vermarktung dieser Artikel häufig auch noch Frauen die Werbeträgerinnen sein müssen, die quasi mit dem Produkt mitverkauft werden. All diese

> „Funktionsprinzipien und Strukturen der patriarchalen Gesellschaft werden auf die Natur übertragen, so dass ein patriarchal verformtes Naturbild die Grundlage des Umgangs mit der Natur ist." (a. a. O.: 10)

Das hier Dargestellte gibt im Wesentlichen die Grundlinie der veganen Sichtweise im Verhältnis Mensch – Natur wieder.

3.4.2. NATURPERSPEKTIVEN

Für Thomas Gil und Joachim Wilke (in Bien/Gil 1994) steht der Naturbegriff von Beginn an für eine genuine philosophische Betrachtungsweise. Die Zeiten, in denen über die „Natur" nachgedacht wurde, waren

> „in der Regel eine Krisensituation, die den innerwissenschaftlichen Diskurs seiner Selbstverständlichkeiten entkleidet, die Tätigkeit des Naturwissenschaftlers in Frage stellt und Rechtfertigungs- und Argumentationsdruck erzeugt." (a. a. O.: 11)

Die Erkenntnis, dass das ökologische Desaster dieses Jahrhunderts (z. B. die Klimaerwärmung) die Folge eines wissenschaftlichen Handelns „in und mit der Natur ist" (ebd.), nimmt nicht nur die Neue Ethik für sich in Anspruch, sondern auch die vegane Bewegung. Konkret heißt dies, dass das ökologische Desaster,

> „so paradox dies auch klingen mag, verstandesgeleitet und theoriengeladen war und ist." (ebd.)

Die bisher existierenden Vorstellungen über „Natur", über den Umgang mit ihr und die Stellung des Menschen in ihr, müssen angesichts der katastrophalen Umweltsituation verändert werden. Wie Gil und Wilke meinen, müssen die problematisch gewordenen Naturverständnisse, die

> „als Ausdruck realer Naturverhältnisse Leitbilder unseres gegenwärtigen Handelns" (ebd.)

waren, modifiziert werden. Deshalb entspricht dem heute vorzufindenden Handlungsbedarf ein notwendiger Reflexionsbedarf, der auch für die Philosophie gilt.

Der Veganismus steht in genau diesem Spannungsverhältnis, dass er auf der einen Seite einen hohen Handlungsbedarf, auf der anderen Seite jedoch auch eine intensive theoretische Reflexion benötigt. Im Veganismus ist die von Gil und Wilke geforderte Veränderung des Leitbildes zu erkennen, oder, wie Brenner sagen würde: eine Veränderung der Zentralperspektive. Am Veganismus kann nicht kritisiert werden, dass er zu aktionistisch sei und die theoretische Ebene vernachlässige. Dies stimmt für einige vegane Gruppen, nicht jedoch, wenn mensch den Blick auf die gesamte vegane Bewegung wirft. Durch Peter Singer und Tom Regan, aber auch J. C. Wolf und U. Wolf geschieht auf der philosophischen Auseinandersetzungsebene genau dieser Versuch einer Veränderung unserer Leitbilder oder der Übergang zu einer neuen Zentralperspektive.

Lothar Schäfer (in Bien/Gil 1994) stellt dabei in seinem Artikel drei große „Umbrüche" im Naturverständnis der Antike, der Neuzeit und der Postmoderne fest. Er stellt die These auf, dass die dabei neu entstehenden Naturbegriffe

> „nicht als Naturerkenntnisse zu verstehen sind, sondern als Ausdruck des neuen Selbstverständnisses, mit dem der Mensch der Natur gegenübertritt. Grundlage neuer Naturentwürfe sind je andere Entwürfe vom Leben des Menschen." (a. a. O.: 17)

Diese These besagt, dass unterschiedliche Naturbegriffe durch veränderte

> „Selbstentwürfe des Menschen getragen sind, nicht aber einer wie immer gearteten Erkenntnis der Natur entstammen." (a. a. O.: 28)

Das würde bedeuten, dass die Vorstellungen über die „Natur" abhängig sind von dem jeweiligen Selbstbild des Menschen in der Natur.

> „Je nachdem, ob das Verhältnis, in dem sich der Mensch zur Natur versteht, mehr exklusiv oder inklusiv konzipiert ist, ob er die Natur primär als das ganz andere seiner selbst oder sich als Teil der Natur versteht, werden sich auch Selbst- und Naturverständnis eher antisymmetrisch oder symmetrisch darstellen." (a. a. O.: 26f)

Die Umbrüche im Naturverständnis macht Schäfer an drei Beispielen deutlich, in denen er 1. Natur als Erscheinung ewiger Ordnung (Platon); 2. Natur als Bereich progressorientierter Forschung und technischer Nutzung (Kepler, Bacon) und 3. Natur als Grundlage organistischen Lebens (Ökologie) anführt. Anhand dieser drei Umbrüche/Veränderungen der Naturentwürfe zeigt Schäfer auf, dass die Menschen immer abhängig waren von den jeweils anderen Selbstentwürfen des Menschen.

> „Aus dem Spiegel der Natur schauen nur wir uns selbst entgegen." (a. a. O.: 27)

Und so zeigt Schäfer auch auf, dass z. B. bei Bacon die veränderte Naturkonzeption

> „in einer neuen Stellung des Menschen gegenüber der Natur ihre Grundlage hat. Die Selbstermächtigung des Subjekts zum Herrn der Natur führt zum Bruch mit den Vorstellungen der Alten von Natur und Wissenschaft." (a. a. O.: 40)

Dies unterstreicht noch einmal die in III.1. dargestellte Entwicklung, in der deutlich werden sollte, dass mit den beschriebenen Veränderungen ebenfalls ein veränderter Umgang mit der Tierwelt verbunden ist. Die heute geführte Auseinandersetzung mit dem Natur–Mensch–Verhältnis liegt in der Existenz einer permanenten ökologischen Krisensituation begründet. Diese Krisensituation wurde durch die moderne Technik verschärft und ist somit der Ausgangspunkt dieser neuen Auseinandersetzung. „Aus dem Spiegel der Natur schauen nur wir uns selbst entgegen."

> „Damit wird nicht die Natur als Objekt der theoretischen Philosophie und auch nicht als Domäne der technisch-praktischen Vernunft thematisiert, sondern sie rückt in die Sphäre des moralisch-praktischen Handelns: Die heutige Naturphilosophie wird Teil der praktischen Philosophie. Dementsprechend stehen auch Prinzipien der Ethik (Verantwortung, Achtung, Ehrfurcht, Friede etc.) im Zentrum." (a. a. O.: 43f)

In diesem Zusammenhang muss der Veganismus als Ergebnis der Postmoderne gesehen werden. Stand bisher der Glaube an technische Machbarkeit im Vordergrund des gesellschaftlichen Handelns, so erkennen immer mehr Menschen die Gefahren, die durch diese Handlungen verbunden sind. Darüber hinaus wächst die Angst, etwas zu entwickeln, von dem wir die Folgen noch überhaupt nicht abschätzen können. Das wird gerade in dem so genannten Genfood-Bereich deutlich.* Der Mensch scheint den Ruin der Natur zu riskieren und damit seinen eigenen. Aber in dieser Erkenntnis der Veränderung und der Gefährdung der Natur sieht Schäfer auch den „Moment der Humangeschichte" und in ihm die Überlegungen für einen neuen Umgang mit der Natur, der notwendig ist zum Überleben der Menschheit, die Anthropozentrik,

> „unaufgebbar in diesem Ansatz festgeschrieben: Geht es doch um Probleme des angemessenen Umgangs mit der Natur, nicht aber um Natur per se. ... Die Erwägungen zur Natur sind Zukunftserwägungen und sie betreffen den Menschen als Subjekt der Geschichte. Sie betreffen die Verantwortbarkeit gegenwärtiger Praxis in Hinsicht auf die Zumutbarkeit der Konsequenzen für kommende Generationen." (a. a. O.: 45)

Nach Schäfer geht es in der neuen praktischen Philosophie und einer neuen ökologischen Ethik darum, ob unser Handeln der Natur zuträglich ist oder nicht. Letztlich bedeutet diese Haltung, dass die Natur dem Menschen nicht beliebig zur Verfügung steht und der Mensch sich in ein Naturganzes einfügt, jedoch nach wie vor der Gestalter des „Ganzen" sein soll. Brenner dagegen hat in seiner „Ökologie-Ethik" darauf hingewiesen, dass die Neue Ethik (und in diesem Zusammenhang auch der Veganismus) einen darüber hinausgehenden Ansatz vertritt. Neben den sprachlichen Innovationen, die zeigen sollen, „dass der Weg zurück zur Natur über die Sprache führt" (Brenner 1996: 44), und deshalb von der „Verletzlichkeit der Natur", „Würde" und „Werthaftigkeit" spricht, zeigt Brenner auf, dass die Neue Ethik versucht, die Natur wieder als Subjekt einzusetzen. Diese „Resubjektivierung" führt zu einer Zusprechung eines Rechts der Natur, in der die Natur als Rechtssubjekt verstanden werden muss. Diese Position vertreten im Prinzip alle Veganer_innen und deren philosophische „Vordenker_innen". Während in der Tierrechtsszene die Diskussion primär um Tierrechte geführt wird, liegt der Ansatz der Erdbefreiungsbewegung eindeutig weiter, aber auch problematischer. Die Erdbefreier_innen sehen den Menschen als eines von vielen Lebewesen auf der Welt. Dabei gehen die Erdbefreier_innen davon aus, dass sich in der Natur die allgemeinen Zusammenhänge auf Wechselbeziehungen aufbauen und grundsätzlich ein enger Zusammenhang mit der Natur existiert.

> „Ungerechtigkeit entsteht nicht auf Veranlassung der Natur und die Bedrohung kommt erst mit dem Versuch, sich über ihre Gesetze hinwegzusetzen ... Liebe sind Eigenschaften, die wohl erst durch die Zwänge der Zivilisation in Neid, Hass, Aggression umschlagen." (*Instinkt* 4/94: 15)

Die Gesetze der Natur werden als „immer gerecht" bezeichnet. Sie beziehen sich dabei auf Kropotkin, der in seinem Buch „Gegenseitige Hilfe

* So wurde im Jahr 2006 z. B. genetisch veränderter Reis in deutschen Supermärkten entdeckt, der eigentlich gar nicht im Handel erlaubt ist.

im Menschen- und Tierreich" diese Grundannahme analysierte. In der Erdbefreiung geht es letztlich also darum, den Menschen auf das zu reduzieren, was er einmal war: lediglich ein Lebewesen unter vielen, ohne besondere Machtstellung. Diese Reduzierung soll zur Folge haben, dass die „natürliche Grundordnung" wieder eingesetzt wird und damit die Mitwelt ihr Recht auf Unversehrtheit zurück erhält. Anders als es Schäfer meint, wird hier ein Ansatz gezeigt, der nicht vom Menschen ausgeht. Nicht ein verändertes Menschenbild, sondern ein völlig neues Bild der „Natur", so wie sie vor der Zivilisation bestand, ist der Ausgangspunkt.

> „Zivilisation – von Menschen künstlich geschaffene Welt – liegt im Konflikt mit der natürlichen Welt. Diese existiert seit undenkbaren Zeiten ... In der Zivilisation hat nichts mehr Wert, aber alles seinen Preis. Ist anfällig, macht anfällig. Ist brutal, macht brutal." (*Die Eule* 2/96: 12)

Die Sichtweise der Erdbefreier_innen wird von ihnen selbst als eher spirituelle, mythische Sichtweise bezeichnet. Demgegenüber sagt nicht nur Brenner, sondern auch Birnbacher, „dass ein Zurückfallen in magische oder mythische Weltdeutungen" (Birnbacher 1996: 127) durch die stattgefundene „Entzauberung der Welt" nicht möglich sei. „In der Zivilisation hat nichts mehr Wert, aber alles seinen Preis."

> „Magischen oder mythischen Weltdeutungen ist die Erfahrungsgrundlage weitgehend entzogen." (ebd.)

Brenner ergänzt dazu:

> „Nachdem der technische Naturbegriff das mythische und naturreligiöse Weltbild abgelöst und damit das Bild von der Natur als Hypersubjekt gestürzt hat, soll nun das technische Naturbild abgelöst werden, diesmal jedoch nicht im Sinne einer weiteren Verringerung der Bedeutung von Natur, sondern ihrer Aufwertung." (Brenner 1996: 50)

Die Frage lautet also, wie die Natur aufgewertet werden kann, wenn sich der Rückgriff auf spirituelle, mythische Weltsicht verbietet? Eine Werttheorie, die der Natur bestimmte Werte zuspricht, scheint nicht in Frage zu kommen, da auch weiterhin die Natur in Gefahr steht, durch die Menschen instrumentalisiert zu werden.

> „Denn es ist ja gerade das Kennzeichen von Instrumentalisierung, dass sie den Wert dessen, was sie zu einem Mittel macht, erkennt, um es so einem Zweck dienlich zu machen." (ebd.)

Die Lösung sieht Brenner in dem, was auch die vegane Bewegung postuliert und mit ihr die entsprechenden Philosophen Singer und Regan. Natur muss dadurch geschützt werden, „dass sie selbst als Zweck begriffen wird." (ebd.) Der Zweck der Natur liegt einzig in ihrem „Lebendig-Sein", welches „den Zweck der gesamten physisch-organischen Welt" ausmacht,

> „wodurch selbst der Mensch seinen Grundzweck bereits durch seine physische Natur erlangt." (ebd.)

Gerade diese Zweckhaftigkeit der Natur stellt den Menschen vor Probleme, macht den Umgang mit der Natur komplizierter und führt zu einem genaueren Handeln.

> „Unter den Bedingungen einer zweckgesetzten Natur werden seinem Verhalten neue Grenzen gesetzt." (a. a. O.: 51)

An diesem Punkt setzt dann die Diskussion über die Absicherung ein. Wer schützt also die Natur vor Zweckentfremdung und wie können Tiere vor einem Missbrauch geschützt werden? Schon weiter oben habe ich den Versuch der „Resubjektivierung" der Natur angesprochen, der nur über die Zusprechung des Rechts möglich erscheint: die Natur als Rechtssubjekt. Wenn dies durchgeführt wird, dann ist es zwangsläufig so, dass auch Tiere an diesem Rechtssystem teilhaben müssen. Hier geht es um die Gesamtheit der Natur und für die möchte z. B. Meyer-Abich die Prinzipien der Französischen Revolution gelten lassen. In der Französischen Revolution wurden bis dahin existierende Unterdrückungsverhältnisse durch eine Emanzipation der Unterdrückten aufgehoben. In diesem Sinne soll

> „die Natur neben dem Menschen zu einem gleichgeschützten Rechtssubjekt in einem noch zu schaffenden Rechtsstaat emanzipiert werden." (Meyer-Abich 1984: 169)

Die aus der Französischen Revolution entstandenen Menschenrechte spielen nicht nur für Meyer-Abich eine wichtige Rolle. In der Tierrechts-Philosophie hat der Gedanke von Menschen- und Tierrechten als postulierte Rechte eine zentrale Stellung. Durch die eingeführten Menschenrechte wurde eine juristische Gleichstellung aller Menschen formuliert, die, eingebunden in einen entsprechenden Rechtsstaat, institutionell garantiert waren. Meyer-Abich möchte an diesen Entwicklungsprozess anknüpfen und meint:

> „Hinsichtlich der Rolle des Menschen in der Natur hat es bisher keine entsprechende Aufklärung gegeben. Ich plädiere dafür, der ersten Aufklärung über die Naturgleichheit der Menschen (ihr Gleichgeborensein) die weitere über unsere natürliche Verwandtschaft mit der übrigen Welt folgen zu lassen." (Meyer-Abich 1990: 39)

3.5. DAS MENSCH-TIER-VERHÄLTNIS

Jeden Tag werden in Deutschland ca. 1 Million „Nutztiere" getötet – 400 Millionen Tiere jährlich, davon 330 Millionen Jungmasthühner, 40 Millionen Schweine, 20 Millionen Puten etc. (Jens Wolters in: www.tierschutz-pressedienst.de/Seiten/Tipps/Seiten/indexg.htm, 13.05.2010). Fast 2 Millionen Tiere werden jährlich für Tierversuche getötet. („Tiere brauchen Rechte", Grundsatzprogramm Bündnis 90/Die Grünen 2002) 39 Millionen Legehennen produzieren jährlich ca. 12 Milliarden Eier. Weitere Zahlen über Schweine, Puten, Rinder etc. erspare ich mir hier. Allen Tieren gleich ist, dass ihr „Dasein" bestimmt wird durch ihre Verwert- und Nutzbarkeit.

In völligem Gegensatz zu diesen enormen Zahlen von in Massentierhaltung getöteten Tieren stehen die ca. 23 Millionen Haustiere der Deutschen. Alleine für das Futter dieser Haustiere werden jährlich ca. 3,6 Milliarden € ausgegeben (www.ivh-online.de/de/home.html vom 03.05.2010). Dabei stellt der Industrieverband Heimtierbedarf fest, dass die Trends der menschlichen Ernährung auch bei den Produkten für Haustiere zur Anwendung kommen:

> „Diätfutter für magenempfindliche Tiere, Leichtkost für ältere, gesunde Snacks für zwischendurch … ." (IHV in *Vegetarisch Fit!* 19/96)

Während auf der einen Seite Tiere in Massentierhaltung gehalten werden und die Entrüstung über deren Haltung und Tötung nur selten zu hören ist, scheinen auf der anderen Seite die Menschen ausgesprochene Tierfreund_innen zu sein. Das zeigt sich auch daran, dass es wesentlich mehr Mitglieder in Tierschutzvereinen als Kinderschutzvereinen gibt. (http://www.kinderschutz-in-deutschland.de/) Auf der einen Seite Tierfreund_innen, auf der anderen Seite eiskalte Tierfleischkonsument_innen? So stellt sich die Frage, welche geschichtlichen Beziehungen zwischen Mensch und Tier existieren und welche Bedeutung dies innerhalb einer politiktheoretischen Auseinandersetzung hat. Jeden Tag werden in Deutschland ca. 1 Million „Nutztiere" getötet.

Wie schon bei den Schlachthöfen, so lässt sich feststellen, dass Tierhaltung generell, bis auf die „artgerechte" Tierhaltung, der allgemeinen Beobachtung entzogen wird. Trotzdem machen wir uns ja ein Bild von Tieren, welches aber schon lange nicht mehr stimmt. Wird nach der Größe (bzw. der Höhe) von Schweinen gefragt, so wird als Antwort meistens die Kniehöhe von Erwachsenen angegeben. In Wirklichkeit wird ein ausgewachsenes Schwein jedoch „hüfthoch". Der Unterschied zwischen vorgefundenem Bild und der „Wirklichkeit" liegt darin begründet, dass die meisten Menschen Bilder von Schweinen im Kopf haben, die sie auf dem Transport zum Schlachthof sehen oder im Bauernhof in der Mastbox. Schweine werden jedoch nur bis zum „idealen Mastgewicht" (ca. 100 kg) am Leben erhalten und dann geschlachtet. Haben sie dieses Gewicht erreicht, sind sie im Prinzip noch „Jugendliche", d. h. noch lange nicht ausgewachsen.

> „Die Haltung der Mastschweine, die aufgrund neuer Züchtungen und rücksichtsloser Mastmethoden ihr Schlachtgewicht heute bereits im Alter von etwa 4 Monaten erreichen – früher dauerte das Mästen eines Schweines ein Jahr lang – weicht in industriellen Massenbetrieben von diesem Schema kaum ab." (*Vegan-Info* 4/95)

Wie geprägt unser Bild von Tieren ist, zeigt auch, dass als Grund für die Annahme, dass Wildschweine nachtaktiv seien, die Tatsache angegeben wird, dass sie häufig nachts in Autounfälle verwickelt seien. (Die *Hessisch Niedersächsische Allgemeine Zeitung* berichtete z. B. von einem Nachtunfall zwischen einem Auto und einem Wildschwein: „Wildschwein demoliert

Auto") Zudem zeigt es die auf den Menschen bezogene Sicht, wenn berichtet wird, dass das Wildschwein das Auto demoliert habe. Ist es nicht umgekehrt: Das Auto hat das Wildschwein angefahren? (aber geschenkt!)

Schweine werden heute als unreine, dreckige Tiere bezeichnet. Dies ist ebenfalls ein Trugschluss. Schweine scheinen sich z. B. in „artgerechter Haltung" auf sauberen Wiesen wohler zu fühlen als auf kleinen Wiesenflächen, bei der nach kurzer Zeit durch die große Anzahl der Tiere alles Gras zertreten ist. Neben der Tatsache, dass für eine intensive Tierzucht viel zu wenig Platz für die gehaltene Anzahl von Tieren festgelegt wird, führte die Einführung der Stallhaltung dazu, dass das Wissen um das ehemals reinliche Schwein verloren ging. Viele Krankheiten, die dem Schwein zugeordnet werden, konnten erst durch eine Massentierhaltung entstehen, trotzdem werden sie z. B. als dem Schwein spezifisch zugeordnet.

Unser Bild von Tieren wird also von der heutigen Tierhaltung bestimmt und auch in unseren „Sprachschatz" übertragen. „Schweinigeleien", „Saumäßiger Zustand", „Du Schwein!" übertragen ein verfälschtes Tierbild. Gleichzeitig stabilisiert und reproduziert es jedoch auch das vorgefundene Bild. Daneben werden unliebsame Menschen mit dem verdrehten Bild vom Schwein (oder anderen Tieren) in Verbindung gebracht. Damit sollen sie, je nachdem, beleidigt oder diskreditiert werden. Mit der Zuschreibung eines Tieres auf einen Menschen sollen auch Aggressionen umgeleitet werden. Tiere wie Schwein, Ratte, Floh oder Zecke werden mit bestimmten Eigenschaften belegt (dreckig, faul, gefährlich, dumm etc.) und diese Zuordnungen belasten dann natürlich auch den Menschen, der mit dem entsprechenden Tier in Verbindung gebracht wird. Der Begriff „Zecke" steht als Bezeichnung von politisch linken Menschen und im Nationalsozialismus wurden Juden oft als „Judenschweine" beschimpft. So zeigt sich,

Schweine, Ratten, Zecken und andere Menschen

> „wie verinnerlichte Denkmuster zutage kommen, wie sie schon lange indoktriniert wurden, um die ‚höchste Schöpfung' Mensch in seinem allmächtigen und superioren Sein rechtfertigen" (*Vegan-Info* 3/94)
>
> zu können.

Ich könnte hier noch viele andere Tierarten anführen, von denen heute durch eine „Kulturalisierung" falsche Tierbilder entstanden sind, welche sich weiter reproduziert haben. Die angeführten Beispiele sollten jedoch ausreichen, um unsere Wahrnehmung von Tieren zu verdeutlichen. Diese Wahrnehmungen, durch die unsere Bilder von bestimmten Tieren entstehen, sind also in vielen Fällen ein verfälschtes Bild und müssten eigentlich „de/rekonstruiert" werden. Unser Bild ist geprägt von je individueller (subjektiver) Zuschreibung und kultureller Entwicklung und oft verbunden mit einer gesellschaftspolitischen Absicht.

In den letzten 100 Jahren ist der Anteil der in der Landwirtschaft berufstätigen Menschen rapide gesunken. Verbunden mit einer rasanten Abnahme von landwirtschaftlichen Voll- oder Nebenerwerbsbetrieben hat diese Entwicklung dazu geführt, dass auch immer weniger Menschen direkt oder indirekt mit Tieren in Berührung kamen. Heute kommen die meisten Menschen nur noch im Zoo oder im Urlaub in die Nähe von Tieren, die sie beobachten können. Die früher engeren Beziehungen führten u. a. zu Übertragungen wie „Stiernacken", „Hühnerbrust", „den Schwanz einkneifen", „ein dickes Fell haben" oder „die Ohren hängen lassen".

Viele unserer Redensarten stammen aus früheren Zeiten, weil die Erfahrungsmöglichkeiten mit Tieren heute stark eingeschränkt sind. Trotzdem benutzen wir sie noch relativ häufig, weil sie meistens anscheinend recht treffende Analogien zwischen Mensch und Tier darstellen. Bei Tierprozessen im Spätmittelalter wurden einige Tiere für begangene „Missetaten" bestraft, in dem sie erhängt, erwürgt, lebendig begraben, verbrannt oder verstümmelt wurden. Damit sollte das Böse aus der Welt geschaffen werden. (http://www.lto.de/de/html/nachrichten/4318/tierprozesse-im-mittelalter-in-der-strafsache-gegen-hund-katze-maikaefer/ vom 18.09.2011)

Wie in allen anderen ökonomischen Bereichen wird auch in der Landwirtschaft auf Produktivitätssteigerungen geachtet. Für diese Steigerungen stehen hohe Forschungsgelder bereit und eine Chemieindustrie, die es geschafft hat, z. B. die Milchleistungen der Kühe um ca. 100 Prozent zu steigern. Damit verbunden sind enorme Anstiege der Krankheitsfälle durch einen permanenten Haltungsstress, durch Bewegungsmangel und fehlende Möglichkeiten zu artgerechtem Sozialverhalten. Stress schädigt dabei das Immunsystem der Tiere und erklärt damit die erhöhte Krankheitsrate, die wiederum durch erhöhte Medikamentenzugabe bekämpft wird. Aber auch Medikamente haben Nebenwirkungen, so dass Tiere in einem ständigen Kreislauf von Erkrankung, Gesundung, Erkrankung stehen. Der „normale" Weg wäre, die Ursachen der Erkrankungen abzuschaffen (also die Haltungsart und Intensität) und nicht, wie in der Massentierhaltung praktiziert, die Tiere den Umständen anzupassen. So wird heute lediglich eine Schadensbegrenzung praktiziert, bei der das Tier zum Mängelwesen erklärt wird, das durch gentechnologische, chemische und sonstige Hilfskonstruktionen angepasst werden soll. Lachse, die z. B. im Winter „wandern", wurden in den Zuchtstationen (nachdem viele Fische durch Erfrierungen gestorben waren) mit einem Frostresistenzgen der Arktischen Flunder manipuliert. Nun sterben sie nicht mehr (zumindest nicht im Winter an Erfrierung) und können weiter in ihren Zuchtbecken gehalten werden.

Tiere werden also den vom Menschen vorgegebenen Rahmen und den technischen Erfordernissen angepasst.

Idel (Idel 1991) weist darauf hin, dass uns in dem Niedergang der Tiere von ehemals göttlichen Wesen zur Handelsware ein historischer Spiegel vorgehalten wird, in dem wir unsere eigene, veränderte Beziehung zur Natur erkennen können. Diese Beziehung ist eindeutig geprägt vom Menschen und seiner Vorstellung, wie Tiere am besten zu verwerten sind. Selbst bei den so genannten Haustieren bestimmt der Mensch (und mit ihm verbunden der entsprechende Markt) die Auseinandersetzung mit dem Tier. Der Mensch teilt die Tiere ein in „Haustiere", „Wildtiere", „Zugtiere", „Schlachttiere", „Milchvieh", „Versuchstier" etc. und bestimmt damit gleichzeitig die Lebensbedingungen dieser Tiere. Die einen werden getötet, die anderen dürfen überleben. Die einen streichelt man, damit sie schnurren, den anderen hält man Bolzenschussapparate an den Kopf, damit sie essbares Fleisch werden. Auch Tiere, die nicht aus Verwertungsgründen getötet werden, stehen demnach in einem Ausbeutungsverhältnis (Endreß 1995: 44). Ausbeutungsverhältnis deshalb, weil der Mensch ein System geschaffen hat, bei dem innerhalb der Tierwelt ungleiche Bedingungen herrschen. Glück für die einen, Pech für die anderen.

Die einen streichelt man, damit sie schnurren, den anderen hält man Bolzenschussapparate an den Kopf, damit sie essbares Fleisch werden.

> „Die Unterscheidung der Tiere nach menschlichen Interessen oder Präferenzen in Schoß-, Wild- und Nutztiere mit der Folge eines Drei-Klassen-Rechtes ist abzulehnen. Sie verstößt gegen das Prinzip der Gerechtigkeit nach Artikel 1" (aus: Proklamation der Grundrechte der Tiere. Die Grünen-Bundesarbeitsgruppe Mensch und Tier)

Für diese (Ein-)Ordnung der Tierwelt leistete dabei das christlich geprägte Bild des Tieres die entsprechende Vorarbeit:

> „Ein häufiges christliches Bild war das vom Affen als *figura diaboli* – als ‚Abbild des Teufels' – und als Sünder. Kirchenväter bezogen das negative Bild des Affen auf Heiden, Häretiker und andere Gegner Christi. Im Mittelalter wurden Affen mit Abscheulichkeit, Frivolität, Liederlichkeit, Sünde und dem Teufel assoziiert. Am Ende des Mittelalters wurde das Bild des Affen von Sünde zur Torheit hin verweltlicht, aber er wurde weiterhin als ein unwürdiger Anwärter auf den menschlichen Status angesehen; als eine groteske Karikatur des Menschen und als Prototyp allzu menschlicher Eigenschaften. Auf diese Weise überdauerte das negative Klischee bis in die Moderne und sogar heute gilt die Bezeichnung ‚Affe' noch als eine starke Beleidigung." (Interdisziplinäre Arbeitsgemeinschaft Tierethik 2007: 54)

So wird in diesem Zitat gezeigt, wie sich Tiervergleiche entwickelt, verändert, aber auch gehalten haben. Es zeigt außerdem die Verantwortung der christlichen Kirchen, die nicht unwesentlich zum Tierbild beigetragen haben und durch die die Spaltung zwischen Mensch und Tier gefestigt wurde. Begründet wurde dies durch das Bild vom Menschen, der als Einziger das Ebenbild Gottes sein durfte.

> „Während alle Wesen Seelen haben, besitzen einzig Menschen *nous*, ein rationales Prinzip der Seele, das Thomas von Aquin *anima rationalis* nannte. Dieses macht ihre Essenz (*essentia*) aus und begründet den ‚essentiellen' Unterschied zu der Essenz des Affen oder anderer Arten." (ebd.)

Vor diesem Hintergrund der menschlichen Überlegenheit und Ebenbildlichkeit Gottes, mit einem Auftrag zur Pflege, Hege und Verwendung der Natur zu seinem Nutzen, stand Carl von Linné im 18. Jahrhundert quasi vor einem Dilemma. Wie sollten die durch Handelsschiffe in Europa auftauchenden „Menschenaffen" biologisch eingeordnet werden? Die damaligen Forscher versuchten, alles Leben zu klassifizieren, und standen dabei vor einem großen Problem angesichts der Ähnlichkeit zwischen den Menschen und den „Menschenaffen". So stufte Linné den Menschen und den Affen nicht nur in die gleiche Ordnung, sondern auch in die gleiche Gattung, obwohl er einen wesentlichen Abmilderungsversuch unternahm.

> „Entsprechend klassifizierte Linné den Menschen sehr eng zu bestimmten Tieren, versuchte diesen für ihn schweren Schritt jedoch abzumildern, indem er betonte, dass eine unsichtbare, *nicht*anatomische Eigenschaft, die Vernunft, den Menschen trotz der bestehenden anatomischen Ähnlichkeiten anderen Tieren unermesslich überlegen mache (Linné 1785)." (a. a. O.: 56)

Diese Einordnung Linnés

> „verletzte die am stärksten tabuisierte kategorische Grenze, die das christliche Bürgertum in seinem Weltbild zog: die zwischen Menschen und Tierwelt." (ebd.)

Aus diesem Aufschrei gegen die Gleichsetzung des Menschen mit dem Tier entwickelte sich zwar eine starke Gegenbewegung, konnte jedoch nicht unterbinden, das im 19. Jahrhundert durch Darwin ein weiterer Angriff auf die Einzigartigkeit des Menschen gestartet wurde. Indem Darwin die Lehre von der Abstammung des Menschen vom Affen entwickelte, entstand eine fast noch nähere Beziehung zwischen Mensch und Tier. Auch dabei entwickelte sich der entsprechende wissenschaftliche Gegendiskurs, indem zwar die anatomische Ähnlichkeit nach und nach akzeptiert, nun aber philosophische Gegenargumente entwickelt wurden. So entstand eine neue Gegensätzlichkeit, die sich auf den menschlichen Geist und die Anatomie bezog. Und so wurde der Affe auch weiterhin vom Menschen ferngehalten,

> „diesmal durch den langen Weg des Fortschritts, den Aufstieg zu Zivilisation, Rationalität und Moral, die den Menschen von seinen tierischen Vorfahren trennen. Scham in Hinblick auf den eigenen Ursprung und Stolz in Hinblick auf den Fortschritt zur Zivilisation gingen Hand in Hand." (a. a. O.: 59)

Und einer der wesentlichsten Punkte bestand in dem Gedanken, dass der Mensch, im Unterschied zum Tier, als das vernunftbegabte Wesen gedacht wurde. Aus diesen hier nur kurz geschilderten Aspekten des Mensch-Tier-Verhältnisses entwickelte sich ein Anthropozentrismus, der heute dem Menschen, und nur dem Menschen, direkte moralische Bedeutung beimisst und nur auf ihn bezogene Aspekte berücksichtigt. Dementsprechend bestehen auch nur den Mitmenschen gegenüber direkte Pflichten, denn als Mitglieder dieser moralischen Gemeinschaft besitzen sie den gleichen moralischen Status. Diese Grundgedanken, die einen ethischen Anthropozentrismus skizzieren, nahm Tom Regan für die Tierrechtsbewegung auf, aus dem ein nicht-anthropozentrischer Ansatz entstand, den die Veganer_innen vertreten.

3.6. KRITIK AM VEGANISMUS

Direkte Kritik am Veganismus „aus der Mitte der Gesellschaft" findet sich fast ausschließlich in Bezug auf die ernährungsphysiologische Eignung der Theorie des Veganismus und auf die radikale und militante Praxis der Veganer_innen und Erdbefreier_innen. Direkte inhaltliche Kritik wird dagegen fast ausschließlich aus der (eigenen) linken politischen Richtung geäußert.

3.6.1. KRITIK AUS ERNÄHRUNGSPHYSIOLOGISCHER SICHT

Die zusammenfassende Bewertung der Untersuchung von Leitzmann/Hahn über eine vegetarische Ernährung fällt insgesamt sehr positiv für den Veganismus/Vegetarismus aus. Sie stellen fest, dass bei der überwiegenden Anzahl der Nährstoffe

> „eine vegetarische Ernährung günstiger zu bewerten ist als eine Mischkost bzw. dieser adäquat ist. Bei wenigen Nährstoffen (insbesondere Vitamin B 12 und Eisen) können unter Umständen Versorgungslücken auftreten." (Leitzmann/Hahn 1996: 251)

Diese Versorgungslücken betreffen vor allem Veganer_innen. In den allermeisten Untersuchungsbereichen (Hauptnährstoffe, Fette, Proteine, Ballaststoffe, Vitamine und Mineralstoffe) unterscheiden Leitzmann/Hahn in ihren Beurteilungen eine vegetarische und vegane Ernährungsweise. Dort, wo Versorgungslücken bestehen, sind vor allem Veganer_innen gefährdet. Allerdings müssen diese faktischen Aussagen gekoppelt werden mit den allgemeinen Erkenntnissen über den Veganismus. Neben der Tatsache, dass Veganer_innen die am besten über ernährungsphysiologische Fragen informierten Menschen sind, kommen noch andere Eigenschaften hinzu, die eine Versorgungslücke in einem bestimmten Bereich unproblematisch erscheinen lassen.

Vitamin D bewirkt, dass der Körper in der Lage ist, das für ihn ebenfalls notwendige Calcium aufzunehmen. Der menschliche Organismus kann also das in der Nahrung enthaltene Calcium nur dann verwerten, wenn ihm genügend Vitamin D zur Verfügung steht. Bei einer rechnerischen Vitamin-D-Aufnahme stellen Leitzmann/Hahn bei Vegetarier_innen eine niedrigere Quote fest, als bei sich von Mischkost ernährenden Personen. Bei Veganer_innen liegt die (rein rechnerische) Vitamin-D-Aufnahme nochmals niedriger als bei Vegetarier_innen.

> „Insgesamt sind aber selbst bei Veganern Vitamin-D-Mangelerscheinungen selten, sofern sie sich ausreichend im Freien bei Sonnenlicht

aufhalten. Da sich Vegetarier im Allgemeinen durch eine ausgeprägte Naturverbundenheit auszeichnen, kann davon ausgegangen werden, dass sie sich mehr dem UV-Licht aussetzen als andere Bevölkerungsgruppen." (a. a. O.: 143)

Problematisch ist jedoch die ganz allgemein zu sehende Versorgungslücke in einigen Bereichen bei werdenden Müttern und Säuglingen. Insgesamt kompensieren sich Versorgungslücken durch die Aufgeklärtheit der Veganer_innen und durch externe Faktoren, wie durch das Vitamin-D-Beispiel gezeigt worden ist. Zusätzliche Vitaminzufuhr (z. B. bei Vitamin B12 sehr gut möglich) können gefährliche Versorgungslücken relativ problemlos schließen. Kritik, bei der die Gefahren einer Mangelernährung im Vordergrund stehen, ist letztlich nur ein Beleg für die Uninformiertheit der Kritiker_innen. Auch bei einer „Öko-Kuh" handelt es sich um eine Handelsware.

Besonders heftige Kritik müssen sich Tierrechtler_innen und Veganer_innen anhören, wenn es um ihre politische Praxis geht. Völliges Unverständnis haben sie z. B. erfahren, als ein Öko-Schlachter in Bremen angegriffen wurde. Bei einer Kritik der Massentierhaltung und „inhumane" Schlachtmethoden kann noch auf relativ viel Verständnis gehofft werden. Gegen Öko-Betriebe militant vorzugehen, stößt dagegen auf größtes Unverständnis. Für Tierrechtler_innen spielt es jedoch keine entscheidende Rolle, ob ein Tier artgerecht geschlachtet wird oder nicht. Der ausschlaggebende Punkt ist die grundsätzliche Haltung den Tieren gegenüber. Bei einer „Öko-Kuh" handelt es sich ebenso um eine Handelsware – wie bei einer Massenhaltungs-Kuh. Die Lebensbedingungen unterscheiden sich deutlich (das ist zwar wichtig, aber nicht entscheidend), getötet werden sie alle – für die Ernährung der Menschen.

3.6.2. KRITIK AN DER THEORIE DES VEGANISMUS

In einem Artikel in *Die Zeit* vom 20.9.96 schreibt Rachel Elboim-Dror (Professorin an der Hebräischen Universität in Jerusalem) über die „ökologische Sensibilisierung der Kinder". Diese ökologische Sensibilisierung schaffe ihrer Meinung nach ein falsches Weltbild. In einer Untersuchung hat sie festgestellt, dass für Kinder und Jugendliche zwei der wichtigsten Themen die Umwelt und die vom Aussterben bedrohten Tiere sind. Das Bedrohliche an dieser, auch für Elboim-Dror eigentlich „positiven" Sichtweise ist, dass sich zwar in vielen Filmen, Aktionen und Aufsätzen für die Umwelt und den Tierschutz eingesetzt wird,

> „dass sie aber auf bedrohte Kinder und menschliches Leiden nur selten aufmerksam gemacht werden. ... Die unausgesprochene Botschaft, an der menschlichen Front sei alles in Ordnung und wir sollten uns nun auf die Wohlfahrt von Tieren und Pflanzen konzentrieren, ist eine eingängige Botschaft ..." (in *Die Zeit* vom 20.9.1996)

Elboim-Dror meint, dass durch die Hinwendung auf einen verstärkten Tierschutz die menschliche Not vernachlässigt würde. Mit dieser Vermutung ist sie nicht allein. Wenn über Veganer_innen oder Tierrechtler_innen berichtet wird, schwingt immer auch die Vermutung mit, dass sie das menschliche Leben weniger schützenswert finden könnten. So kommen die Überschriften nicht von ungefähr: „Tiere retten, Menschen töten?" (*die tageszeitung* vom 25.10.1996), „Tierisch gute Quoten? Warum erschüttert uns ein Film über die letzten Orang-Utans mehr als ein Report über Sozialabbau?" (*Zeitmagazin* vom 17.1.1997). *Der Spiegel* brachte, ebenfalls im Januar 1997, einen *Spiegel Special* heraus und beschäftigte sich intensiv mit „Menschen, Tiere, Emotionen". Seitdem haben sich Anzahl und die Umfänge der Veröffentlichungen deutlich erhöht.

Der Sieger der dritten Staffel von „Ich bin ein Star – Holt mich hier raus" (www.tierblog.de/category/tv-sendungen, 13.05.2010) spendete seinen Gewinn an den Gnadenhof „Animal Hope" und eine „Germany's Next Topmodel"-Kandidatin verweigerte ein Fotoshooting mit Tieren und setzte damit das Thema Tierquälerei auf die TV-Tagesordnung.

Da auch im Fernsehen die Bedeutung von Tierfilmen zugenommen hat und der Sender VOX sogar im Samstag-Abendprogramm die Reihe „Tierzeit" sendete, wird diese Tendenz nicht kritiklos hingenommen. Festzustellen sind zwei Kritiklinien. Die eine Linie ist die, dass die enorme Ahnungslosigkeit vieler Kinder über ihre sozialen Bedingungen angeprangert wird. Elboim-Dror führt an, dass jedes Jahr mehr als 11 Millionen Kinder durch Mangelernährung sterben müssen; mehr als 130 Millionen Kinder können keine Schule besuchen (betroffen vor allem Mädchen). Für all diese Themen werden Kinder ihrer Meinung nach zu wenig sensibilisiert und dies führt letztlich zu dem Ergebnis, dass sich mehr für notleidende Tiere eingesetzt wird als für Menschen. Elboim-Dror führt als Ergänzung eine Untersuchung in Großbritannien an, die ergab, dass

> „die Sorgen über die Umweltverschmutzung größer waren als die über alle anderen globalen Probleme, Kriege ausgenommen." (Elboim-Dror in *Die Zeit* vom 20.9.1996)

Es wäre eine Untersuchung für sich, inwieweit die neue Art der Auseinandersetzung mit der Umwelt und der Tierwelt von den aktuellen sozialen Problemen und der Umstrukturierung in ein „global village" ablenken. Wird dies gezielt gesteuert? Greift nur ein neuer Zeitgeist? Auch Veganer_innen und Tierrechtler_innen müssen sich damit auseinandersetzen, ob sie nicht (unbeabsichtigt) zur „richtigen" Zeit von einem gesellschaftspolitisch brisanten Thema ablenken. Und so sehe auch ich die erstaunliche Lücke zwischen einem Engagement für die Tier- und Umwelt und auf der anderen Seite die fast schon lethargische Ruhe, mit der die sozialen und anderen gesellschaftlichen Umbrüche akzeptiert werden. Und so wundern sich in der letzten Zeit nicht selten linke Politiker_innen über die Vergesslichkeit der Menschen, die trotz Sozialabbau immer noch mehrheitlich nicht auf die Straße gehen. In der Gemeinwesenarbeit, in Sozialhilfe-Gruppen etc. findet sich die gleiche Verwunderung über die „Belastbarkeit" der Rentner_innen, Sozialhilfeempfänger_innen etc.

Eine weitere Kritiklinie stellt sich durch die momentane Darstellung der Natur ein. Dabei wird Natur, die vor dem Menschen existierte, als harmonisch und gut präsentiert. Diese Präsentation findet in fast allen Tierfilmen statt, wenn gezeigt wird, dass dort, wo Menschen auftreten, die Lebensgrundlage der Tier- und Pflanzenwelt zerstört wird.

> „Kinder werden arglos in dieser Art von Biopolitik eingefangen. Die moralischen Aspekte der natürlichen Balance, die darauf beruht, dass die Stärkeren die Schwachen fressen und die Gesunden die Kranken vernichten, werden außer acht gelassen." (Elboim-Dror, ebd.)

Damit meint sie, dass es in der Natur sehr wohl Situationen gibt, die eben nicht harmonisch ablaufen. Löwen jagen gerne lahme Antilopen und Katzen verschmähen natürlich nicht einen flugunfähigen Vogel. Dies wissen die Kinder durchaus. Vernachlässigt wird aber auch die Darstellung, dass Menschen sehr wohl in der Lage sind, Kranke zu pflegen oder karitative Arbeiten zu leisten, und die Natur nicht das „Paradies" ist, selbst dann nicht, wenn der Mensch nicht eingreift. Für Elboim-Dror fehlt genau dieser Aspekt, wenn es um die Darstellung des Mensch-Natur-Verhältnisses geht. Indem gesagt wird, der „Mensch an sich" ist an allem Schuld, wird die soziale Komponente ausgeblendet, also eine Komponente, die ethisches, moralisches Handeln entwickelt. Fehlt in der Darstellung eines ökologischen Weltbildes die soziale Komponente, dann deutet dies für Elboim-Dror auf eine verborgene Mitteilung hin. Diese ist,

> „dass Wettbewerb und Überleben der Stärksten natürlich, unvermeidbar und daher ‚gut' sind und somit die dschungelartigen Eigenschaften des freien Marktes rechtfertigen." (ebd.)

Wenn Natur „gut" ist (und damit verbunden auch das Wissen darum, dass kleinere Tiere von größeren gefressen werden), dann wird eben auch vermittelt, dass das Recht des Stärkeren gut ist. Zumindest kann es unterschwellig übernommen werden, auch wenn wir meinen, der Mensch sei an allem Schuld. So erklärt Elboim-Dror die momentane Situation, wenn sie feststellt:

> „Es provoziert ja auch bedeutend weniger Streit, über Umweltverschmutzung und bedrohte Tiere zu reden als über die Bedrohung der menschlichen Wesen. Gleichzeitig nimmt dieses Ausklammern auch noch die Verantwortung für soziale Missstände von unseren Schultern." (ebd.)

Deshalb sieht sie in der Tatsache, dass bei Kindern und Jugendlichen durch die Fixierung auf Natur- und Tierwelt deren moralisches Empfinden vereinnahmt wird und kein Blick möglich wird auf die sozialen und wirtschaftlichen „Übel" der Zeit. Dies hindert uns letztlich daran,

> „die Herausforderung, eine bessere Welt zu erstreben, nicht nur für Bäume und Wölfe, sondern auch für die Menschen" (ebd.)

anzupacken.

Nun kann mensch bei Veganer_innen sehr wohl erkennen, dass nicht nur die Natur- und Tierwelt Ziele ihres Handelns sind, sondern insgesamt die sozialen Beziehungen im Blick sind. Dies drückt sich gerade in ihrem „Unity-of-Oppression-Ansatz" aus. Die Gefahr liegt sicher in der Harmonisierung der Natur und in der Darstellung des „negativen" Menschen. Auch in diesem Punkt sehe ich noch Diskussionsbedarf innerhalb der Veganer_innen-, aber besonders auch für die Tierrechtsbewegung.

Nicht selten wird sich genüsslich an den „moralischen Klemmen" der Veganer_innen gefreut. So werden Baumwollhemden, die Veganer_innen tragen, als inkonsequente Haltung definiert oder, was noch besser ist:

> „Selbst die Bücher der Tierrechtsphilosophen sind indirekt blutbefleckt. Schließlich ist Papier ein Holzprodukt. Die Bäume, die dafür gefällt wurden, beherbergten Vögel, Käfer und Kleinsäuger." (*Die Zeit* vom 3.2.1995)

Auch fleischhaltiges Futter für Katzen oder Hunde dienen oftmals als Hilfsargumente für den Versuch, die vegane Lebensweise als unmöglich darzustellen. In letzter Konsequenz ist die Tierrechtsidee meiner Meinung nach auch nicht praktikabel, zumindest nicht in dieser Gesellschaftsstruktur. Doch das gilt für alle utopischen und radikalen Gesellschaftsansätze und darf von daher nicht als Kritikansatz geführt werden.

Viel interessanter finde ich hingegen die Kritik der britischen Zeitschrift *The Economist*, die den Erfolg der Tierrechtsidee als ein Symptom wohlhabender Gesellschaften erklärt. Im Allgemeinen sind in solchen Gesellschaften die Menschenrechtsfragen geklärt. Dadurch wurde erst der Raum frei für die Behandlung der Tierrechtsfragen. Den Tieren sollen nun die moralischen Normen übertragen werden, die zwischen Menschen geklärt erscheinen:

> „Damit kehren sie den Vulgärdarwinismus der Nazis um, der die Gesetze der Natur – Recht der Stärkeren, Kampf ums Dasein, Selektion – auf den Menschen übertragen wollte." (*The Economist*, zitiert nach *Die Zeit* vom 3.2.1995)

Hier vermischen sich zwei gegensätzliche Bereiche:

> „die menschliche Gemeinschaft mit ihren Möglichkeiten, ethische Entscheidungen zu treffen, und die Natur, die auf Effizienz angelegt ist und dabei keine moralischen Skrupel kennt." (Elboim-Dror in *Die Zeit* vom 20.9.1996)

Mit moralischen Skrupeln ist hier gemeint, dass es sich in der Tierwelt um so genannte Selbstregelungsmechanismen handelt und nicht um Ergebnisse moralischer Überlegungen. So kann eine stark geschwächte Tierpopulation relativ schnell wieder an Zahl gewinnen, während andererseits eine stark vergrößerte Population durch bestimmte Mechanismen auch schnell wieder abnehmen kann. Diese Form der Kritik ist noch eine der konstruktivsten Kritiken, wenn versucht wird, die Haltbarkeit veganer Vorstellungen mit Gegenargumenten zu prüfen.

3.6.3. KRITIK INNERHALB DER POLITISCHEN LINKEN

Ziel meiner Arbeit war und ist es nicht, die Kritikpunkte in ihrer Breite zu diskutieren, sondern die Darstellung des Veganismus und die Konsequenzen, die sich aus diesem Ansatz ergeben. Deshalb müssen hier kurze Hinweise für mögliche zu führende Diskussionen reichen.

So müsste eigentlich auch die Benutzung der Worte „Tier-KZ", „Vergewaltigung der Kuh" etc. diskutiert werden. Aus einigen Gruppen gab es dazu auch schon Diskussionspapiere, in denen der Begriff „Tier-KZ" als unzutreffend bezeichnet wird. (z. B. in: „Ein Diskussionsversuch zum Begriff Tier-KZ", TAN 1996).

Veganer_innen sehen in dem existierenden Verhältnis zwischen Mensch und Tier ein Unterdrückungsverhältnis. Genau dieser Punkt ist nun einer der wesentlichen Streitpunkte zwischen Veganer_innen und ihren politischen Gegner_innen. Die zentrale Frage lautet in diesem Zusammenhang, ob Tiere überhaupt unterdrückt werden können? Das Hauptargument gegen ein angenommenes Unterdrückungsverhältnis besteht darin, dass behauptet wird, dass lediglich Menschen von Unterdrückung betroffen sein können. Menschen können sich ihrer Unterdrückung bewusst werden, Tiere nicht:

> „Wo ein Verhältnis existiert, da existiert es für mich, das Tier verhält sich zu nichts und überhaupt nicht. Für das Tier existiert sein Verhältnis zu anderen nicht als Verhältnis. Bewusstsein ist also von vorneherein schon ein gesellschaftliches Produkt und bleibt es, solange überhaupt Menschen existieren." (Marx/Engels Werke Bd. 3, zitiert nach *Kassiber* 7/95)

Unterdrückte Gruppen können sich nach dieser Sichtweise nicht unbedingt ihrer Unterdrückung bewusst werden, weil sie die Herrschaftsideologie verinnerlicht haben. Im Marxismus nennt man dies dann ein „falsches Bewusstsein". Genau dieser Punkt wird gegen den Veganismus gewendet. Ein Tier kann danach weder ein falsches noch sonst ein Bewusstsein haben, da es die notwendigen Vorgänge gedanklich nicht nachvollziehen und dazu Position beziehen kann. Für einen Kohlkopf kann das wohl noch ohne weiteres nachvollziehbar sein, es für Tiere insgesamt zu behaupten, wird schon schwieriger. Indem hier versucht wird, einen menschlichen Vorgang auf die Tierwelt zu übertragen, geraten diese Kritiker natürlich in die „Gefahr", anthropozentrisch zu denken. Selbst wenn Tiere kein Bewusstsein haben sollten oder der Prozess dahin anders funktionieren würde, stellt sich die Frage, warum die menschliche Variante die bessere bzw. bestimmendere sein sollte. Unterdrückung im Sinne der Veganer_innen hängt nicht von den Möglichkeiten eines Lebewesens ab, sondern von den möglichen Varianten. Tiere leben in Beziehungen. Auch in Beziehungen zu Menschen. Marx und Engels mögen sich nicht nur in diesem Punkt geirrt haben.

Werden militante Aktionen kritisiert, so steht das „menschenverachtende Vorgehen und deren absolut undemokratisches Handeln" (*die tageszeitung* vom 25.2.1995) im Vordergrund. Menschenverachtend ist nach den linken Kritiker_innen, wenn Tieren gleiche Rechte zugestanden werden und der absichtlich herbeigeführte Tod von Mensch und Tier als Mord bezeichnet wird. Die „Tierschutz-Terrorist_innen" oder militanten Peta-Aktivist_innen müssen davon ausgehen, dass ihre Aktionen grundsätzlich nicht verstanden werden, weil ihre Grundanliegen nicht verstanden bzw. akzeptiert werden. Gibt es noch in manchen Fällen eine Akzeptanz von militanten Aktionen (z. B. für Teilbereiche der Anti-Castor-Bewegung), hört diese Akzeptanz für die veganen Aktivist_innen größtenteils auf. Aus diesem Grund entwickelte „Animal Peace" eine besondere Strategie. „Animal Peace" (A. P.) ist gegen militante Aktionen und rechnet sich eher dem bürgerlichen Spektrum zu. Ganz eindeutig wollen sie ein „zweites Greenpeace" werden und treten in feuerroten Latzhosen-Kombis auf (einheitliches Bild), aber nie vermummt, wie die Vorsitzende von „Animal Peace" betont. Genau diese unvermummten Aktionen sollen nämlich eine Solidarisierung mit A. P. erzielen. Es soll signalisiert werden: Wir kämpfen mit offenem Visier gegen Legehennenbatterien. Wenn wir von der Polizei verhaftet werden, sollen die Leute die Ungerechtigkeit gezeigt bekommen. Es werden Leute, die offen agieren (dazu noch gegen eine klar „böse Sache"), verhaftet. Das soll zu einer Solidarisierung mit den „Animal-Peace"-Aktivist_innen führen, nicht etwa mit den Tieren. Deshalb sucht sich A. P. auch Aktionen aus, wo dieses Schema funktioniert. Das führt letztlich jedoch dazu, dass neben einer straffen Organisationsstruktur (das einheitliche Bild muss gewahrt bleiben) auch eine Kluft zwischen den verschiedenen Aktionsformen geschaffen wird. Hier die „mutigen, ehrenhaften" Aktiven und dort die vermummten, bösen, dunklen Militanten.

3.7. FAZIT

Zu Beginn dieses Kapitels habe ich dargestellt, dass der Veganismus im Rahmen einer nicht-anthropozentrischen Ethik zu verstehen ist. Der in den 80er Jahren formulierte Triple-Oppression-Ansatz wurde durch den Blick auf die Gesamtheit der Unterdrückungsverhältnisse erweitert. Deutlich sollte werden, dass die verschiedenen Unterdrückungsverhältnisse gleichrangig nebeneinander und miteinander in Beziehung stehen, sich bedingen und sich gegenseitig stabilisieren. Dadurch werden auch bisher nicht sichtbare Ausbeutungsverhältnisse sichtbar. Die Gesamtheit der Unterdrückungsverhältnisse schließt die Ausbeutung der Natur ebenso ein wie die der Frauen durch Männer oder die der Tiere durch die Menschen. Und weil es sich um in Beziehung stehende Unterdrückungsverhältnisse handelt, müssen alle Einzelbereiche benannt und miteinbezogen werden. Zur Herrschaftssicherung gehört demnach nicht nur ein entsprechender Sprachgebrauch oder die Erziehung von Kindern, sondern auch das Wissen um die Bedeutung zur Entstehung rassistischer Haltungen.

So wurde dargestellt, dass sich auch innerhalb der Gruppe der Frauen Unterdrückungsverhältnisse entwickeln können. Daraus ergibt sich die Notwendigkeit, bisher nicht sichtbare Unterdrückungsverhältnisse deutlich zu formulieren und eine politische Theorie zu entwickeln, die dies berücksichtigt. Zwangsläufig geraten damit Tiere in den Fokus und werden berücksichtigt, wenn es um die Gesamtheit der Unterdrückungsverhältnisse, also den Unity-of-Oppression-Ansatz, geht.

Im Rahmen einer sich daraus entwickelnden nicht-anthropozentrischen Ethik bieten sich verschiedene Theorieansätze an (Bentham, Singer, Regan, Kaplan etc.), die auf dem Hintergrund der in Kapitel II. beschriebenen religiösen und philosophischen Denkansätze zu verstehen sind. Über den Begriff des Speziesismus wurde eine neue Kategorie eingeführt, die es ermöglicht, den Tieren einen Platz zuzuweisen und sie in einen ethischen Bezugsrahmen setzen zu können. Damit wird auf der theoretischen Ebene das vollzogen, was Veganer_innen ganz grundsätzlich fordern: den Tieren eine Stimme geben. So wie im parlamentarischen Rahmen Randgruppen eine Stimme im Parlament gegeben wird, erhalten hier Tiere eine Stimme. Dies hat nur dann Sinn, wenn es auch in einem Wertesystem zu verorten ist.

> „Die Ethik fragt: ‚Wie ist der moralische Status der Nutztiere und welche Ge- und Verbote folgen daraus für die Behandlung dieser Tiere?'" (Interdisziplinäre AG Tierethik 2007: 5)

Ansatzweise hat dies in den letzten Jahren stattgefunden, wenn dazu die Grundgesetzveränderungen und die neuen Bestimmungen des Tierschutzgesetzes gezählt werden. Tiere werden nun im Rechtssystem nicht mehr nur als Gegenstände gesehen und folglich werden dem entgegenstehende Handlungen des Menschen geahndet. All dies geschieht jedoch noch im Rahmen einer anthropozentrischen Ethik. In konkreter Form unterscheidet sich die anthropozentrische von der nicht-anthropozentrischen Variante an den Beispielen des auf der einen Seite stehenden Tierschutzes und den geforderten Tierrechten.

Letztlich nehmen Veganer_innen aus all den in diesem Abschnitt vorgestellten Themenbereichen Aspekte auf und entwickeln daraus ihren eigenen Lebensstil, der sich stark unterscheidet von der dominierenden Alltagsethik und den damit verbundenen Ausprägungen in der Politik, Kultur und dem allgemeinen Zusammenleben.

Vegan zu leben ist zuerst keine Befreiung der Tiere (GWR 342), allerdings die Bedingung ihrer möglichen Befreiung. Veganer_innen beteiligen sich nicht an dem Verzehr toter Tiere, sie quälen sie nicht, sie töten sie nicht – sie verstehen Tiere als gleichwertig zu akzeptierende Lebewesen. Diese nicht zu essen oder zu nutzen/zu verwerten, zeigt auf, wie Menschen in die Lage versetzt werden können, sich aus den kritisierten kapitalistischen Verwertungsprozessen lösen zu können und wie dabei sexistische, rassistische und alle weiteren Unterdrückungsverhältnisse möglichst mitberücksichtigt und damit vermieden werden können. Im Rahmen dieses, dann mit einem nicht-anthropozentrischen Ansatz zu beschreibenden Lebensstiles wird deutlich:

> „Ethik ist kein Projekt, das sich Moralplaner ausdenken, sondern ein nachträgliches Reflektieren über ein schon wirksames Ethos." (Gronemeyer 1999: 23)

Die vegane Bewegung hat ein für sich wirkendes Ethos, das im Laufe der Zeit von einer nicht-anthropozentrischen Ethik theoretisch untermauert werden konnte. Das nachträgliche Reflektieren über diese nicht-anthropozentrische Grundhaltung begründet letztlich eine nicht-anthropozentrische Ethik und lässt Raum u. a. für die Entwicklung einer Tierrechtsbewegung.

Im Vordergrund der veganen Bewegung steht dementsprechend erst einmal das Handeln! Es ist ein Handeln, dass sich gegen Schlachthöfe, Tierversuche, Tierhaltung, Jäger_innen und die Lebensmittelindustrie richtet.

> „Es ist zweifellos wichtig zu handeln, präziser: dagegen, gegen den Speziesismus zu handeln. Allerdings trägt nicht jede Handlung ‚für die Tiere' – so gut wie sie auch gemeint sein mag – dazu bei, das speziesistische Herrschaftsverhältnis zu destabilisieren und letztendlich aufzulösen." (Rogausch in Witt-Stahl 2007: 344)

Eine Handlung muss eingebettet sein in einen politischen Anspruch und in eine gesellschaftspolitische Perspektive, wenn sie gesamtgesellschaftliche Bedeutung erlangen will. Dieser politische Anspruch, diese gesellschaftspolitische Perspektive kann mit der Theorie des Anarchismus verbunden werden und so davor schützen, entweder nur handlungsgeleitet oder nur theoriegeleitet zu sein. Der politiktheoretische Aspekt des Veganismus sollte in diesem Kapitel deutlich werden und aufzeigen, dass es nicht nur darum gehen kann, auf der einen Seite der „guten" (tierlieben) zu stehen, während auf der anderen Seite die „bösen" (Fleisch essenden) Menschen stehen. Sich für Tierrechte und für die Befreiung der Tiere einzusetzen, bedeutet „an sich" noch nicht allzu viel.

> „Eine antispeziesistische politische Kritik muss über die Ebene des ‚Für' oder ‚Gegen' (auch über die Kategorie ‚Gut' oder ‚Böse') hinausgehen und ein Verständnis der Realität herstellen, das sich der ideologischen Wahrnehmung entgegenstellt – dazu gehört auch die Auffassung, dass es eine klare Front im ‚Krieg gegen Tierausbeutung' gibt. Es bedarf einer kritischen Theorie, die sich nicht auf ein versimplifizierendes Freund-Feind-Schema zurückzieht, sondern

> vielmehr Speziesismus als eine sich nicht im sozialen Vakuum befindende Ideologie begreift." (a. a. O.: 370)

Auch Veganer_innen sind von allen gesellschaftlichen Bedingungen betroffen. Sie reproduzieren Machtverhältnisse, sind von diesen betroffen und können diesen nicht nur dadurch entfliehen, dass sie sich auf die Seite der „Guten" (also vegan lebenden Menschen) stellen. Auch Veganer_innen müssen sich in ihren eigenen Zusammenhängen, die eben nicht vakuumisiert sind, kritisch hinterfragen und ihren Lebensstil überprüfen. Letztlich geht es also darum:

> „Nicht Tierethik, sondern Ideologiekritik ist dafür notwendig." (ebd.)

Dafür wird in dieser Arbeit das Angebot einiger veganer Gruppen aufgenommen, den Anarchismus als Grundlage einer selbstkritischen Ideologiekritik in den Gesamtzusammenhang einzubinden und diesen selbst dafür zu öffnen. In diesem Sinne soll im letzten Kapitel das nachvollzogen werden, was in R. Gronemeyers Zitat benannt wurde. Ein nachträgliches Reflektieren über ein schon wirksames Ethos, anhand eines um den Unity-of-Oppression-Ansatzes erweiterten Anarchismus, der somit als „ein Äquivalent zum (um z. B. Tierrechte) erweiterten anarchistischen Ansatz" (TAN-Reader 1995: 71) angesehen werden kann.

IV. VEGANISMUS ALS TRANSFORMATION ZU EINEM POSTMODERNEN ANARCHISMUS

1. THESENKREISLAUF DIESER ARBEIT

Diese Arbeit folgte dem zu Beginn aufgestellten Thesenkreislauf. Ausgangs- und Endpunkt ist die zentrale These, dass der Veganismus eng mit postmodernen Tendenzen verbunden ist und seine Entstehung und Entwicklung dadurch wesentlich begünstigt wurde. Das besondere Erkenntnisinteresse dieser Arbeit liegt in der Fragestellung, ob die Postmoderne den hier vorgestellten Veganismus begünstigt und damit den durch eben diese Postmoderne unbedeutender gewordenen Anarchismus mit neuen Impulsen versehen hat.

Anders formuliert liegt der besondere Reiz der Fragestellung darin, Lifestyle (Veganismus) mit Tradition (Anarchismus) zu verbinden und als *grundsätzlich* kompatibel zu analysieren. Deshalb wurde zuerst die Postmoderne, dann der Anarchismus und anschließend der Veganismus vor- und dargestellt.

Eine wesentliche und zu Beginn formulierte These dieser Arbeit besagt, dass die Theorie des Anarchismus eine Entwicklungsgeschichte hinter sich hat, in der sie sich neben den Großtheorien des Liberalismus, Sozialismus, Marxismus und Kapitalismus behaupten musste. Bei allen großen Leittheorien liegt der Ursprung in der Aufklärung, die in der beginnenden Moderne (These 1) ihre jeweiligen Eigendynamiken entwickelten. Somit bezeichne ich in dieser Arbeit den Anarchismus als ein Kind der Aufklärung, der von genau deren Grundzügen geprägt ist.

Weiterhin habe ich aufgezeigt, dass ich mit der Meinung unterschiedlichster Wissenschaftler_innen übereinstimme, die in der Moderne eine zeitgeschichtliche Epoche ansehen, die im 20. Jahrhundert im Wesentlichen an ihr Ende gekommen ist bzw. ihre ursprüngliche Entwicklungsdynamik verloren hat. Viele Bedeutungsmuster aus der Aufklärung und der Moderne haben in unserer Zeit ihre Legitimation und damit Relevanz verloren. Den maßgeblichen Ansätzen der Moderne tritt eine Vielzahl an gleichberechtigten, nebeneinander stehenden Perspektiven gegenüber. So gesehen wird in dieser Arbeit postmodernes Denken nicht nur als

Zeitdiagnose verstanden, sondern als eine kritische Denkbewegung, die sich gegen die Grundannahmen der Moderne stellt und mit dem Veganismus ein deutliches Beispiel möglicher Alternativen aufzeigt. In dem damit verbundenen Bedeutungsverlust der Moderne sehe ich den Bedeutungsverlust des traditionellen Anarchismus begründet (These 2).

Dies impliziert die Grundannahme (These 3), dass der traditionelle Anarchismus in der Theorie und Praxis den Anforderungen einer postmodernen Gesellschaft nicht gewachsen ist bzw. sich der Postmoderne nicht in der notwendigen Weise gestellt hat. Folgerichtig wurde in dieser Arbeit ein Zusammenhang zwischen Anarchismus, Postmoderne und Veganismus **konstruiert** und dabei zu Grunde gelegt, dass die Postmoderne nicht als völlig neue, abgekoppelte Epoche zu verstehen ist. Es wird von einer sichtbaren Verbindungslinie zwischen Moderne und Postmoderne ausgegangen, auf welcher sich (auch) der Anarchismus befindet. Wie durch den Titel dieser Arbeit schon deutlich wird, geht es in dieser Arbeit an keiner Stelle um die Verabschiedung der anarchistischen Theorie, sondern um eine Revisionsmöglichkeit.

Es ist allerdings zu berücksichtigen, dass mit einer Theorie, die aus einer anderen geschichtlichen Epoche stammt, keine unmittelbaren Verknüpfungen mit heutigen Theorien und Praxen hergestellt werden können. In dieser Arbeit wird die These aufgestellt, dass der traditionelle Anarchismus in der Gefahr steht, ein historisches Produkt zu werden (These 4), eben weil mit seinen alten theoretischen Kategorien keine neuen Verknüpfungen geschaffen werden können. Wie sollte denn der geschlechtsspezifische Diskurs in eine Theorie Kropotkins der „Gegenseitigen Hilfe im Menschen- und Tierreich“ eingebaut werden können, wenn an seinen Begrifflichkeiten in ursprünglicher Form festgehalten wird?

Oscar Lubin schreibt dazu deutlich:

> „Die Angst, mit der Vorsilbe ‚Post‘ alle Errungenschaften des sich daran Anschließenden für endgültig vorüber und die damit verbundenen Ansprüche für überholt zu erklären, hatte auch schon die Debatte um die Postmoderne geprägt. Allerdings verweist der Präfix, ähnlich wie bei postmoderner Philosophie oder postkolonialer Kritik, keinesfalls auf ein für alle mal Vergangenes. Es geht um Revisionen, Erneuerungen, um Brüche, aber auch um Kontinuitäten.“ (Oskar Lubin, in GWR 318)

Weil sich die anarchistischen Theoretiker_innen und Aktivist_innen der 70er, 80er und 90er Jahre auf ihre theoretische Herkunft fixierten, ging die soziale Basis des Anarchismus verloren (These 5). Auch diese These kann als belegt angesehen werden, weil die soziale Basis aus älteren Menschen besteht, die die Jüngeren nicht mehr ausreichend erreichen können. Wie in dieser Arbeit beschrieben, lebt der Anarchismus eher von altgedienten Aktivist_innen, die zudem noch davon leben, alte Theoretiker_innen immer wieder neu aufzulegen. Umso wichtiger ist es, durch Begriffserweiterungen

Verknüpfungspunkte zu schaffen, die z. B. auch die Veganer_innen oder die Aktivist_innen der „Reclaim the Street Bewegung“ mit einbeziehen. Der Anarchismus lebt von altgedienten Aktivist_innen, die davon leben, alte Theoretiker_innen immer wieder neu aufzulegen.

Dass sich die Gesellschaft, sogar die ganze Welt, verändert hat, schien bis vor einiger Zeit an vielen Anarchist_innen vorbei gegangen zu sein. Einen postmodernen Anschluss hat es bei ihnen auf jeden Fall nur vereinzelt gegeben. Dass sich auch die Art und Weise der sozialen Bewegungen verändert hat, auch die Inhalte und Begrifflichkeiten, das wurde übersehen und wird in dieser Arbeit exemplarisch aufgezeigt.

Und so kann darauf folgend eine Forderung lauten, dass der theoretische Stillstand überwunden werden muss, um in einer postmodernen, globalisierten Welt anarchistische Antworten geben, Trends setzen und Impulse geben zu können. Kurz gesagt: um wieder Anschluss an eine neue Basis zu erhalten. Dazu gehört zu allererst einmal die Erkenntnis, dass zeitgemäße Antworten nur dann gegeben werden können, wenn der eigene Standpunkt zeitgemäß (postmodern) selbst hinterfragt wird. Eine anarchistische Gesellschaftskritik kann also nur dann zeitgemäß sein, wenn sie die Postmoderne akzeptiert und die eigenen theoretischen Standpunkte einem postmodernen Update unterzieht (Thesen 6-8).

Wenn mensch dem bisherigen Vorgehen folgen möchte, dann ist es naheliegend, dass nach neuen Methoden, neuen und unterschiedlichen Praxen gesucht werden muss, mit denen (postmodern) der eigene Standpunkt hinterfragt werden kann. Diese Hinterfragung kann mit Hilfe der **Dekonstruktion** geschehen, mit der eine neue Praxis für den Anarchismus eingeführt wird (These 9). Dekonstruktion ist dabei nicht als Methode zu verstehen, sondern als eine Praxis, die sich auf ein je bestimmtes Thema bezieht. Dekonstruktion versucht das „Mitgesagte“, das „Nichtgesagte“ herauszufiltern, also alles, was nicht behauptet, nicht gesagt und ausgelassen wurde, aber eben doch mitgedacht wurde.

In dem Verständnis dieser Arbeit übernehme ich die Definition von Dekonstruktion, die ein zweigleisiges Vorgehen beschreibt. Es wird sich erstens von einem Denken mit bipolaren Sichtweisen getrennt, zu denen z. B. Mann-Frau (Kategorie Geschlecht), hetero-homo (Kategorie Sexualität), zivilisiert-unzivilisiert (Kategorie Kultur), weiß-schwarz (Kategorie „Rasse“), gehören. Es wird zweitens der Versuch einer Verschiebung der Logik vorgenommen, mit dem (z. B.) bestimmte Kulturen nicht höherwertig oder der Mann als Mann nicht mehr wertvoller als die Frau angesehen werden können.

Gab es bisher These und Antithese, aus der sich eine Synthese entwickeln konnte, so versucht die Dekonstruktion völlig neue Ebenen und Perspektiven miteinander zu er- und verarbeiten. Perspektiven, die zudem noch in einem Konflikt zueinander stehen können und durch die Dekonstruktion sichtbar werden. Ganz praktisch gesehen bedeutet

Dekonstruktion, dass ein Begriff und dessen Entstehungsgeschichte hinterfragt wird. Es bedeutet, mit einem Hinweis auf Lyotard, dass auch hinterfragt wird, was der/die jeweilige Nutzer_in dieses Begriffes damit verbindet, um auch dieses sichtbar zu machen. Auch die Grenzen der Begriffe, wie sie früher einmal existierten und sich im Laufe der Geschichte in einen Begriff hineingeschlichen haben, spielen eine Rolle. Dekonstruktion ist also immer Hinterfragung und Be-Fragung des Ursprunges, der Grundlage des Begriffes, der sich im Laufe der Zeit durchgesetzt und als selbstverständlich eingeführt hat. Dies kann als neue anarchistische Praxis verstanden werden.

Der Veganismus zeigt sehr genau, wie anarchistische – theoretische und praktische – Standpunkte hinterfragt werden können und wo die Revisionsmöglichkeiten liegen. Eine anarchistische Theorie, die den aufklärerischen Gedanken des Anthropozentrismus beibehält, kann keine neuen Antworten geben. Deshalb vollzieht sich durch den Veganismus der notwendige Umbruch der anarchistischen Theorie (These 10), dessen Ausgangspunkt demnach heute nur ein nicht-anthropozentrischer Ansatz sein kann. Die in dieser Arbeit vorgestellte neue Form der Solidarität kann zu einer Offenheit für andere Lebewesen und zu neuen Verantwortlichkeiten führen. Dies zeigt deutlich, wie eine anarchistische Theorie auch nicht-anthropozentrisch ausgerichtet sein kann und welche inhaltlichen Veränderungen sich für einen ansonsten gleich gebliebenen Begriff (hier: Solidarität) vollzogen haben.

Veganer_innen wollen eine herrschaftsfreie Gesellschaft. Sie wollen keine Unterdrückungsverhältnisse unterstützen und sie erkennen in dem Verzehr von Tierfleisch und in der Nutzung von Tierprodukten ein Privileg, das sie ablegen wollen. Mit der Erkenntnis, dass ein persönliches Privileg (Fleisch essen) mit der Unterdrückung anderer (Tiere) zusammenhängt, kann eine anarchistische Theorie nicht-anthropozentrisch ausgerichtet werden. Denn dann kann auch Tieren gegenüber Solidarität gezeigt, Herrschaftsstrukturen können abgebaut und Freiheitsaspekte entwickelt werden, die bisher in dieser Form in der traditionellen anarchistischen Theorie nicht möglich waren.

In dieser Arbeit habe ich gezeigt, dass Jugendliche (und natürlich auch Erwachsene) anarchistisch leben können, indem sie die traditionelle anarchistische Theorie mit postmodernen Ansätzen verbinden und an den entscheidenden Punkten inhaltliche Revisionen eingeleitet haben (These 11). Die zentrale und belegte These dieser Arbeit ist demnach, dass es die Möglichkeit gibt, den (gedanklichen) Sprung hin zu einem nicht-anthropozentrischen Anarchismus zu wagen. Indem der Veganismus die anthropozentrische Fixierung – das wesentliche Element des historischen Anarchismus und der Aufklärung – scharf kritisiert, gleichzeitig jedoch das politische Konzept der Herrschaftslosigkeit nicht verlässt, hat er die Möglichkeit einer Erweiterung und Erneuerung der anarchistischen

Theorie und Praxis entwickelt (These 12). Mit dieser Erkenntnis und der These 12 bin ich am Ausgangspunkt meiner Fragestellung und habe sie damit positiv beantwortet:

Der Veganismus ist durch die Postmoderne befördert worden und hat sich als anarchistischer, lebensweltlicher Ansatz bei einem Teil vegan lebender Jugendlicher etabliert!

2. DISKUSSIONSNOTWENDIGKEITEN: MODERNE – POSTMODERNE

Voraussetzung für die Erneuerung anarchistischer Theorie und Praxis ist eine ausgiebige Analyse und Diskussion über die Bedeutung von Gesellschaftswandel und Theorieentwicklung in der anarchistischen Diskussion. Dies wurde, wie nun schon mehrfach beschrieben, in den verschiedenen anarchistischen Zusammenhängen nur ungenügend durchgeführt und erst in den letzten Jahren ansatzweise praktiziert.

Oskar Lubin hatte schon 1999 über die Diskussion zum Lifestyle-Anarchismus (Bookchin, Kommunalismus) einen Beitrag zur Debatte um die Postmoderne geliefert (in: *Graswurzelrevolution* 1999, Heft 236/238). Dieser wurde als solcher aber (noch) nicht aufgenommen und eine Positionierung zur (oder gegen die) Postmoderne gab es nicht. Lubin nimmt diesen 1999 von ihm eingeführten Diskurs im Jahr 2007 wieder auf und veröffentlichte dazu eine deutliche Stellungnahme in der Zeitschrift *Graswurzelrevolution* (*GWR* 2007, Heft 318: 13). Dies geschah u. a. auch auf Grund der Publikationen von Kastner, Day und Mümken, in denen zum ersten Mal deutliche Positionierungen rund um den Begriff der Postmoderne zu erkennen sind. Lubin sagt in diesem Zusammenhang ganz eindeutig:

> „Dabei sind die Menschen- und Weltbilder, die in klassischen Texten des Anarchismus vertreten werden, oft nicht mehr anschlussfähig an heutige Theorie und Praxis. Herrschaft organisiert sich im postfordistischen Kapitalismus anders als in der zweiten Hälfte des 19. Jahrhunderts, als ein großer Teil dieser Texte geschrieben wurde ..." (ebd.)

Damit deutet Lubin ebenfalls eine Revision anarchistischer Theorieteile an, die notwendigerweise zu geschehen habe, da die anarchistische Theorieentwicklung nach der 68er-Bewegung lange Zeit brach lag. Diese Beschleunigung einer Theorieentwicklung kann jedoch nur zielgerichtet geschehen, wenn eine eindeutige Position zu dem, was mensch Postmoderne nennt, bezogen wird. In dieser Arbeit wurde über die mögliche Sichtweise vom „Ende der Aufklärung" geschrieben und damit eine deutliche Kritik an der Moderne formuliert. Diese Kritik an der Moderne muss dann zwangsläufig auch für den Anarchismus Konsequenzen haben. Es *muss* weit reichende Konsequenzen haben, da in dieser Arbeit aufgezeigt wird, dass der Anarchismus als „Kind der Aufklärung" sich erst einmal und vor allem mit seiner Herkunft auseinander setzen muss, bevor er sich reformulieren kann. Deshalb erschien mir die Auseinandersetzung mit den Begrifflichkeiten der Moderne und Postmoderne so wichtig und deshalb wird an dieser Stelle noch einmal Wert darauf gelegt, dass die Positionen zur Postmoderne deutlich sein müssen.

Postmoderne wird in dieser Arbeit als eine Epoche angesehen, die eng mit der Moderne verknüpft ist, aber über sie hinaus weist. Dies habe ich schon mit Welsch belegt und tue dies an dieser Stelle noch einmal. Wer also von

> „Postmoderne redet, redet auch von Moderne. Und wer sinnvoll von Postmoderne sprechen will, muss angeben, gegen welche Moderne er sie absetzen möchte. Oft hat man die Unbestimmtheit des Postmodernen-Begriffs beklagt. Eco hat ihn einen ‚Passepartoutbegriff' genannt. Da hat er recht. Nur: Ein solcher Passepartoutbegriff war zuvor der der Moderne auch schon. Und er ist es gar noch mehr als der Postmoderne-Begriff. Die Vagheit des letzteren ist oft nur der Reflex der Unklarheit des ersteren. Es gibt viele ‚Modernen'. Und schon allein deshalb viele Versionen von ‚Post-Moderne'". (Welsch 2002: 45)

Welsch wehrt sich gegen den Eindruck, dass die Postmoderne als völlig neue oder abgekoppelte Epoche zu verstehen ist; auch für ihn gibt es keinen klar erkennbaren oder definierbaren Epochenwechsel von der Moderne zur Postmoderne. Welsch benutzt nicht ausschließlich den Begriff „Postmoderne", sondern schreibt von einer postmodern veränderten Moderne, die den Rahmen bildet für das, was allgemein als „postmodern" bezeichnet wird.

> „So wendet sich die Postmoderne laut Habermas gegen das Projekt der Moderne im Sinn der Aufklärung, also gegen eine im 18. Jahrhundert konzipierte und begonnene Moderne. Für Jauß hingegen sucht sie die ästhetische Moderne zu verabschieden, also eine Erfindung des 19. Jahrhunderts. Für Jencks wiederum definiert sie sich durch ihre Opposition zur Moderne des 20. Jahrhunderts. Sogar bei ein und demselben Autor können ganz verschiedene Modernen als Gegenbilder von Postmoderne fungieren, so gerade beim Haupttheoretiker der Postmoderne, bei Lyotard." (a. a. O.: 47)

In dieser Arbeit wird, analog zum Vorgehen von Wolfgang Welsch, nicht von einem Postanarchismus gesprochen, sondern von einem postmodernen Anarchismus. Es soll deutlich darauf hingewiesen werden, dass ein postmoderner Anarchismus nicht ein völlig neuer, vom traditionellen abgekoppelter Anarchismus ist. Es handelt sich also in dieser Arbeit um einen postmodern – durch den Veganismus – veränderten Anarchismus-Entwurf.

3. VEGANE ZEITEN!

Wer hätte vor 30 Jahren die Zweigeschlechtlichkeit angezweifelt? Wer hätte gedacht, dass GM und Opel pleite gehen könnten oder ein Finanzminister unter einer CDU-Kanzlerin die zweitgrößte Privatbank Deutschlands teilverstaatlicht? Und wer kannte veganen Käse und hätte es für möglich gehalten, sich diesen veganen Käse über das Internet bestellen zu können? Wer kannte vor 20 Jahren eine/n Veganer_in?

Heute ist es potentiell überall möglich, auf eine/n Veganer_in zu treffen. Es spielt auch keine Rolle mehr, ob wir in einer Großstadt wohnen oder in einem nordhessischen Dorf. Im Jahr 2010 spricht die vegane Bewegung selbstbewusst von sich:

> „Kein Fisch, kein Fleisch, keine Eier, keine Milchprodukte. Vegetarier und Veganer verzichten gern, leben gesünder und retten nebenbei das Klima. Rund sechs Millionen Menschen in Deutschland ernähren sich fleischlos. Aus einer alternativen Lebensform ist längst eine Massenbewegung geworden, mit Berlin als inoffizieller Hauptstadt." (*tip Berlin Magazin* 05/2010: 22)

So ist es nicht verwunderlich, wenn in Berlin im Januar 2010 ein erstes Campus-Restaurant eingeweiht wurde, in dem komplett fleischlos gekocht wird und der Mensa-Manager von ca. 10 – 15 Prozent Gästen ausgeht, die fleischlos oder vegan essen wollen. Insgesamt kann mensch (nicht nur in Berlin) erkennen, dass die vegane Gastronomie stark expandiert und es nicht mehr schwierig ist, ein veganes oder vegetarisches Restaurant oder Café zu finden.

Bei der täglichen Versorgung mit Lebensmitteln hat sich ebenfalls viel verändert. Auf vielen Produkten in den Drogeriemärkten (z. B. dm) ist das vegane Produktzeichen zu sehen und auch in Edeka-, Aldi- oder Lidl-Supermärkten finden sich vermehrt als vegan gekennzeichnete Produkte.

Natürlich lässt sich die Bedeutung der veganen Lebensweise auch an der Anzahl veganer Internetseiten messen und daran, wie in den Selbstreflektionen über ein zunehmendes Interesse an veganen Lebensweisen berichtet wird. So berichtet die Gruppe „Berlin-Vegan" über bis zu 200.000 Zugriffe auf ihre Internetseite. (ebd.), und deshalb verwundert die selbstbewusste Aussage nicht: „Die Nachfrage ist da. Wir Veganer sind in der Mitte der Gesellschaft angekommen." (a. a. O.: 26)

Für Veganer_innen ist ihre Lebensweise Ausdruck einer Lebensphilosophie, eines Lifestyles und Ausdruck für die wichtigste Entscheidung in ihrem Leben:

> „Für mich ist Veganismus eine eigenständige Idee. ... Es ist für mich ein eigenständiger Lifestyle. Das geht für mich in alle Bereiche hinein. Das hat erstens was mit meiner Ernährung zu tun, aber es hat auch etwas mit meinen Gedanken, mit meiner politischen Arbeit und mit meinen politischen Gedankenausrichtungen zu tun.

... Veganismus speziell ist einfach für mich eine Konsequenz, die sich daraus ergibt, keine Macht über Tiere ausüben zu wollen ... im kleinsten Nenner." (Boris zitiert in Grube 2009: 91)

Michael definiert sein veganes Leben wie folgt:

„Veganismus ist für mich eine Lebensphilosophie. Also, es umfasst halt die Achtung vor den Lebewesen, die Liebe zu den Tieren, sie zu achten, und es ist auch ein politischer Aspekt. Also die globale Ausbeutung der Tiere, der Natur, der Umwelt, der Menschen." (a. a. O.: 92)

Und so zeigt Angela Grube in ihrer Untersuchung die Vielfältigkeit der Beweggründe von Veganer_innen auf, die sich in diesen zitierten Fällen nicht nur auf ethisch-moralische Gründe beziehen, sondern auch einen klaren politischen Aspekt beinhalten. Egal welche Farbe unsere Haut, Gefieder oder Haare haben – Respekt und Achtung gegenüber allen – darum geht es uns.

Dieser klare politische Aspekt wird z. B. in dem Netzwerk **Nandu** deutlich, in dem sich überwiegend Jugendliche und junge Erwachsene organisieren:

„Selbstverständnis

A: Unser großes Anliegen: Gerechtigkeit

Egal welche Farbe unsere Haut, Gefieder oder Haare haben; egal ob wir ein oder zwei oder gar kein Geschlecht haben; egal welcher Spezies wir angehören – ähnlich starke Bedürfnisse verdienen ähnlich starke Berücksichtigung. Respekt und Achtung gegenüber allen – darum geht es uns.

Und darum geht's bereits vielen anderen. Wir sind Teil all der Bewegungen, die für Freiheit und Gerechtigkeit kämpfen; die Herrschaft über andere ablehnen und kritisch mit Hierarchien umgehen; und die für ein nachhaltiges Leben der Menschheit für sich, für spätere Generationen und für unsere Mitwelt eintreten.

B: Unser Fokus dabei: Tier-Gerechtigkeit

Mit Nandu bringen wir die Perspektive der Tiere in dieses gemeinsame Streben ein. So wie viele von uns in anderen Gruppen und Netzwerken für eine Welt ohne Ausbeutung, Hunger und Rassismus, für eine intakte Natur, Gleichberechtigung, Frieden und Co aktiv sind, so treten wir mit Nandu insbesondere für Gewalt- und Herrschaftsfreiheit gegenüber Tieren ein. Wir wollen beim Abwägen von Bedürfnissen nicht nur auf den Menschen schauen. Wir sind überzeugt, dass Tiere keine Waren sind und nicht für den menschlichen Nutzen existieren. Sie sind ebenso wie wir soziale Individuen, die ein Interesse an einem Leben in Freiheit haben. Sie sind nicht ‚etwas', sondern jemand.

C: Unser Ansatz dahin: Netzwerk für Tier-Gerechtigkeit

Bei unserer Arbeit konzentrieren wir uns auf zwei Schwerpunkte:

Als offenes Netzwerk verbindet und unterstützt Nandu politisch

Aktive mit emanzipatorischem[1] Anspruch, die dem Tierrechtsgedanken nahe stehen. Gleichzeitig versuchen wir, Menschen und Gruppen einzubinden, die sich bisher nicht in erster Linie von der Tierrechtsbewegung angesprochen fühlen: Umweltbewegte, Globalisierungskritiker_innen[2], Menschen mit Migrationshintergrund, Musikbands, Politaktivist_innen, Referent_innen …

Nandu führt darüber hinaus eigene Aktionen und Kampagnen durch, wo immer sich Aktive und Gruppen aus dem Netzwerk zu solchen zusammentun. …

D: Unsere Charakteristika: einbindend, politisch, basisdemokratisch und spritzig

einbindend: Wir glauben an die Kraft und den Willen der Menschen, sich und ihre Gesellschaften positiv zu verändern. Nur indem wir Menschen ernst nehmen und begeistern, können wir die Vision einer gerechteren Welt erreichen. Daher legen wir großen Wert auf respektvollen Umgang und positive Kommunikation.

politisch: Nandu informiert und bindet Menschen ein. Wir denken, dass darüber hinaus zur Veränderung der heutigen politischen und wirtschaftlichen Strukturen Druck benötigt wird, der an Aufklärung und Einbindung der Menschen anschließt. Mit Nandu wollen wir deswegen politischen Protest und wirtschaftliche Druckkampagnen anstoßen.

basisdemokratisch: Unserem Anspruch nach Herrschaftsfreiheit und Hierarchiekritik wollen wir auch selbst gerecht werden. Wir organisieren uns basisdemokratisch, offen und transparent. Alle Aktiven entscheiden und gestalten mit, ohne Bedingungen an Mitgliedschaft oder Vereinskarriere.

spritzig: Und nicht zuletzt soll es Spaß machen, uns kennen zu lernen und mit uns zusammen zu arbeiten. Jedenfalls im Durchschnitt mehr Spaß, als eine trockene Grundsatzerklärung wie diese zu lesen.

Fußnoten:

[1] Emanzipation bedeutet die Befreiung von aller Unterdrückung. Insbesondere umfasst das die Gleichstellung von z. B. Frauen, Homosexuellen, Menschen mit dunkler Hautfarbe und Menschen in anderen Regionen der Erde.

[2] Wir benutzen hier den Unterstrich, oder auch gendergap genannt, um in der Sprache all denjenigen Platz zu geben, die sich nicht den Kategorien Frau oder Mann zuordnen wollen, da es uns wichtig ist, alle Menschen anzusprechen."

(http://www.nandu.net/selbstverstaendnis vom 03.05.2010)

In diesem Selbstverständnis werden Themen angesprochen, die auch in einer sich explizit anarchistisch nennenden Gruppe angesprochen werden könnten. Es zeigt sich, dass sich die Nandu-Aktivist_innen als Teil „all der Bewegungen" sehen, die sich für Freiheit, Gerechtigkeit und gegen

Herrschaftsverhältnisse aussprechen. Sie lehnen Hierarchien ab und wünschen sich ein Leben, welches auf Nachhaltigkeit ausgerichtet ist. Sie formulieren damit Themen aus der anarchistischen Theorie und verorten sich dort auch indirekt. Sie verknüpfen jedoch sehr deutlich und fast selbstverständlich Themen, die unter postmodernem Gesichtspunkt zu verstehen sind: Kategorien Frau/Mann, Gerechtigkeit, Herrschaftsfreiheit, Freiheit, Tierrechte, Globalisierung etc.

3.1. VEGANER_INNEN ALS GESELLSCHAFTLICHE SEISMOGRAFEN

In dieser Arbeit wird der veganen Bewegung ein hoher Stellenwert zugeordnet und die vegane Lebensweise als eine eindeutige Lebensstilrichtung in der Postmoderne angesehen. Dabei dient dieser Lebensstil dazu, sich gegen eine Vielzahl an kritisierten Zuständen in dieser Gesellschaft zu stellen. Der, aus veganer Sicht, unmoralische Umgang mit Tieren, der zerstörerische Umgang mit der Natur, eine ungesunde Ernährungsweise und eine generelle (Herrschafts-)Kritik an den gesellschaftlichen Bedingungen können zu konsequenten veganen Lebensweisen führen und es den Jugendlichen ermöglichen, sich radikal und praktisch gegen diese gesellschaftlichen Entwicklungen zu stellen.

Veganer_innen sind von den gesellschaftlichen Veränderungsprozessen und den postmodernen Ereignissen nicht nur selbst betroffen, sondern leben ganz aktiv in dieser veränderten Welt und nutzen die vorgefundenen Möglichkeiten voll aus. Veganer_innen haben sich eine eigene mediale Lebens-, Kommunikations- und Konsumwelt erschaffen, die sich von der der Elternwelt oder der Erwachsenenwelt völlig unterscheiden kann. Dies hat, wie schon im Kapitel I (Gesamtgesellschaftliche Situation) gezeigt, auch zur Folge, dass sich eigene Wertvorstellungen, Lebensstile etc. entwickeln, die sich nicht in einer Auseinandersetzung mit der traditionellen Erwachsenenkultur ergeben haben. Es entstehen nun eigene soziale Netzwerke, netzwerkinterne Wertvorstellungen und Lebensstile, die in die Auseinandersetzung mit der sie umgebenden Gesellschaft treten und sich auch deutlich von anderen Jugendkulturen abgrenzen. Jugendlichen sind ihre eigenen sozialen Netzwerke sehr wichtig; sie aber in einer modernen, hochkommunikativen und mobilen Gesellschaft zu verorten, ist schwierig, da laut Tully für Jugendliche heute Unterwegssein zum Aufwachsen dazu gehört. (Tully in Bingel/Nordmann/Münchmeier 2008: 171) Dagegen gab es in den früheren Jahrzehnten feste und traditionelle Lebensbereiche, in die hinein Menschen geboren wurden. Claus Tully versucht dies anhand der Jugendverbände zu erläutern:

> „Während Jugendverbände vordem musterhafte Repräsentanten milieuspezifischer Identitäten waren, so agieren Jugendliche heute in den ihnen wichtigen Teilwelten parallel und bilden Identitäten auf diese aus.

Kennzeichen der Moderne ist eine fortgeschrittene Individualisierung, was eine gewachsene Verantwortlichkeit für das Gelingen der eigenen Biografie und für die eigene gesellschaftliche Einbettung einschließt. Gelebt wird vernetzt, in unterschiedlichen Settings." (*neue praxis* 5/2008)

Tully meint also, dass Jugendverbände früher klar ausgerichtete Verbände waren (also katholisch, protestantisch, gewerkschaftlich, naturbezogen etc.), in denen sich Jugendliche organisierten, die sich mit diesen Verbandsinteressen identifizierten. Dies hat sich in Zeiten der Postmoderne stark verändert, da Jugendliche sich in unterschiedlichen Teilwelten aufhalten, und den katholischen Jugendverband z. B. deswegen nutzen, weil sich die eigenen Freund_innen dort aufhalten oder die Gruppenleiter_innen sehr engagiert sind oder das „Thema im Moment stimmt". Daneben kann sich der/dieselbe Jugendliche jedoch auch in einer völlig anderen (nicht-konfessionellen) Gruppe aufhalten, in der zudem noch völlig andere Werte existieren als in der katholischen Verbandsarbeit. Laut Tully haben es die Jugendlichen gelernt, Gelegenheitsstrukturen zu erkennen, sie wahrzunehmen und in diesen mit offenen Beziehungsmustern auch locker umzugehen. Während also „früher" die Menschen quasi in die ihnen vorgegebenen Verhältnisse (und die damals existierenden Angebote) hineingestellt wurden, hat sich dies heute stark verändert. Verändert hat sich aber auch die Bedeutung dieser flexiblen, vernetzten und parallelen Teilwelten, denn Jugendliche sind selbst aktiv an der Gestaltung der sozialen Netzwerke, der identitätsstiftenden Instanzen, beteiligt.

Damit verankern sich diese Teilwelten wesentlich schneller und effektiver in der Gesamtgesellschaft und verändern diese damit auch. Dies birgt größte Chancen für eine immer schnellere Verbreitung von veganen Grundgedanken und der Entstehung neuer, sozialer und damit postmoderner Bezüge. Ähnlich wie das Web 2.0 bedeutet dies, dass sich in der Interaktion und in der Mitgestaltung wesentliche identitätsstiftende Elemente entwickeln. Damit werden, auf die vegane Bewegung bezogen, jugendrelevante Themen besonders erfolgreich in der Erwachsenenwelt platziert und verbreitet. Gleichzeitig entwickeln die Jugendlichen starke identitätsstiftende Elemente.

Wie sich Veganer_innen definieren und wie sie sich ihre eigenen Identitäten erarbeiten, wurde in den Teilen II. und III.3. beschrieben. In der Shell-Studie 2002 wurde als ein Ergebnis vorgestellt, dass bei ein und demselben/derselben Jugendlichen widersprechende Werte festgestellt werden können und die Erwachsenenlogik sich diese nicht ausreichend erschließen kann. So wie Jugendliche eine völlig andere Vorstellung und Definition von „Politik-machen" haben, so haben sie auch in dem Bereich der Werteentwicklung eine eigenständige, von der Erwachsenenwelt unterscheidbare Kategorisierung. Diese können Werte enthalten, die für Erwachsene eigentlich als gegensätzliche Werte bezeichnet werden.

Für Jugendliche spielt aber die Nachvollziehbarkeit, die Stringenz oder Logik keine wesentliche Rolle, ähnlich wie dies für die postmoderne Theorie gilt. Konnten in der Moderne die so genannten Metaerzählungen den existierenden gesellschaftlichen Institutionen, politischen Praktiken, der Ethik und Denkweisen eine Legitimation verschaffen, so ist dieser Konsens in der Postmoderne verloren gegangen. An die Stelle des Konsenses trat eine Vielzahl an unterschiedlichen und auch gegensätzlichen Erklärungsansätzen mit einer Zunahme von akzeptierter Unterschiedlichkeit, Heterogenität und Pluralität.

Für den Lebensalltag von Jugendlichen bedeutet dies, dass sie sich nicht auf durchgängige Werteskalen einlassen wollen, sie möchten situativ entscheiden und können so z. B. auf der einen Seite karitativ sein, auf der anderen Seite aber auch sehr egoistisch und konsumberauscht leben. Auch diese Tendenz habe ich in dieser Arbeit aufgegriffen und damit verdeutlicht, wie Veganer_innen diese Grundtendenzen postmoderner Lebensweise in ihren sozialen Gesamtzusammenhang integriert haben. Dies bestätigen auch die Untersuchungen bei Bingel, Nordmann und Münchmeier:

> „Eine Ausdifferenzierung in Szenen, Stilisierung, Event bedeutet nicht ein entweder oder, sondern Parallelisierung." (Tully in Bingel/Nordmann/Münchmeier 2008: 184)

Während für Erwachsene diese Parallelität nur schwer nachzuvollziehen ist, hat sie für Jugendliche einfach nur Alltagscharakter, der jedoch schwer erarbeitet werden muss. Mobilität bedeutet anstrengende Vernetzungstätigkeiten. Doch während die Erwachsenen die tiefgreifenden ökonomischen, sozialen, politischen und kulturellen Wandlungsprozesse selbst initiiert haben und sich oftmals desorientiert fühlen, reagieren Jugendliche im Sinne dieser Parallelität:

> „Sie unterwerfen und entziehen sich, sind aber auch akteursmäßig beteiligt an den Wandlungsprozessen. Jugend hat nicht nur ihre Geschichte, sie macht sie auch." (Ferchhoff 1999: 173)

Ein weiterer Aspekt, der an dieser Stelle erwähnt werden muss, ist der Zusammenhang mit dem, was als Statuspassage benannt wird und eine nicht unwichtige Rolle auch in dieser Arbeit spielt. Die heutige Statuspassage von der Kindheit und Jugend in die Erwachsenenwelt wird besonders an der Frage der Konsummöglichkeiten festgemacht und nicht mehr an der Frage der Berufsausbildung, der Eheschließung etc. Postmoderne Lebenswelt ist geprägt vom Trend zum lebenslangen Lernen, von der Existenz in befristeten Stellen, Teilzeitjobs und insgesamt unsicheren Zukunftsaussichten, die die Familienphase immer weiter nach hinten verlagern. Auf die Statuspassage bezogen und soziologisch formuliert,

> „gilt inzwischen die Eigenständigkeit als Konsument als entsprechender Schritt zum Erwachsenenleben." (Sparschuh 2003: 17)

Veganer_innen leben in einer Gesellschaft, die sich in einem tief greifenden Wandel befindet, der sich in der Individualisierung, der Veränderung der Bedeutung der Familie, der demografischen Veränderungen etc. ausdrückt. Die in dem veganen Lebensstil, in der sozialen Community entstandenen neuen Werte sind eindeutig persönlichkeitsbezogen, aber auch auf das Gemeinwesen orientiert.

Konsum gehört in der veganen Lebenswelt eindeutig dazu, ist aber auch ganz stark verbunden mit Konsumverzicht (siehe: Parallelität). Zwei sich widersprechende Richtungen zeigen hier den postmodernen Wandel auf. Veganer_innen konsumieren und sehen im Konsum erst einmal auch keinen Negativaspekt. Für junge Veganer_innen manifestiert sich die Teilhabe an der Erwachsenenwelt auch über den Konsum. Auf der anderen Seite wird der Grundzug des Konsums jedoch eindeutig kritisiert und mit einem stark von Verzicht geprägten Anteil versehen. Konsum und Konsumverzicht in einem sozialen Zusammenhang stehen hier für die postmoderne Uneindeutigkeit, die Pluralisierung der Lebensverhältnisse und die Individualisierung.

Die Bedeutung der angeführten Punkte hat auch schon Auswirkungen für Kinder. Die postmoderne Lebenswelt bietet schon kleinen Kindern die ganze Welt an:

> „Da theoretisch schon Siebenjährigen das gesamte Weltwissen zur Verfügung steht, wäre es geradezu widersinnig, wenn sie bei Eltern, Lehrern usw. *nicht* nachhaken, *nichts* infrage stellen, ihre Aussagen bedingungslos ernst nehmen würden.“ (a. a. O.: 16f)

So lernen kleine Kinder im Umgang mit dem PC und dem Internet die Abwägungspraxis, was von dem neuen „Weltwissen“ lohnenswert ist zu übernehmen. Und diese Übernahme geschieht in der Postmoderne immer auch in der Abgrenzung zur Erwachsenenwelt und in der eigenen Sozialisation in Gleichaltrigen-Communitys.

Veganer_innen verstehen sich also als eigenständige Konsument_innen, die dem allgemeinen Konsumrausch eine vollständig eigene, wertgebundene Variante entgegenstellen. Veganer_innen nutzen das Internet, nutzen die Konsummöglichkeiten, nutzen die Nischen und sind von allen anderen gesellschaftlichen Prozessen genauso stark betroffen. Wie schon weiter oben erwähnt, stehen Cliquen in der Wertschätzung bei Jugendlichen ganz oben, und in Ablehnung der Erwachsenentraditionen entstehen in den Jugendcliquen eigene Werte, die zu eigenen Lebensstilen führen. Veganer_innen verstehen sich als Konsument_innen, die dem allgemeinen Konsumrausch eine wertgebundene Variante entgegenstellen. Was sich in manchen Städten als problematisch darstellt (Cliquenrivalitäten und deren oftmals gewalttätiges Auftreten im öffentlichen Raum), erweist sich bei den Veganer_innen als überaus produktiv. Veganer_innen können inzwischen auf eigene soziale Netzwerke zurückgreifen, die umrahmt sind von einer virtuellen Lebenswelt mit ihren Foren und einer ausgeprägten Internetcommunity, aber auch den veganen Läden und Restaurants mit Flugblättern und Partnerschaftsbörsen.

Während soziale Zusammenhänge verloren gegangen sind und bei der Suche nach neuen Zusammenhängen viele Jugendliche als Benachteiligte zurück bleiben, haben sich Veganer_innen eine eigene soziale Infrastruktur geschaffen. Diese Arbeit hat aufgezeigt, wie sich Jugendliche in der Postmoderne durch ihren Bezug zum Veganismus zurechtfinden und dabei gleichzeitig wichtige Impulse in diesem gesellschaftlichen Veränderungsprozess geben können. Klaus Hurrelmann unterstreicht diese Bedeutung dadurch, dass er die „Angehörigen der Lebensphase Jugend" als „gesellschaftliche Seismografen" (Hurrelmann 2007: 8) ansieht, die sehr genau auf die sich abzeichnenden gesellschaftlichen Entwicklungen eingehen. In diesem Sinne wird der Gruppe der Veganer_innen von mir besondere Bedeutung beigemessen und in den Zusammenhang der sich abzeichnenden gesellschaftlichen Entwicklungen" (ebd.) gestellt.

Dass diese Entwicklungen real sind, zeigt sich an verschiedenen Beispielen: McDonald's führt einen Gemüseburger ein; die Bürgerstiftung Bremen erklärt den Donnerstag zum „Veggi-Tag"; seit Mitte Januar 2010 gibt es in Berlin eine vegetarische Mensa; die Landwirtschaftsministerin Ilse Aigner spricht sich für weniger Fleischkonsum aus; die EU erhöht die empfohlene Tagesdosis B12 bei veganer Ernährung; die zweite Kammer des niederländischen Parlaments fordert einen fleischfreien Tag pro Woche; beim Fernsehsender RTL tauschen in der Sendung „Frauentausch" (vom 05.11.2009) eine überzeugte Fleischesserin und eine Veganerin für eine Woche das Zuhause; in Schweden wird die Möglichkeit getestet, sämtliche Lebensmittel mit Klima-Aufklebern zu versehen, wodurch alle vegetarischen/veganen Produkte zu den klimafreundlichsten Produkten gehören, und Lord Nicholas Stern, Professor an der London School of Economics und Regierungsberater in Wirtschaftsfragen, ist sich sicher, dass Fleischessen bald so verpönt sein wird wie betrunken Auto zu fahren. Er hat deshalb zu einem vegetarischen Lebensstil aufgerufen.

Die Bedeutung der veganen Bewegung wird seit Kurzem auch von der politisch rechtsextremen Seite entdeckt. Neben der Strategie, auf Schulhöfen CDs zu verschenken, taucht eine „AG Tierrechte" der „Autonomen Nationalisten" bei verschiedenen Demonstrationen der Tierrechtsbewegung auf. So wurde in einem Redebeitrag auf einer internationalen Demonstration („Frankfurt Pelzfrei!") am 18.03.2010 in Frankfurt darauf hingewiesen, dass diese faschistischen „Autonomen Nationalisten" versuchen, sich in der Tierrechtsbewegung zu etablieren.

In letzter Zeit wurde auch in großen Zeitungen auf das Thema „vegan" eingegangen. Als Beispiel sei die *B.Z.* (Axel Springer Verlag) angeführt, die am 12.03.2010 einen doppelseitigen Artikel einer Reporterin brachte, die eine Woche lang vegan lebte. Oder in der *BILD-Zeitung*, die einen durchaus lesenswerten Bericht über den Veganismus veröffentlichte. Ein kurzer Ausschnitt soll dies zeigen:

„Der Entschluss, *vegan* leben zu wollen, ist ein entscheidender im Leben eines Menschen. Um die tatsächliche Tragweite der Entscheidung verstehen zu können, gilt es zunächst zu verstehen, was genau sich hinter dem Veganismus als bewusste Lebensform verbirgt. ... Vegan zu leben, bezieht sich indes längst nicht nur auf Lebensmittel. Im Sinne einer Wahrnehmung von Existenzrechten aller Lebewesen – und somit auch für Pflanzen und Tiere – spielt diese Form der Ethik auch in den Bereichen des Konsums allgemein eine wichtige Rolle für die Vertreter dieser Position." (http://www.bild.de/BILD/infos/vegetarier-veganer/vegan.html vom 03.05.2010)

Deutlich sollen diese Beispiele machen, dass die vegane Bewegung tatsächlich in der Mitte der Gesellschaft wahrgenommen wird und die Themen, die aus dieser veganen Bewegung kommen, tatsächlich in der Mitte der Gesellschaft angekommen sind.

3.2. BEDEUTUNG DER NEUEN MEDIEN FÜR DIE (JÜNGEREN) VEGANER_INNEN

Veganer_innen leben als postmodern sozialisierte Jugendliche vor, wie und an welchen Stellen Veränderungsnotwendigkeiten realisierbar sind und wie sich ihr soziales Netzwerk mit der gesellschaftlichen Veränderung entwickelt und ihnen damit die notwendige Stabilität in einem sozialen Umfeld geboten hat.

„... es spricht einiges dafür, dass in Zeiten, wo Gewissheiten allseits wegbrechen (Normalbiografie, unsichere existentielle Perspektive, immer beschleunigterer Wandel in fast allen Alltagsbereichen, Globalisierung) Kinder und Jugendliche vor allem Stabilität im engen sozialen Umfeld wollen und brauchen." (Sparschuh 2003: 19)

Für einen immer größer werdenden Teil der postmodern individualisierten Menschen gibt der Veganismus Halt und Perspektive – *in der* und *durch die* Postmoderne. Dabei nutzen Veganer_innen sowohl direkte Face-to-Face-Kontakte als auch die „neuen Medien". Die „klassischen" Sozialisationsinstanzen sind deutlich durch andere Instanzen (Cliquen, neue Medien, Konsummarkt) relativiert und besonders durch die Medien und den Konsummarkt stark verändert worden. Bei den heutigen Jugendlichen handelt es sich um eine der ersten Generationen, die mit einem Rund-um-die-Uhr-Angebot (a. a. O.: 16) an Fernsehsendungen und eigenen Kinder- und Verkaufskanälen aufgewachsen sind und für die die „neuen Medien" keine Besonderheiten mehr sind. Kleinkinder gehen heute selbstverständlich mit Handy, Internet und elektronischen Geräten um, viel selbstverständlicher als das die Erwachsenen können.

Und so entfernen sich Kinder und Jugendliche wesentlich schneller von der Erwachsenenwelt, als dies bisher gedacht und gewollt wurde.

„Medien sind nicht nur ‚heimliche Erzieher', junge Menschen

entwickeln mit zunehmendem Alter eine eigene mediale Lebens- und Kommunikationswelt, die sich der elterlichen Einflussnahme entzieht." (Aktion Kinder- und Jugendschutz. Landesarbeitsstelle Brandenburg e. V.)

Dies trifft in besonderem Maße auf die Gruppe der Veganer_innen zu, die sich, wie z. B. im Selbstverständnis von Nandu zu erkennen ist, über das Internet über den veganen Lebensstil verständigen. „Neue Medien" sind für sie zur Selbstverständlichkeit geworden und die Entwicklung vom Internet zum Web 2.0 haben sie quasi selbst mitgestaltet, da das Web 2.0 von der Interaktion mit den Nutzer_innen lebt. Diese Veränderung des Internets, die für viele Erwachsene relativ unbemerkt blieb oder unkommentiert beobachtet wurde, hat zu einer wesentlichen Verstärkung der Wahrnehmung und Verbreitung des Veganismus geführt und damit die zu erkennenden Wirkungen gesteigert.

In einem Vortrag von Andreas Klisch (Dozent an der FH-Potsdam) auf einer Sitzung des Arbeitskreises Kinder- und Jugendschutz (AKJS) am 16.02.2010 mit dem Titel „Generation Online: Internet war gestern, Web 2.0 ist heute – wohin führt die weitere Entwicklung der Medien?" (www.klisch.net) geht Klisch auf die Bedeutung des Web 2.0 ein. Neben der Frage des digitalen Todes beschäftigt sich Klisch mit der Veränderung bzw. den Neuentwürfen der Sprache, aber auch der Frage, wie mensch den Übergang vom Leben im SchülerVZ in das ernsthafte Leben schafft. Klisch kommt zu dem Ergebnis, dass sich mit dem Web 2.0 noch wesentlich dramatischere Veränderungen ergeben haben und sich weiterhin ergeben werden. Er charakterisiert den Menschen im Zeitalter des Webs 2.0 wie folgt:

- Zeit ist die neue Währung
- Mobil ist der neue Standort
- Fluss ist die neue Mitte
- Sprache ist das neue Keyboard
- Access (Zugang) ist überall.

Damit zeichnet Klisch den postmodernen Menschen nach, der im Web 2.0 von allen Seiten, durch Bluetooth gefördert, jederzeit mit allen möglichen Informationen konfrontiert werden kann. Klisch führt eine aktuelle Befragung von mehr als dreitausend 8-14-Jährigen an:

> „Die Studie zeigt die folgenden Trends als Folge dieser noch nie dagewesenen Vernetzung: Die digitale Generation geht völlig ungezwungen mit der Technik um und verwendet sie dazu, das persönliche und soziale Zusammenspiel zu fördern, statt es zu ersetzen." (aus einem Vortrag beim AKJS am 16.02.2010 in: www.Klisch.net)

Dies unterstützt die Aussagen dieser Arbeit in Bezug auf die hier dargestellte vegane Bewegung.

> „Die Veganer planen keinen Marsch durch die Institutionen, sie verbreiten ihre Botschaft lieber auf der Straße oder im Internet. ... Via Facebook, Myspace und StudieVZ ..." (*tip Berlin Magazin* 05/2010: 25)

Die angesprochenen Erziehungs- und Sozialisationsinstanzen werden dadurch natürlich nachhaltig verändert und müssen sich plötzlich einer intensiven Konkurrenz stellen. Neben den Welten der Kleinfamilie oder der Schule treten weitere Welten auf, die Einfluss auf Kinder und Jugendliche nehmen. Douglas Kellner bestätigt dieses und schreibt dazu:

> „Die heutige Jugend ist mit dieser Kultur der Postmoderne aufgewachsen. Trotzdem sind jugendliche Subkulturen entstanden, die im Gegensatz zur herrschenden Medien- und Konsumkultur autonome Bereiche bewahren, in denen sich Jugendliche selbst definieren, eigene Identitäten entfalten und Gemeinschaften aufbauen können." (Douglas Kellner: Die erste Cybergeneration, www.uni-giessen.de/fb03/vinci/labore/gen/kellner.htm, 03.05.2010)

In seinem Beitrag „Die erste Cybergeneration" konzentriert er sich auf die Jugendkultur, die im Internet einen neuen Kulturraum entdeckt hat, der den Jugendlichen neue Zukunftsperspektiven ermöglichen kann. Das Internet kennt keine (auch keine kulturellen) Grenzen, es eröffnet alles und lädt alle ein:

> „Das Internet trägt die postmoderne Kultur direkt in die Wohnungen und das Leben der heutigen jungen Generation. Einzelne Menschen erhalten über das World Wide Web Zugang zu fremden Kulturformen. Sie beteiligen sich an Diskussionen, schaffen eigene kulturelle Formen und Schauplätze, bauen Beziehungen zu anderen auf und nehmen in einem vollkommen neuartigen Raum Identitäten von gänzlich anderer Art an." (ebd.)

Gehen Menschen auf die Möglichkeiten des Internets ein, werden sie mit Dingen konfrontiert, mit denen wir noch vor 20 Jahren nicht konfrontiert worden wären. Heute haben wir die Möglichkeit, die Einladung mit einem einfachen Klick auf download anzunehmen oder ihr eine ebenso einfache Absage zu erteilen. Aber selbst wenn wir die Einladung abgelehnt haben, haben wir uns mit dieser Ablehnung in eine Beziehung zum Abgelehnten gesetzt. Dies ist ein wesentlicher Unterschied zu „früher", weil uns ohne Internet auch weniger angeboten werden konnte. Dauerte es früher relativ lange, bis bestimmte Entwicklungen auch die abgelegenen schwäbischen Heubergdörfer erreicht hatten, so können heute alle Menschen zur gleichen Zeit mit den gleichen Inhalten konfrontiert werden.

Jüngere Menschen nutzen das Internet in einer anderen Form als ältere Menschen. Sie gehen damit selbstverständlicher um und es gehört zu ihrer Sozialisation dazu. Unzählige Internet-Chat-Räume, Blogs und Infoseiten helfen, vegan leben zu können und sich „irgendwie" einer veganen Bewegung zugehörig zu fühlen, so wie es der Philosophie-Professor Douglas Kellner beschrieben hat. War dazu bisher noch die direkte Präsenz in einer Gruppe nötig, um auch an inhaltlichen Auseinandersetzungen teilnehmen zu können, so geschieht diese Diskussion, diese Werte- und

Inhaltevermittlung heute in nicht unwesentlichem Maße durch das Internet. Kai-Uwe Hugger beschreibt diesen Vorgang:

„In ihren Selbstdarstellungen im Social Web positionieren sich die Heranwachsenden als Mitglieder jugendkultureller Gesellungen, seien es Cliquen oder bestimmte Jugendszenen ... Im sozialen Onlineverhalten der Jugendlichen lassen sich somit auch identitätsrelevante Aspekte erkennen, welche erstens in der Darstellung von sowie Manifestierung der Zugehörigkeit zu einer jugendkulturellen Gruppe bestehen, zweitens in der Suche nach Anerkennung durch Andere ..." (Hugger 2010: 10)

Hugger stellt ebenfalls fest, dass sich die „digitale Jugend" das Internet für ihre öffentliche Artikulation erobert hat, und besonders politisch interessierte Gruppen finden hier neue Freiheiten und Angebotsformen, die sie in der Offline-Welt nicht immer haben. Der Vorteil dabei ist, dass diese Jugendlichen selbst weit auseinanderwohnen und dies über das Internet kompensieren können. (a. a. O.: 11)

Für Jugendliche ganz allgemein gilt, dass sie in ihrem Protest gegen und in Aktionen für etwas eine Möglichkeit sehen, gemeinsam mit anderen Gleichgesinnten einen schnellen Erfolg zu erhalten (siehe auch a. a. O.: 12). Dies gilt auch für Jugendliche aus der veganen Bewegung. Sie können heute der veganen Bewegung angehören, ohne sich in dieser Bewegung auch wirklich physisch aufhalten zu müssen. Dies ist einer der Gründe für die Unterschiedlichkeit der veganen Bewegung, die sich aber bei all ihrer Unterschiedlichkeit eindeutig gegen herrschende Macht- und Lebensverhältnisse wendet und in der sich hochpolitische Aktivist_innen neben Gesundheitsaposteln und Tierfreund_innen aufhalten können. Sich dieser Bewegung zugehörig fühlende Menschen können sich auch von zu Hause aus eine tierbefreite Welt wünschen und zudem noch ihren Lebensstil entsprechend verändert haben und dabei eigene Ich-Entwürfe entwickeln. So ist der bei den Veganer_innen zu beobachtende Mediengebrauch

„Ausdruck von szenespezifischen Distinktionsformen und Kristallisationspunkt für jugendeigene kleine Lebenswelten, wo mediale und soziale Kompetenzen in eigener Regie erworben werden. Entsprechende Aneignungsstrategien sind dabei hochgradig selbstbestimmt, unterliegen aber je nach erreichter Position innerhalb der Szene großen Unterschieden." (Vogelsang in Hugger 2010: 41)

An dieser Stelle wird eine weitere wesentliche, von mir als postmodern bezeichnete Veränderung deutlich, indem ich die vegane Bewegung und die früheren Neuen Sozialen Bewegungen (NSB) miteinander vergleiche. Dabei steht die vegane Bewegung in dieser Arbeit nur als ein Beispiel neben anderen Gruppen, wie z. B. Attac!, die Zapatistas, Reclaim the Streets, Indymedia, Pink and Silver, Second World etc.

Richard J. F. Day hat in seinem Buch *„Gramsci is dead. Anarchist Currents in the Newest Social Movements" (Day 2005)* angedeutet, dass es in der heutigen anarchistischen Theorie und Praxis darum geht, neue Verknüpfungen herzustellen, die ebenfalls nicht hierarchisch angelegt sein dürfen. Sie zielen dabei vordergründig nicht auf die Zerschlagung einer bestehenden Machtstruktur ab, zumindest nicht als eine Art Globalforderung, z. B. *gegen den Faschismus* oder *gegen das Kapital* oder *gegen den Staat!* Erkannt wird in diesen Bewegungen, dass sich durch die Globalisierung für unterschiedliche Individuen und für die verschiedenen Identitäten an unterschiedlichen Orten und Zeiten auch unterschiedliche Konsequenzen ergeben können. Was in dem einen Land verachtenswert ist, kann an anderer Stelle durchaus hilfreich sein. Was in der „Provinz" von großer Bedeutung ist, kann in der Metropole negative Folgen haben. Diese Erkenntnis darf nicht nur als eine pauschale Beschreibung abgetan werden. Die in der Postmoderne so oft kritisierte Tatsache der Pluralisierung der Lebensverhältnisse führt dazu, dass oft nebeneinander stehende Entwicklungen möglich sind. Einfache Klassifizierungen sind heute nicht mehr so leicht möglich.

Dies wird auch an der Bewegung „Reclaim the Streets" deutlich. „Reclaim the Streets" sagt über sich aus, dass sie keine Organisation ist, sondern sich als Desorganisation versteht. Sie will keine politische oder sonst wie geartete Gruppe sein und will ebenso wenig klassische Bündnispolitik betreiben. „Reclaim the Streets" ist die Bezeichnung dafür, dass durch besondere Aktionsformen der öffentliche Raum wieder zurückerobert werden soll. Dieser öffentliche Raum wurde in den letzten Jahren durch stadtplanerische Entwicklungen, die auch im Zusammenhang mit der weltweiten Globalisierung gesehen werden können (siehe große Einkaufszentren mit den immer gleichen Labelläden), immer stärker eingeengt und funktionalisiert.

„Reclaim the Streets" ist nicht nur als eine Aktionsform, sondern auch als eine Widerstandsbewegung zu verstehen, die sich gegen die Globalisierung stellt. Dieser Bewegung wird von Naomi Klein, einer kanadischen Journalistin, eine besondere Bedeutung beigemessen. In ihrem Buch „No Logo!" (Klein 2007), für das sie u. a. den kanadischen „National Business Book Award" erhielt, beschreibt sie die Globalisierung z. B. von Markenartikeln, die durch die besondere Entwicklung von klassischen Herstellerfirmen stark beeinflusst wurde. In Zeiten der Postmoderne und der Globalisierung treten Herstellerfirmen als Lifestyle-Produzenten auf, die sich somit zu Logofirmen entwickeln. In ihrem Buch „No Logo", das auch als „Bibel der Globalisierungskritiker bezeichnet wird, geht Naomi Klein nicht nur auf „attac!" ein, sondern auch auf andere neu entstandene politische Bewegungen, wie z. B. „Reclaim the Streets". Diese Bewegung, die sie als soziales Experiment charakterisiert, ist für Naomi Klein eine wichtige Akteurin, mit der sich besser gegen die Globalisierungsfolgen gewehrt werden kann.

Eine Bewegung, die jedoch von sich behauptet, unpolitisch, desorganisiert und nicht auf Bündnispolitik angewiesen zu sein, muss demnach mit anderen Kriterien betrachtet werden, als z. B. die Neuen Sozialen Bewegungen aus den 1980er Jahren. Wenn eine soziale oder politische Bewegung mit einer gemeinsamen Bündnispolitik bricht, kann es demnach auch keine einheitliche Protestbewegung in dem bisherigen Sinne mehr geben. Dieser bewusste Bruch mit der Geschichte der Neuen Sozialen Bewegungen wird deshalb positiv gesehen, weil er gleichzeitig auch die Entwicklung neuer Strukturen möglich macht. Genau diese neuen Strukturen finden sich in den aufgezählten neuen politischen Bewegungen wieder und damit auch im Veganismus.

3.3. VEGANE LEBENSSTILE UND ANFORDERUNG AN DIE WISSENSCHAFT

Angela Grube hat in ihrer qualitativen/quantitativen Studie über vegane Lebensstile wesentliche Erkenntnisse vorgestellt. Ich möchte mich dabei nur auf die Ergebnisse beziehen, die in einem unmittelbaren Erkenntniszusammenhang mit dieser Arbeit stehen. Grube behauptet, dass das Thema Veganismus im wissenschaftlichen Bereich sehr einseitig thematisiert und in der Soziologie, Psychologie, Sozialpädagogik und Erziehungswissenschaft eher ausgeblendet wird. Dies ist keine unbedeutende Erkenntnis, wenn, wie in dieser Arbeit beschrieben, „vegan-leben" bei jungen Menschen als Lebensstilrichtung zu verstehen ist, die mit einer ganz klaren und eigenständigen Werteentwicklung und der Entwicklung eigener sozialer Zusammenhänge verbunden ist. „Vegan-leben" drückt einen Lebensstil aus, der mit einem eigenen Identitätsfindungsprozess verbunden ist.

> „Wichtige Grundlage zur Ausbildung von Identität ist die Bildung, die eine Werteorientierung erst möglich macht und die Herausbildung eines eigenen Lebensstils gewährleistet. Durch die Fragestellung ‚*Wie kann Erziehung dem Menschen bei der Bildung und Entfaltung von Identität helfen?*' entsteht schließlich die Notwendigkeit für ein pädagogisches Handeln hinsichtlich vegetarisch und vegan lebender Personen." (Grube 2009: 10)

Da vegan lebende Menschen, besonders Kinder und Jugendliche, sehr kritisch und vorurteilsbehaftet beurteilt werden, müssen sich besonders die Erziehungswissenschaften fragen lassen, was sie dazu beitragen, Menschen in einem wichtigen Entwicklungsprozess zu unterstützen. Auch Grube stellt fest, dass die Erziehungswissenschaft ihrem Anspruch nach Aufklärung und Bildung in Bezug auf vegane Lebensweisen bisher nicht nachgekommen ist. In der Pädagogik gibt es bisher keine Ansätze, dem veganen Lebensstil mehr Beachtung zu schenken:

> „Die Pädagogik kann die Existenz von Vegetariern und Veganern, ihre sozialen Schwierigkeiten und Ergebnisse ernährungswissenschaftlicher Studien nicht länger ignorieren; es müssen neue Bücher für Kinder und Jugendliche konzipiert und das Thema Tierschutz

> in den Unterricht integriert werden. Besonders wichtig ist ein Umdenken in Kindergärten, Schulen, Hochschulen, Erwachsenenbildung, Gesundheitswesen und Medien. Schulungen für Lehrer, Erzieher und Pädagogen sind nötig; alle Beteiligten müssen auf den aktuellen Stand der Forschung gebracht werden." (a. a. O.: 11)

In der Regel versucht die Pädagogik immer dann Konzepte zu entwickeln, wenn sich Randgruppen in einer entgegengesetzten Position zum Mainstream befinden. Es wird versucht, ihnen notwendigen Halt, Orientierungshilfen und Unterstützung zur Entwicklung einer eigenständigen Identität zu geben: Den Einzelnen stark machen! Dies beginnt schon im Kindergarten, aber auch über schulische und außerschulische Bildungsprozesse, in denen die so genannte Hauptkultur in Bezug zur abweichenden Kultur gesetzt wird. Beim Thema Veganismus sind noch keine Arbeitsansätze zu sehen, da z. B. Erzieher_innen in den Kitas auf dieses Thema noch nicht vorbereitet sind, obwohl gerade kleine Kinder einen großen Unterstützungsbedarf haben, wenn sie sich (als Einzige) in der Familie anders ernähren wollen.

Wie Grube beschreibt, geht dem veganen Lebensstil fast immer eine vegetarische Ernährungsweise voraus, die ethisch-moralisch, gesundheitlich, ökonomisch, ökologisch oder religiös begründet ist. (ebd.) Das bedeutet, dass sich Kinder innerhalb der Familie schon länger in Erklärungsnöten befinden, es erklärt aber auch die Erkenntnis, dass die Entwicklung eines eigenen Lebensstils das Ergebnis eines langen und konfliktträchtigen Prozesses ist.

> „Von einem Lebensstil lässt sich ... erst dann sprechen, wenn sein Konstituierungs- und Verfestigungsprozess relativ abgeschlossen ist, wenn er seinem Träger auch als Regelwerk zur Organisation des Alltags dient, wenn in diesem System er sich und andere ihn ‚wiedererkennen'." (Lüdtke 1989: 18)

Angela Grube findet die hier beschriebenen Eigenschaften eines Lebensstiles bei den von ihr untersuchten Veganer_innen wieder. (Grube 2009: 15)

Für diese Arbeit ist entscheidend, dass Kinder und Jugendliche Unterstützungsbedarf benötigen, wenn sie sich in der Orientierungsphase befinden. Wer kann ihnen helfen? Wer kann ihnen Orientierung geben? Aus den eigentlich dafür zuständigen Instanzen (Familie, Kita, Schule, Kirche) ist keine „Hilfe" zu erwarten, da sie dem Veganismus eher ablehnend gegenüber stehen und eine fleischhaltige Ernährung noch immer als *normal* ansehen. Und so bestätigt sich die Annahme dieser Arbeit, dass in Zeiten der Postmoderne jeder Mensch für seine/ihre Sinnsuche, seine/ihre Selbstverwirklichung und letztlich für sein/ihr persönliches Glück zuständig ist. Veganer_innen müssen sich erst einmal allein orientieren, sich Wissen aneignen – aber dann können sie sich innerhalb des veganen Netzwerkes orientieren und bewegen.

Und so erhält das Selbstverständnis von **Nandu** beispielhaft Bedeutung, denn es bietet Suchenden die notwendigen Anhaltspunkte und Orientierungshilfen. Nandu behauptet Respekt und Achtung gegenüber allen, verbunden mit dem Kampf für Freiheit und Gerechtigkeit, der Ablehnung jeglicher Herrschaftsverhältnisse und einem kritischen Umgang mit Hierarchien. Dabei spielt die Perspektive der Tiere eine gleichwertige Rolle, und diese Perspektive kann in einem offenen Netzwerk, wie es bei Nandu der Fall ist, am ehesten aufgezeigt werden. Durch Internetpräsenz ist zudem diese Botschaft überall und zu jeder Zeit hör- und sehbar und hier entwickeln sich entscheidende Unterstützungsleistungen.

Eine noch nicht erwähnte Richtung muss an dieser Stelle noch beschrieben werden. Es handelt sich um die so genannte Straight-Edge-Bewegung.

> „Straight Edge gehört eigentlich in die 80er Jahre, als Punk groß und wichtig war, Jugendliche ‚No-Future'-Slogans grölten und Staat und Gesellschaft ablehnten. Einen kleinen Teil von Punk-Musikern aber störte diese destruktive Haltung und der Drogenkonsum, etwa die Band *Minor Threat* aus Washington D.C." (www.spiegel.de/schulspiegel/leben, 13.05.2010)

Bei Straight Edgern handelt es sich also um Anhänger_innen einer bestimmten Musikrichtung, die mit einer klaren Lebensweise verbunden wurde. Die Mitglieder dieser Musikrichtung leben in der Regel vegetarisch oder vegan. Sie nehmen keine Drogen und trinken auch kein Alkohol. Mit der Selbstbezeichnung „Straight Edge" (abgekürzt sXe) grenzen sich diese überwiegend Jugendlichen deutlich von ihrer Umwelt ab und wollen mit dieser Selbstdisziplin der konsumorientierten Gesellschaft etwas entgegensetzen. Auch Sex ist ein Thema, mit dem sich sXe-ler_innen auseinandersetzen. Sie möchten durch einen bewussten Umgang ihren Respekt vor dem anderen Menschen verdeutlichen und lehnen damit Sex mit wechselnden Parter_innen, aber oft auch Sex vor der Ehe generell ab.

Gabriel Kuhn spricht in seiner Veröffentlichung von einer männerdominierten Bewegung, die auch heute noch einen klaren Mittelklasse-Charakter besitzt. (Kuhn 2010: 47) Neben dem Bereich der Kapitalismus- und Konsumkritik findet sich in der Straight-Edge-Bewegung eine deutliche Beschäftigung mit dem Thema Tierrechte und Ökologie. Dies besonders in der Vegan-Straight-Edge-Richtung, die sich in den 1990er Jahren entwickelte und im Umfeld der Antifa-Straight-Edge anzusiedeln ist.

> „Antifa-Straight-Edge glaubt an einen Straight-Edge-Lebensstil bzw. an die Abstinenz von Rauschmitteln als eine praktische wie symbolische Weise, Verantwortung, Bewusstsein und Unabhängigkeit zu fördern. Das Ziel ist die Selbstbestimmung in allen Lebensbereichen und die Zurückweisung der Kontrolle, die von den politischen und ökonomischen Mächten ausgeübt wird. Antifa-Straight-Edge unterstützt politischen Aktivismus, vor allem

in Bereichen von Frauen- und Minderheitenrechten, sozialer Gerechtigkeit, Tierrechten und Ökologie." (aus Antifa-Straight-Edge-Manifest in Kuhn 2010: 54)

Straight-Edge ist eine sehr gemischte Richtung, auch was die politische Ausrichtung angeht, ist aber in erster Linie eine jugendrelevante, kulturell-persönliche und soziale Ausdrucksform, denen sich diese Menschen zugehörig fühlen. (a. a. O.: 62)

4. CHANCEN DURCH NEUE VERKNÜPFUNGEN

Wie schon in III.2. beschrieben, stellt Richard J. F. Day (Day 2005) eine völlig neue Form der Verknüpfung von Themen, Begriffen und Szenen dar. Diese neue Form der Verknüpfung ist in keiner Weise mit der bisherigen Form der Kooperation, der Aktionsbündnisse, der Koalitionen etc. zu vergleichen. Auf diese neue Bedeutung von sich verändernden Verknüpfungen will Day hinweisen und beschreibt damit die Möglichkeit, postmoderne Ansätze mit anarchistischen Ideen zu verknüpfen.

Nichts anderes will auch diese Arbeit erreichen, denn sie beschreibt die schon mehrfach erwähnten neuen Verknüpfungsmöglichkeiten zwischen Postmoderne, Anarchismus und Veganismus. Day differenziert diese Aussagen zu den neuen Verknüpfungspunkten am Beispiel einer neuen Form und Interpretation des Begriffes der **Solidarität** und bestätigt damit wesentliche Aussagen dieser Arbeit. Day sieht eine neue Form der Solidarität entstehen, die eben nicht mehr selbst erlebtes und vergleichbares Leid (oder Ausbeutung, Unterdrückung, soziale Herkunft etc.) zur Grundlage hat. Diese neue Solidarität hat ihre Grundlage in der Einsicht, dass es einen Zusammenhang zwischen den eigenen Privilegien und der Unterdrückung anderer gibt. Das bedeutet, dass *„der/die Andere" (und damit auch das Tier)* nun von dieser Solidarität partizipiert und damit auch Verantwortlichkeiten anders zu regeln und auf diese *„Anderen"* zu übertragen sind. Veganer_innen sehen die Möglichkeit, Solidarität nicht unbedingt auf der Grundlage eigener Unterdrückungserfahrungen zu üben, sondern auch auf der Grundlage der Erkenntnis, durch eigene Privilegien – sich Tiere halten zu können – andere (Lebewesen) zu unterdrücken. In der Offenheit für den/die „Anderen" (hier: das Tier) kann sich so eine neue Form der Verantwortlichkeit und Solidarität entwickeln. Ein „alter" Begriff wird damit inhaltlich weiterentwickelt und kann damit weiter genutzt werden. Dies jedoch mit einem völlig neuen Ansatz und mit weit reichenden Konsequenzen: Solidarität mit Tieren ist möglich.

Der Begriff „Solidarität" hat damit auch die bisherige Verortung verlassen und ist nun nicht mehr nur ein Begriff aus der Arbeiterbewegung oder der anarchistischen Bewegung, sondern kann ebenso genutzt werden, wenn es um die Solidarität mit Tieren geht. Genau diesen Vorgang will diese Arbeit verdeutlichen. Damit werden Verknüpfungen hergestellt, mit denen Jugendliche ihren veganen, lebensweltlichen und nicht-anthropozentrischen Ansatz an eine überholt erscheinende anarchistische Theorie andocken können.

Durch diese Erweiterungen können sie die anarchistische Theorie für sich nutzbar machen und ihren Lebensalltag damit anarchistisch gestalten.

4.1. VERKNÜPFUNG VON ANTHROPOZENTRISCHER UND NICHT-ANTHROPOZENTRISCHER SICHTWEISE

In Kapitel I habe ich die gesellschaftlichen Veränderungen aufgezeigt, von denen unter anderem auch Veganer_innen betroffen sind. Dies habe ich in einen postmodernen Kontext gestellt und quasi die Antwort der Veganer_innen auf diese postmoderne Gesellschaft aufgezeigt, indem sie sich eine eigenständige soziale Infrastruktur geschaffen haben, in der sie ihren eigenen veganen Lebensstil entwickeln können. Veganer_innen greifen also auf Entwicklungen in der postmodernen Gesellschaft zurück, finden sich in der Postmoderne damit gut zurecht, stellen diese aber mit ihrem nicht-anthropozentrischen Lebens-, Politik- und Ethikansatz gleichzeitig auch fundamental in Frage.

Folgerichtig habe ich in diesem Teil aufgezeigt, in welchem historischen Kontext sich diese vegane Bewegung entwickeln konnte bzw. auf welche gedanklichen Grundlagen sie sich beziehen kann. Wichtig war aufzuzeigen, welche gedanklichen Entwicklungssprünge in den letzten Jahrhunderten stattgefunden haben, die als Grundvoraussetzung einer sich entwickelnden nicht-anthropozentrischen Ethik angesehen werden müssen.

Ohne die großen historischen Entwicklungen könnte dies natürlich nicht gelingen, und so kann die vegane Bewegung auf die theoretischen Erklärungsansätze der historischen Entwicklung zurückgreifen, die in den letzten Jahrhunderten in Form der Aufklärung und dem damit verbundenen Perspektivwechsel stattgefunden haben. Deutlich sollte werden, dass das Fortschrittliche der Aufklärung, die kulturellen Veränderungen durch die Abkehr vom Theozentrismus und die Hinwendung zum Anthropozentrismus zwar einen gesellschaftlichen Wandlungsprozess zur Folge hatten, der Fortschrittscharakter jedoch aus postmoderner Sicht zumindest zweifelhaft erscheinen kann. Wenn ich also den Begriff des nicht-anthropozentrischen Denkens benutze, wird dabei auch gleichzeitig der Weltbildwandel mitbeschrieben, der vom Theozentrismus zum Anthropozentrismus stattgefunden hat. Brenner schreibt dazu:

> „Der Begriff anthropozentrisch beschreibt den Weltbildwandel, der geprägt ist durch die Ablösung der religiös bestimmten und an göttlichen Normen orientierten Welterklärung durch eine solche, die sich durch religiöse Emanzipation ausweist. Die kopernikanische Wende in der Astronomie kann als Zeichen des

anthropozentrischen Weltbildes gelten, das zwar schon lange zuvor den menschlichen Denkhorizont zu bestimmen begonnen hatte, nun aber aus diesem nicht mehr heraus zu denken war. Und schließlich verhalf der kirchliche Kampf gegen das anthropozentrische Weltbild alsbald der gesamten modernen Wissenschaft zu einem quasi sakralen Geltungsanspruch." (Brenner 1996: 59)

In diesem Zusammenhang musste ich den **Physiozentrismus** einführen, der mit seinen drei unterschiedlichen Richtungen (Bio- und Pathozentrismus, Holismus) aufzeigt, wie mensch den Theo- und Anthropozentrismus überwinden kann und damit den Veganer_innen eine theoretische Grundlage eines nicht-anthropozentrischen Lebensansatzes zur Verfügung stellt. Die Entwicklung einer nicht-anthropozentrischen Ethik ist dabei kein Selbstzweck, sondern liegt in den von mir vorgestellten zeitgeschichtlichen Entwicklungen begründet und in den vorfindbaren gesellschaftlichen und ökologischen Fehlentwicklungen. Alle drei Richtungen haben eine gleichlautende Bewertung für die von ihnen festgestellte ökologische Krise: Die Ursachen für die globalen Umweltzerstörungen liegen im Anthropozentrismus begründet.

Der Umkehrschluss liegt dann nahe und damit die Erkenntnis, dass die Umweltkrise nur dann zu überwinden ist, wenn auch der Anthropozentrismus überwunden wird und wenn wir in ein Miteinander aller Lebewesen eintreten und wir uns ganz grundsätzlich als Teil einer Mitwelt verstehen. In den unterschiedlichen Ansätzen wird das Leben *an sich* in den Mittelpunkt gestellt, in dem der Mensch nicht den absoluten Wertmaßstab darstellt. Dadurch, dass auch jedes nicht-menschliche Wesen seinen eigenständigen Wert erhält, erhält dieses Wesen auch gleichzeitig einen moralischen Status, der nicht mehr erst durch besondere Kategorien (wie z. B. Leidensfähigkeit, Denkvermögen etc.) erworben werden muss.

4.2. VERKNÜPFUNGSPUNKTE POSTMODERNE – ANARCHISMUS – VEGANISMUS

Da der traditionelle Anarchismus zeitgeschichtlich in die Epoche der Moderne und damit in die der Aufklärung fällt, musste zwangsläufig die Frage gestellt werden, welche Bedeutung die Postmoderne für den Anarchismus hat bzw. wo die Verknüpfungspunkte zwischen Postmoderne und Anarchismus liegen. Diese Verknüpfungspunkte können dann deutlich werden, wenn die Verwurzelung des Anarchismus in der Moderne als belegt angesehen wird.

„Der Rationalitätsbegriff der Anarchisten orientiert sich stark an der Tradition der Aufklärung, zumal es sich hier nicht um Endzwecke (im Weberschen Sinne: Wert-Traditionalität), sondern aufgrund der kritischen Denkfähigkeit erkannte zweckrationale Regelungen handelt." (Kastner 2000: 17)

Heinz Hug geht 1993 in seiner Einleitung des Buches von Peter Kropotkin „Der Anarchismus. Ursprung, Ideal und Philosophie" auf die Verknüpfung von Moderne und Anarchismus ein, indem er dem Anarchismus im Allgemeinen und Kropotkin im Speziellen eine klare positive Haltung zur Moderne bescheinigt.

> „Heute allerdings, in den Zeiten des Postmodernismus mit seiner Verächtlichmachung der aufklärerischen Vernunft, kann es gewiss nicht schaden, dass dieses Werk, das sich in einem aufklärerischen Sinne versteht und das sich ganz auf die Vernunft stützt, zugänglich gemacht wird." (in Kropotkin 1993: 15)

Kropotkin selbst positioniert sich in seinem Vorwort von 1913 ähnlich und mit einem recht eindeutig positiven Bezug zur Aufklärung:

> „In diesem Buch versuche ich zu zeigen, dass unsere Anarchismus-Konzeption eine notwendige Konsequenz aus dem großen Erwachen der Naturwissenschaften darstellt, welches sich im 19. Jahrhundert vollzog. Man weiß, dass die letzten Jahre des Jahrhunderts gekennzeichnet waren durch bemerkenswerte Fortschritte in den Naturwissenschaften." (a.a.O.: 25)

So ist es nicht verwunderlich, wenn Kropotkin die Entstehung des Anarchismus als ein Ergebnis dieser Zeit erkennt und ihn wie den Sozialismus als eine soziale Bewegung aus dem Volk ansieht.

> „Und er wird nur so lange seine Vitalität und seine schöpferische Kraft bewahren, als er eine Volksbewegung bleibt." (a.a.O., 27)

Diese anscheinend belanglose Aussage wird dann interessant, wenn der Hinweis auf die fünfte These dieser Arbeit gegeben wird, die behauptet, dass die soziale Basis im Anarchismus verloren gegangen ist. Die Basis (das Volk/die Szene/die Bewegung) ist laut Analyse dieser Arbeit deshalb verloren gegangen, weil sich ein theoretischer Stillstand eingestellt hat (These 3 und 4) und ganz allgemein keine Dynamik wie in der Zeit der Aufklärung zu erkennen war und ist. Zumindest habe ich aufgezeigt, dass mit der traditionellen Theorie des Anarchismus keine ausreichende Gegenwartsanalyse durchgeführt werden kann, und auch eine Bewegung wie „Reclaim the Streets" mit dem traditionellen Anarchismus nicht verbunden werden kann.

Kropotkin beschreibt sehr genau die Verwurzelung des Anarchismus in der Aufklärung:

> „Das Erwachen des Denkens, das sich in jener Epoche vollzog, regte die Denker dazu an, das ganze menschliche Wissen in einem generellen System zusammenzufassen – in dem System der Natur. Sie verwarfen die Scholastik und die Metaphysik des Mittelalters vollständig und hatten den Mut, die gesamte Natur als eine Reihe von Fakten zu betrachten, welche in jeder Weise studiert werden könnten, in welcher man Naturwissenschaften betreibt: die Welt der Sterne, unser Sonnensystem, unsere Erde und die Entwicklung

der Pflanzen, der Tiere und der menschlichen Gesellschaften." (a. a. O.: 31f)

Kropotkin erwähnt bei der Aufzählung der großen gedanklichen Umwälzungen die menschlichen Gesellschaften erst am Ende seiner Aufzählung, denn die anthropozentrische Grundhaltung ist auch ihm das Wichtigste. Er bezieht sich auch auf die schon in dieser Arbeit erwähnten Enzyklopädisten und bewundert ihr Vermögen, dass sie durch einfache Tatsachen das moralische Empfinden neu erklären konnten – eine Moral, die natürlich vom Menschen aus gedacht wurde. Das wirklich Neue dieser Zeit war, dass bei den Erklärungsversuchen der Welt nicht auf die „Offenbarung von Oben" gewartet wurde und nicht

„auf einen außermenschlichen und übernatürlichen Ursprung des moralischen Empfindens" (a. a. O.: 34)

zurückgegriffen wurde, sondern der Mensch in den Mittelpunkt gestellt wurde:

„Es ist das Gefühl des Mitleids, der Sympathie, welche die Menschen seit ihren Ursprüngen besitzen, die sie in ihren ersten Beobachtungen von Ihresgleichen wahrgenommen haben und die sie in den Erfahrungen des Zusammenlebens nach und nach vervollkommnet haben. Von diesen Gefühlen stammt unser moralisches Empfinden." (ebd.)

Dahinter stand die Absicht, sich von göttlicher Ein- und Sinngebung zu verabschieden und sich vom Einzelnen zur Allgemeinheit hin umzuorientieren. Sich von Gott und der Kirche abzuwenden, bedeutete dann im Umkehrschluss auch, den Menschen in den Mittelpunkt zu stellen. Und so ist es nachvollziehbar, dass in dieser Zeit der allgemeinen Neuorientierungen und Neuentdeckungen genügend Platz für die Entwicklung des Anarchismus war.

Auch wenn sich die Wissenschaft in allen Bereichen auf völlig neue Wege begab, konnte es noch keinen ausreichenden Platz für die Verknüpfung geben, Tieren ebensolche Rechte zuzusprechen, um sie somit in einer Kategorie zur Entwicklung moralischer Richtwerte zu bedenken. Die Menschen mussten erst einmal in ein neues Verhältnis zueinander gestellt und auf sie bezogene Bürgerrechte wirksam werden lassen, bevor auch Tiere in diesem Rechtssystem Platz finden konnten. Wichtig ist erst einmal, die Dynamik der Aufklärung zu erkennen, die letztlich als Grundvoraussetzung für heutige (postmoderne) Entwicklungen anzusehen sind:

„Dieses plötzliche Auftauchen wissenschaftlicher Arbeiten bewirkte eine vollständige Revolution in den grundsätzlichen Auffassungen der Wissenschaftler. Sie schlugen plötzlich neue Wege ein. Ganze Zweige des Wissens wurden mit einer wunderbaren Schnelligkeit geschaffen." (a. a. O.: 39)

Die Entwicklung einer neuen Wissenschaft bezog Kropotkin auf alle

Lebensbereiche: die Wissenschaft vom Leben (Biologie), die Anthropologie, das Verstandesvermögen, den eigenen und autonomen Willen und die Leidenschaften (Psychologie), das Recht, die Astronomie, die Mathematik etc. All dies war möglich, weil sich die Menschen der Vernunft bedienten. Nur so konnte darüber nachgedacht werden, wie eine aufgestellte These bewiesen werden könnte. Ausprobiert wurde der Weg des Versuchs und Irrtums, statt auf göttliche Eingebung zu warten. Für Kropotkin war klar, dass Anarchist_innen maßgeblich an den Fortschritten dieser Zeit beteiligt waren und der Anarchist

> „... ohne innezuhalten weitergeht, um in seinem Studium der sozialen Theorie und Institutionen in Vergangenheit und Gegenwart unter Benutzung der naturwissenschaftlichen Methode weiterzufahren." (a. a. O.: 60)

Diesen Anspruch an sich selbst hat auch der postmoderne Anarchismus und begründet damit die Verknüpfung zwischen Moderne und Postmoderne. Eine anarchistische Grundhaltung ist, „ohne innezuhalten" weiterzugehen, seinen Bezug zur Vergangenheit zwar behalten, jedoch unter Benutzung der aktuellsten wissenschaftlichen Erkenntnisse und Diskurse eine eigenständige Position in der Gegenwartsgesellschaft zu erarbeiten.

Dieser Ansatz von Kropotkin muss, wenn er ernst genommen werden soll, bedeuten, dass auch der postmoderne Anarchismus den eigenen theoretischen Standpunkt zu hinterfragen hat und unter Benutzung der aktuellen Erkenntnisse die Praxis der Dekonstruktion einführen muss (These 8 und 9). Damit wird die Forderung von Kropotkin aufgenommen: Der Mensch hält nicht inne, damit er sich und die Gesellschaft weiter entwickeln kann. Dekonstruktion als eine neue Praxis des Anarchismus wird auch deshalb eingeführt, damit es möglich wird, die anthropozentrische Grundhaltung abzulegen, sich von der Moderne zu entfernen, um damit in der Postmoderne anzukommen.

William Godwin arbeitete als englischer Schriftsteller und Sozialphilosoph Ende des 18. Jahrhunderts im damaligen Wissenschaftstrubel mit und entwickelte in seinem 1792 veröffentlichten Hauptwerk („An Enquiry Concerning Political Justice and its Influence on General Virtue and Happiness", übersetzt ins Deutsche: „Über die Politische Gerechtigkeit") eine gesellschaftspolitische Neukonzeptionierung. Sein damaliges Buch machte ihn in Kropotkins Bewertung zu dem entscheidenden Theoretiker eines „regierungslosen Sozialismus" (a. a. O.: 37), d. h. des Anarchismus. So meint Godwin, dass die Menschen immer der Vernunft und logischen Argumenten zugänglich seien und dass das einzig akzeptable Herrschaftsverhältnis das der Vernunft über den Menschen sei. Godwin sieht nur in einer herrschaftsfreien Gesellschaft die

> „Möglichkeit der Harmonie von subjektiver und objektiver Vernunft gegeben. Kampf allen Institutionen also, da sie ein Leben in

Freiheit und Gleichheit behindern, das allein den Forderungen der Gerechtigkeit entspräche." (Brandies 1983: 3)

In der Entstehungsgeschichte des Anarchismus hat Godwin damit die anthropozentrische Grundhaltung übernommen, in der das moralische Empfinden vom Menschen her zu denken ist. Damit wird eine wesentliche Unterscheidung entwickelt, in der die menschliche **Vernunft** maßgebliche Bedeutung erhält. Auf der einen Seite steht der gesellschaftliche Zusammenschluss, der von der Überzeugung der gegenseitigen Hilfe ausgeht; auf der anderen Seite steht der (unnatürliche) staatliche Zusammenschluss mit all seinen negativen Konsequenzen und der Förderung des egoistischen Denkens. Hier steht also der Kampf gegen alle (staatlichen) Institutionen im Mittelpunkt, der aus Godwins (und damit einer anarchistischen) Sicht nur dann erfolgreich sein kann, wenn sich die Menschen ausschließlich auf die Autorität der eigenen Vernunft und des Gewissens berufen. (ebd.) Damit wurde die anthropozentrische Grundhaltung in der Entstehungsgeschichte des Anarchismus an exponierter Stelle eingebaut und als Grundlage der anarchistischen Theorie akzeptiert.

Mit dieser anarchistischen Theorie wurde auch verbunden, dass sich die Gesellschaft immer weiter entwickelt und zwar in einem dynamisch-positiven Sinne. Im Vergleich zu den letzten Jahrhunderten geht es uns auf der einen Seite tatsächlich wirtschaftlich besser und wir haben einen höheren Lebensstandard. Zu bemerken ist jedoch auch, dass wir an vielen Punkten an Grenzen der Entwicklung gekommen sind. Fortschritt ist eben nicht nur *Fort*schritt, er kann auch negative Folgen haben und damit die positiven Aspekte überlagern. Da mit einem Fortschrittsverständnis nun keineswegs nur eine (positive) Weiterentwicklung verbunden ist, sondern auch negative Konsequenzen einbezogen werden müssen, verliert der Begriff des Rückschrittes an Plausibilität. Kann der Begriff des Fortschritts nun auch gleichzeitig Rückschritt beinhalten, muss dies zwangsläufig den Begriff des Fortschritts verändern. Auf jeden Fall haben sich damit die Kriterien für den Begriff des Fortschritts verändert.

Anarchistische Theorie ging, besonders auch bei Kropotkin, von einem linearen Entwicklungsverständnis aus. Die Gesellschaft wurde verstanden als eine sich linear weiter entwickelnde Gesellschaft, in der der Fortschritt als Synonym für verbesserte Lebensverhältnisse stand. Selbst Bookchin konnte nicht verstehen, dass Technikkritik geäußert wurde. Technik wurde als Garant für eine Weiterentwicklung der Gesellschaft angesehen. Einzig die Frage der Techniknutzung, also *wie* der Mensch damit umgeht, konnte kritisiert werden. Und so konnte in den traditionellen anarchistischen Theorien die Technik auch immer als eindeutig positive Variable gesehen werden.

Dies kann in dieser Eindeutigkeit heute auf keinen Fall mehr gelten! Fortschritt in der Technik ist nicht mehr eindeutig positiv belegt und beinhaltet immer auch eine Schattenseite. In Zeiten der Globalisierung wird dies sehr deutlich, und die Versuche, über globale Verschmutzungszertifikate die Klimakatastrophe zu verhindern, sind mehr als zweifelhaft. Fortschritt wird immer noch eng an den Begriff der Technik gekoppelt, aber auch an allgemeine gesellschaftspolitische Errungenschaften. Wahlrecht für alle, Emanzipation und soziale Standards sind nur einige Kennzeichen einer fortschrittlichen Gesellschaft. Doch all diese Fortschritte stehen immer stärker in der Gefahr, eingeschränkt zu werden.

Die Moderne, die eigentlich Wahrheit, Vernunft und Eindeutigkeit bringen wollte, wird in dieser Arbeit aber auch mit den von mir beschriebenen Effekten der Uneindeutigkeit, der Vieldeutigkeit und der Desorientierung in Verbindung gebracht. Insofern muss dieser Befund auch für den Anarchismus von Bedeutung sein. Hat die anthropozentrische Ausrichtung der anarchistischen Theorie ihren Ursprung in der Aufklärung, so ist der nicht-anthropozentrische Ansatz der Veganer_innen erst einmal als Affront gegen den traditionellen Anarchismus zu verstehen. Dies allerdings nur dann, wenn man in der Moderne stehen bleibt und ihr weiter eine umfassende, tiefgehende Legitimation gewähren möchte, wo alles doch schon längst nur noch Oberfläche ist. Anarchistische Veganer_innen, die im Veganismus ihr postmodernes, anarchistisches Lebensstilkonzept entworfen haben, polarisieren die gesellschaftlichen Verhältnisse noch stärker,

> „denn die Forderung nach Tierrechten greift gravierend in unsere traditionellen Gewohnheiten ein; somit sind nahezu sämtliche Facetten menschlichen Daseins davon tangiert.“ (Breyvogel 2005: 157)

Für den traditionellen Anarchismus mit seinem Bezug zur Aufklärung steht in der Postmoderne nur noch die Oberfläche zur Verfügung, also die Begriffe, die zwar noch genutzt werden, aber in der Postmoderne ihre Plausibilität verloren haben.

> „Im Zentrum der ‚postmodernen‘ Kritik stehen deshalb die ‚großen Erzählungen‘, das heißt das Denken in Zusammenhängen und Kausalitätsbeziehungen, weil sie angeblich das Existenzrecht des einzelnen Moments negieren und ‚dezentrierte Erfahrungen‘ verhindern. Grundsätzlich wird bezweifelt, dass unter der chaotischen Oberfläche der Ereignisse eine dem Begriff zugängliche Struktur erkennbar wäre. Stattdessen werden das Fragmentarische und Unentschiedene als die eigentlichen Bedeutungsträger begriffen, damit faktisch der Verzicht auf theoretische Stringenz und Kohärenz zum Reflexionsideal erhoben.“ (VorSchein 2000: 139).

Kurz gesagt: Auch für den Anarchismus ist die Zeit vorbei, wo er die eigene Theorie in ihrer bisherigen Form beibehalten kann. Der postmoderne Anarchismus hinterfragt sich selbst, stellt sich selbst in Frage und kann sich nicht mehr als theoretisches Kontinuum verstehen. In diesem Sinne besteht der zentrale Verknüpfungspunkt zwischen Postmoderne und Anarchismus darin, dass die Moderne eben nicht mehr als der kaum hinterfragte Bezugsrahmen für eine Gesellschaftstheorie ist. Anarchistische

Veganer_innen sind nicht zu verstehen als völlig neue, an die Oberfläche aufgetauchte Bewegungsmitglieder mit einer neuen Theorie, sondern sie besitzen in der anarchistischen Theorie den rückwärts gewendeten Blick zur Moderne und aus diesem Blick heraus nach vorne in die Postmoderne.

Doch was bedeutet das alles? In „Verantwortlich handeln! Ethik in Zeiten der Postmoderne" (Bucher 2000) wird ganz im Sinne dieser Arbeit die gestellte Frage mit den folgenden Punkten beantwortet:

Es bedeutet, dass die Postmoderne dekonstruktivistisch ist und den Inhalten der Moderne kein Vertrauen mehr schenkt. Erst recht nicht, wenn es um die angeblich universell gültige Vernunft geht.

Jedes Denken wird in der Postmoderne von der Gegenwart bestimmt und neue Aufgaben müssen neu erkannt werden.

Dabei stellen sich natürlich Paradigmenwechsel ein (siehe u. a. Jugend), die in jedem Diskurs unbedingt Berücksichtigung finden müssen.

Dekonstruktion ist dabei ein Element der Entdeckung neuer Gegenwarts-Diskurselemente.

Die Abwendung von einem Vertrauen in die Vernunft kann im Zusammenhang dieser Arbeit zu einem neuen, verantwortlichen Umgang mit der Lebenswelt führen.

Der Fortschritt der Moderne wird nicht negiert, ihre Anthropozentrik und ihre Bevorzugung der mechanisch-instrumentellen Vernunft werden jedoch eindeutig überwunden. (nach Bucher 2000: 28)

Mit diesen 6 Punkten wird von Bucher die Grundlage aufgezeigt, auf der der Veganismus und Anarchismus als postmoderne Verschmelzung verstanden werden können. Das Denken, von der Gegenwart der Postmoderne bestimmt, kann neue Aufgaben- und Themenbereiche entdecken, die unter dem Gesichtspunkt des Paradigmenwechsels zu verstehen sind. Somit ist mit dieser Arbeit das Ende des traditionellen Anarchismus in seiner ursprünglichen Form und damit ein postmoderner Anarchismus zu beschreiben, der durch den Blickwinkel des nicht-anthropozentrischen Ansatzes erweitert wird.

Diese Erweiterung verdankt der postmoderne Anarchismus dem Veganismus.

5. TRANSFORMATIONSANSÄTZE EINES POSTMODERNEN ANARCHISMUS

In dieser Arbeit wird die Bezeichnung „Postmoderner Anarchismus" benutzt, während in anderen Publikationen auch von „Postanarchismus" gesprochen wird. Gabriel Kuhn weist in seinem Buch „Neuer Anarchismus in den USA" auf das Erstarken des Anarchismus in den USA hin, welches sich vor allem im akademischen Bereich manifestiert. Er spricht in diesem Zusammenhang von einer „neuen Generation akademischer AktivistInnen" (Kuhn 2008: 223), die mit ihren wissenschaftlichen Uni-Jobs auch eine Weiterentwicklung der anarchistischen Theorie verbinden. Die Weiterentwicklung der anarchistischen Theorie wird also nicht nur in dieser Arbeit beschrieben, sondern wird auch in anderen Zusammenhängen (und in anderen Ländern) als notwendig angesehen. In diesem Sinne bewegt sich diese Arbeit im Umfeld der anarchistischen Bewegung und nicht im „luftleeren Raum". Sie kann deshalb verstanden werden als ein Beitrag dessen, was im folgenden Zitat beschrieben wird:

> „Beim Postanarchismus handelt es sich im Wesentlichen um die Verbindung von anarchistischen und poststrukturalistischen bzw. postmodernen Ideen und Theorien. Im Zentrum steht dabei – bei allen Unterschieden zwischen postanarchistischen AutorInnen – die Vorstellung, dass der ‚klassische' Anarchismus epistemologisch veraltet sei und vor allem sein ‚Essentialismus' und ‚Humanismus' mithilfe poststrukturalistischer theoretischer Interventionen überwunden werden müsse, während der Anarchismus dem Poststrukturalismus bzw. der Postmoderne einen ‚politisch-ethischen Gehalt' ... zu verleihen hat, der diesen angeblich fehlt.

Der Postanarchismus bezeichnet die Bedeutung, die Relevanz und die Möglichkeiten, welche die anarchistische Tradition heute hat, genauso wie die Notwendigkeit einer Erneuerung dieser Tradition durch eine Kritik ihrer epistemiologischen Grundlagen." (Newman in Kuhn 2008: 225)

Wie ein postmoderner Anarchismus aussehen kann, habe ich an den Begriffen Herrschaft, Solidarität, Freiheit und Fortschritt aufgezeigt. Dies kann aber wesentlich deutlicher werden, wenn das schon vorgestellte Dimensionsschema von Bröskamp (Bröskamp 1999: 5) als Grundlage einer erneuerten anarchistischen Theorie genommen wird.

Was versteht Bröskamp unter Anarchismus? Seine Kern-Definition des Anarchismus ist die der Herrschafts- und Führerlosigkeit. Das Ziel ist dabei die freiwillige Assoziation aller Menschen, und damit die Herrschaftslosigkeit als Grundparadigma. Dies ist nur mit zwei Bedingungen zu erreichen:

- durch die Abschaffung des Staates mit seinen gewaltlegitimierenden Institutionen, und
- durch den Aufbau einer neuen Gesellschaft durch Organisationen und Kampfmittel, die die angestrebte Gesellschaft schon im Vorhinein deutlich werden lässt.

Mit diesen Grundannahmen kann Bröskamp dann in dem folgenden Schaubild die verschiedenen Dimensionen des *traditionellen Anarchismus* darstellen und die verschiedenen Ausprägungen verdeutlichen.

Dimensionen des Anarchismus (nach Bröskamp)

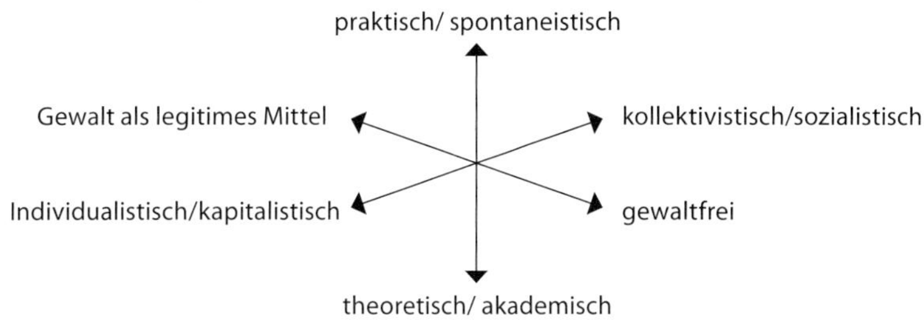

Die drei unterschiedlichen Dimensionen machen sich an den folgenden Ausprägungen fest:

1. das Freiheitsverständnis (individualistisch – kollektivistisch)
2. die Mittelwahl (Gewalt – gewaltfrei) und
3. das Theorie-Praxis-Verhältnis.

In diesem Dimensionsschema lassen sich alle traditionellen anarchistischen Richtungen darstellen, unabhängig davon, ob sie anarchosyndikalistisch, individualanarchistisch oder graswurzelorientiert sind. So kann hier eine anarchistische Ausprägung verortet werden, die

> „vom einseitig mit Marktfreiheit gleichgesetzten Freiheitsverständnis der individualistischen Anarchokapitalisten bis hin zum kommunistischen Anarchismus, der als Voraussetzung von Freiheit insbesondere die Schaffung sozialer Gleichheit unter Abschaffung des Privateigentums betont." (ebd.)

Auch in der Dimension der Wahl der Mittel können im Anarchismus unterschiedliche Ansätze festgestellt werden. Auf der einen Seite gehört Gewalt gegen gewalttätige Strukturen dazu, damit eine freiheitliche Gesellschaft entstehen kann; auf der anderen Seite wird Gewalt völlig abgelehnt, da auf dem Weg zu einer gewaltfreien Gesellschaft nicht mit den gleichen Mitteln des gewalttätigen Systems gearbeitet werden darf. Die Dimensionen „Theorie" auf der einen und „Praxis" auf der anderen Seite deuten die Unterschiedlichkeit der anarchistischen Bewegung an. Die Vielzahl der Gruppen zeigt deutlich, dass der Anarchismus ein breites Spektrum besitzt, in dem einige Gruppen rein theoretisch arbeiten, die anderen Gruppen wiederum Aktionen durchführen, die auf sofortige und sichtbare Veränderungen bezogen sind.

Mit diesem Schema von Bröskamp und den drei Dimensionen lassen sich zwar die traditionellen Theorien des Anarchismus einordnen, nicht jedoch die neuzeitlichen Ansätze des Ökoanarchismus, Anarchafeminismus und des postmodernen Anarchismus. Sie lassen sich in das bisherige System deshalb nicht integrieren, weil sie z. B. einen anderen Herrschaftsbegriff benutzen, als die bisherigen anarchistischen Denktraditionen. Sie zeichnen sich dadurch aus, dass Herrschaftsverhältnisse eben nicht nur eindimensional, sondern mehrdimensional sind, aus vielfältigsten Herrschaftsverhältnissen bestehen und z. B. die Natur mit einbezogen wird.

Damit verbunden sind neue Macht- und Herrschaftsverhältnisse, aber auch generell neue Denkweisen (es gibt mehr als zwei Geschlechter), die in einer traditionellen Darstellung nicht unterzubringen sind (z. B. Solidarität mit Tieren).

Für die Integration postmoderner Ansätze bedarf es also einer Kategorie, die in dieser Arbeit mit dem Label „nicht-anthropozentrisch" vorgestellt wird. Somit entsteht eine vierte Dimension, die aus dem Gegensatzpaar Anthropozentrismus und Nicht-Anthropozentrismus besteht. Der Nicht-Anthropozentrismus geht gegenüber dem traditionellen Anarchismus von einem erweiterten Herrschaftsbegriff und dem Unity-of-Oppression-Ansatz aus. Damit wird die Ebene der Herrschaft des Menschen über die Natur genauso mit eingeschlossen wie eine Vielzahl weiterer in dieser Arbeit beschriebenen Unterdrückungsverhältnisse.

Ein postmodern erweitertes Dimensionsschema müsste demnach wie folgt aussehen:

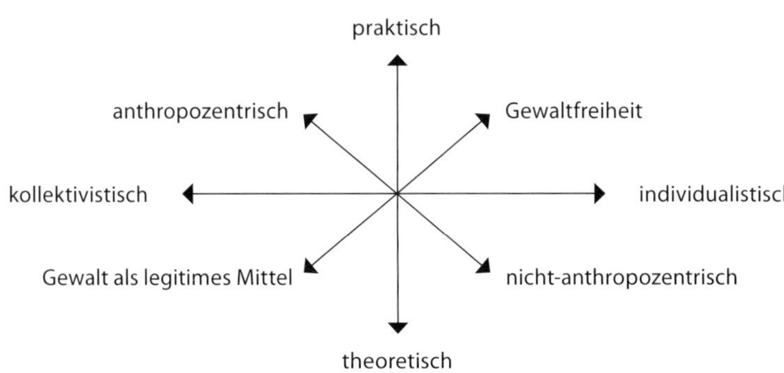

„Eine kleine Sekte komischer Schwärmer lässt hie und da ihr Lichtlein leuchten, um der armen verirrten Menschheit den Weg zu zeigen."

Mit der Einführung einer 4. Dimension in die anarchistische Theorie und damit der Möglichkeit, einen postmodernen Anarchismus denken und leben zu können, ergeben sich weitergehende Fragen. Den notwendigen Rahmen, in dem diese Fragen gestellt werden müssten, bietet das von mir erweiterte Dimensionsschema an und gibt damit auch eine Handlungssicherheit bei weiteren und erweiterten Begriffsdefinitionen. So wurden mit dem Hinweis auf die sich verändernden Herrschaftsverhältnisse und dem Solidaritätsbegriff erste konkrete Ansatzpunkte vorgestellt. Es kann aber nicht die Aufgabe dieser Arbeit sein, einen postmodernen Anarchismus in seiner Umfänglichkeit und mit all seinen neu zu formulierenden Begriffsinhalten zu entwickeln. Dies kann letztlich nur durch das konkrete Leben in den jeweiligen (anarchistischen) Zusammenhängen geschehen.

Diese Arbeit will hauptsächlich die Frage beantworten, ob es möglich ist, sich in postmodernen Zeiten auf eine Theorie zu beziehen, die ihren

Ursprung in der Aufklärung hat. Diese Möglichkeit wird durch das erweiterte Dimensionsschema und durch die beispielhaften Hinweise auf die Neuformulierung einiger Grundbegriffe des Anarchismus gezeigt. Der Veganismus mit seinem nicht-anthropozentrischen Ansatz bietet in rückwärtsgewandter Sicht dem traditionellen Anarchismus etliche Angriffspunkte. Einen dieser Kritikpunkte möchte ich hier aufgreifen und ihn dazu in den Gesamtzusammenhang des Herrschaftsbegriffes stellen.

Johann Most (1846-1906) schreibt z. B. zum Vegetarismus:

> „Eine kleine Sekte komischer Schwärmer lässt hie und da ihr Lichtlein leuchten, um der armen verirrten Menschheit den Weg zu zeigen, der dahin führt, wo Kulis und Hindus schon lange angekommen sind; und um der Sache auch einen gelehrten Anstrich zu geben, nennen sich ihre Gläubigen ‚Vegetarianer'." (in *Schwarze Distel* 9/95)

Most, ein glühender Propagandist, bezeichnete die damaligen Vegetarier_innen als Leute, die einer naturwidrigen Extravaganz nachhingen und von einer Krankheit der freiwilligen Asketik befallen seien.

Ganz grundsätzlich knüpft eine traditionelle anarchistische Kritik am Vegetarismus an der Frage an, ob es sich bei dem Verhältnis Mensch – Tier um ein Unterdrückungsverhältnis handeln und ob eine herrschaftsfreie Gesellschaft zwangsläufig auch die (ökologisch) bessere sein kann. Murray Bookchin ist davon überzeugt, dass eine anarchistische Gesellschaft ihren Umgang mit der natürlichen Umwelt/Mitwelt besser gestalten kann als andere Gesellschaftstypen. Bookchin

> „versucht den Zusammenhang von Ökologie und Anarchie damit zu begründen, dass das Gesellschaftsideal der Anarchisten mit den Strukturzusammenhängen in der Natur konvergiere und aus diesem Grund die adäquate Basis einer ökologischen Gesellschaft darstelle." (Cantzen 1995: 175)

Gesellschaftliche Freiheit und ökologische Verträglichkeit bedingen sich bei ihm wechselseitig, aber immer noch nur bezogen auf den Menschen.

Rolf Cantzen zeigt in seinem Buch „Weniger Staat, mehr Gesellschaft" (Cantzen 1995) erste Verknüpfungspunkte mit dem Thema Veganismus. Cantzen bezieht sich dabei auf die Umwelt- und Rohstoffkrise in den 1970er Jahren, die dazu geführt hatte, das Mensch-Natur-Verhältnis neu zu bewerten. Diskussionsgegenstand war in diesem Zusammenhang, ob das Mensch-Natur-Verhältnis überhaupt angemessen diskutiert werden kann, wenn die traditionell ausgerichtete Ethik bei ihrer Anthropozentrik bleibt. Es wurde hinterfragt, ob eine Erweiterung auf das Nicht-Menschliche nicht notwendig sei und ob der Natur nicht ein Eigenwert zugeschrieben werden muss. Diese Frage bezeichnet Cantzen als zentral für das Selbstverständnis des Menschen und für eine Neuausrichtung einer ökologischen Ethik, wenn damit die ökologische Katastrophe verhindert werden kann.

Mit dieser Ausweitung sind zwangsläufig auch die Veränderungen von Begriffen verbunden. Wurde der Begriff der **Herrschaft** bisher im menschlichen Binnenverhältnis diskutiert, erweitert sich nunmehr die Bedeutung und Zuschreibung des Begriffes auch auf Herrschaftsverhältnisse zwischen Mensch – Natur/Tier. Damit erhielt die Natur – und damit auch Tiere – einen Einzug in einen ethischen Gedankenzusammenhang, der bisher anthropozentrisch ausgerichtet war.

Die Kernfrage des Anarchismus, die laut Ulrich Klemm auch gleichzeitig die Kernfrage der Neuzeit war, ist die Frage nach dem Verhältnis (der Dialektik) zwischen Herrschaft und Freiheit.

> „Diese sind sowohl Leitlinien als auch Grundbegriffe im neuzeitlichen Denken und Handeln. So wird Freiheit einerseits als ein Begriff gewertet, ohne den der politische Diskurs in der Neuzeit nicht denkbar ist, und andererseits wird Herrschaft bzw. Autorität als das ‚Grundproblem aller politischen Philosophie' verstanden." (Klemm in GWR 2005/301)

So formuliert und gesehen beschreibt Herrschaft und Freiheit im ursprünglichen anarchistischen Verständnis das Verhältnis zwischen freiheitsliebenden Menschen und den Interessen der Herrschenden (der Eliten des Staates). Wichtig in diesem Freiheitsverständnis ist:

„Seine Radikalität liegt in seiner Konzeption der Freiheit, die nur möglich ist in der Einheit individueller, politischer und sozialer Freiheit. Die Freiheit des Individuums und die Freiheit als Organisationsprinzip der Gesellschaft sind bei Bakunin kein Widerspruch, da sich die Freiheit nur innerhalb der Gesellschaft realisieren lässt." (Mümken in Kramer/ Eckhardt 2007: 177)

Freiheit in der neuzeitlichen Variante unterschied sich zur vorhergehenden darin, dass die mittelalterliche Einheit von Gott, Mensch und Gesellschaftsordnung aufgelöst wurde. Freiheit von diesen auf den Menschen lastenden Zwängen bedeutete in der Moderne aber auch eine neue Zusammensetzung der menschlichen Verhältnisse untereinander. Für Anarchist_innen kann ein freiheitliches Verhältnis auch ohne Vertrag und Gesetz bestehen und sich nur dort entwickeln, wo Gleichheit besteht. Damit stehen im Anarchismus Freiheit, Gleichheit und Herrschaft in einem Zusammenhang und beschreiben den anarchistischen Ansatz der individuellen Freiheit. Aus dieser individuellen Freiheit kann bei Mühsam und Kropotkin dann die Neugestaltung der Gesellschaft entstehen, die durch die gegenseitige Hilfe ihr Grundprinzip erfährt. Im Rückblick betrachtet wird also Ende des 19. Jahrhunderts die Freiheit als Ziel und als Voraussetzung menschlichen Miteinanders bezeichnet und damit wird sie die Grundlage jeder anarchistischen, herrschaftsfreien Gesellschaft.

Der Zusammenhang von Freiheit, Gleichheit und Herrschaft erhält nun durch den Veganismus eine neue Dimension, wenn diese Begriffe in Bezug zur Natur und den Tieren gesetzt werden. Bedeutete in der Zeit der Entstehung der anarchistischen Theorie die Abkehr von transzendentalen

Bindungen und kirchlichen Orientierungen ein großer Freiheitsgewinn für die Menschen, so wird nun die Frage in den Mittelpunkt gestellt, ob sich der Mensch durch seine Fixierung auf sich selbst nicht doch auch die Freiheit nimmt. Anders formuliert: Damit die Natur nicht noch weiter zerstört wird, damit die Welt von menschlicher Zerstörungswut verschont bleibt, müsste der Mensch seine anthropozentrische Sichtweise aufgeben und eine nicht-anthropozentrischen Grundhaltung einnehmen. Wie kann sich der Mensch mit einem Tier frei vereinbaren – oder mit einem Kohlkopf?

Dies hat Cantzen schon in den 80er Jahren angesprochen und überlegt, ob Herrschaft über Tiere ebenso verwerflich ist wie die Herrschaft über Menschen. Cantzen meinte jedoch, dass damit das politisch Wünschbare, die Herrschaftslosigkeit, „kurzerhand zum ökologisch notwendigen erklärt" (Cantzen 1995: 178) wird. Für ihn ist die wesentlich wichtigere Frage, *wie* Herrschaftslosigkeit gedacht wird. Dabei stößt er unmittelbar auf ein im Anarchismus wesentliches Element, das mit dem Begriff der *freien Vereinbarung* bezeichnet wird, und stellt zwangsläufig die Frage, wie sich denn der Mensch mit einem Tier frei vereinbaren kann – oder mit einem Kohlkopf? Erst recht problematisch wird es in dem Fall, wenn nicht so ohne weiteres auf den Fleischkonsum verzichtet werden kann, wie dies bei den Inuits der Fall ist. Was Cantzen hier hinterfragt, weist auf die bisher fehlende 4. Dimension der anarchistischen Theorie hin und wird auf dem Hintergrund der traditionellen Anarchismus-Konzepte geführt. Als Erwiderung auf Cantzen können Veganer_innen argumentieren:

> „Wir gehen davon aus, dass das Prinzip jeder Unterdrückung identisch ist. Gruppen oder Einzelpersonen grenzen sich durch bestimmte Merkmale von anderen ab und leiten aus den tatsächlichen bzw. konstruierten Unterschieden, sei es die Zugehörigkeit z. B. zu einem Geschlecht, zu einer Hautfarbe, zu einer Spezies, zu einem Vermögensstand, Bildungsstand oder angeblicher Intelligenz, einen Herrschaftsanspruch ab. Diese Einteilung in Herrschende und Unterdrückte lehnen wir ab, egal an welcher Stelle sie gemacht wird." (TAN-Reader 1995: 17)

Der Begriff der „freien Vereinbarung" weist indirekt auch auf die Frage hin, ob ein nicht-anthropozentrischer Ansatz Tierunterdrückung verhindern kann und erst recht eine ökologische Katastrophe. Somit steht die Frage nach dem Anthropozentrismus ganz allgemein im Mittelpunkt und ist wesentlich bedeutsamer, als die Frage nach der Bedeutung der „freien Vereinbarung". Für Cantzen mag es folgerichtig sein, dass wegen der freien Vereinbarungsmöglichkeit nur Menschen Unterdrückung erleiden können, also von Ausbeutung und Herrschaft betroffen sind. Darin drückt sich letztlich die fehlende modernisierte Auseinandersetzung über das Menschenbild im Anarchismus aus.

Ein anderer Aspekt ist, dass sich selbst heute noch Menschen wegen ihrer unterschiedlichen Landessprachen nicht verständigen und nur vermittelt miteinander kommunizieren und sich „vereinbaren" können. In Zeiten, in denen die Mehrsprachigkeit noch nicht sehr verbreitet war, hätte demnach das Modell einer „freien Vereinbarung" nur eingeschränkt gelten dürfen, denn, in dieser Logik gedacht, wer sich nicht „frei vereinbaren" kann (wie der Kohlkopf), der kann auch nicht unterdrückt werden. Doch auch wenn der/die Anarchist_in auf der „Freien Vereinbarung" als Grundlage der herrschaftslosen Gesellschaft besteht und sich damit als ein herrschaftsfreier Mann/Mensch versteht, ist dies unter dem Gesichtspunkt einer modernen Herrschaftsanalyse zu kurz gedacht.

Jeder Mensch ist nach Foucault mit seinem „machtdurchzogenen Selbst" konfrontiert, mit dem er Machtverhältnisse auch reproduziert, und bei dem es darum geht, diese eigenen Machtnetze zu erkennen. Demnach kann auch in der „freien Vereinbarung" ein Unterdrückungsverhältnis aufrechterhalten werden und die „freie Vereinbarung" müsste somit ihren hohen Stellenwert in der anarchistischen Theorie verloren haben bzw. relativiert werden. Eine andere Möglichkeit liegt in der in dieser Arbeit vorgestellten Begriffserweiterung des „um-sich-mühen/kümmern" statt um die „gegenseitige freie Vereinbarung". Bei beiden Sichtweisen geht es letztlich darum,

> „seine Fähigkeiten bewusst in den Dienst der Anderen zu stellen, ohne in dieser oder einer anderen Welt dafür eine Belohnung zu erwarten." (Kropotkin zitiert nach Hug 1989: 46)

Das Einbeziehen von Tieren und der Versuch, die persönlichen Fähigkeiten in den Dienst der Anderen, auch der Tiere zu stellen, führt letztlich dazu, ein moralisches Verhalten, ein gutes (und anarchistisches) Für- und Miteinander zu erzielen und dem Verhältnis von Freiheit und Herrschaft einen neuen Bezugsrahmen zu geben.

6. VEGANISMUS – EIN ERFOLGREICHER POSTMODERNER ANARCHISMUS

Die Erscheinungsformen einer postmodernen Gesellschaft sind, wie in dieser Arbeit dargestellt, auf die Lebensform und den Lebensstil der Jugend übertragbar. Dazu gehört das Prinzip des Unterwegsseins und damit der Wunsch, sich einer genauen Verortung zu entziehen. Deshalb kann die Frage dieser Arbeit, ob der Veganismus ein postmoderner Anarchismus sei, nicht für alle gleichbedeutend und eindeutig beantwortet werden. Damit bleibe ich aber auch in der Logik der Postmoderne, die keine genaue Antwort geben will, weil sie davon ausgeht, dass Wahrheiten nicht mehr existieren und die bisherigen Erklärungsansätze der Moderne keine Relevanz mehr haben können. Der dazu gehörende Ansatz der Dekonstruktion hilft, sich nicht nur der Unklarheit der traditionellen Begriffe bewusst zu werden, sondern auch mit dieser Unbestimmtheit umgehen zu können. Dies haben die Veganer_innen für sich jedoch geschafft.

Diese postmoderne Sicht findet sich ebenso wie die gesellschaftlichen Veränderungen in der Gruppe der Veganer_innen wieder. Veganer_innen haben jedoch innerhalb der gesellschaftlichen Veränderungsprozesse eine besondere Funktion übernommen, weil sie aktiv zentrale Positionen hinterfragen. Durch ihre konsequente Haltung beeinflussen sie damit auch die genannten Veränderungsprozesse.

Die zu Beginn geäußerten Annahmen, dass in Zeiten der Postmoderne viele Deutungsmuster ihre Relevanz verloren haben und an diese Stelle neue treten müssen (siehe I.), können im Veganismus nachvollzogen werden. Es geht nicht nur um Tierrechte, sondern auch ganz allgemein um die Umwelt, Globalisierung, Migration, Geschlechterverhältnisse etc. Die damit verbundenen neuen Wert- und Moralvorstellungen finden sich in der veganen Bewegung wieder und konkurrieren mit denen der noch vorherrschenden und gesellschaftlich akzeptierten Vorstellungen. Die vegane Bewegung ermöglicht dabei die individuelle Bewältigung der Ansprüche postmodernen Lebens, weil sich ihre Lebenspraxen und Lebensstile schon konkret und umsetzbar verändert haben.

Wie ebenfalls zu Beginn der Arbeit schon beschrieben, liegt eine ganz deutliche Veränderung der Verhaltensweisen, Orientierungsmuster und Einstellungen bei Jugendlichen vor. Besonders zu beachten ist aber, dass sich die Qualität und Aufgabenstruktur des Jugendalters verändert hat, die für diese Arbeit von besonderer Bedeutung ist. Die Gegenwart ist durch Zukunftsprobleme gekennzeichnet, in der Jugendliche sich schon wesentlich früher in der Erwachsenenwelt zurechtfinden müssen und dabei *eigene* Antworten geben und sich *selbst* orientieren müssen. (Hugger 2010: 37ff) Dies ist in der veganen Bewegung möglich und diese bietet Jugendlichen deshalb den notwendigen Rahmen, den sie in der traditionellen anarchistischen Bewegung nicht finden können.

Veganer_innen legen Wert auf einen ganzheitlichen Lebensansatz, der durch die gesellschaftlichen Individualisierungstendenzen einen Entwicklungsschub erhalten hat und der durch Pluralisierungstendenzen verstärkt wurde. Nur so können in einer Gesellschaft unterschiedlichste Lebensentwürfe nebeneinander existieren und nur so tragen sie dazu bei, dass sie in der Gesamtgesellschaft Wirkungen erzielen. Traditioneller Anarchismus ist dagegen auf Abgrenzung ausgerichtet und auf Bündnisse, die in ihrer Form zwar authentisch sind, den postmodernen Veränderungen jedoch nicht gerecht werden.

Die bisher schützenden Bindungen, die bisherigen Traditionen und die damit verbundenen Gesellschaftstheorien haben in der Postmoderne an Bedeutung verloren. Wie mensch mit diesen Unsicherheiten umgehen kann, zeigt ebenfalls die vegane Bewegung, indem sie die Chance nutzt und eigene Lebensmodelle entwickelt. Dies gilt für die Veganer_innen, die als Teilgruppe der postmodernen Generation anzusehen sind, in besonderer Weise, weil sie sich keineswegs durch postmoderne Tendenzen bedroht fühlen. Im Gegenteil nehmen die Veganer_innen und andere Jugendliche die Herausforderungen an und versuchen sich in dieser postmodernen Gesellschaft zurechtzufinden und ihren „Optionsraum“ möglichst „originell“ zu besetzen. Die in dieser Arbeit mehrfach beschriebene Veränderung der Sozialisationsprozesse führt letztlich dazu, dass Jugendliche ihr Leben möglichst facettenreich und unter Berücksichtigung vieler, auch widersprüchlicher Aspekte, selbst gestalten müssen. Vor dem Hintergrund der Pluralisierung scheint Identität in einem permanenten Prozess der Selbstentfaltung und Selbstinszenierung gewonnen zu werden. (Vogelsang in Hugger 2010: 38) In der Regel findet Identitätsbildung in der Auseinandersetzung mit anderen Personen statt und erfährt in Zeiten der Multioptionsgesellschaft große Beachtung, weil Identität plötzlich als nie abgeschlossener Prozess angesehen wird, sondern Identität stetig hergestellt und verändert werden kann. Diese Herstellung geschieht im eigenen Gruppenkontext und auf sich selbst bezogen.

Die demographische Entwicklung ist ein weiterer wichtiger Aspekt für die vegane Bewegung und für die aus meiner Sicht erfolgreiche Umsetzungsstrategie. Auf der einen Seite wird die Gruppe der Jugendlichen immer kleiner, auf der anderen Seite erfährt sie auch besondere Beachtung und findet dadurch schneller Zugang in die Hauptgesellschaft. Durch den demografischen Wandel haben sich völlig neue Anforderungen an Jugendliche ergeben. Gleichgesinnte zu finden, ist rein zahlenmäßig erst einmal schwieriger geworden, auf der anderen Seite führt die technische Veränderung, die Entwicklung des Internets, zu völlig neuen Kommunikationszusammenhängen und neuen Organisationsstrukturen. Damit tritt die zahlenmäßig kleinere Gruppe in eine unmittelbare Konkurrenz zu der Gruppe der Älteren, auch zu dem traditionellen Anarchismus. In diesem „Konkurrenzkampf“ wird das Thema der unterschiedlichen Werte zu einer wichtigen intergenerationellen Auseinandersetzung. In dieser Auseinandersetzung scheinen die Veganer_innen eine ungleich bessere Ausgangsposition zu haben, da sie mit den gesellschaftlichen, postmodernen Veränderungen selbstbestimmt und positiv umgehen können. Dies macht sich auch im Umgang mit den neuen Technologien fest, durch die sie alleine schon eine Festigung ihrer inneren Struktur ermöglichen können. Während die eine Seite der Gesellschaft über Werte- und Traditionsverlust, über die allgemeine Unsicherheit und Unklarheiten klagt, nutzen die Veganer_innen diese Situation und entwickeln ein eigenes soziales Netz und verschaffen sich damit auch ein eigenes „Standing“.

Verstärkt wird dies durch den Umstand, dass vegan lebende Jugendliche noch auf allgemeines Unverständnis stoßen. Durch dieses Unverständnis entwickeln sie jedoch wiederum eine Suchbewegung, die sie in die vegane Bewegung führt und ihnen die soziale Sicherheit wiedergibt, die der Gesellschaft anscheinend abhanden gekommen ist. Dies führt erst recht zur Entwicklung eigener biografischer Ressourcen und zu einer aktiven Lebensführung in einer enttraditionalisierten Gesellschaft, die sie in einem traditionellen Anarchismus nicht finden können. Während die Gesellschaft über Werte- und Traditionsverlust, die allgemeine Unsicherheit klagt, nutzen die Veganer_innen diese Situation.

Die gesellschaftlichen Veränderungs- und Modernisierungsprozesse, die in dieser Arbeit als Postmoderne bezeichnet werden, haben der veganen Bewegung gute Entwicklungsgrundlagen geboten.

Die vegane Bewegung hat dazu beigetragen, dass sich die anarchistische Theorie weiterentwickeln konnte. Ein wesentlicher Bezugspunkt zur anarchistischen Tradition ist die klare Ausrichtung auf eine herrschaftsfreie Gesellschaft. Wer diese Vorstellung teilt, meint der Veganismus, kann auch keine Herrschaftsverhältnisse des Menschen über Tiere akzeptieren. Dieser Gedanke findet sich in dem vorgestellten Unity-of-Oppression-Ansatz wieder, mit dem die Gesamtheit der Unterdrückungsverhältnisse beschrieben wird. Damit wird ein nicht-anthropozentrischer Ansatz entwickelt, der über die anarchistische Tradition hinausgeht. Veganer_innen stellen die überragende Rolle des Menschen in Frage und füllen diese Infragestellung mit einem Recht der Tiere aus. Damit dies möglich ist, erfahren wesentliche Grundbegriffe eine Reformulierung.

An die Stelle des Kampfes gegen den Staat tritt der Kampf gegen alle Unterdrückungsverhältnisse. Die postmoderne Entwicklung des dekonstruktiven Denkens hat deutlich gemacht, dass es nicht um Machtlosigkeit oder um die Befreiung vom Staat gehen kann, sondern nur darum, sich von den Machtnetzen, die in jedem Individuum existieren, zu befreien. Diese Befreiung kann gelingen, wenn sich der Mensch der Gesamtheit der Macht- und Unterdrückungsverhältnisse immer wieder neu bewusst wird und gegen sie ankämpft.

Das geschieht auch dadurch, dass nunmehr die Natur in den Kontext eines Herrschaftsverständnisses gestellt wird und der traditionelle Begriff der Solidarität nicht mehr nur auf den Menschen bezogen gedacht wird, sondern auch auf das Tier. Der Begründungszusammenhang ist nicht mehr der der selbst erfahrenen Unterdrückung, sondern die Erkenntnis, dass es einen Zusammenhang zwischen den eigenen Privilegien und der Unterdrückung anderer gibt. In dieser Offenheit für andere und hier auch für das Tier können Veganer_innen den Begriff der Solidarität und Verantwortlichkeit verknüpfen und das Tier mit einbeziehen.

Damit erhält ein anderes Grundverständnis des Anarchismus eine Erweiterung, indem die „gegenseitige Hilfe und freie Vereinbarung" als ein Grundelement anarchistischer Lebenspraxis auf die Tiere ausgeweitet wird. Zur gegenseitigen Hilfe gehört auch, sich nicht aus einem Grundverständnis des „*Unterdrückt-Werdens*" zu orientieren, sondern aus dem Blickpunkt des „*Um-sich-Kümmerns*" das Tier in den Bezugsrahmen anarchistischen Denkens einzubeziehen.

In der Erkenntnis, dass sich Jugendliche in parallelen Gruppen aufhalten können – und Veganer_innen dies auch tun –, wird ein weiterer wichtiger Punkt für die anarchistische Tradition deutlich. Bisherige Konzeptionen der Kooperationen, Aktionsbündnisse und mögliche Koalitionen verändern sich durch die unterschiedlichen Bezugsrahmen in der veganen Bewegung. Veganer_innen halten sich auch in der Antifa auf, in der Ökoszene oder in ganz anderen jugendrelevanten Zusammenhängen. Eine reine anarchistische Gruppe wird mensch deshalb immer weniger finden und wenn, dann überwiegend in den traditionellen Gruppen. Damit trifft auch das zu, was für die Gesamtgesellschaft gilt: Die Pluralisierungstendenzen betreffen auch den Anarchismus, und auch er wird (in diesem Fall durch den Veganismus) dadurch von Veränderungen betroffen. Traditionelle Anarchist_innen warten auf die Beseitigung des Staates, auf die Revolution …

Traditionelle Anarchist_innen warten auf die Beseitigung des Staates, auf die Revolution, auf die Befreiung des Individuums durch eine breite soziale Bewegung. Anarchistische Veganer_innen haben sich davon befreit, leben anarchistisch und versuchen nicht, den Staat abzuschaffen, sondern die Vielzahl von Unterdrückungsmechanismen in ihnen selbst.

Hat es der Anarchismus in den letzten Jahrzehnten nicht geschafft, sich maßgeblich in die gesellschaftlichen Veränderungsprozesse einzumischen, so geschieht dies durch die sich anarchistisch nennenden Veganer_innen in einem aus meiner Sicht erfolgreichen Maße. Es wäre zu diskutieren, ob der traditionelle Anarchismus jemals so weit in die Gesellschaft vorgedrungen ist, wie dies für den anarchistischen Teil des Veganismus zu erkennen ist.

Die sich anarchistisch verortenden Veganer_innen haben in einem gesellschaftlichen Prozess starke Impulse gesetzt und sie haben sich in einer gesellschaftlichen Gruppe etabliert, die dem traditionellen Anarchismus verloren gegangen ist: in der der jungen Menschen.

Bei dem von mir vorgestellten Veganismus handelt es sich aus meiner Sicht um einen postmodern veränderten Anarchismus, der seine Inhalte nicht nur zwischen den Polen Gewalt – gewaltfrei, praktisch – theoretisch, individualistisch – kollektivistisch findet, sondern auch zwischen den Polen des anthropozentrischen und nicht-anthropozentrischen Denkens. Mit dieser Erweiterung kann der Veganismus als *ein* erfolgreicher postmoderner Anarchismus verstanden werden. Veganer_innen versuchen nicht, den Staat abzuschaffen, sondern die Vielzahl von Unterdrückungsmechanismen in ihnen selbst.

> „Im Jahr 2151 wird im Wesentlichen alles super sein. Alle leben friedvoll, nachhaltig und beglückend. Yeah! Hier ein paar Details:
> Im Jahr 2151 wird der Umgang mit anderen Menschen, Tieren und der Welt um uns herum von Respekt und Achtung geprägt sein.

Jedes Lebewesen hat die Freiheit, seinen individuellen Bedürfnissen nachzugehen.

Im Jahr 2151 nehmen die Menschen sich selbst, ihre Bedürfnisse und auch ihre Handlungen ernst. Sie unterstützen sich gegenseitig in Entwicklungsprozessen. Stärken und Schwächen sind Teil des persönlichen Wachstums.

Im Jahr 2151 bedeutet Gerechtigkeit, dass die Bedürfnisse aller fühlenden Wesen berücksichtigt werden, losgelöst von Herkunft und Nationalstaatentum, Hautfarben, Geschlechtern, Artenzugehörigkeit und anderem Schubladendenken. In Fällen, in denen Bedürfnisse einander entgegenstehen, wird sorgfältig und respektvoll kommuniziert und abgewogen.

Das Jahr 2151 wird zum Jahr der Gewaltfreiheit erklärt werden. Das geht weit über physische Gewalt hinaus: Alle Menschen, alle Tiere genießen den Respekt gegenüber ihrer Würde. Menschen fügen sich untereinander und anderen Tieren nicht mehr bewusst Schaden zu.

Im Jahr 2151 steht Herrschaft über andere nur noch im Geschichtsbuch. Mitgefühl und artübergreifende Achtung machen es unvorstellbar, dass fühlende Wesen für andere funktionalisiert werden. Hierarchische Strukturen wurden durch transparente Netzwerke abgelöst. Alle Menschen haben die Möglichkeit und erlernen die Fähigkeit, ihre Persönlichkeit frei zu entfalten und selbst Verantwortung für ihr Handeln zu übernehmen.

Klingt unrealistisch?

142 Jahre sind ganz schön lang. Vor 142 Jahren durften Frauen nicht wählen, wurden Menschen mit dunkler Hautfarbe versklavt und es gab die Simpsons noch nicht. Und in 142 Jahren? Wir freuen uns drauf." (zitiert nach: www.nandu.net/vision vom 03.05.2010)

PERSÖNLICHES NACHWORT

Diese Arbeit ist über einen sehr langen Zeitraum entstanden und beinhaltet von daher auch viel (persönliche) Zeitgeschichte.

Vor 15 Jahren war es noch recht schwer, vegan zu leben, und mein Versuch scheiterte auch daran, an ausreichend vegane Produkte zu gelangen. Internetshops für vegane Produkte gab es nicht und erst recht keine virtuelle Vernetzung. Das Verständnis, vegan leben zu wollen, war auch in den eigenen politischen Zusammenhängen kaum vorhanden – vegane Vokūs gab es im Gegensatz zu heute nicht. So ist diese Arbeit auch zu verstehen als ein Rückblick auf die eigene, persönliche Geschichte. In dieser persönlichen Geschichte liegen unzählige Diskussionen mit einem latenten Unverständnis, sich mit einem solch „unmöglichen" Thema überhaupt zu beschäftigen, und dem allgemeinen Unverständnis, sich als Mensch zurücknehmen zu sollen.

Und doch hat die Wahrnehmung einer veganen Lebensweise in den letzten Jahren kontinuierlich zugenommen, und wie in dieser Arbeit hoffentlich deutlich wurde, ist das Thema durchaus gesellschaftlich relevant geworden. Dies wird nicht nur dadurch deutlich, dass vegane Produkte in fast jedem Supermarkt käuflich zu erwerben sind (erst recht in jedem Biosupermarkt), sondern u. a. auch dadurch, dass vegan lebende Menschen als Diskutanten für diverse Talkshows gefragt sind. Wichtiger ist jedoch, dass das Thema „Veganismus" auch als ein gesamtgesellschaftliches Thema entdeckt wurde. So erhält das Thema besonders im Zusammenhang der allgemeinen Klimadebatte eine große Bedeutung und so genannte Klimaveganer erhalten in einem wichtigen Zukunftsthema Gehör.

Diese Arbeit möchte erreichen, dass das Thema Veganismus aus einem Nischendasein heraustritt und deutlich wird, wie eine zukünftige Gesellschaft inhaltlich ausgerichtet sein kann.

Natürlich haben sich meine Lebenssituation, die Bezugsgruppen und die allgemeine gesellschaftliche Situation stark verändert. Mein persönliches Leben sieht heute anders aus als vor 15 Jahren – nicht jedoch mein Anspruch, in einer Welt leben zu wollen, die von gegenseitiger Hilfe geprägt sein sollte und in der Menschen miteinander und nicht gegeneinander leben. Dieses Miteinander bezieht dabei auch ganz deutlich das

Miteinander zwischen Mensch und Tier mit ein und hat als Grundzug den Anspruch eines herrschaftsfreien Lebens.

So gesehen beneide ich die heutige junge Generation, die so viel selbstverständlicher vegan leben wollen und können. Ganz persönlich freut es mich natürlich, wenn das Thema der Arbeit nicht nur ein abstrakt wissenschaftliches Thema bleibt, sondern in einem realen Lebensentwurf auch in der eigenen Familie zu sehen ist. Was kann es Schöneres, Besseres und Bestätigenderes geben, als wenn die Tochter genau diese Zukunftsvision in ihrem eigenen Leben realisiert?

Und so möchte ich auch meinen Eltern danken, die mir eine eigenständige Persönlichkeitsentwicklung ermöglicht haben; ohne ihre freiheitliche Erziehung hätte ich es nie und nimmer zu dieser Arbeit geschafft. Für das Ergebnis dieser Arbeit – in Form des vorliegenden Buches – ist allerdings ganz maßgeblich mein Doktorvater verantwortlich. Er hat es mir ermöglicht, den Weg in das wissenschaftliche Arbeiten zu finden. Er hat mir ermöglicht, an diesem Thema auch persönlich zu wachsen, und ich habe gelernt, mich und mein Thema zu entwickeln und zu verteidigen. Deshalb gilt mein Dank in ganz besonderer Weise Prof. Dr. Franz Neumann, und ich bin sehr stolz, bei ihm promoviert zu haben.

Beteiligt, im Sinne von Unterstützung und Verständnis, sind auch diejenigen, die mich im Laufe der Jahre direkt oder indirekt begleitet haben und mir wichtig sind/wurden (meine Pfingstfreunde und Freund Christian), meine politischen Freunde und besonders in den letzten Monaten der Fertigstellung: Nicole und Astrid. Superwichtig waren auch die unzähligen Doktorandenkolloquien bei Franz Neumann, in denen mir regelmäßig enorme Hirnleistungen abverlangt wurden. Nicht nur Steffi wollte mich öfters in die Enge treiben, sondern auch der „Generalsekretär“ Gerhard trug dazu bei, meine Argumente zu schärfen. Im Kreis dieses Kolloquiums wurde diese Arbeit immer wieder diskutiert, meine Kronprinzenrolle und mein Schrifttyp kritisiert, aber durch diese kritisch-wohlwollenden Anmerkungen von Peter und Sonja (auch Ute, als sie noch dabei war) wurde sie auch wissenschaftlich fundiert.

Und nicht, weil es sich „gehört“, sondern weil es wahr ist, bedanke ich mich bei meiner Frau, die mich unzählige Male korrigiert hat und mit der ich auch fachlich-inhaltlich total gute Diskussionen führen konnte und die mich manches Mal auf den Boden der Realität zurückgeholt hat. Auch ihr ist diese Arbeit zu verdanken, und ich kann nur summen „... wie vor Jahr und Tag ... “.

LITERATURVERZEICHNIS

Adams, Carol J.: Zum Verzehr bestimmt. Eine feministisch-vegetarische Theorie. Wien/Mühlheim a. d. Ruhr 2002

Agamben, Giorgio: Das Offene: Der Mensch und das Tier. Frankfurt/M. 2003

Alt, Christian (Hrsg.): Kinderleben – Aufwachsen zwischen Familie, Freunden und Institutionen, Bd.2. Wiesbaden 2005

Altner, Günter (Hrsg.): Ökologische Theologie. Stuttgart 1989

Altner, Günter: Naturvergessenheit. Darmstadt 1991

Autonome L.U.P.U.S. Gruppe: Geschichte, Rassismus und das Boot. Berlin 1992

Baacke, Dieter: Jugend und Jugendkulturen, 2. überarbeitete Auflage. Weinheim und München 1993

Barclay, Harold: Völker ohne Regierung. Eine Anthropologie der Anarchie. Berlin 1985

Bauman, Zygmunt: Postmoderne Ethik. Hamburg 1995

Bauman, Zygmunt: Unbehagen in der Postmoderne. Hamburg 1999

Bauman, Zygmunt: Moderne und Ambivalenz. Hamburg 2005

Bauman, Zygmunt: Leben in der Flüchtigen Moderne. Frankfurt/M. 2007

Baumgardt, Hans: Vegetarismus – gestern und heute. Ritterhude 1993

Baumgartner, Hans M./Becker, Werner (Hrsg.): Grenzen der Ethik. München 1994

Beck, Ulrich/Beck-Gernsheim, Elisabeth (Hrsg.): Riskante Freiheiten. Frankfurt/M. 1994

Beckenbach, Niels u. a.: Umbrüche gesellschaftlicher Arbeit. Göttingen 1994

Behrens, Roger: Postmoderne. Hamburg 2004

Berkmann, Alexander: ABC des Anarchismus. Holzgerlingen 1997 (Neuauflage)

Berlin-Institut für Bevölkerung und Entwicklung: Not am Mann. Von Helden der Arbeit zur neuen Unterschicht? Berlin 2007

Biehl, Janet: Der libertäre Kommunalismus. Die politische Praxis der Sozialökologie. Grafenau 1998

Biehl, Janet: Der soziale Ökofeminismus. Grafenau 1991

Bien, Günther/Gil, Thomas/Wilke. Joachim (Hrsg.): „Natur" im

Umbruch. Zur Diskussion des Naturbegriffes in Philosophie, Naturwissenschaft und Kunsttheorie. Stuttgart 1994
Bingel, Gabriel/Nordmann, Anja/Münchmeier, Richard (Hrsg.): Die Gesellschaft und ihre Jugend. Opladen/Farmington Hills 2008
Birnbacher, Dieter: Ökologie und Ethik. Stuttgart 1986
Böhme, Hartmut u. a.: Tiere. Eine andere Anthropologie. Köln 2004
Bookchin, Murray u. a.: Selbstverwaltung – Die Basis einer befreiten Gesellschaft. Reutlingen 1981
Bookchin, Murray: Die Agonie der Stadt. Aufstieg und Niedergang des freien Bürgers. Grafenau 1996
Bookchin, Murray: Die Formen der Freiheit. Aufsätze über Ökologie und Anarchismus. Asslar-Werdorf 1977
Bookchin, Murray: Die Neugestaltung der Gesellschaft. Grafenau 1992
Bookchin, Murray: Natur und Bewusstsein. Wilnsdorf-Anzhausen 1982
Bookchin, Murray: Social Anarchism or Lifestyle Anarchism. Edinburgh 1995
Bookchin, Murray: Re-Enchanting Humanity. A defence of the human spirit against anti-humanism, misanthropy, mysticism and primitivism. New York 1995
Borries, Achim v./Weber-Brandies, Ingeborg (Hrsg.): Anarchismus. Theorie – Kritik – Utopie. Nettersheim 2007
Brandies, Ingeborg: anarchistische Texte 4 – Über die politische Gerechtigkeit. William Godwin, Berlin 1983
Braun, Christina v./Stephan, Inge (Hrsg.): Gender Studien – Eine Einführung. Stuttgart 2000
Brenner, Andreas: Ökologie – Ethik. Leipzig 1996
Breyvogel, Wilfried: Eine Einführung in Jugendkulturen. Wiesbaden 2005
Bröskamp, Markus: Hausarbeit zum Thema „Anarchismus in den USA und Deutschland". Berlin 1999
Brockhaus, Wilhelm (Hrsg.): Das Recht der Tiere in der Zivilisation. München 1975
Broek, Linda van den: Am Ende der Weisheit – Vorurteile überwinden. Berlin 1988
Bucher, Alexius J.: Verantwortlich handeln. Ethik in Zeiten der Postmoderne. Regensburg 2000
Bundesministerium für Familie, Senioren, Frauen und Jugend (Hrsg.): Elfter Kinder- und Jugendbericht. Bonn 2002
Bürger, Peter: Ursprung des postmodernen Denkens. Weilerswist 2000
Burnicki, Ralf: Anarchie als Direktdemokratie. Selbstverwaltung, Antistaatlichkeit. Eine Einführung in den Gegenstand der Anarchie. Moers 1998
Burnicki, Ralf: Anarchismus und Konsens, 2. Auflage. Frankfurt/M. 2003
Butler, Judith: Das Unbehagen der Geschlechter. Frankfurt/M. 1991

Cantzen, Rolf: Weniger Staat – Mehr Gesellschaft, 2. Auflage. Grafenau 1995
Cantzen, Rolf: Freiheit unter saurem Regen. Überlegungen zu einem libertär-ökologischen Gesellschaftskonzept. Berlin 1984
Carter, April: Die politische Theorie des Anarchismus. Berlin 1988
Chimaira – Arbeitskreis für Human-Animal Studies (Hrsg.): Human-Animal Studies. Über die gesellschaftliche Natur von Mensch-Tier-Verhältnissen. Bielefeld 2011
Christoph, Franz/Mürner, Christian: Der Gesundheits-Fetisch: Über Inhumanes in der Ökologiebewegung. Heidelberg 1990
Clastres, Pierre: Staatsfeinde. Studie zur politischen Anthropologie. Frankfurt/M. 1976
Clements, Kath: Vegan. Über Ethik in der Ernährung und die Notwendigkeit eines Wandels. Göttingen 1996
Collard, Andree/Contrucci, Joyce: Die Mörder der Göttin leben noch. London 1988
Connell, Robert: Männlichkeiten und Globalisierung. In: *Widersprüche*, Heft 76, 3/98
Day, Richard J. F.: Gramsci is Dead: Anarchist Currents in the Newest Social Movements. London 2005
Degen, Hans Jürgen (Hrsg.): Anarchismus heute – Positionen. Bösdorf 1991
Degen, Hans Jürgen/Knoblauch, Jochen (Hrsg.): Anarchismus 2.0 Bestandsaufnahmen. Perspektiven. Stuttgart 2009
Degen Hans Jürgen/Knoblauch Jochen: Anarchismus. Stuttgart 2008
Derrida, Jacques: Die différance. In: Peter Engelmann (Hrsg.): Postmoderne und Dekonstruktion. Texte französischer Philosophen der Gegenwart. Ditzingen 2004
Diedrich, Ulrike/Stecker, Heidi (Hrsg.): Veränderungen – Identitätsfindung im Prozeß. Bielefeld 1997
Die Grünen: Grundsatzprogramm Bündnis 90/Die Grünen. Berlin 2002
Dierauer, Urs: Tier und Mensch im Denken der Antike. Amsterdam 1977
Ditfurth, Jutta: Entspannt in die Barbarei. Esoterik, (Öko-) Faschismus und Biozentrismus. Hamburg 1996
Donzelot, Jacques u. a.: Zur Genealogie der Regulation. Anschlüsse an Foucault. Mainz 1994
Drechsler, Hanno/Hilligen, Wolfgang/Neumann, Franz: Gesellschaft und Staat. Lexikon der Politik, 10. Auflage. München 2003
Drewermann, Eugen: Der tödliche Fortschritt. Regensburg 1990
Drewermann, Eugen: Über die Unsterblichkeit der Tiere. Hoffnung für die leidende Kreatur. Olten 1990
Dreyfus, Hubert/Rabinow, Paul: Michel Foucault. Jenseits von Strukturalismus und Hermeneutik. Weinheim 1994
Drücke, Bernd: ja! Anarchismus. Gelebte Utopie im 21. Jahrhundert. Berlin 2006

Duden Fremdwörterbuch: Band 5; 5. neu bearbeitete Auflage. Mannheim, Leipzig, Wien 1990
Ebeling, Hans: Das Subjekt in der Moderne. Hamburg 1993
Endreß, Erich: Freiheit für alle Tiere. Gh Kassel 1995
Etymologisches Wörterbuch des Deutschen. Berlin 1993
Ferchhoff, Wilfried: Jugend an der Wende vom 20. zum 21. Jahrhundert, 2. überarbeitete und aktualisierte Auflage. Opladen 1999
Ferchhoff, Wilfried: Jugend und Jugendkulturen im 21. Jahrhundert. Wiesbaden 2007
Fink-Eitel, Hinrich: Foucault zur Einführung. Hamburg 1992
Foucault, Michel/Seitter, Walter: Das Spektrum der Genealogie. Bodenheim 1996
Foucault, Michel: Über Hermaphrodismus. Der Fall Barbin. Frankfurt/M. 1998
Foucault, Michel: Dispositive der Macht. Berlin 1978
Foucault, Michel: Mikrophysik der Macht. Berlin 1976
Foucault, Michel: Überwachen und Strafen. Frankfurt/M. 1977
Foucault, Michel: Wahnsinn und Gesellschaft. Frankfurt/M. 1984
Foucault, Michel: Der Gebrauch der Lüste. Sexualität und Wahrheit. Frankfurt/M. 1986
Foucault, Michel: Die Ordnung der Dinge. Frankfurt/M. 2002
Fromm, Erich: Das Menschenbild bei Marx. Frankfurt/M./Berlin 1988
Gamm, Gerhard: Flucht aus der Kategorie. Frankfurt/M. 1994
Galindo, Hector: Ethik für junge Menschen. Stuttgart 2000
Giddens, Anthony: Entfesselte Welt. Frankfurt/M. 2001
Glucksmann, Andre: Die cartesianische Revolution. Reinbek 1989
Godwin, William: Über die politische Gerechtigkeit. Anarchistische Texte 4, 3. und überarbeitete Auflage. Berlin 1983
Golser, Karl: Verantwortung für die Schöpfung in den Weltreligionen. Wien 1992
Gondin, Jean: Kant zur Einführung. Hamburg 1994
Graswurzelrevolution (Hrsg.): Gewaltfreier Anarchismus. Herausforderungen und Perspektiven zur Jahrhundertwende. Heidelberg 1999
Grube, Angela: Vegane Lebensstile. Stuttgart 2009
Grube, Angela: Vegane Biografien. Stuttgart 2009
Guerin, Daniel: Anarchismus. Begriff und Praxis, 7. Auflage. Frankfurt/M. 1978
Grewel, Hans: Brennende Fragen christlicher Ethik. Göttingen 1988
Gronemeyer, Reimer: Moral und Ethik für ein neues Zeitalter. Die 10 Gebote des 21. Jahrhunderts. München-Düsseldorf 1999
Grosche, Monika: Anarchismus und Revolution. Moers 2003
Guggenberger, Eduard/Schweidlenka, Roman: Mutter Erde – Magie und Politik. Wien 1986

Habermas, Jürgen: Die Moderne – ein unvollendetes Projekt. Leipzig 1994
Haferbeck, Edmund/Wieding, Frank: Operation Tierbefreiung: Ein Plädoyer für radikale Tierrechtsaktionen. Göttingen 1998
Hagencord, Rainer: Diesseits von Eden. Verhaltensbiologische und theologische Argumente. Regensburg 2005
Haraway, Donna: Die Neuerfindung der Natur. Frankfurt/M. 1995
Harris, Marvin: Wohlgeschmack und Widerwillen. Stuttgart 1988
Haug, Wolfgang/Wilk, Michael (Hrsg.): Der Malstrom. Aspekte einer anarchistischen Staatskritik. Grafenau 1995
Haussleiter, Johannes: Der Vegetarismus in der Antike. Berlin 1935
Henning, Markus/Raasch, Rolf: Neoanarchismus in Deutschland. Entstehung – Verlauf – Konfliktlinien. Neu-Ulm 2005
Hessisches Institut für Lehrerfortbildung: Tierschutz, Teil 1, Ethische, wissenschaftliche und rechtliche Grundlagen. Fuldatal 1995
Heydorn, Heinz-Joachim (Hrsg.): Leonard Nelson. Ausgewählte Schriften. Frankfurt/M. 1974
Hillmann, Karl-Heinz (Hrsg.): Wörterbuch der Soziologie. Stuttgart 1994, 2. Auflage 2007
Horkheimer, Max/Adorno, Theodor: Dialektik der Aufklärung. Frankfurt/M. 1969
Hornstein, Walter: Vom Anfang und Ende der Jugend, in: Horn, Klaus-Peter/Christes, Johannes/Parmentier, Michael (Hrsg.): Jugend in der Vormoderne. Köln/Weimar/Berlin 1998, S. 21-42
Höffe, Otfried (Hrsg.): Lexikon der Ethik. 7. neubearbeitete und erweiterte Auflage. München 2008
Hoerster, Norbert: Haben Tiere eine Würde. Grundfragen der Tierethik. München 2004
Hug, Heinz: Kropotkin zur Einführung. Hamburg 1989
Hugger, Kai-Uwe: Digitale Jugendkulturen. Wiesbaden 2010
Hurrelmann, Klaus: Lebensphase Jugend, 9. aktualisierte Auflage. Weinheim/München 2007
Idel, Anita: Gentechnik, Biotechnik und Tierschutz. Göttingen 1991
Illies, Joachim: Anthropologie des Tieres. Entwurf einer anderen Zoologie. München 1973
Institut für Sozialforschung Frankfurt (Hrsg.): Geschlechterverhältnisse und Politik. Frankfurt/M. 1994
Interdisziplinäre Arbeitsgemeinschaft Tierethik (Hrsg.): Tierrecht. Eine interdisziplinäre Herausforderung. Erlangen 2007
Irrgang, Bernhard: Christliche Umweltethik. München 1992
Jäger, Siegfried/Paul, Jobst: Von Menschen und Schweinen. Der Singer-Diskurs und seine Funktion für den Neo-Rassismus. Duisburg 1992
Jäger, Siegfried: Text- und Diskursanalyse. Eine Anleitung zur Analyse politischer Texte. Duisburg 1994

Kamuf, Ulrich: Die philosophische Pädagogik Leonard Nelsons. Königstein/Ts. 1985
Kaplan, Helmut F.: Philosophie des Vegetarismus. Kritische Würdigung von Peter Singers Ansatz. Frankfurt/M. 1988
Kaplan, Helmut F.: Leichenschmaus. Ethische Gründe für eine vegetarische Ernährung. Reinbek 1993
Kaplan, Helmut F.: Warum ich Vegetarier bin. Prominente erzählen. Reinbek 1995
Kaplan, Helmut F.: Die ethische Weltformel. Eine Moral für Menschen und Tiere. Neukirch-Egnach 2003
Kaplan, Helmut F.: Der Verrat des Menschen an den Tieren. Neukirch-Egnach 2007
Kastner, Jens: Politik und Postmoderne. Münster 2000
Kellner, Douglas: Die erste Cybergeneration, www.uni-giessen.de/fb03/vinci/labore/gen/kellner.htm vom 03.05.2010
Kessler, Hans: Das Stöhnen der Natur. Düsseldorf 1990
Kinder- und Jugendbericht der Landesregierung – Aufwachsen im Land Brandenburg, Dezember 2003
Klein, Naomi: No Logo! 4. Auflage. München 2005
Klemm, Ulrich (Hrsg.): Anarchismus und Bildung. Heft 2. Ulm 1988
Klose, Birgit/Schmelz, Barbara: Der Fleischmythos, Diplomarbeit. Gh Kassel 1987
Klöcker, Michael/Tworuschka, Udo (Hrsg.): Ethik der Religionen – Lehre und Leben, Bd. 3 Gesundheit. München 1985
Kneer, Georg/Nassehi, Armin/Schroer, Markus (Hrsg.): Soziologische Gesellschaftsbegriffe. München 2000
Koch, Lars-Christian: Die ethnische Variante des „Krankseins". Bonn 1986
Köpf, Peter: Ein Herz für Tiere? Über die radikale Tierrechtsbewegung. Bonn 1996
König, Helmut: Überlegungen zu Naturschutz und Herrschaft. Hannover 1990
Kramer, Bernd/Eckhardt, Wolfgang (Hrsg.): Bakunin Almanach. Berlin 2007
Krebs, Angelika (Hrsg.): Naturethik. Grundtexte der gegenwärtigen tier- und ökoethischen Diskussion. Frankfurt/M. 1997
Kropotkin, Peter: Der Anarchismus, 1. Aufl. d. Neuübersetzung. Grafenau 1993
Kropotkin, Peter: Gegenseitige Hilfe, 2. Auflage. Grafenau 1993
Kuhn, Gabriel: Tier-Werden, Schwarz-Werden, Frau-Werden. Eine Einführung in die politische Philosophie des Poststrukturalismus. Münster 2005
Kuhn, Gabriel: Jenseits von Staat und Individuum. Münster 2007
Kuhn, Gabriel: Neuer Anarchismus in den USA. Münster 2008

Kuhn, Gabriel: Straight Edge. Geschichte und Politik einer Bewegung. Münster 2010
Langley, Gill: Vegane Ernährung. Göttingen 2001
Larsson, C. L. et al.: Veganism as status passage. In: *Appetite* 41 (1), S. 61-67
Le Monde Diplomatique: Autophagie – Als letzten Gang verspeisen wir uns selbst. 16/96
Leineweber, Bernd/Schiebel, Karl (Hrsg.): Murray Bookchin. Hierarchie und Herrschaft. Berlin 1981
Leitzmann, Claus/Hahn, Andreas: Vegetarische Ernährung. Stuttgart 1996
Leitzmann, Claus: Vegetarismus. Grundlagen, Vorteile, Risiken, 2. Auflage. München 2007
Lieber, Hans-Joachim: Politische Theorien von der Antike bis zur Gegenwart. Bonn 1993
Lohner, Alexander: Rechtfertigung der Abtreibung? Eine Auseinandersetzung mit Peter Singer und N. Hoerster. Bonn 1993
Lorey, Isabell: Immer Ärger mit dem Subjekt. Tübingen 1996
Lohschelder, Silke: AnarchaFeminismus. Auf den Spuren einer Utopie. Münster 2000
Lyotard, Jean-Francois: Postmoderne für Kinder. Wien 1996
Lyotard, Jean-Francois: Das postmoderne Wissen, 4. Auflage. Wien 1999
Marin, Lou/Bauer, Johann: Das Schlachten beenden. Zur Kritik der Gewalt an Tieren. Anarchistische, feministische, pazifistische und linkssozialistische Traditionen. Nettersheim 2010
Maurer, Andrea: Moderne Arbeitsutopien. Das Verhältnis von Arbeit, Zeit und Geschlecht. Opladen 1994
Mellinger, Nan: Fleisch. Ursprung und Wandel der Lust. Frankfurt/New York 2000
Meyer-Abich, Klaus M.: Aufstand für die Natur. München/Wien 1990
Meyer-Abich, Klaus M.: Wege zum Frieden mit der Natur. Praktische Umweltphilosophie für die Umweltpolitik. München 1984
Mill, John Stuart: Der Utilitarismus. Stuttgart 2008
More Than Just Music Brigade (Hg.): DIY – Von Anarchie und Dinosauriern. Münster 2006
Mühlmann, Wilhelm E.: Geschichte der Anthropologie. Wiesbaden 1984
Mühsam, Erich: Befreiung der Gesellschaft vom Staat. Berlin 1985
Mümken, Jürgen: Die Ordnung des Raumes. Die Foucaultsche Machtanalyse und die Transformation des Raumes in der Moderne. Pfungstadt 1997
Mümken, Jürgen: Freiheit, Individualität und Subjektivität. Staat und Subjekt in der Postmoderne. Frankfurt/M. 2003
Mümken, Jürgen (Hrsg.): Anarchismus in der Postmoderne. Beiträge zur anarchistischen Theorie und Praxis. Frankfurt/M. 2005

Mütherich, Birgit: Die Problematik der Mensch-Tier-Beziehung in der Soziologie: Weber, Marx und die Frankfurter Schule. Münster 2004
Negt, Oscar: Lebendige Arbeit, enteignete Zeit. Frankfurt/M. 1987
Nelson, Leonhard: Gesammelte Schriften. Bände V, VI, VIII, IX. Hamburg 1970
Nelson, Leonard: Vom Selbstvertrauen der Vernunft. Hamburg 1975
Neumann, Franz (Hrsg.): Politische Ethik. Baden-Baden 1985
Neumann, Franz (Hrsg.): Handbuch der Politischen Theorien und Ideologien Bd. 2. Opladen 1996
Osborn, Richard: Philosophie. Eine Bildergeschichte für Einsteiger. München 1996
Palfrey, John/Gasser, Urs: Generation Internet. München 2008
Perler, Dominik/Wild, Markus (Hrsg.): Der Geist der Tiere. Frankfurt/M. 2005
Pfordten, Dietmar v. d.: Ökologische Ethik. Zur Rechtfertigung menschlichen Verhaltens gegenüber der Natur. Hamburg 1996
Plant, Sadie: Nullen und Einsen. Digitale Frauen und die Kultur der neuen Technologien. Berlin 1998
Poller, Horst: Die Philosophen und ihre Kerngedanken, 5. Auflage. München 2010
Postman, Neil: Das Verschwinden der Kindheit. Berlin 1995
Prenzel, Manfred/Baumert, Jürgen (Hrsg.): Vertiefende Analysen zu PISA 2006, *Zeitschrift für Erziehungswissenschaften* 10/2008
Projektgruppe: Metropolen (Gedanken) und Revolution? Texte zu Patriarchat, Rassismus und Internationalismus, 2. Auflage. Berlin 1991
Proudhon, Pierre-Joseph: Was ist Eigentum. Wien 1992
Raasch, Rolf/Degen, Hans Jürgen (Hrsg.): Die richtige Idee für eine falsche Welt? Perspektiven der Anarchie. Berlin 2002
Redaktion *diskus* (Hrsg.): Die freundliche Zivilgesellschaft. Rassismus und Nationalismus in Deutschland. Berlin 1992
Regan, Tom: The Struggle for Animal Rights. Clark Summit 1987
Richter, Rudolf (Hrsg.): Sinnbasteln. Weimar 1994
Rifkin, Jeremy: Das Imperium der Rinder. Frankfurt/New York 1994
Rinas, Bernd-Udo: Zwischen 30 und 40. Perspektiven und Lebenswürfe der 78er Generation. Pfungstadt und Bensheim 1995
Rohls, Jan: Geschichte der Ethik. Tübingen 1991
Roth, Roland/Rucht, Dieter (Hrsg.): Jugendkulturen, Politik und Protest. Opladen 2000
Rutheberg, Silke: Viva Vegan Basics. München 2007
Sander, Uwe/Vollbrecht, Ralf (Hrsg.): Jugend im 20. Jahrhundert. Berlin 2000

Sauer, Hans: Über die Geschichte der Mensch-Tier-Beziehungen und die historische Entwicklung des Tierschutzes in Deutschland. Gießen 1983
Schäfer, Thomas: Reflektierte Vernunft. Frankfurt/M. 1995
Schwantje, Magnus: Tiermord und Menschenmord – Vegetarismus und Pazifismus. Berlin 1919
Schoeps, Julius/Knoll, Joachim/Bärsch, Claus-E.: Konservatismus, Liberalismus, Sozialismus. München 1991
Schwantje, Magnus: Gesammelte Werke. Band 1, Vegetarismus. München 1976
Schwendter, Rolf: Utopie. Berlin 1994
Schulze, Gerhard: Die Erlebnisgesellschaft. Frankfurt/M. 1985
Senft, Gerhard (Hrsg.): Essenz der Anarchie. Wien 2006
Serpell, James: Das Tier und wir. Zürich 1990
Sgier, Irena: Aus eins mach zehn und zwei laß gehn. Zweigeschlechtlichkeit als kulturelle Konstruktion. Bern/Zürich/Dortmund 1994
Shell Deutschland (Hrsg.): Jugend 2002. Frankfurt/M. 2002
Shell Deutschland (Hrsg.): Jugend 2006. Frankfurt/M. 2006
Simantke, Christel: Betrachtungen zur Beziehung zwischen Menschen und Rindern, Diplomarbeit. GhKassel 1989
Singer, Peter: Praktische Ethik. Stuttgart 1994
Singer, Peter: Animal Liberation. Die Befreiung der Tiere. Hamburg 1996
Singer, Peter: Wie sollen wir leben? Ethik in einer egoistischen Zeit. 4. Auflage. München 2004
Sinn, Dieter: Die Kritik am Identitätsprinzip. Von Heidegger zu Hegel. Bonn 1988
Sparschuh, Ute: „Egotaktiker" – „Neue Spießer" – „Generation Nett"? Kinder und Jugendliche im Licht neuerer Jugendstudien. 2. überarbeitete Auflage. Düsseldorf 2003
Steffahn, Harald: Menschlichkeit beginnt beim Tier. Stuttgart 1987
Steinvorth, Ulrich: Klassische und Moderne Ethik. Reinbek 1990
Stiftung FreiRäume (Hrsg.): Mensch. Macht. Tier. Antispeziesismus und Herrschaft. Reiskirchen 2006
Stolzenberg, Günther: Tolstoi, Gandhi, Shaw, Schweitzer. Harmonie und Frieden mit der Natur. Göttingen 1992
Stowasser, Horst: Freiheit pur. Die Idee der Anarchie, Geschichte und Zukunft. Frankfurt/M. 1995
Stowasser, Horst: Anarchie! Idee – Geschichte – Perspektiven. Hamburg 2007
Stowasser, Horst: Anti-Aging für die Anarchie? Lich 2007
Sturzbecher, D./Bredow, B./Burkert, M. u. a.: Jugend in Brandenburg 2010 – Kurzbericht zur Lebenssituation und zu Einstellungen brandenburgischer Jugendlicher. Vehlefanz 2010

Teutsch, Gotthard M.: Lexikon der Umweltethik. Göttingen 1985
Teutsch, Gotthard M.: Lexikon der Tierschutzethik. Göttingen 1987
Ulfig, Alexander: Lexikon der philosophischen Begriffe. Wiesbaden 1999
Ulrich, Jörg: Individualität als politische Religion. Albeck b. Ulm 2002
Unter dem Pflaster liegt der Strand, Bd. 2: Anarchismus heute. Beiträge von Bookchin, Souchy, Borries u. a. Berlin 1980
VorSchein Nr. 18/19 – Blätter der Ernst-Bloch-Assoziation: Die Ernte von 68-Anthropologie und Natur. Berlin 2000
Ward, Colin/Reichert, William: Anarchismus als Organisationstheorie. Anarchismus, Freiheit und Macht. Siegen 1983
Weedon, Chris: Wissen und Erfahrung. Feministische Praxis und Poststrukturalistische Theorie. Zürich 1990
Weidenbach, Thomas/Tappser, Beatrix (Hrsg.): Der achte Tag der Schöpfung. Köln 1989
Welsch, Wolfgang: Unsere postmoderne Moderne, 6. Aufl. Berlin 2002
Wicht, Cornelia: Der ökologische Anarchismus Murray Bookchins. Frankfurt/M. 1980
Widersprüche. Zeitschrift für sozialistische Politik, Heft 92, 3/98
Wild, Markus: Tierphilosophie. Hamburg 2008
Woelk, Volkmar: Natur und Mythos. DISS-Texte Nr. 21. Duisburg 1992
Wolf, Jean-Claude: Tierethik: Neue Perspektiven für Menschen und Tiere. Erlangen 1992
Wolf, Jean-Claude: Tierethik: Neue Perspektiven für Menschen und Tiere, 2. Auflage. Erlangen 2005
Wolf, Ursula: Das Tier in der Moral. Frankfurt/M. 2004
Wolf, Ursula: Texte zur Tierethik. Stuttgart 2008
Zagal, Hector/Galindo, Jose/Goebel, Bernhard: Ethik für junge Menschen: Grundbegriffe, Positionen, Probleme. Stuttgart 2008
Zander, Margherita (Hrsg.): Das Geschlechterverhältnis in Zeiten des sozialen Umbruchs. Bielefeld 1997
Zeitschrift für Frauenforschung Heft 4/96: Die Normalität der Vielfalt. Zur Individualisierung privater Lebensführung und Pluralisierung von Lebensformen
Zinnecker, Jürgen u. a.: NRW-Jugendstudie „Null Zoff und voll busy". Opladen 2002
Zukunfts- und Kulturwerkstatt (Hrsg.): Lebensstile und Inszenierungen. Wien 1995

ZEITSCHRIFTEN/BROSCHÜREN

Antifaschistisches Info: TierRechte. Nov./Dezember 1995 Über das Verhältnis Linksradikalismus. Kritik zum Veganismus.

Archiv für Rechts- und Sozialphilosophie: Haben Tiere Rechte? Nr. 78/ 1992

Bahamas: Den deutschen Autonomen frisch auf den Tisch. 18/1995

Broschüre der Frauen und Lesben des Anarchafeministinnentreffens Griff nach den Sternen: 2. Auflage 2006

deutsche jugend, Zeitschrift für die Jugendarbeit. Juventa Verlag

Die Grünen – Bundesarbeitsgruppe Mensch und Tier: Proklamation der Grundrechte der Tiere. Bonn 1989

Die Schwarze Distel: Die Vegetarianer. 9/95

Die Zeit: Magna Charta für Fifi. 3.2.95

Die Zeit: Vogelfutter fürs Kind. 15.12.95

Die Zeit: Friedhof der Tiere. 28.2.97

eigentümlich frei, Marktplatz für Liberalismus, Anarchismus und Kapitalismus, Nr. 1, 6.11,12/2000, 79, 80, 81/2008

Frankfurter Rundschau: Ein Abgrund an Kreaturvergessenheit. 19.6.96

Freiheit für Tiere, Das Magazin für alle Tierfreunde: Nr. 2/2010

Graswurzelrevolution: Die Ausbeutung der Tiere. November 1996

Graswurzelrevolution: Tierausbeutung und Antifaschismus. März 1997

Graswurzelrevolution, Zeitschrift für den gewaltfreien Widerstand: Hefte 236, 238, 240, 318, 342

Hessisches Institut für Lehrerfortbildung: Tierschutz. Teil I. Fuldatal 1995

Interim:
1/95 Nr. 314 Warum Instinkte nicht revolutionär sein Können.
1/95 Nr. 315 Warum Instinkte ... . Teil II
2/95 Nr. 317 Nicht Fisch, nicht Fleisch, sondern Quark. Lebensschützer mit Tarnkappe
3/95 Nr. 321 Stellungnahme von TAN zu „Instinkt"
3/95 Nr. 324 Dogmenschützer mit Scheuklappen
5/95 Nr. 331 Diskussionspapier gegen die Politisierung der Ernährung
5/95 Nr. 333 Anti-VeganerInnen und andere SpalterInnen
6/95 Nr. 334 Vom Veganismus und anderen Lebenslügen
6/95 Nr. 335 Das Essen zur Waffe machen!

Kassiber:
Sie falten die kleinen Zehlein, die Rehlein. August 1994
W. Bock: Motto: „Als Hase mag ich ja ein kluges Kerlchen sein, aber als Eule bin ich strohdumm". Juli 1995
Draußen findet der Massenmord an unseren Freunden statt, setzen wir dem etwas entgegen. Juli 1995

neue praxis, Fachzeitschrift für Sozialarbeit und Sozialpädagogik: Ausgaben 3, 4/2004, 5/2008

natürlich vegetarisch – Das Vebu Magazin, Vegetarierbund Deutschland: 03/2008, 01/2009
Ökolinx: Die Farbe der >Schwarzen< – Über die Konstruktion von Menschenrassen. 16/94
Ökolinx 23, Sommer 1996
Publik Forum: Tierschutz und christlicher Glaube. 4/96
Haben Tiere eine Seele? Dezember 1996
Schwarzer Faden:
Die Radikalisierung der Natur – Zur Ethik eines radikalen Naturverständnisses 17/85
Ort der Differenz: zur Geschlechterdifferenz 1/92
Sparschuh, Ute in: *Kirche im ländlichen Raum*, Heft 4, 2003
Spiegel Special: Menschen, Tiere, Emotionen. 1/1997
Stern: Käse ist Folter, Fleisch ist Mord. Nr. 46/1995
Stern: Das Verschwinden der Kindheit. Nr. 39/2007
Tierrechtsaktion Nord (TAN): Reader zur Diskussion 1993
Tierrechtsaktion Nord (TAN): Selbstverständnis 1993
Tierrechtsaktion Nord (TAN): Abschlussreader der Tierrechtswoche 1995
tip Berlin: Nr. 05/2010
tierrechte. Menschen für Tierrechte – Bundesverband der Tierversuchsgegner: Nr. 2., 3., 4/2009, 1/2010
Tierbefreiung – Das aktuelle Tierrechtsmagazin, Heft 51/Juni 2006, Heft 57/Dezember 2007, Heft 62 – 65/März – Dezember 2009
Vegetarisch Fit:
Die Welt der Vegetarier 6/96
Veganismus – eine neue Diät? 9/96
Mensch und Tier 10/96
Widersprüche, Zeitschrift für sozialistische Politik: Heft 92, 3/98
Wochenpost: Müssen wir den Löwen opfern? 6/94
Zeitmagazin: Tierisch gute Quoten. 4/97
Zeitschrift für philosophische Forschung:
Tiere in der Ethik. Die Frage nach der Grenze der moralischen Gemeinschaft. Band 42/1988
Überwindung des Anthropozentrismus durch Gleichheit alles Lebendigen? Band 49/1995

SONSTIGES

Welsch, Wolfgang: Geschichte der Philosophie seit 1945, Audio CD. Müllheim/Baden 2006

INTERNET-ANSCHRIFTEN

VEGANISMUS

www.Vegan-central.de: Artikel zum Veganismus, Ernährung, Religion und Tierschutz.

www.Vegan.de: Seite mit Foren, einer Bibliothek mit Artikeln, Rezepten und einem Guide zur veganen Lebensweise mit Adressen und einigen Links.

www.Vegane-gesellschaft.de: Ein Blog zur Verwirklichung einer Utopie.

www.Veganleben.de: Informationen über Veganismus, Folgen der Schlachtindustrie, Aspekte des Umweltschutzes, Philosophie, Satire, Geschichte, Aktionen der Regionalgruppe des Vegetarierbunds und vegan-vegetarische Gastronomie in Berlin, vegane Produkte.

www.Archiv.free.de/vegan: Weg zu einer gerechteren Welt und gesünderen Lebensweise. Text basierend auf einer Broschüre der VOR – Vegane Offensive Ruhrgebiet.

www.veganismus.de: Konsequent vegan leben. Fakten, Argumente, Informationen zum konsequenten Veganismus.

www.veganissimo.vegan.de: Online-Version einer Buchreihe zu den Themen Tierrechte, Tierschutz, Vegetarismus und Veganismus.

www.veganwiki.org: Offene Plattform zu Veganismus, Ethik, Tierrechten und Tierschutz, Ökologie und Konsum mit Artikeln, FAQ, Diskussionen, Rezepten und Linksammlung.

www.Veganismus.ch: Umfangreicher Feed mit allen Beiträgen aus den Foren von Maqi.

www.vegankids.de: Webseite für vegane Kinder und Eltern. Vegane Kinderernährung, Rezepte, tierausbeutungsfreie Freizeitparks, Cartoons und Foren werden angeboten.

TIERRECHTE

www.Tierrechteportal.de: Philosophische Texte, Petitionen, Vorstellung des Konzepts einer universalen Ethik, Infos zur sogenannten Nutztierhaltung und Vorstellung des Arbeitskreises.

www.Animal2000.de: Der Verein stellt seine Arbeit vor und informiert über aktuelle Themen wie Massentierhaltung und Tiertransporte, Zirkustiere, Pelztiere, Jagd und Stadttauben.

www.Animal-peace.org: Der Verein vertritt die Grundrechte der Tiere, stellt die ethischen Grundlagen der Tierrechtsbewegung dar und bietet Informationen zu Aktionen, vegane Rezepte, Flugblätter und Informationsmaterial sowie einen Shop.

www.Animal-rights.de: Der Tierschutz als ethische Frage: Welche Rechte haben Tiere? Texte, Buchrezensionen und Diskussionsforen.

www.Antispe.de: Texte und Foren zu Tierrechten (Antispeziesismus)

und veganer Lebensweise, außerdem TV-Tipps, Termine und Zitate.
www.anti-speziesismus.de: Auseinandersetzung auf theoretischer Basis mit dem Phänomen des Speziesismus, dabei wird die ethische Notwendigkeit einer veganen Lebensweise aufgezeigt.
www.Tierrechte.de: Der Verband bietet Informationen über Tierversuche, Tiertransporte, Käfighaltung, Gefahrenhundeverordnung, eine Volltextversion des Verbandsmagazins und den Versand von Informationsmaterialien.
www.Tierrechtsnetz.de: Informationen über Vegetarismus, Tierversuche, Massentierhaltung, Pelztierhaltung und anderen Formen von Gewalt gegen Tiere wie beim so genannten Gänsereiten. Außerdem Präsentation des Tierrechtsradios.
www.Grundrecht-Leben.de: Kritische Betrachtung und Anregungen zum Nachdenken über das Töten von Tieren durch den Menschen, trotz alternativer Ernährungsmöglichkeiten. Mit umfangreicher Linksammlung über Tierrechte.
www.Maqi.de: Für Tierrechte, gegen Speziesismus – Bilder und Videos zu Tierausbeutung, Tierbefreiungen und anderen Aktionen, eine Schwarze Liste mit nicht veganen Produkten und viele Artikel/ Flugblätter zu Tierrechten, veganer Ernährung, Vegetarismus und div. Tierausbeutungsformen.
www.nandu.de: Ist ein Netzwerk von Leuten aus verschiedenen sozialen Bewegungen, die insgesamt für Gerechtigkeit, Ökologie, Gewaltfreiheit sind. Weil sie dabei die Bedürfnisse von Tieren nicht ernst genommen sehen, Tiere sich nicht artikulieren und sich kaum wehren können, setzt sich Nandu neben den anderen Aktivitäten auch für die gesellschaftliche Tierbefreiung ein.
www.Paktev.de: Politischer Arbeitskreis für Tierrechte - Der Verein stellt sich und seine politische Tierschutzarbeit vor. Stellungnahmen zu aktuellen Themen wie Tierschutz in der Landwirtschaft, Schächten oder Hundemast in China.
www.Peta.de: People for the Ethical Treatment of Animals (PETA) – Die Organisation informiert über Nutz-, Zoo-, Pelz- und Zirkustierhaltung, Tierversuche und Fischerei. Sie berichtet über Aktionen und gibt konkrete Anleitungen zu eigenem Handeln. Vegetarische Rezepte, das Online-Magazin „Animal News“ und Presseberichte ergänzen das Angebot.
www.React-online.de: Informationen zum Veganismus, zu ethischen Grundlagen des Tierrechtsgedankens, zu aktuellen Themen (wie Jagd, Tierversuche oder Nutztierhaltung) und Aktionen stehen im Mittelpunkt. Außerdem werden Buchbesprechungen, eine Kinderseite und vegane Rezepte geboten.
www.Tierbefreier.de: Aktionen des Vereins sowie Informationen zu tierrechtsrelevanten Themen inklusive der Onlineversion

der Vereinszeitschrift und einem Onlineshop.
www.Tierrechtaktiv.de: Vorstellung der Arbeit der Tierrechtsgruppe aus Hannover, Online-Lexikon, Adressen, Hinweise zu Veranstaltungen, Seminaren und Aktionen.
www.Tierrechts-Foren.de: Diskussionsthemen rund um das Thema Tierrechte.
www.Tierrechtsgefangene.de: Weltweit sind Tierrechtler/innen wegen Ihrer Kämpfe für die Rechte der Tiere inhaftiert. Diese Website informiert darüber und soll diesen Personen helfen, indem ihnen unterstützende Briefe geschrieben werden.
www.Tierrechtspartei.de: Infos über Tierrechte im Zusammenhang mit Parteien und Politikern weltweit sowie die Diskussion über Notwendigkeit und Ziele einer noch zu gründenden Partei.
www.Tierrechtstermine.de: Messageboard mit Terminen der Tierrechtsbewegung, Foren und aktuellen Informationen.
www.Vgt.at: Verein gegen Terfabriken – Vorstellung des Vereines, seiner Ziele und Kampagnen gegen Pelz, Tierversuche, Wildtierzirkusse, Jagd und Massentierhaltung. Weiter werden „Tierschutz im Unterricht" und Flugblätter angeboten.

ORGANISATIONEN

www.Tierschutzakademie.de: Akademie für Tierschutz – Engagierte Wissenschaftler_innen aus den Bereichen Biologie, Tiermedizin und Recht setzen sich fundiert mit den Tierschutzproblemen unserer Gesellschaft auseinander. Mit Informationen zu den Themen Tierversuche, Tiere in der Landwirtschaft, Haustiere, Wildtiere sowie Tier und Recht.
www.Albert-schweitzer-stiftung.de: Albert Schweitzer Stiftung für unsere Mitwelt – Die Stiftung stellt ihre Kampagnen und Erfolge vor, veröffentlicht regelmäßig Tierschutznachrichten und gibt Tipps, wie der Einzelne für Tiere aktiv werden kann.
www.AnimalProtection.de: Schule und Tierschutz – Neben allgemeinen Tierschutz-Informationen wird das Mensch-Tier Verhältnis, die gesellschaftspolitische Relevanz und somit auch die Notwendigkeit des Tierschutzes als Unterrichtsthema erläutert. Die Seite richtet sich an Lehrer, Referendare, Studenten, Eltern und natürlich an alle Kinder und Interessierten, die sich für den Tierschutz einsetzen möchten.
www.Jugend-fuer-tiere.de: Die Jugend-Tierschutzgruppe stellt sich sowie ihre aktuellen wie bisherigen Aktivitäten vor. Zusätzlich vermittelt sie kleinere Haustiere und gibt Tipps zu deren Haltung ab inklusive einer Checkliste für werdende Haustier-Halter.
www.Artistsforanimals.ch: Die non-profit-Organisation unterstützt Tierschutzvereine und -organisationen aus

der Schweiz durch den Verkauf von Musik-Downloads mit eigens zu diesem Zweck aufgenommenen Songs von verschiedensten Bands aller Musikstilrichtungen.

www.Aerztefuertiere.de: Ärzte für Tiere e.V. – Ein europäisches Netzwerk für politischen Tierschutz. Aus einem kollegialen Kreis tierfreundlicher Mediziner – Ärzte, Tierärzte, Zahnärzte – entstand die Idee zu diesem Verein, welcher das Leben und die Rechte der Tiere schützt, sowie jede Form von aktiver und passiver Misshandlung mit rechtlichen, politischen und öffentlichkeitswirksamen Mitteln bekämpft.

www.Erna-graff-stiftung.de: Erna-Graff-Stiftung für Tierschutz – Die Stiftung informiert über von ihr ausgeschriebene Preise und von ihr betriebene oder geförderte Projekte wie zur Integration des Tierschutzes in den Unterricht. Außerdem werden Informationen zum Tierschutzrecht geboten.

www.Etn-ev.de: Europäischer Tierschutz und Naturschutz e.V. – Der Verein bietet zielgerichtete, direkte Hilfe im nationalen und internationalen Tier- und Naturschutz durch die Organisation und Durchführung von Kastrationsmaßnahmen in Süd- und Osteuropa, Förderung und Verbreitung des Tier- und Naturschutzgedankens sowie den Ausbau des Standards der bestehenden Tierheime Vermittlung von Heimtieren und Heimplätzen.

www.Ifaw.org: Internationaler Tierschutzfonds – Die Organisation stellt sich vor und berichtet über internationale Aktionen und Kampagnen zum Schutz von Elefanten, Bären, Primaten, Walen oder Robben. Im Mediacenter werden insbesondere für die Presse Materialien wie Pressemappen, Foto- und Videodatenbank und Publikationen geboten.

www.Iscv.ch: Schweizer Liga gegen Vivisektion – Die Liga stellt sich vor und berichtet über ihre Arbeit besonders zu den Themen Ersatz von Tierversuchen, Pelztierhaltung und Genmanipulation an Tieren.

www.Tierimrecht.org: Stiftung für das Tier im Recht – Informationen zum Tierschutzrecht in der Schweiz und im deutschsprachigen Ausland. Virtuelle Bibliothek mit über 1000 Bänden zum Tier im Recht und zum Tierschutz seit 1830.

www.Wspa.de: WSPA – World Society for the Protection of Animals – Welttierschutzgesellschaft - Die Gesellschaft stellt sich, ihre Partnerorganisationen und ihre Arbeit vor und informiert über ihre internationalen Aktionen, beispielsweise gegen Bärenkämpfe und Bärenfarmen, Stierkämpfe oder Produktion von Gänsestopfleber. Außerdem Berichte zu aktuellen Themen.

AUSWAHL VON VEGANEN GRUPPEN/ ZUSAMMENHÄNGEN

Stand Dezember 2010

LOKALE GRUPPEN

Antispeziesistisches Aktionsnetzwerk Ost (AAO)
Antispe-Gruppe Kiel
Antispe-Gruppe Sauerland
Antispeziesistische Offensive Göttingen
Chimaira – Arbeitskreis für Human-Animal Studies
Die Tierbefreier e.V.
Herrschaftskritische AntispeziesistInnen Hannover (HAH)
Münchner Antispeziesistische Initiative (MAI)
Münsteraner Initiative für Tierrechte
Nandu
Reflex – Tierrechtsgruppe Jena
Tierbefreiung in Hamburg (hamburg.antispe.org)
Tierbefreiungsinitiative Kiel (TibiK)
Tierrechts Aktion Nord (TAN)
Tierrechtsaktion Chemnitz-Erzgebirge (TRACE)
Tierrechtsgruppe Iserlohn
Tierrechtsaktion Ulm (TRAU)
Tierrechtsinitiative Freiburg (TIF)
Tierrechtsinitiative Köln (TiK)
Tierrechtsinitiative Region Stuttgart (TiRS)
Tierrechtsinitiative Rhein-Main (TIRM)
Tierversuchsgegner Aachen

MAGAZINE

www.tierbefreier.de: Tierbefreiung aktuell
www.directaction.info/: Bite Back Magazin
www.voice-online.de: Das Tierrechtsmagazin.

PELZ

Escada-Campaign
Max-Mara-Campaign
Attacca l'industria della pelliccia
Offensive gegen die Pelzindustrie
Kampagne Köln-Pelzfrei
Kampagne gegen Nerzfarm Aachen-Orsbach
Kampagne gegen Nerzfarm Rochlitz

JAGD

Arbeitskreis gegen Jagd

TIERVERSUCHE

Ärzte gegen Tierversuche
Datenbank Tierversuche
Kampagne Harlan Schließen
Kampagne Stop Huntingdon Animal Cruelty (SHAC)
Vermittlung von Laborhunden

BILDMATERIAL

No Vivisezione
Soylent Network

VEGANLÄDEN & VERSÄNDE

Veni Vidi Vegi ! Veganladen (Berlin)
Roots of Compassion
So-Ja! Versand

REZEPTE

www.Veganwelt.de
Das Rezeptbuch

AUSWAHL VON ANARCHISTISCHEN ZUSAMMENHÄNGEN/ ORGANISATIONEN

www.abc-berlin.net: Anarchist Black Cross (ABC) Berlin
www.anarchismus.at: Umfangreiches Text-Archiv
www.anarchismus.de: Anarchistisch-libertäres Kommunikationsforum
www.anarchie.de: Informations- und Kommunikationsplattform
www.anarchosyndikalismus.org
www.bibliothekderfreien.de: Anarchistische Bibliothek in Berlin
www.dadweb.de: Datenbank des deutschsprachigen Anarchismus
www.de.anarchopedia.org/Hauptseite: Anarchistisches Online-Lexikon
www.de.indymedia.org: Indymedia Deutschland-demokratische Medienplattform
www.fau.org: Anarchosyndikalistische Gewerkschaft
www.free.de: Übersichtsseite zu verschiedensten Projekten
www.graswurzel.net: Infoseite der Zeitschrift Graswurzelrevolution
www.kanalb.de: Kanal B – Videokollektiv
www.postanarchismus.net: Umfangreiche Text- und Linksammlung
www.projekte.free.de/schwarze-katze/: Umfangreiches Textarchiv
www.rote-hilfe.de: **Rote Hilfe** e. V. ist eine linke, strömungsübergreifende Schutz- und Solidaritätsorganisation.
www.squat.net: Informations- und Forenseite

(ANARCHISTISCHE) VERLAGE

AG SPAK Bücher
Alibri Verlag
Assoziation A
ID Verlag
Karin Kramer Verlag
Libertad-Verlag
Merve Verlag Berlin
transcript Verlag
Trotzdem Verlag
Unrast Verlag
Verlag Edition AV
Verbrecher Verlag

BÜCHER-VERSÄNDE

Anarchia Versand (Österreich)
Anares – Der Mailorder für gesellschaftskritische Medien
FAU-Materialvertrieb
linkesbuch.de
SowieSo Bücher (Schweiz)
Syndikat A – Anarcho-syndikalistischer Medienvertrieb
Zündbuch Versandbuchhandlung Weber & Zucht